FELICIDADE AUTÊNTICA

FELICIDADE AUTÊNTICA

USE A PSICOLOGIA POSITIVA PARA ALCANÇAR TODO SEU POTENCIAL

MARTIN E. P. SELIGMAN

TRADUÇÃO
Neuza Capelo

6ª reimpressão

Copyright © 2002 by Martin E. P. Seligman, Ph.D.

Grafia atualizada segundo o Acordo Ortográfico da Língua Portuguesa de 1990, que entrou em vigor no Brasil em 2009.

Título original
Authentic Happiness: Using the New Positive Psychology to Realize Your Potential for Lasting Fulfillment

Capa
Eduardo Foresti e Helena Hennemann

Preparação
Carolina Vaz

Índice remissivo
Probo Poletti

Revisão
Carmen T. S. Costa
Ana Maria Barbosa

Dados Internacionais de Catalogação na Publicação (CIP)
(Câmara Brasileira do Livro, SP, Brasil)

Seligman, Martin E. P.
    Felicidade autêntica : use a psicologia positiva para alcançar todo seu potencial / Martin E. P. Seligman ; tradução Neuza Capelo. — 2ª ed. — Rio de Janeiro : Objetiva, 2019.

    Título original: Authentic Happiness : Using the New Positive Psychology to Realize Your Potential for Lasting Fulfillment.
    ISBN 978-85-470-0084-4

    1. Bem-estar 2. Conduta de vida 3. Felicidade 4. Otimismo 5. Psicologia positiva 6. Satisfação I. Título.

19-24865	CDD-150.1988

Índice para catálogo sistemático:
1. Felicidade : Psicologia positiva   150. 1988
Maria Alice Ferreira – Bibliotecária – CRB-8/7964

Todos os direitos desta edição reservados à
EDITORA SCHWARCZ S.A.
Praça Floriano, 19, sala 3001 — Cinelândia
20031-050 — Rio de Janeiro — RJ
Telefone: (21) 3993-7510
www.companhiadasletras.com.br
www.blogdacompanhia.com.br
facebook.com/editoraobjetiva
instagram.com/editora_objetiva
twitter.com/edobjetiva

*Este livro é dedicado à minha esposa Mandy McCarthy Seligman,
cujo amor fez a segunda parte da minha vida muito mais
feliz e gratificante do que eu poderia imaginar.*

TRANSCENDER

Escher estava certo.
O homem desce, e no entanto se eleva,
a mão que desenha é a mesma que é desenhada
e uma mulher se equilibra nos próprios ombros.

Sem mim e você, o universo é simples,
ordenado com a regularidade de uma prisão.
Galáxias se prolongam em arcos determinados,
estrelas caem em horas específicas,
o voo dos corvos para o sul e o cio dos macacos
seguem a programação.

Mas nós, a quem o cosmo deu forma
há bilhões de anos, para que coubéssemos
neste lugar, sabemos que não deu certo.
Porque podemos mudar de forma, estender
um braço por entre as barras e,
ao modo de Escher, sair.

E enquanto as baleias,
confinadas para sempre no mar, se
alimentam de cavalas, nós galgamos as ondas
e, das nuvens, olhamos para baixo.

Look Down from Clouds (Marvin Levine, 1997)

Sumário

Prefácio 11

PARTE I: EMOÇÃO POSITIVA

1. Sentimento positivo e caráter positivo 17
2. Como a psicologia perdeu o rumo e eu achei o meu 31
3. Por que se preocupar em ser feliz? 44
4. É possível se tornar permanentemente mais feliz? 60
5. Satisfação em relação ao passado 79
6. Otimismo em relação ao futuro 101
7. Felicidade no presente 121

PARTE II: FORÇA E VIRTUDE

8. Renovando força e virtude 145
9. Suas forças pessoais 154

PARTE III: NAS MORADAS DA VIDA

10. Trabalho e satisfação pessoal 187
11. Amor 208
12. Criando filhos 230

13. Revisão e resumo 271
14. Significado e propósito 274

Apêndice: Terminologia e teoria 287
Agradecimentos 291
Notas 297
Permissões 329
Índice remissivo 331

Prefácio

Durante a segunda metade do século XX, a psicologia foi dominada por um único tópico — doença mental — com um progresso considerável. Atualmente, os psicólogos conseguem medir conceitos antes confusos, como depressão, esquizofrenia e alcoolismo, com bastante precisão. Já sabemos muito sobre como esses transtornos se desenvolvem com o passar dos anos, sobre seus aspectos genéticos, sua bioquímica e suas origens psicológicas. O melhor de tudo é que aprendemos a aliviá-los. Pela minha última contagem, entre as várias dezenas de doenças mentais importantes, catorze podem ser efetivamente tratadas (e duas delas curadas) com medicação e formas específicas de psicoterapia.[1]

Esse progresso, porém, teve um preço alto. Ao que parece, o alívio dos transtornos que tornam a vida miserável fez diminuir a preocupação com situações que fazem viver valer a pena. Mas as pessoas querem mais que apenas corrigir suas fraquezas; querem vidas cheias de significado, não apenas sobreviver até a morte. Nas noites em que perde o sono, você provavelmente pensa — como eu — em como passar de uma vida +2 para uma +7, sem se contentar em ir de −5 para −3 e sentir-se um pouco menos triste a cada dia. Se você é esse tipo de pessoa, provavelmente acha o campo da psicologia complicado e desapontador. Só que agora, finalmente, chegou a hora de enveredarmos por uma ciência que procura entender a emoção positiva, desenvolver força e virtude, e oferecer orientação para o que Aristóteles chamou de "vida boa".

A busca pela felicidade tem lugar de destaque na Declaração de Independência dos Estados Unidos e na seção de autoajuda das livrarias. No entanto, evidências científicas apontam a improbabilidade de uma mudança sustentável no nível de felicidade. Tais evidências sugerem que temos uma cota fixa de felicidade, como acontece com nosso peso corporal. E assim como aqueles que fazem dieta sempre recuperam o peso que perderam, os tristes não ficariam felizes por muito tempo, nem os alegres sentiriam uma tristeza duradoura.

Porém, novas pesquisas demonstram que sua cota de felicidade pode ser aumentada e estendida. E uma nova corrente, a psicologia positiva, ensina como conseguir isso. A primeira metade deste livro trata do entendimento e da intensificação das emoções positivas.

Embora a teoria de que a felicidade não pode ser intensificada por muito tempo seja um obstáculo à pesquisa científica sobre o assunto, existe outro obstáculo ainda mais sério: a crença de que a felicidade (ou, em sentido mais amplo, qualquer motivação humana positiva) não é autêntica. Dei a essa visão da natureza humana, que se repete em muitas culturas, a denominação de "dogma imprestável". Se existe uma doutrina que este livro procura derrubar, é essa.

A doutrina do pecado original é a mais antiga manifestação do dogma imprestável e se encontra até hoje em nosso estado democrático, secular. Freud trouxe essa doutrina para a psicologia do século XX, definindo os aspectos da civilização (inclusive moralidade, ciência, religião e progresso tecnológico) como uma mera defesa elaborada contra conflitos básicos ligados à agressão e à sexualidade infantil. Nós "reprimimos" esses conflitos por causa da insuportável ansiedade que causam; essa ansiedade, então, se transforma na energia que gera a civilização. Ou seja: a razão pela qual estou sentado em frente ao computador escrevendo este prefácio, em vez de estuprando e matando, é que estou "compensado", contido e conseguindo me defender de impulsos selvagens subjacentes. A filosofia de Freud, por mais estranha que possa parecer quando colocada em palavras tão cruas, ainda faz parte da prática psiquiátrica e psicológica atual, em que os pacientes exploram o passado em busca de acontecimentos e impulsos negativos que tenham contribuído para formar sua identidade. Com base nessa convicção, a competitividade de Bill Gates seria na verdade o desejo de superar o pai, e a oposição da princesa Diana às minas terrestres, simplesmente o resultado da sublimação de seu ódio desmedido pelo príncipe Charles e outros membros da realeza.[2]

A doutrina imprestável também invade a compreensão da natureza humana nas artes e nas ciências sociais. Entre tantos exemplos, um deles pode ser encontrado no livro *No Ordinary Time* [Um tempo fora do comum], a interessante história do casal Franklin e Eleanor Roosevelt escrita por Doris Kearns Goodwin, uma renomada cientista política.[3] Analisando a dedicação de Eleanor em ajudar os negros, pobres e deficientes, Goodwin conclui que foi "para compensar o narcisismo da mãe e o alcoolismo do pai". Em momento algum Goodwin considera a possibilidade de que, no fundo, Eleanor Roosevelt fosse movida pela virtude. Motivações como exercer a justiça ou cumprir um dever são ignoradas; para que a análise seja academicamente respeitável, a bondade tem de estar assentada sobre um motivo oculto e negativo.

Nunca é demais repetir: apesar da larga aceitação do dogma imprestável no mundo religioso e secular, *não existe o menor indício de que força e virtude tenham motivações negativas*. Acredito que a evolução tenha favorecido tanto as características boas quanto as más, e assim como a adaptação às condições de vida gerou a moralidade, a cooperação, o altruísmo e a bondade, também desenvolveu o assassinato, o roubo, o egoísmo e o terrorismo. Essa premissa de duplo aspecto é a pedra angular da segunda metade deste livro. A felicidade autêntica está na identificação e no aperfeiçoamento das suas forças mais fundamentais e na utilização diária delas no trabalho, no amor, no prazer e na criação dos filhos.

A psicologia positiva tem três pilares: o primeiro é o estudo da emoção positiva; o segundo é o estudo dos traços positivos, principalmente forças e virtudes, mas também as "capacidades", como a inteligência e a aptidão física; o terceiro é o estudo das instituições positivas, como a democracia, a família e a liberdade, que dão suporte às virtudes que, por sua vez, apoiam as emoções positivas. As emoções positivas de confiança e esperança, por exemplo, são mais úteis para nós não quando a vida é fácil, mas sim quando é difícil.[4] Em tempos turbulentos, compreender e apoiar instituições positivas, como a democracia, a família e a liberdade de imprensa, é da maior importância. Em tempos turbulentos, compreender e intensificar as forças e virtudes — entre elas coragem, perspectiva, integridade, igualdade, lealdade — pode ser mais urgente do que em tempos tranquilos.

Desde o Onze de Setembro, tenho pensado na importância da psicologia positiva. Em tempos difíceis, a compreensão e o alívio do sofrimento impedem a compreensão e a construção da felicidade? Acredito que não. Pessoas sem recursos, deprimidas ou com impulsos suicidas têm preocupações que vão muito além do alívio de seu sofrimento. Essas pessoas se preocupam — muitas vezes desesperadamente — com virtude, propósito, integridade e significado. As experiências que induzem emoções positivas fazem as emoções negativas se dissiparem rapidamente.[5] As forças e as virtudes, como veremos, funcionam como um escudo contra a infelicidade e as desordens psicológicas, e podem ser a chave da resistência.[6] Os melhores terapeutas não curam simplesmente os sintomas; eles ajudam a identificar e construir forças e virtudes.

A psicologia positiva leva a sério a esperança de que, caso você se veja preso no estacionamento da vida, com prazeres poucos e efêmeros, raras gratificações e nenhum significado, existe uma saída. Essa saída passa pelos campos do prazer e da gratificação, segue pelos planaltos da força e da virtude e, finalmente, alcança os picos da realização duradoura: significado e propósito.

Parte I

Emoção positiva

A QUEIXA DO PRINCIPIANTE

Ouça as palavras de Mr. Big: só quero felicidade,
grandes pirulitos laranja e balões vermelhos.

(Estão com aquele homem
meio oculto pela sombra.
Veja seu buquê laranja e vermelho.)

O que é este "contemplar", "afastar-se", "emancipar"?
Quero uma felicidade brilhante e suave.

(Os pirulitos derretem.
Os balões murcham.
O homem espera.)

Look Down from Clouds
(Marvin Levine, 1997)

1. Sentimento positivo e caráter positivo

Em 1932, Cecilia O'Payne fez os votos finais em Milwaukee. Como noviça na School Sisters of Notre Dame, dedicou o resto de sua vida a ensinar crianças. Quando lhe pediram que fizesse uma breve descrição de sua vida naquela ocasião decisiva, ela escreveu:

> Deus me concedeu uma graça de valor inestimável... Fui muito feliz durante o ano passado, estudando no Notre Dame. Olho para o futuro esperando com anseio e alegria pelo dia de vestir o santo hábito de Nossa Senhora e por uma vida de união com o Amor Divino.

No mesmo ano, na mesma cidade e fazendo os mesmos votos, Marguerite Donnelly assim resumiu sua autobiografia:

> Nasci em 26 de setembro de 1909, a mais velha de sete filhos, cinco meninas e dois meninos... No ano passado, me preparei para receber os votos e dei aulas de química e latim no Notre Dame Institute. Com a graça de Deus, pretendo fazer o máximo pela Ordem, pela propagação da religião e pela minha santifi-cação pessoal.

Essas duas freiras, junto com outras 178, tornaram-se alvo do mais notável estudo feito até hoje sobre felicidade e longevidade.[1]

Investigar a expectativa de vida e compreender as condições que a encurtam ou prolongam é um problema científico de grande importância e igualmente complicado. Está bem documentado, por exemplo, que os habitantes de Utah vivem mais que os de Nevada. Mas por quê? Seria o ar puro das montanhas de Utah, contrastando com a poluição de Las Vegas? Seria a vida calma ao jeito mórmon, diferente do estilo de vida mais frenético do cidadão comum de Nevada? Seria a dieta típica do morador de Nevada — fast-food, refeições tardias, álcool, café e cigarro — ao invés da alimentação fresca e saudável e ao pouco consumo de álcool, café e cigarro em Utah? São muitos os fatores insidiosos (e os relacionados a saúde, também) que se confundem entre Nevada e Utah quando os cientistas tentam isolar a causa.

Ao contrário dos habitantes de Nevada e de Utah, porém, a vida das freiras é rotineira e protegida. Todas comem mais ou menos a mesma dieta leve. Não fumam nem bebem. Os históricos de casamento e reprodução são os mesmos. Entre elas, não existem doenças sexualmente transmissíveis. Pertencem à mesma classe social e econômica, e têm o mesmo acesso à assistência médica. Assim, quase todos os aspectos que podem provocar confusão são eliminados e, no entanto, é grande a variação no tempo de vida e na saúde delas. Cecilia, aos 98 anos, nunca teve uma doença sequer na vida; ao contrário de Marguerite, que sofreu um acidente vascular cerebral aos 59 e morreu pouco tempo depois. Com isso, podemos ter certeza de que a culpa não é do estilo de vida, da dieta ou da assistência médica. Mas quando os textos escritos pelas 180 noviças foram lidos cuidadosamente, uma diferença surpreendente ficou clara. Voltando ao relato de Cecilia e Marguerite, você é capaz de descobrir qual é?

A irmã Cecilia usou os termos "muito feliz" e "anseio e alegria", ambas expressões de uma animação esfuziante. Já a biografia da irmã Marguerite não continha um sopro sequer de emoção positiva. Os estudiosos, que não tinham informações sobre a duração da vida das freiras, quantificaram os sentimentos positivos, dividindo o resultado em quatro segmentos. Foi então que descobriram, entre as mais alegres — as classificadas no segmento superior —, que 90% viveram até 85 anos, contra apenas 34% do segmento inferior. Seguindo a mesma tendência, 54% das mais alegres viveram até 94 anos, contra 11% das menos alegres.

Teria sido realmente a natureza feliz e otimista dos relatos a fazer a diferença? Talvez fosse a variação no grau de infelicidade expressa, ou na maneira de encarar o futuro, ou na intensidade da devoção, ou ainda na complexidade intelectual dos escritos... Nada disso. As pesquisas mostraram que nenhum desses fatores fez diferença; apenas a expressão de sentimentos positivos. Então, ao que parece, freiras felizes vivem mais.

Os álbuns de fotos de formatura são uma mina de ouro para os estudiosos da psicologia positiva. "Olha o passarinho! Sorria!", diz o fotógrafo, e você obedientemente procura dar o seu melhor sorriso. Mas isso não é nada fácil. Alguns sorriem radiantes, com autêntica alegria, mas a maioria faz pose educadamente. Existem dois tipos de sorriso. O primeiro, chamado de sorriso de Duchenne (em homenagem a seu descobridor, Guillaume Duchenne), é genuíno. Os cantos da boca se levantam e a pele em volta dos olhos se enruga, como pés de galinha. Os músculos que fazem isso, o *orbicularis oculi* e o *zygomaticus*, são muito difíceis de controlar voluntariamente. O outro sorriso, chamado de Pan American (em homenagem às comissárias de bordo da extinta companhia aérea, quando apareciam em anúncios na televisão), é forçado, sem nenhuma das características do sorriso de Duchenne. Na verdade, o sorriso Pan American provavelmente está mais ligado ao ricto que os primatas inferiores exibem quando assustados do que com felicidade.

Psicólogos treinados são capazes de examinar coleções de fotografias e imediatamente identificar os sorrisos que são e os que não são de Duchenne. Por exemplo: Dacher Keltner e LeeAnne Harker, da Universidade da Califórnia, em Berkeley, estudaram as 141 fotos dos formandos de 1960 de Mills College.[2] Apenas três mulheres não estavam sorrindo. Entre as sorridentes, metade era de Duchenne. Todas elas foram contatadas aos 27, 43 e 52 anos de idade, e interrogadas a respeito do casamento e da sua satisfação pessoal. Quando Harker e Keltner assumiram o estudo nos anos 1990, preocuparam-se em saber se seriam capazes de prever, somente pelo sorriso para o álbum de formatura, como estaria a vida matrimonial daquelas mulheres. Para grande surpresa dos pesquisadores, entre as de sorriso de Duchenne havia em média um número mais elevado de mulheres que continuavam casadas e que experimentavam maior bem-estar pessoal naqueles trinta anos. Esses indicadores de felicidade eram previsíveis por um simples franzir de olhos.

Questionando os resultados encontrados, Harker e Keltner passaram a considerar se as mulheres de sorriso de Duchenne seriam mais bonitas, e se a boa aparência, e não a autenticidade do sorriso, responderia pela previsão de maior satisfação pessoal. Os psicólogos voltaram às fotografias e classificaram as mulheres conforme a beleza, e descobriram que a aparência não tem ligação com um bom casamento ou satisfação pessoal. O que acontece apenas é que a mulher genuinamente sorridente tem mais probabilidade de ser bem casada e feliz.

O surpreendente nesses dois estudos é que ambos chegaram à conclusão de que o simples retrato de uma emoção positiva passageira pode prever convincentemente a longevidade e a satisfação no casamento. A primeira parte deste livro trata dessas emoções positivas passageiras: contentamento, tranquilidade, alegria, prazer, satisfação, serenidade, esperança e euforia. Vou me deter, em particular, em três questões:

- *Por que* a evolução nos dotou de sentimentos positivos? Quais são as funções e consequências dessas emoções, além de nos fazer sentir bem?
- *Quem* tem emoções positivas em abundância e quem não tem? O que permite e o que impede essas emoções?
- *Como* integrar mais emoção positiva e estável à vida?

Todo mundo procura as respostas a essas perguntas, e é natural recorrer à psicologia para isso. Mas talvez você se surpreenda ao perceber quanto o lado positivo da vida foi negligenciado.[3] Para cada cem artigos de jornal sobre tristeza, apenas um é escrito sobre felicidade. Um dos meus objetivos é oferecer respostas sensatas, baseadas em pesquisa científica, a essas três perguntas. Infelizmente, ao contrário do alívio da depressão, que já conta com manuais passo a passo confiavelmente documentados, nosso conhecimento sobre a construção da felicidade é deficiente. No caso de alguns tópicos, posso apresentar fatos fundamentados, mas em outros o melhor que tenho a oferecer são inferências das mais recentes pesquisas, e sugerir como isso pode guiar a sua vida. Em todos os casos, vou fazer a distinção entre o que é conhecido e o que é mera especulação. Meu principal objetivo, como você vai confirmar nos próximos três capítulos, é corrigir esse desequilíbrio, incentivando o campo da psicologia a complementar seu conhecimento acumulado sobre sofrimento e doença mental com novos conhecimentos sobre emoções positivas, virtudes e forças pessoais.

E o que isso tem a ver com forças e virtudes? Por que um livro sobre psicologia positiva vai além da "feliciologia" ou *hedonismo* — a ciência que trata do modo como nos sentimos a cada momento? O hedonista deseja o máximo de bons momentos e o mínimo de maus momentos, e a teoria hedonista simples diz que qualidade de vida é o resultado de uma subtração: quantidade de bons momentos menos quantidade de maus momentos. Isso é mais que uma teoria do tipo "torre de marfim", já que muita gente administra a vida com base nesse objetivo. Mas acredito que seja uma ilusão, pois a soma total de nossos sentimentos passageiros mostra-se uma medida muito imprecisa para a avaliação de um evento, seja um filme, um período de férias, um casamento ou uma vida.

Daniel Kahneman, conceituado professor de psicologia em Princeton e autoridade reconhecida mundialmente em hedonismo, demonstrou as muitas violações da teoria hedonista simples. Um dos recursos que ele utiliza para testar a teoria é a colonoscopia, em que um tubo é inserido desconfortavelmente pelo reto para observar o intestino, sendo movimentado em várias direções pelo que parece uma eternidade, mas são apenas alguns minutos. Em um dos experimentos de Kahneman, 682 pacientes escolhidos ao acaso foram submetidos a um minuto extra do exame, mas com o colonoscópio imóvel. Isso tornou o minuto final menos desagradável do que o restante do procedimento, apesar de acrescentar um minuto ao desconforto. Aquele minuto adicional significou, é claro, mais sofrimento; no entanto, como a experiência terminou relativamente bem, a lembrança que ficou do evento era muito mais agradável, e, por incrível que pareça, os pacientes se disseram mais dispostos a se submeter a um novo exame do que aqueles do grupo de rotina.[4]

Na vida, você deve ter cuidado com os términos, pois as cores do final tingem para sempre a lembrança de todo o relacionamento e a disposição para reatar. Este livro explica por que o hedonismo falha e o que isso pode significar para você. A psicologia positiva, portanto, está ligada aos bons e aos maus momentos, à tapeçaria formada por tais eventos e às forças e virtudes que determinam a qualidade de vida. Ludwig Wittgenstein, o grande filósofo anglo-vienense, foi, por todos os ângulos, infeliz. Sou um colecionador de objetos ligados a ele, mas nunca vi uma única foto em que estivesse sorrindo, fosse de Duchenne ou não. Wittgenstein era melancólico, colérico, um crítico mordaz de todos que o rodeavam e ainda mais de si mesmo. Em um seminário de que participei, eu o vi caminhar de um lado para outro pelas salas frias e quase vazias de Cambridge, resmungando: "Wittgenstein, Wittgenstein, que professor horrível você é". Mesmo suas últimas palavras desmentiram a "feliciologia". À beira da morte, sozinho em um sótão de Ithaca, Nova York, falou para a proprietária: "Diga a eles que está sendo maravilhoso!".

Imagine que fosse possível ligar você a uma hipotética "máquina de experiência" que, pelo resto da vida, lhe estimulasse o cérebro e lhe desse todos os sentimentos positivos que desejasse.[5] A maioria das pessoas a quem ofereço essa escolha imaginária recusa a máquina. Nós não queremos apenas sentimentos positivos; queremos *ter direito* a eles. No entanto, inventamos uma série de atalhos que levam ao bem-estar; drogas, chocolate, sexo sem compromisso, compras, masturbação e televisão são alguns exemplos. (Isso não significa que você deve abandoná-los completamente.)

A crença de que existem maneiras rápidas de alcançar felicidade, alegria, entusiasmo, conforto e euforia, em vez de conquistar esses sentimentos pelo exercício de forças e virtudes pessoais, cria legiões de pessoas que, em meio a grandes riquezas, definham espiritualmente. Emoção positiva desligada do exercício do caráter leva ao vazio, à inverdade, à depressão e, à medida que envelhecemos, à corrosão de toda realização que buscamos até nosso último suspiro.

O sentimento positivo que vem do exercício de forças e virtudes, e não de soluções rápidas, é autêntico. Foi durante os cursos de psicologia positiva por mim ministrados na Universidade da Pensilvânia nos últimos três anos (muito melhores do que os cursos irregulares de psicologia dos vinte anos anteriores) que descobri o valor dessa autenticidade. Sempre falo com meus alunos sobre Jon Haidt, um jovem e talentoso professor da Universidade da Virgínia, que começou a carreira trabalhando sobre o desgosto, oferecendo gafanhotos fritos para as pessoas comerem.[6] Em seguida, passou para o desgosto moral, pedindo às pessoas que experimentassem uma camiseta que teria sido usada por Adolf Hitler, e observando suas reações. Cansado de todas essas explorações negativas, começou a procurar uma emoção que fosse o oposto do desgosto moral, a que chamou de "elevação". Haidt passou a colecionar histórias das reações emocionais a experiências com o melhor lado da humanidade, da visão de pessoas fazendo alguma coisa extraordinariamente positiva. Uma jovem de dezoito anos, caloura da Universidade da Virgínia, relata uma típica história de elevação:

> Em uma noite de nevasca, estávamos voltando para casa depois de trabalhar em um abrigo do Exército da Salvação e passamos por uma senhora que limpava a entrada da garagem de casa. Um dos rapazes pediu ao motorista que o deixasse saltar. Pensei que ele fosse apenas pegar um atalho até sua casa, mas quando o vi pegar a pá das mãos da senhora, senti um nó na garganta e comecei a chorar. Eu queria contar para todo mundo. Fiquei encantada com ele.

Os alunos de uma das minhas turmas discutiam se a felicidade vem mais prontamente do exercício da bondade que do prazer. Depois de uma discussão acalorada, nos comprometemos com uma tarefa para a aula seguinte: praticar uma atividade prazerosa e outra filantrópica, e escrever sobre ambas.

Os resultados foram surpreendentes. A sensação de conforto após a atividade "prazerosa" (encontrar amigos, assistir a um filme ou tomar sorvete) é inferior à deixada pela ação de bondade. Quando os atos filantrópicos são espontâneos, fruto das nossas forças pessoais, o dia é melhor. Um aluno me contou de um sobrinho que tinha telefonado pedindo ajuda com o dever de matemática. Depois de ensinar ao garoto durante uma hora, ele observou surpreso que "pelo resto do dia, ouvia melhor, era mais gentil, e as pessoas pareciam gostar mais de mim". O exercício da bondade é uma *gratificação*, não um prazer, e como tal, recorre às suas forças para enfrentar um desafio, quando a situação assim exige. A bondade não vem acompanhada de uma corrente separável de emoção positiva; em vez disso, consiste em total integração e perda de qualquer traço de acanhamento. O tempo para. Um dos estudantes de administração me revelou que tinha ingressado na Universidade da Pensilvânia para aprender a ganhar muito dinheiro e ser feliz, mas ficou desconcertado ao perceber que gostava mais de ajudar outras pessoas do que de fazer compras.

Para entender o bem-estar, precisamos entender também as virtudes e forças pessoais, e é este o assunto da segunda parte deste livro. Quando o bem-estar é fruto da integração das nossas forças e virtudes, a vida fica imbuída de autenticidade. Sentimentos são estados, ocorrências momentâneas que não precisam ser aspectos recorrentes da nossa personalidade. Os traços, ao contrário dos estados, são características negativas ou positivas que se repetem em ocasiões e situações diferentes, e forças e virtudes são as características positivas que levam aos bons sentimentos e à gratificação. Os traços são disposições permanentes que tornam mais prováveis os sentimentos passageiros. O traço negativo da paranoia torna mais provável o estado passageiro do ciúme, assim como o traço positivo do bom humor facilita o estado da risada.

O traço do otimismo ajuda a explicar como um simples vislumbre da felicidade que as freiras sentiam podia prever quem viveria mais. Os otimistas tendem a considerar seus problemas passageiros, controláveis e específicos de determinada situação. Os pessimistas, ao contrário, acreditam que seus problemas vão durar para sempre, vão afetar tudo que fazem e são incontroláveis. Para verificar se o otimismo é um fator de previsão da longevidade, cientistas da Mayo Clinic, em Rochester, Minnesota, selecionaram 839 pacientes que tinham começado a se tratar lá, quarenta anos antes. Na admissão, os pacientes da Mayo Clinic passaram por uma bateria de testes físicos e psicológicos, e seu grau de otimismo também foi avaliado. Desses pacientes, duzentos haviam morrido no ano 2000, e os otimistas superaram em 19% a expectativa de vida dos pessimistas. Esse dado, mais uma vez, é compatível com a observação de que freiras felizes têm vida mais longa.[7]

O otimismo é apenas uma das mais de vinte forças que ocasionam maior bem-estar. George Vaillant, um professor de Harvard que conduz as duas mais completas investigações psicológicas sobre homens ao longo da vida, estuda as forças que chama "defesas maduras". Entre elas estão o altruísmo, a capacidade de adiar a gratificação, a preocupação com o futuro e o humor. Alguns homens nunca crescem e nunca demonstram esses traços, enquanto outros os acentuam na velhice. Os dois grupos de Vaillant são as turmas de Harvard de 1939 a 1943 e 456 rapazes da periferia de Boston, todos mais ou menos com a mesma idade. Ambos os estudos começaram no fim dos anos 1930, quando os participantes estavam no fim da adolescência, e continuam até hoje, quando todos já têm mais de oitenta anos. Vaillant concluiu que existem fatores indicativos de uma boa velhice, como boa situação financeira, saúde física e alegria de viver. As defesas maduras são fortes precursores dessas condições, tanto no grupo de Harvard, de maioria branca e protestante, como no grupo da periferia, muito mais heterogêneo. Dos 76 homens da periferia, que frequentemente demonstravam essas defesas maduras quando jovens, 95% ainda eram capazes, na velhice, de carregar peso, cortar lenha, andar mais de três quilômetros e subir dois lances de escada sem se cansar. Dos 68 homens da periferia que nunca demonstraram nenhuma dessas forças psicológicas, apenas 53% conseguiam executar as mesmas tarefas. Para os homens de Harvard de 75 anos, a alegria de viver, a felicidade no casamento e o senso subjetivo de saúde física eram mais bem previstos com base nas defesas maduras exercidas e medidas na meia-idade.[8]

E como a psicologia positiva selecionou apenas 24 forças entre um enorme número de traços? A última vez que alguém se deu ao trabalho de contar, em 1936, mais de 18 mil palavras em inglês se referiam aos traços.[9] A escolha dos traços a serem investigados é uma questão séria para um conhecido grupo de psicólogos e psiquiatras que trabalha atualmente na criação de um sistema oposto ao do DSM — *Manual de diagnóstico e estatística de desordens mentais da American Psychiatric Association*, que serve como esquema de classificação de doenças mentais. Coragem, bondade, originalidade? Claro. Mas e a inteligência, a articulação perfeita ou a pontualidade? Os três critérios para a escolha das forças são estes:

- Valorizadas em quase todas as culturas.
- Valorizadas pelo que são, e não como meios para atingir outros fins.
- Maleáveis.

Por isso, inteligência e articulação perfeita estão fora, porque não são fáceis de ensinar. A pontualidade é ensinável, mas, do mesmo modo que a articulação perfeita, é geralmente um meio que serve a outro fim (como a eficiência), além de não ser valorizada na maioria das culturas.

A psicologia pode ter deixado de lado a virtude, mas a religião e a filosofia certamente não o fizeram, e existe uma notável convergência entre os milênios e entre as culturas no que se refere a virtude e força. Confúcio, Aristóteles, santo Tomás de Aquino, o Bushido (o código de ética dos samurais), o *Bhagavad Gita* indiano e outras tradições veneráveis discordam nos detalhes, mas todas incluem estas seis virtudes principais:

- Sabedoria e conhecimento.
- Coragem.
- Amor e humanidade.

- Justiça.
- Moderação.
- Espiritualidade e transcendência.

As virtudes principais podem ser subdivididas para classificação e medição. A sabedoria, por exemplo, pode ser dividida nas forças de curiosidade, gosto pela aprendizagem, critério, originalidade, inteligência social e perspectiva. O amor inclui a bondade, a generosidade, o ensino e a capacidade de amar e *ser* amado. A convergência entre milhares de anos e entre tradições filosóficas sem nenhuma relação entre si é notável, e a psicologia positiva toma essa harmonia multicultural como guia.

Tais forças e virtudes nos servem tanto nos tempos turbulentos como nos de bonança. Aliás, os tempos difíceis são os mais adequados para a demonstração de várias forças. Até recentemente, eu pensava que a psicologia positiva estivesse relacionada aos bons tempos; acreditava que quando as nações estivessem em guerra, empobrecidas e passando por distúrbios civis, suas preocupações mais naturais fossem com a defesa e os prejuízos, e a ciência que achariam mais apropriada seria aquela que cuidasse de consertar o que estivesse danificado. E ao contrário, quando as nações estivessem em paz, com excesso de produção e sem turbulências internas, se dedicariam a construir as melhores coisas da vida. A Florença do tempo de Lourenço de Médici decidiu canalizar seu excesso de produção não para formar o mais terrível poderio militar da Europa, mas para criar beleza.

A fisiologia do músculo se distingue entre *tônica* (a linha de base da atividade elétrica quando o músculo está em repouso) e *fásica* (a explosão de atividade elétrica quando o músculo é estimulado e se contrai). A maior parte da psicologia está ligada à atividade tônica; introversão, QI alto, depressão e raiva, por exemplo, são aspectos medidos na ausência de qualquer exigência real, e a esperança do especialista em psicometria é predizer como a pessoa vai reagir frente a um desafio fásico. Qual a precisão das medidas tônicas? Um QI alto é certeza de que uma pessoa terá uma resposta sagaz quando confrontada com a negativa de um cliente? Em que grau a depressão tônica prevê um colapso, quando a pessoa é demitida? "Razoavelmente bem, mas com algumas imperfeições", é a resposta mais comum. A psicologia faz previsões, mas existe muita gente com QI alto que fracassa e muitas outras com QI baixo que alcançam o sucesso, quando a vida as desafia a fazer alguma coisa realmente inteligente. A razão para todos esses erros é que as medidas tônicas não passam de indícios razoavelmente precisos de uma ação fásica. Chamo essa imperfeição de "efeito Harry Truman". Truman, depois de uma vida sem muito destaque, assumiu a presidência quando Franklin Delano Roosevelt morreu e, para surpresa geral, mostrou-se à altura do cargo e tornou-se um dos grandes presidentes dos Estados Unidos.

Precisamos de uma psicologia que se mostre à altura, porque essa é a peça que falta ao quebra-cabeça da previsão do comportamento humano. Na luta evolutiva para conquistar um companheiro ou para sobreviver ao ataque de um predador, nossos ancestrais que se mostraram à altura passaram seus genes adiante; os perdedores, não. Suas características tônicas — nível de depressão, padrões de sono, tamanho da cintura — provavelmente não contavam muito, exceto no máximo para alimentar o efeito Harry Truman. Isso significa que todos temos dentro de nós forças que não conhecemos até sermos verdadeiramente desafiados. Por que os adultos que viveram a Segunda Guerra Mundial foram chamados de "Geração Grandiosa"? Certamente não porque fossem diferentes de nós, mas porque enfrentaram uma época tão complicada, que todas as forças ancestrais que habitavam dentro deles tiveram de se manifestar.

Quando você ler sobre essas forças nos capítulos 8 e 9 e fizer os testes, vai verificar que algumas das suas forças são tônicas, e outras, fásicas. Bondade, curiosidade, lealdade e espiritualidade, por exemplo, tendem a ser tônicas; você pode demonstrá-las várias vezes por dia. Perseverança, perspectiva, justiça e coragem, no outro extremo, tendem a ser fásicas; você não tem como demonstrar coragem na fila do banco ou dentro de um avião (a não ser que a aeronave seja sequestrada por terroristas). Uma única ação fásica no decorrer da vida pode ser suficiente para demonstrar coragem.

Ao ler sobre essas forças, também vai perceber que algumas são típicas da sua personalidade e outras não. Às do primeiro tipo dei o nome de *forças pessoais*, e um dos meus propósitos é distinguir essas das que não fazem tanto parte de você. Não acredito que se deva dedicar esforço demais à correção das nossas fraquezas. Em vez disso, acredito que o maior sucesso na vida e a mais profunda satisfação emocional vêm do desenvolvimento e do emprego das suas forças pessoais. Por essa razão, a segunda parte deste livro se concentra na identificação dessas forças.

A terceira parte trata de uma questão de igual importância: "O que é a vida boa?". Pela minha visão, chega-se à vida boa por um caminho surpreendentemente simples. Para uma "vida agradável", basta beber champanhe e dirigir um Porsche. Para a vida boa, porém, é preciso usar diariamente as suas forças pessoais, produzindo assim felicidade autêntica e gratificação abundante.[10] Você pode aprender a fazer isso em cada uma das principais esferas da vida: trabalho, amor e criação dos filhos.

Uma das minhas forças pessoais é o prazer que sinto em aprender e em ensinar. São atividades integradas à trama da minha vida e que procuro exercer todo dia. Tornar simples para meus alunos um conceito complexo ou ensinar ao meu filho de oito anos as regras de um jogo acende uma paixão dentro de mim. Mais que isso: quando dou uma boa aula, me sinto revigorado, e esse bem-estar é autêntico, porque vem daquilo em que sou melhor. Em comparação, gestão de pessoas não é uma das minhas forças pessoais. Mentores brilhantes me ajudaram a melhorar e, se for preciso, sou capaz de presidir com eficiência uma comissão, mas me sinto exausto, e não revigorado. A satisfação é menos autêntica do que aquela que experiencio ensinando, e elaborar um bom relatório de uma comissão não me deixa mais em contato comigo mesmo nem com algo mais grandioso.

O bem-estar que a utilização das forças pessoais produz tem sua base na autenticidade. Mas assim como o bem-estar precisa se ancorar em forças e virtudes, estas devem estar ancoradas em algo maior. E assim como a vida boa está além da vida agradável, a vida significativa está além da vida boa.

O que a psicologia positiva nos diz acerca de encontrar um propósito, de levar uma vida significativa além da vida boa? Não sou tão imaturo a ponto de propor uma teoria completa sobre o significado, mas sei que consiste em aderir a algo maior, e quanto maior a entidade a que você se apegar, mais significado haverá na sua vida. Muita gente que busca significado e propósito se voltou para o pensamento da new age ou retornou para religiões organizadas. Essas pessoas anseiam pelo milagre, pela intervenção divina. Um custo não evidente da obsessão da psicologia contemporânea pela patologia foi o abandono desses peregrinos à própria sorte.

Como muitos desses abandonados, eu também anseio por um significado na vida que transcenda os propósitos que arbitrariamente escolhi para mim.

No entanto, como muitos ocidentais com a mente voltada para a ciência, a ideia de um propósito transcendental (ou, ainda além, de um Deus que sirva de base a esse propósito) sempre me pareceu insustentável. A psicologia positiva aponta o caminho em direção a uma abordagem mundana de um propósito nobre e um significado transcendental — e, o que mais surpreende — em direção a um Deus que não é sobrenatural. Essas esperanças estão expressas no capítulo final.

QUESTIONÁRIO DE EMOÇÕES FORDYCE[11]

Qual é o seu nível de felicidade ou infelicidade usual? Marque *uma* das alternativas a seguir — aquela que descrever melhor o seu estado médio de felicidade.

_____ 10. Extremamente feliz (sentindo-se em êxtase, fantástico)
_____ 9. Muito feliz (sentindo-se muito bem, eufórico)
_____ 8. Bastante feliz (animado, sentindo-se bem)
_____ 7. Moderadamente feliz (sentindo-se razoavelmente bem, com certa animação)
_____ 6. Ligeiramente feliz (somente um pouco acima do normal)
_____ 5. Neutro (nem especialmente feliz, nem infeliz)
_____ 4. Ligeiramente infeliz (só um pouquinho abaixo do neutro)
_____ 3. Moderadamente infeliz (só um pouco desanimado)
_____ 2. Bastante infeliz (meio melancólico, de moral baixo)
_____ 1. Muito infeliz (deprimido, desanimado)
_____ 0. Extremamente infeliz (francamente deprimido, completamente prostrado)

Tire alguns momentos para refletir sobre suas emoções. Em média, durante que porcentagem do tempo você se sente feliz? Durante que porcentagem do tempo se sente infeliz? E durante que porcentagem do tempo se sente neutro (nem feliz nem infeliz)? Anote as estimativas nos espaços a seguir, com a maior precisão possível. Não se esqueça de que a soma dos três números deve dar 100.

Em média:

Porcentagem de tempo em que me sinto feliz _____ %

Porcentagem de tempo em que me sinto infeliz _____ %

Porcentagem de tempo em que me sinto neutro _____ %

Em uma amostra de 3050 cidadãos adultos residentes nos Estados Unidos, a contagem média (de um total de dez pontos) foi de 6,92. A porcentagem média de tempo de felicidade foi: feliz, 54,13%; infeliz, 20,44%; e neutro, 25,43%.

Uma pergunta deve estar martelando a sua cabeça após ler este capítulo: O que é felicidade, afinal? Mais palavras foram escritas para definir felicidade do que sobre praticamente qualquer outra questão filosófica. Eu poderia encher o restante destas páginas com apenas parte das tentativas de esclarecer esse conceito tão debatido, mas não quero aumentar a confusão. Tive o cuidado de empregar os termos de modo bem definido e coerente, e o leitor interessado poderá encontrar as definições no apêndice. Minha maior preocupação, porém, é medir os aspectos que constituem a felicidade — as forças e emoções positivas — e, então, dizer a você o que a ciência descobriu acerca de como intensificá-los.

2. Como a psicologia perdeu o rumo e eu achei o meu

"Alô, Marty. Sei que você está bastante ansioso. Os resultados são... Piii. Buzz. Piii." Silêncio.

Reconheço a voz de Dorothy Cantor, presidente da APA — American Psychological Association —, a associação que reúne 160 mil psicólogos dos Estados Unidos, e ela está certa quanto à minha ansiedade. A votação para sucedê-la mal terminou, e eu fui um dos candidatos. Mas quem consegue sinal de celular em pleno Parque Nacional de Tetons?

"Era sobre o resultado das eleições?", pergunta meu sogro Dennis com seu sotaque britânico em tom de barítono. No Chevrolet Suburban apinhado, mal consigo ouvir o que ele diz, com meus três filhos pequenos cantando a plenos pulmões "One more day", de *Les Misérables*. A frustração me faz morder o lábio. Quem mandou eu me meter em política? Eu era um professor conceituado — tinha um laboratório movimentado, com verba suficiente, estudantes dedicados, um livro que vendia muito bem e participava de reuniões da cadeira de psicologia, que eram tediosas mas toleráveis —, além de ser figura central em dois campos acadêmicos: desamparo aprendido e otimismo aprendido. Quem precisa de política?

Eu preciso. Enquanto espero que o celular volte à vida, recuo quarenta anos, até as raízes da minha decisão de ser psicólogo. E de repente, lá estão Jeannie Albright, Barbara Willis e Sally Eckert, interesses românticos inatingíveis de um garoto gorducho de treze anos, judeu, de classe média, subitamente jogado em uma escola cheia de protestantes cujas famílias viviam em Albany havia trezentos anos, meninos judeus muito ricos e atletas católicos. Eu fora aprovado com ótimas notas nos exames de admissão à Albany Academy for Boys naqueles tempos sonolentos de Eisenhower, antes da criação dos testes padronizados para ingresso nas faculdades. Como ninguém conseguia ingressar em uma boa faculdade vindo das escolas públicas de Albany, meus pais, ambos funcionários públicos, rasparam todas as economias para conseguir pagar os seiscentos dólares de mensalidade. Eles estavam certos em querer garantir uma boa faculdade para mim, mas não tinham ideia da agonia que um garoto de classe social diferente sofreria durante cinco anos, sendo olhado com desdém pelas garotas da Albany Academy for Girls e, pior, pelas mães delas.

Que poderia eu fazer para, ainda que remotamente, despertar o interesse de Jeannie, com seus cabelos ondulados e narizinho perfeito, de Barbara, a voluptuosa, ou, mais difícil ainda, de Sally, de pele tão alva? Talvez pudesse conversar com elas sobre seus problemas. Que ideia brilhante! Podia apostar que nenhum outro garoto jamais ouvira suas inseguranças, seus pesadelos e suas fantasias mais melancólicas, seus momentos de desalento. Assumi o papel e me acomodei confortavelmente no nicho que tinha descoberto.

"Sim, Dorothy. Por favor, quem venceu?"

"A votação não foi..." Piii. Silêncio. Aquele "não" me pareceu portador de más notícias.

Recuo devagar no tempo novamente. Imagino como deve ter sido a Washington, DC de 1946. As tropas acabaram de chegar da Europa e do Pacífico, alguns soldados machucados fisicamente, outros emocionalmente. Quem vai curar os veteranos que se sacrificaram pela nossa liberdade? Os psiquiatras, é claro; sua missão é a de serem os médicos da alma. A começar por Kraepelin, Janet, Bleuler e Freud, eles construíram uma longa história — ainda que não universalmente aplaudida — de reparo de danos psíquicos. Mas o número de psiquiatras não chega nem perto do que seria necessário: o treinamento é longo (mais de oito anos de pós-graduação), caro e muito seletivo, além de cobrarem uma fortuna por seus serviços. E que dizer de cinco dias por semana em um divã? Isso funciona mesmo? Haveria a possibilidade de fazer um treinamento em massa de outros profissionais menos escassos, entregando a eles a tarefa de curar as feridas mentais de nossos veteranos? Então o Congresso pergunta: "Por que não esses tais 'psicólogos'?".

Quem são os psicólogos? Como ganhavam a vida em 1946? Logo após a Segunda Guerra Mundial, a psicologia é uma profissão restrita. Muitos deles são acadêmicos tentando descobrir o processo básico de aprendizagem e motivação (geralmente em ratinhos brancos) e de percepção (geralmente em universitários brancos). Eles experimentam a ciência "pura", dando pouca atenção ao fato de as leis básicas que descobrem serem aplicáveis ou não. Esses psicólogos que fazem um trabalho "aplicado", seja acadêmico ou na vida real, têm três missões. A primeira é curar a doença mental. Na maioria das vezes, assumem a tarefa sem graça de fazer os testes, ficando a terapia propriamente dita como prerrogativa dos psiquiatras. A segunda missão — cumprida pelos psicólogos que trabalham nas indústrias, nos quartéis e nas escolas — é tornar a vida das pessoas comuns mais feliz, mais produtiva e plena. A terceira missão é identificar e apoiar jovens excepcionalmente talentosos; para isso, acompanham o desenvolvimento de crianças com QI extremamente alto.

O Veterans Administration Act de 1946, entre muitas outras coisas, criou um quadro de psicólogos para tratar os veteranos de guerra com problemas psicológicos. Uma legião de psicólogos recebeu bolsas para treinamento em nível de pós-graduação, e uniu-se aos psiquiatras na prescrição de terapias. Na verdade, muitos começaram a tratar de não veteranos, atendendo clientes particulares e sendo reembolsados pelas companhias de seguros. Ao final de 25 anos, esses psicólogos "clínicos" (ou psico-terapeutas, como passaram a ser chamados) excediam em número todos os outros da profissão, e vários estados aprovaram leis que permitiam apenas aos psicólogos clínicos serem chamados de "psicólogos". A presidência da APA, antes uma grande honraria da comunidade científica, é passada principalmente a psicoterapeutas cujos nomes são quase desconhecidos dos psicólogos acadêmicos. A psicologia passa a ser praticamente um sinônimo de tratamento de doença mental. Sua missão histórica de fazer a vida das pessoas comuns mais produtiva e plena fica em segundo plano em relação à cura de desordens, e as tentativas de identificar e apoiar gênios são praticamente abandonadas.

Somente por um breve período os psicólogos acadêmicos, com seus ratos e seus universitários, conseguem ficar livres da insistência para que estudem pessoas problemáticas. Em 1947, o Congresso cria o National Institute of Mental Health — Instituto Nacional de Saúde Mental — e concede bolsas em quantidade jamais sonhada. Durante algum tempo, a pesquisa básica em processos psicológicos (normais ou não) encontra alguma receptividade no NIMH. Mas o NIMH é dirigido por psiquiatras e, apesar do nome e da declaração do Congresso, gradualmente vai se parecendo cada vez mais com o National Institute of Mental Illness — Instituto Nacional de Doenças Mentais —, uma esplêndida instituição dedicada à pesquisa, mas voltada exclusivamente para as desordens mentais, e não para a saúde. Em 1972, para ser atendido, um pedido de bolsa tinha de demonstrar sua "significância"; em outras palavras, sua relevância para a causa e a cura de desordens mentais. Psicólogos acadêmicos começaram a conduzir seus ratos e universitários na direção da doença mental. Já posso sentir essa pressão inexorável quando me candidato à minha primeira bolsa em 1968. Mas, pelo menos, não se trata de sacrifício algum, já que minha ambição é aliviar o sofrimento.

"Por que não vamos para Yellowstone? Lá, com certeza, há telefones públicos", diz minha esposa, Mandy. As crianças cantam uma versão de estourar os tímpanos de "Do you hear the people sing, singing the song of angry men". Faço o retorno e, enquanto dirijo, volto aos meus devaneios.

Estou em Ithaca, Nova York, e o ano é 1968. Sou o professor assistente de uma turma de psicologia do segundo ano em Cornell, e apenas dois anos mais velho do que meus alunos. Quando era aluno de graduação na Universidade da Pensilvânia, eu tinha trabalhado, junto com Steve Maier e Bruce Overmier, em um fenômeno espantoso chamado "desamparo aprendido". Descobrimos que cachorros submetidos a choques elétricos dolorosos que não conseguiam evitar, mais tarde desistiam de tentar escapar. Ficavam choramingando, aceitando passivamente os choques, mesmo quando estavam livres para fugir. Essa descoberta chamou a atenção de pesquisadores em teoria da aprendizagem, já que se acreditava que animais não seriam capazes de aprender que nada do que fizessem teria efeito — que havia uma relação aleatória entre suas ações e o que acontecia em seguida. A premissa básica desse campo é que a aprendizagem só acontece quando uma ação (pressionar uma barra, por exemplo) produz um resultado (uma porção de comida) ou quando a ação de pressionar a barra não faz mais aparecer a porção de comida. Aprender que a liberação da porção de comida independe da pressão na barra está além da capacidade dos animais (e dos humanos também). A aprendizagem do acaso (que nada do que você fizer tem importância) é cognitiva, e a teoria da aprendizagem está comprometida com uma visão mecânica de estímulo-resposta-reforço, que exclui o raciocínio, a certeza e a expectativa. Segundo ela, animais e seres humanos não conseguem apreciar contingências complexas, formar expectativas quanto ao futuro e muito menos aprender que são impotentes. O desamparo aprendido desafia os axiomas principais do meu campo de atuação.

Pela mesma razão, não foi o drama do fenômeno ou seu aspecto surpreendentemente patológico (os animais pareciam francamente deprimidos) que intrigou meus colegas, mas as implicações para a teoria. Ao contrário, o que me impressionou foram as implicações para o sofrimento humano. A partir do meu nicho social como "terapeuta" de Jeannie, Barbara e Sally, o estudo de transtornos psíquicos tinha se tornado minha vocação. Os detalhes da teoria da aprendizagem eram simples contribuições para uma compreensão científica das causas e curas do sofrimento.

Sentado à minha mesa de aço no laboratório — uma construção adaptada em meio ao frio do interior do norte do estado de Nova York —, não preciso me preocupar em discutir as implicações do desamparo aprendido para a doença mental. A exigência da minha primeira bolsa e de todas as que se seguiram nos trinta anos seguintes enquadra perfeitamente minha busca para tentar compreender e curar as doenças. Passados alguns anos, já não é possível investigar ratos e cachorros deprimidos; os pesquisadores têm de observar a depressão em seres humanos. Em dez anos, os universitários deprimidos também ficaram para trás. A terceira edição do Manual de diagnóstico e estatística de desordens mentais da American Psychiatric Association (DSM-III) reúne as verdadeiras desordens, e a menos que você se apresente como paciente ou tenha pelo menos cinco de nove sintomas severos, você não está realmente deprimido. Os universitários, se continuam estudando, não estão estagnados. Só estão qualificados para experiências subsidiadas aqueles que tiverem transtornos verdadeiros e graves, ou seja, distúrbio depressivo. Como a maioria dos estudiosos concorda com a nova exigência de que a pesquisa seja feita com pacientes certificados, muito da psicologia acadêmica finalmente se rende e torna-se apenas um rodapé da entidade da desordem psiquiátrica. Thomas Szasz, um psiquiatra cético, contestador e provocador, diz: "A psicologia é um círculo fechado que imita outro círculo fechado chamado psiquiatria".

Ao contrário de muitos dos meus colegas, sigo em frente com entusiasmo. Para mim, não há problema algum em afastar a ciência da pesquisa da ciência básica e tomar a direção da pesquisa aplicada com foco no sofrimento. Se tiver de me adequar a normas psiquiátricas, enquadrar meu trabalho nas categorias do DSM-III e aceitar a aplicação de diagnósticos oficiais, isso são meras inconveniências; não é nenhuma hipocrisia.

Para os pacientes, as consequências da abordagem do NIMH foram incríveis. Em 1945, nenhuma doença mental era tratável. Era melhor não fazer nada. Tudo era feito para esconder a verdade: trabalhar os traumas da infância não ajudou a esquizofrenia (apesar do filme David e Lisa), e retirar pedaços do lobo frontal não aliviou a depressão psicótica (o que não impediu o psiquiatra português Antonio Moniz de receber o prêmio Nobel em 1949). Cinquenta anos mais tarde, em contraste, os medicamentos ou formas específicas de psicoterapia são capazes de aliviar sensivelmente pelo menos catorze doenças mentais. Duas delas, na minha opinião, podem ser curadas: a síndrome do pânico e a hemofobia. (Escrevi um livro em 1994, What You Can Change and What You Can't [O que você pode e o que não pode mudar], documentando esse progresso em detalhes.)

Além disso, uma ciência da doença mental foi criada. É possível diagnosticar e medir com rigor conceitos nebulosos como esquizofrenia, depressão e alcoolismo, além de acompanhar seu desenvolvimento ao longo da vida. Por meio de experiências, é possível isolar os fatores causais e, o melhor de tudo, descobrir os efeitos benéficos de drogas e terapia no alívio do sofrimento. Quase todo esse progresso pode ser diretamente atribuído a programas de pesquisa patrocinados pelo NIMH, um empreendimento que custou cerca de 10 bilhões de dólares ao todo.

Para mim, os resultados também foram bastante bons. Trabalhando dentro de um modelo de doença, fui o beneficiário de mais de trinta anos ininterruptos de bolsas para explorar o desamparo; primeiro em animais, depois em pessoas. Nossa proposta é que o desamparo aprendido pode ser um modelo de "depressão unipolar", ou seja, depressão sem mania. Testamos os paralelos de sintomas, causas e cura, e descobrimos que tanto as pessoas deprimidas que procuram nossa clínica como as que se sentiram desamparadas diante de problemas insolúveis demonstram passividade, aprendem mais lentamente, são mais tristes e mais ansiosas do que as que não estão em depressão ou do que nossos grupos de controle. O desamparo aprendido e a depressão têm deficiências subjacentes na química cerebral que são similares, e a mesma medicação que alivia a depressão unipolar em seres humanos também alivia o sentimento de desamparo em animais.

Mas no fundo da mente, sinto certo desconforto em relação a essa ênfase exclusiva na descoberta de deficiências e no reparo dos danos. Como terapeuta, vejo pacientes para quem o modelo de doença funciona, mas também vejo outros que melhoram sensivelmente sob uma série de circunstâncias que não se enquadram em tal modelo. Observo o crescimento e a transformação desses pacientes quando percebem o quanto são fortes: quando uma paciente que foi estuprada toma consciência de que não pode mudar o passado, mas tem o futuro nas mãos; quando um paciente se convence de que pode não ser bom em contabilidade, mas é sempre elogiado pelos clientes por causa da atenção que dá a eles; ou quando coloca o pensamento em *ordem, simplesmente pela construção de uma narrativa coerente dos fatos de uma vida que se tornou um verdadeiro caos devido a problemas sucessivos. Vejo uma variedade de forças humanas, identificadas e ampliadas na terapia, que servem como verdadeiros amortecedores contra as várias desordens cujos nomes diligentemente registro nos formulários que vão para as companhias de seguros. Essa ideia de produzir forças amortecedoras como solução curativa na terapia simplesmente não se ajusta à estrutura que acredita que cada paciente tem uma desordem específica, com uma patologia subjacente específica, que será aliviada por uma técnica de cura específica para aquelas deficiências.*

Dez anos depois de ter começado a estudar o desamparo aprendido, mudei de ideia sobre minhas conclusões. Tudo por causa de certas descobertas vergonhosas que continuo a ter a esperança de que vão desaparecer sozinhas. Nem todos os ratos e cachorros se tornam impotentes depois do choque inescapável, assim como nem todas as pessoas que se veem enfrentando problemas insolúveis ou inescapáveis. De cada três indivíduos, um nunca desiste, aconteça o que acontecer. De cada oito, um já começa se sentindo impotente — não é preciso nenhuma experiência de incontrolabilidade para fazê-lo desistir. De início, tentei varrer as descobertas para baixo do tapete, mas depois de uma década de variabilidade, chegou a hora de levá-las a sério. Por que certas pessoas têm uma força que as torna invulneráveis ao desamparo? Por que outras desistem ao menor sinal de problema?

Estaciono o Suburban salpicado de lama e corro para a cabine telefônica. Disco o número de Dorothy, mas está ocupado. "Provavelmente está falando com o ganhador", penso. "Quem teria sido mais votado, Dick ou Pat?" Estou concorrendo com dois profissionais: Dick Suinn, ex-prefeito de Fort Collins, Colorado, psicólogo de atletas olímpicos e diretor do Departamento de Psicologia da Colorado State University; e Pat Bricklin, candidata do bloco majoritário de terapeutas da APA, ela mesma uma psicoterapeuta exemplar e uma personalidade do rádio. Ambos dedicaram boa parte de seu tempo, nos últimos vinte anos, às assembleias da APA, em Washington e outras cidades. Eu nunca era convidado para essas reuniões. Na verdade, ainda que fosse convidado, não iria, porque minha capacidade de concentração é mais curta que a dos meus filhos, quando se trata dessas reuniões. Tanto Pat quanto Dick já tinham ocupado quase todos os cargos importantes da APA, exceto a presidência. Eu nunca ocupei nenhum. Pat e Dick tinham presidido várias comissões. A última vez em que me lembrava de ter feito alguma coisa parecida foi na escola, quando fui representante de turma.

Tento ligar mais uma vez, mas o número de Dorothy continua ocupado. Frustrado e sem ter o que fazer, fico parado em frente ao telefone, com o olhar perdido. Respiro fundo e analiso minhas próprias reações. Estou convencido de que as notícias são ruins. Até ia me esquecendo de outra presidência que ocupei, a da divisão de psicologia clínica da APA, com 6 mil membros, e me saí muito bem. Afinal, não sou um completo estranho na APA; apenas demorei um pouco para chegar lá. Eu me convenci a não ter esperança, entrei em pânico e não lancei mão dos meus recursos. Sou um abominável exemplo da minha própria teoria.

Os pessimistas têm um modo especialmente pernicioso de explicar seus reveses e frustrações. Eles logo pensam que a causa é permanente, contagiosa e pessoal: "Vai durar para sempre, vai se espalhar, e a culpa é minha". Eu me peguei, mais uma vez, fazendo isso. Um sinal de telefone ocupado significava que eu havia perdido a eleição, e isso porque não era suficientemente qualificado e não tinha me dedicado o bastante para vencer.

Os otimistas, ao contrário, têm uma força que lhes permite interpretar os reveses como superáveis, restritos a determinado problema e resultantes de circunstâncias temporárias ou de ações de outras pessoas. Segundo descobri em duas décadas de trabalho, os pessimistas são até oito vezes mais predispostos à depressão quando as coisas não vão bem; têm um rendimento na escola, nos esportes e na profissão inferior ao que seu talento indicaria; têm saúde física pior e vivem menos; têm relações interpessoais mais tumultuadas e perdem as eleições presidenciais dos Estados Unidos para os oponentes mais otimistas. Se eu fosse otimista, teria concluído que o telefone de Dorothy estava ocupado porque ela tentava se comunicar comigo para me dar a notícia da vitória. Ainda que tivesse perdido a eleição, seria porque a prática clínica conta com um bloco de eleitores maior que o da ciência acadêmica. Afinal, eu tinha sido o consultor científico do artigo do *Consumer Reports* que relatava quanto a psicoterapia funciona. Portanto, estava bem posicionado para unir prática e ciência, e provavelmente vou vencer se concorrer outra vez no ano que vem.

Mas eu não sou um otimista. Sou um pessimista radical. Acredito que somente os pessimistas são capazes de escrever livros sensatos e práticos sobre o otimismo, e uso todo dia as técnicas que descrevi em *Aprenda a ser otimista*.

Tomo do meu próprio remédio, e dá certo. Agora mesmo, estou empregando uma das minhas técnicas — a contestação de ideias catastróficas — enquanto observo o fone fora do gancho.

A contestação funciona e, enquanto me animo, outra solução me ocorre. Ligo para Ray Fowler. "Espere um minuto, por favor, dr. Seligman", diz Betty, a secretária.

Enquanto espero que Ray atenda, volto doze meses no tempo, até uma suíte de hotel em Washington, onde Ray, sua esposa Sandy, Mandy e eu abrimos uma garrafa de California Chardonnay. As três crianças pulam no sofá, cantando "The music of the night", de O Fantasma da Ópera.

Com seus sessenta e poucos anos, Ray é um homem bonito, musculoso, de cavanhaque, que lembra uma mistura de Robert E. Lee e Marcus Aurelius. Dez anos antes, tinha sido eleito presidente da American Psychological Association, *mudando-se para Washington, DC, e deixando a Universidade do Alabama, onde havia chefiado durante muitos anos o departamento de psicologia. Sem que ele tivesse qualquer responsabilidade sobre o fato, em poucos meses a APA começou a ter problemas. A revista* Psychology Today, *inadvertidamente financiada pela associação, fechou. Ao mesmo tempo, um grupo de acadêmicos descontentes (do qual eu fazia parte) ameaçou se desligar da entidade, acreditando que a maioria dos profissionais politicamente ardilosos tinha levado a APA a se tornar um órgão que apoiava a psicoterapia privada e negligenciava a ciência. No entanto, ao passar da presidência para o cargo de CEO, que detinha o verdadeiro poder, em uma década Ray conseguiu uma trégua na guerra entre prática e ciência, tirou a APA do vermelho e aumentou o número de associados para 160 mil, empatando com a* American Chemical Society *como a maior organização de cientistas do mundo.*

Eu digo: "Ray, preciso de um conselho honesto. Estou pensando em concorrer à presidência da associação. Tenho chances de ganhar? E se for eleito, posso realizar alguma coisa que valha três anos da minha vida?".

Ray pensa em silêncio. É assim que ele pensa. Ray é uma ilha de contemplação no oceano tempestuoso da política da psicologia. "Por que você quer ser presidente, Marty?"

"Eu podia dizer que quero unir ciência e prática. Ou que quero ver a psicologia enfrentar esse sistema espinhoso de administração da assistência médica, apoiando a pesquisa sobre a eficácia da terapia. Ou que quero ver duplicadas as verbas destinadas

à saúde mental. Mas, no fundo, não é nada disso. É muito mais intuitivo. Lembra-se da imagem final do filme 2001: Uma odisseia no espaço? O enorme feto flutuando acima da Terra, sem saber o que viria a seguir? Acredito que tenho uma missão, Ray, mas não sei qual é. Acho que, se for presidente da APA, vou descobrir."

Ray pensa mais um pouco. "Meia dúzia de aspirantes à presidência me fez a mesma pergunta nas últimas semanas. Sou pago para que o mandato do presidente seja o melhor tempo da vida dele. Meu trabalho é dizer que você pode vencer e ser um ótimo presidente. Mas, no seu caso, estou falando sério. Se isso vai valer três anos da sua vida? Essa pergunta é mais difícil de responder. Você tem uma família maravilhosa. A presidência significaria muito tempo longe deles..."

Mandy interrompe: "Na verdade, não. Minha única condição seria que Marty comprasse uma caminhonete; assim, aonde ele for, nós vamos atrás. As crianças podem ter aulas em casa, sem interromper os estudos". A esposa de Ray, Sandy, com seu sorriso enigmático de Mona Lisa, assente em aprovação.

"Aí está você", diz Betty, interrompendo meus devaneios. "Você ganhou, Marty. E com o triplo de votos do segundo colocado. O número de votantes foi o dobro das vezes anteriores. Você ganhou pela mais larga margem da história!"

Para minha surpresa, eu tinha vencido. Mas qual era a minha *missão*?

Eu precisava criar um tema central rapidamente e reunir pessoas simpáticas à ideia para colocá-la em prática. O mais próximo que eu conseguia chegar de um tema era "prevenção". A maioria dos psicólogos, trabalhando com o modelo de doença, estava concentrada na terapia, em ajudar aqueles que procuravam tratamento quando seus problemas se tornavam insuportáveis. A ciência, apoiada pelo NIMH, enfatiza estudos rigorosos sobre a "eficácia" de diferentes remédios e diferentes formas de psicoterapia, na esperança de unir "tratamentos preferenciais" para cada distúrbio específico. Na minha opinião, a terapia chega tarde demais; agindo quando o indivíduo ainda estivesse bem, intervenções preventivas economizariam um oceano de lágrimas. Essa é a principal lição que o século XX nos deixou em matéria de estratégia de saúde pública: a cura é incerta, mas a prevenção é maciçamente eficaz — basta ver como ensinar às parteiras a lavar as mãos acabou com a febre puerperal, e como a vacinação acabou com a poliomielite.

Pode haver intervenções psicológicas na juventude que evitem a depressão, a esquizofrenia e o abuso de substâncias tóxicas na idade adulta? Minha própria pesquisa durante a última década se concentrou na investigação dessa questão. Descobri que ensinar a crianças de dez anos a habilidade de pensar e agir com otimismo reduz pela metade o número de deprimidos, ao chegarem à adolescência (meu livro anterior, *The Optimistic Child* [A criança otimista], explica em detalhes essa descoberta). Então, pensei que as virtudes da prevenção e a importância de promover a ciência e a prática poderiam ser meus temas.

Em Chicago, seis meses mais tarde, reuni uma força-tarefa da prevenção para um dia de planejamento. Cada um dos doze membros, todos eles pesquisadores notáveis da área, apresentou ideias sobre o limite da prevenção da doença mental. Infelizmente, eu estava terrivelmente entediado. O problema não era a seriedade do assunto nem a qualidade das soluções, mas o modo sem graça como a ciência era apresentada. Tratava-se apenas do velho modelo de doença, requentado e colocado em prática proativamente, pegando os tratamentos que tinham dado certo e aplicando mais cedo em jovens em situação de risco. Tudo parecia razoável, mas eu tinha duas restrições que me deixavam com um pé atrás.

Em primeiro lugar, acredito que o que sabemos sobre o tratamento de desordens do cérebro e da mente nos diz pouco sobre sua prevenção. Qualquer progresso que tenha havido na prevenção de doenças mentais deve-se ao reconhecimento e ao estímulo de uma série de forças, competências e virtudes em indivíduos jovens — como a preocupação com o futuro, a esperança, as habilidades interpessoais, a coragem, o foco, a fé e a ética no trabalho. O exercício dessas forças funciona como um amortecedor contra as adversidades que levam ao risco de doença mental. A depressão em um jovem com predisposição genética pode ser evitada, desde que sejam estimuladas suas habilidades de pensar e agir com otimismo e esperança. Um jovem da periferia, exposto ao abuso de substâncias tóxicas por causa do tráfico na vizinhança, fica muito menos vulnerável quando tem planos para o futuro, dedica-se ao esporte e tem fortes princípios éticos. Mas estimular essas forças como prevenção é estranha ao modelo de doença, que se concentra unicamente em remediar as deficiências.

Em segundo, além da probabilidade de que o uso de Haldol ou Prozac em crianças em situação de risco de desenvolver esquizofrenia ou depressão não dê resultado, um programa científico desse tipo atrairia apenas os medíocres.[1] Uma ciência renovada de prevenção precisa de cientistas jovens, brilhantes e originais que, historicamente, sempre foram os responsáveis por progressos reais em qualquer setor.

Quando eu caminhava para a porta giratória, o mais iconoclasta dos professores me alcançou e disse: "Isso é um tédio, Marty. Você precisa colocar uma nova estrutura intelectual nisso".

Duas semanas mais tarde, enquanto arrancava o mato do jardim com minha filha de cinco anos, Nikki, tive uma visão de que poderia vir a ser essa nova estrutura. Devo confessar que, embora tenha escrito um livro e muitos artigos sobre crianças, não sou muito bom com elas. Eu me concentro nos meus objetivos e não gosto de perder tempo; então, quando decido cuidar do jardim, eu cuido. Nikki, no entanto, ficava jogando o mato para o alto, cantando e dançando — me distraindo. Reclamei, e ela se afastou. Em poucos minutos estava de volta, dizendo: "Pai, quero falar com você".

"O que foi, Nikki?"

"Você se lembra de quando eu ainda não tinha cinco anos? De quando eu tinha três até quando fiz cinco, eu era uma chorona. Eu chorava todo dia. No dia do meu aniversário de cinco anos, decidi que não ia mais chorar. Foi a coisa mais difícil que já fiz. Mas se eu posso parar de chorar, você também pode parar de ser tão mal-humorado."

Aquilo foi uma revelação para mim. Em termos da minha própria vida, Nikki acertou em cheio. Eu era um chato mal-humorado. Tinha passado cinquenta anos suportando um mau humor constante na alma e, nos últimos dez, tinha sido uma nuvem cinzenta em uma família radiante e cheia de sol. Minha felicidade certamente não se devia ao meu mau humor, mas existia apesar dele. Naquele momento, resolvi mudar.

Mais importante: percebi que educar Nikki não era corrigir suas faltas; isso ela podia fazer sozinha. Meu propósito, em sua educação, era alimentar aquela força precoce que ela demonstrava — que eu chamo "olhar para dentro da alma", mas o jargão chama de inteligência social — e ajudá-la a moldar a vida em torno dela. Aquela força, plenamente desenvolvida, serviria como proteção contra suas fraquezas e contra as intempéries da vida que inevitavelmente atravessariam seu caminho. Educar filhos, hoje eu sei, é muito mais que corrigir maus comportamentos; é identificar e estimular suas forças e virtudes, ajudando-os a encontrar o nicho onde possam exercitar ao máximo esses traços positivos.

Mas se o fato de deixar pessoas em posição de aproveitar ao máximo suas forças tem benefícios sociais, também tem fortes implicações para a psicologia. Pode haver uma ciência psicológica que se concentre nas melhores coisas da vida? Pode haver uma classificação de forças e virtudes que faça a vida valer a pena? Os pais e professores podem usar essa ciência para criar crianças fortes e resistentes, prontas a assumir seu lugar em um mundo onde mais oportunidades de realização estão disponíveis? Os adultos podem ensinar a si mesmos caminhos melhores para a felicidade e a realização?

A vasta literatura de psicologia sobre o sofrimento não é muito aplicável a Nikki.[2] Uma psicologia mais eficaz para ela e para as crianças de todos os lugares é a que considera as motivações positivas — benevolência, competência, opção e respeito pela vida — tão autênticas quanto os motivos menos nobres. É aquela que investiga sentimentos positivos, como satisfação, felicidade e esperança. É aquela que questiona como as crianças conseguem adquirir forças e virtudes cujo exercício leva a esses sentimentos positivos. É aquela que investiga as instituições positivas (família sólida, democracia, um amplo círculo moral) que promovem essas forças e virtudes. É aquela que vai nos guiar por melhores caminhos, para alcançarmos a vida boa.

Nikki tinha encontrado para mim a minha missão, e este livro é minha tentativa de contá-la.

3. Por que se preocupar em ser feliz?

Por que nos sentimos felizes? Por que sentimos alguma coisa? Por que a evolução nos dotou de estados emocionais tão persistentes, tão desgastantes e tão... bem, tão presentes... que faz toda a nossa vida girar em torno deles?

EVOLUÇÃO E SENTIMENTOS POSITIVOS

No mundo onde os psicólogos se sentem mais confortáveis, sentimentos positivos em relação a uma pessoa ou um objeto provocam aproximação, enquanto sentimentos negativos provocam afastamento. O cheirinho delicioso de bolo no forno nos atrai até a cozinha, mas o odor repulsivo de vômito nos faz atravessar a rua. As amebas e os vermes, porém, se aproximam da matéria de que necessitam e evitam os perigos usando seus sentidos básicos e faculdades motoras, sem qualquer sentimento. No entanto, em algum ponto da evolução, os animais mais complexos adquiriram uma vida emocional. Por quê?

O primeiro indício importante para desvendar essa questão complicada vem da comparação entre as emoções negativas e positivas. Emoções negativas — medo, tristeza e raiva — são nossa linha de frente de defesa contra ameaças externas, provocando uma reação. Medo é sinal de perigo à espreita, tristeza é sinal de perda iminente e raiva é sinal de que alguém está tentando nos agredir. No processo evolutivo, perigo, perda e agressão são ameaças à própria sobrevivência. Mais do que isso, ameaças externas são disputas em que a vitória de um competidor implica a derrota do oponente. O resultado líquido é zero. O tênis é um jogo assim porque quando um ganha um ponto, o outro perde. É o que acontece também quando duas crianças de três anos disputam um único pedaço de chocolate. As emoções negativas exercem um papel dominante em disputas desse tipo, e quanto mais importante o resultado, mais intensas e desesperadas essas emoções. Uma luta até a morte é o mais perfeito exemplo dessa disputa no processo evolutivo, e como tal faz surgir o escudo de emoções negativas em sua forma mais extremada. É possível que essa seja a razão de a seleção natural ter favorecido o crescimento de emoções negativas. Os nossos ancestrais que sentiram fortes emoções negativas quando perceberam a vida em jogo provavelmente lutaram e escaparam da melhor maneira possível, passando adiante seus genes relevantes.

Todas as emoções têm um componente de sentimento, um componente sensorial, um componente de raciocínio e um componente de ação. O componente de sentimento de todas as emoções negativas é a *aversão*, traduzida por desgosto, medo, repulsa, ódio etc. Estes, como as imagens, os sons e os cheiros, penetram na consciência e tomam conta dela. Ao agir como um alarme sensorial que avisa sobre a possibilidade de uma disputa em que, para uma das partes ganhar, a outra tem necessariamente que perder, os sentimentos negativos mobilizam o indivíduo a descobrir e eliminar o que está errado. O tipo de raciocínio que essas emoções necessariamente provocam é direcionado e rigoroso, fazendo com que a vítima concentre sua atenção na arma, e não no corte de cabelo do assaltante. Tudo isso termina em uma ação rápida e decisiva: luta, fuga ou proteção.[1]

Essa teoria é largamente aceita (exceto talvez pelo aspecto sensorial) e, desde Darwin, forma o pilar do pensamento sobre o papel das emoções negativas na evolução.[2] É estranho, entretanto, que não haja ideias aceitas acerca da razão por trás das nossas emoções positivas.

Os cientistas fazem a distinção entre fenômenos e epifenômenos. Quando você pressiona o acelerador, isso é um fenômeno, porque dá início a uma cadeia de eventos que fazem o carro andar mais depressa. O epifenômeno é apenas um medidor ou uma medida sem eficácia causal. O velocímetro, por exemplo, não acelera o carro; apenas mostra ao motorista a velocidade do carro. Os behavioristas, entre eles B. F. Skinner, passaram meio século sustentando que toda a vida mental era simples epifenômenos, como espuma de leite sobre o cappuccino do comportamento. Quando se está fugindo de um urso, esse argumento se aplica, já que o seu medo apenas reflete o fato de que você está correndo, com o estado subjetivo acontecendo frequentemente *depois* do comportamento. Em resumo: o medo não é o motor da fuga; é apenas o velocímetro.

Sempre fui antibehaviorista, embora tenha trabalhado em um laboratório que seguia essa linha. O desamparo aprendido me convenceu de que o programa behaviorista estava completamente errado. Os animais, e certamente as pessoas, podiam considerar relações complexas entre os eventos (do tipo "Nada do que eu faça adianta") e extrapolar essas relações para o futuro ("Eu estava desamparado ontem e, embora as circunstâncias sejam outras, vou estar desamparado hoje"). Apreciar contingências complexas é o processo de formação de opinião e extrapolá-las para o futuro é o processo de expectativa. Analisando com atenção o processo do desamparo aprendido, vê-se que não pode ser considerado um epifenômeno, já que provoca um comportamento — a desistência. O trabalho sobre o desamparo aprendido foi um dos sopros que derrubou a casa de palha do behaviorismo e levou à entronização, nos anos 1970, da psicologia cognitiva no feudo da psicologia acadêmica.

Eu estava inteiramente convencido de que as emoções negativas (as chamadas disforias) não eram epifenômenos. A explicação com base na teoria evolutiva era clara: tristeza e depressão não somente sinalizam perda, mas provocam comportamentos de retraimento, desistência e (em casos extremos) suicídio; ansiedade e medo sinalizam a presença do perigo, levando à preparação para a fuga, a defesa ou a proteção; raiva sinaliza invasão e causa a disposição de atacar o invasor e reparar injustiças.

Estranhamente, porém, não apliquei essa lógica às emoções positivas, seja na teoria ou na minha própria vida. Os sentimentos de felicidade, bom humor, entusiasmo, autoestima e alegria continuaram inconsistentes para mim. Pela minha teoria, eu duvidava de que aquelas emoções causassem alguma coisa ou pudessem ser aumentadas se a pessoa não tivesse a sorte de nascer com elas. Em *The Optimistic Child*, escrevi que sentimentos de autoestima em particular e felicidade em geral só se desenvolvem como efeito colateral do sucesso. Por mais maravilhosos que os sentimentos de autoestima possam ser, tentar desenvolvê-los antes de conseguir um bom relacionamento com o mundo seria confundir os meios com o fim. Ou pelo menos eu pensava assim.

Na vida pessoal, sempre me senti desanimado com o fato de raramente ser acometido por essas emoções agradáveis, e as poucas ocorrências serem muito rápidas. Sentindo-me diferente, guardei isso para mim, até que tomei conhecimento da literatura sobre estado de espírito positivo e negativo. Uma pesquisa cuidadosa, feita pela Universidade de Minnesota, concluiu que bom humor e alegria são traços da personalidade (chamados afetividade positiva).[3] pelo que se observa, altamente transmissíveis de pais para filhos. No caso de gêmeos idênticos, se um é risonho ou mal-humorado, é muito provável que o irmão, com exatamente os mesmos genes, também seja.[4] Mas se forem gêmeos fraternos, compartilhando apenas a metade dos genes, a probabilidade de que tenham a mesma afetividade é pequena, senão mero acaso.

ESCALA DA AFETIVIDADE POSITIVA E DA AFETIVIDADE NEGATIVA

Essa escala consiste em uma quantidade de palavras que descrevem diferentes sentimentos e emoções. Leia cada item e então marque a resposta adequada ao lado da palavra. Indique o quanto *você se sente agora desta maneira* (isto é, no momento presente). Use a escala a seguir para marcar as suas respostas.[5]

1 (MUITO POUCO OU NADA)	2 (UM POUCO)	3 (MODERADAMENTE)	4 (BASTANTE)	5 (EXTREMAMENTE)

___ interessado	(AP)		___ irritável	(AN)
___ aborrecido	(AN)		___ alerta	(AP)
___ animado	(AP)		___ envergonhado	(AN)
___ chateado	(AN)		___ inspirado	(AP)
___ forte	(AP)		___ nervoso	(AN)
___ culpado	(AN)		___ determinado	(AP)
___ assustado	(AN)		___ atencioso	(AP)
___ hostil	(AN)		___ agitado	(AN)
___ entusiasmado	(AP)		___ ativo	(AP)
___ orgulhoso	(AP)		___ temeroso	(AN)

Para ver a pontuação do seu teste, adicione a pontuação das suas dez afetividades positivas (AP) e a pontuação das suas dez afetividades negativas (AN) separadamente. Você vai chegar a duas pontuações variando entre 10 e 50.

Algumas pessoas ficam mais tempo em um estado de espírito positivo, e isso se mantém estável pela vida toda. São pessoas que se *sentem* ótimas a maior parte do tempo; coisas boas lhes dão muito prazer e alegria. Outras, no entanto, são o oposto: não se sentem muito bem a maior parte do tempo; quando obtêm sucesso, não pulam de alegria. A maioria das pessoas se situa em algum ponto entre os dois extremos. Esse era um resultado que já deveria ter sido previsto pela psicologia. Diferenças constitucionais na raiva e na depressão há muito foram estabelecidas. Por que não nas emoções positivas?

A conclusão que se tira daí é que parece haver um timoneiro genético que determina o curso da nossa vida emocional. Se o curso não seguir por mares tranquilos, essa teoria nos diz que não há muito a fazer para aumentar a felicidade. O que você pode fazer (e eu fiz) é aceitar o fato de estar preso a esse clima emocional frio, mas navegar decididamente em direção às realizações que provocam nos outros, os "altamente afetivos", todos aqueles sentimentos de prazer.

Tenho um amigo, Len, que é ainda menos positivo do que eu. Segundo qualquer critério, ele é considerado uma pessoa bem-sucedida, tanto no trabalho quanto nos esportes. Ganhou milhões como CEO de uma companhia financeira e, mais interessante ainda, tornou-se campeão nacional de bridge vários anos seguidos — e tudo isso antes dos trinta! Bonito, bem articulado, brilhante e bom partido, era um fracasso total no amor, por incrível que pareça. Como eu disse, Len é reservado, e virtualmente desprovido de estado de espírito positivo. No exato momento em que venceu um importante campeonato de bridge, eu o vi deixar escapar um meio sorriso muito ligeiro e subir as escadas correndo, para assistir sozinho a um jogo de futebol. Isso não quer dizer que Len seja insensível. Ele está sempre interessado nas emoções e necessidades alheias, e é muito sensível a elas (todos dizem que ele é "legal"). Mas ele próprio não sente muitas emoções.

As mulheres que namorou não gostavam de seu jeito. Ele não é caloroso nem alegre. Definitivamente, não é sorridente. "Tem alguma coisa errada com você, Len", todas elas diziam. Aceitando a crítica, Len frequentou durante cinco anos o divã de uma psicanalista em Nova York. "Tem alguma coisa errada com você, Len", ela também dizia; e usou toda a sua capacidade para tentar descobrir algum trauma de infância que pudesse explicar a repressão de sentimentos naturais positivos. Em vão. Não havia trauma algum.

Na verdade, provavelmente não há nada de muito errado com Len. Por sua constituição natural, ele se situa na extremidade inferior do espectro de afetividade positiva. A evolução garantiu que houvesse bastante gente nessa posição, porque a seleção natural encontra muita utilidade para a falta de emoção, assim como para sua presença. A frieza da vida emocional de Len é uma grande vantagem em algumas situações. Um campeão de bridge, um profissional bem-sucedido no mercado financeiro e um CEO precisam de muita frieza quando atuando sob pressão. Mas Len tinha namoradas, modernas mulheres americanas que apreciavam a extroversão. Dez anos atrás, ele me perguntou o que fazer. Sugeri que se mudasse para a Europa, onde demonstrações de afetividade e entusiasmo não são tão apreciadas. Ele hoje tem um casamento feliz com uma europeia. Moral da história: uma pessoa pode ser feliz, ainda que sem muita emoção positiva.

FORTALECIMENTO E CRESCIMENTO INTELECTUAL

Como Len, percebi que tinha pouco sentimento positivo na vida. Aquela tarde no jardim com Nikki me convenceu de que minha teoria estava errada. A cabeça, porém, só se deixou convencer de que as emoções positivas têm uma finalidade muito maior do que nos fazer sentir bem por Barbara Fredrickson, professora assistente da Universidade de Michigan. O Templeton Positive Psychology Prize, um prêmio concedido ao melhor trabalho sobre psicologia positiva feito por um cientista com menos de quarenta anos, é o mais generoso da área (100 mil dólares para o primeiro lugar), e tenho a sorte de presidir o comitê de seleção. Em 2000, primeiro ano em que o prêmio foi concedido, Barbara Fredrickson foi a vencedora, com sua teoria sobre a função das emoções positivas. Quando tomei conhecimento de seu trabalho, subi os degraus da escada de dois em dois e, chegando ao andar de cima, disse a Mandy: "Isto muda tudo!". Pelo menos, para um rabugento como eu.

Fredrickson afirma que as emoções positivas têm um papel importante na evolução. Elas fortalecem nossos recursos intelectuais, físicos e sociais, criando reservas de que podemos lançar mão quando uma oportunidade ou uma ameaça se apresentam. Quando estamos em um estado de espírito positivo, os outros gostam mais de nós, e a amizade, o amor e a união têm mais probabilidade de se solidificarem.[6] Ao contrário das restrições da emoção negativa, nossa disposição mental é expansiva, tolerante e criativa. Ficamos abertos a novas ideias e experiências.

Algumas experimentações simples, mas convincentes, apontam as evidências da teoria revolucionária de Fredrickson. Por exemplo, suponha que você tenha diante de si uma caixa de pregos, uma vela e uma caixa de fósforos, e tenha de prender a vela à parede e acendê-la, sem deixar que a cera pingue no chão. A tarefa requer uma solução criativa — esvaziar a caixa e pregá-la na parede para servir como suporte para a vela. Primeiro, o responsável pela experiência faz você sentir emoções positivas, oferecendo um saco de balas, contando histórias divertidas ou lendo, em voz alta, uma lista de palavras positivas. Todas essas técnicas acendem uma faísca de bem-estar, e a emoção positiva assim induzida desperta a sua criatividade para a realização da tarefa.

Outra experimentação: você tem de dizer o mais rapidamente possível se uma palavra se enquadra em determinada categoria. A categoria é "veículo". Você ouve "carro" e "avião", e logo responde "sim". A palavra seguinte é "elevador". Como um elevador não é um veículo óbvio, a maioria das pessoas custa a responder. Mas se as emoções positivas forem estimuladas com antecedência, como aconteceu na experiência descrita anteriormente, elas respondem mais depressa. O mesmo fortalecimento e a mesma mobilização do pensamento sob o efeito da emoção positiva ocorrem quando se trata de encontrar rapidamente uma única palavra que possamos relacionar com "cortador", "estrangeiro" e "atômico".[7]

A mesma melhora intelectual acontece com crianças pequenas e com médicos experientes. Foram formados três grupos de crianças de quatro anos, dos quais dois tiveram trinta segundos para lembrar "alguma coisa que aconteceu e deixou você tão feliz que teve vontade de dar pulinhos" ou "tão feliz que teve vontade de sorrir" — duas condições controladas por felicidade de alta energia versus felicidade de baixa energia. A seguir, os três grupos receberam a tarefa de aprender sobre formas geométricas diferentes.[8] Os dois que passaram pela preparação se saíram melhor que o terceiro, que recebeu apenas as instruções. Na outra extremidade do espectro da experiência, 44 residentes de um hospital foram divididos aleatoriamente em três grupos: um que recebeu um pacotinho de balas, um que leu em voz alta declarações humanistas sobre a medicina e um grupo de controle. Em seguida, foi apresentado aos médicos um caso de doença no fígado de difícil diagnóstico, acompanhado da solicitação de que dissessem em voz alta a linha de raciocínio que estavam seguindo. O grupo que ganhou as balas se saiu melhor, descobrindo a doença hepática com mais rapidez e eficiência, sem ceder a conclusões prematuras ou outras formas de processamento intelectual superficial.[9]

FELIZES MAS BURRINHOS?

Apesar das evidências, é tentador considerar as pessoas felizes como "cabeças ocas". As piadas de loura burra são um consolo para as morenas mais espertas, mas não tão populares; o mesmo consolo que era para mim, quando aluno do ensino médio, ver que os colegas mais extrovertidos não tinham um desempenho muito bom nos estudos. A visão "feliz, mas burrinho" tem uma procedência bastante respeitável. C. S. Peirce, fundador do pragmatismo, escreveu em 1878 que a função do pensamento é acalmar a dúvida: nós só pensamos, só tomamos consciência das coisas, quando algo vai mal.[10] Quando não há obstáculos, apenas seguimos pela estrada da vida, só parando para pensar quando "tropeçamos numa pedra".

Exatamente cem anos depois, Lauren Alloy e Lyn Abramson, brilhantes e contestadores ex-alunos meus, confirmaram experimentalmente a ideia de Peirce. Eles escolheram alguns estudantes e deram a eles diferentes graus de controle sobre uma luz verde. Alguns tinham total controle sobre a luz: ela acendia quando pressionavam um botão e não acendia quando o botão não era pressionado. Para os outros, porém, a luz acendia quer o botão fosse pressionado, quer não. Em seguida, foi perguntado a cada um quanto de controle considerava ter sobre o acendimento da luz. Os deprimidos foram muito precisos, tanto quando tinham controle como quando não tinham. Os não deprimidos nos surpreenderam. Acertaram nos casos em que tinham controle, mas, mesmo quando não controlavam nada, pensavam ser responsáveis por cerca de 35% do controle. Os deprimidos eram mais melancólicos, mas, de modo geral, mais espertos que os não deprimidos.[11]

Logo novas evidências do realismo dos deprimidos se juntaram a essas. As pessoas deprimidas julgam com mais precisão suas habilidades, enquanto as felizes se consideram muito mais capazes do que são consideradas pelos outros. Nos Estados Unidos, 80% dos homens acreditam estar acima da média, quando se trata de habilidades sociais; a maioria dos trabalhadores também classifica a qualidade de seu trabalho como acima da média, bem como a maioria dos motoristas (inclusive aqueles que se envolveram em acidentes) acredita dirigir com mais segurança que os demais.[12]

As pessoas felizes se lembram dos acontecimentos positivos, às vezes com a impressão de que foram em maior número, e se esquecem de grande parte dos negativos. As deprimidas, ao contrário, têm lembranças precisas em ambos os casos. As felizes são parciais em suas convicções sobre sucesso e fracasso: se deu certo, foi por causa delas e vai durar, já que são boas em tudo que fazem; se deu errado, foi por causa dos outros, vai passar logo e não teve importância. As deprimidas são imparciais na avaliação de sucessos e fracassos.[13]

É verdade que isso faz as pessoas felizes parecerem "cabeças ocas". Mas a realidade de todas essas descobertas de "realismo depressivo" tem sido motivo de debates acalorados, sustentados por um número razoável de falhas.[14] Ainda mais: Lisa Aspinwall, professora da Universidade de Utah, que conquistou o segundo lugar do prêmio Templeton em 2000, reuniu fortes evidências de que, quando se trata de tomar decisões importantes, pessoas felizes são mais hábeis do que as infelizes. Ela forneceu aos participantes de sua pesquisa informações alarmantes e pertinentes sobre problemas de saúde: artigos acerca da relação entre cafeína e câncer de mama ou entre excesso de sol e melanoma. Os participantes da pesquisa de Aspinwall foram divididos em felizes e infelizes. Para isso, antes de ser entregue o material para leitura, passaram por testes de otimismo ou o reforço de uma experiência positiva, através da lembrança de um gesto de bondade do passado. Uma semana mais tarde, foi perguntado a eles sobre o que se lembravam a respeito dos riscos para a saúde. As pessoas felizes se lembraram mais das informações negativas e as consideraram mais convincentes do que as infelizes.[15]

Qual dos dois grupos é mais esperto? A resposta pode ser a seguinte: no curso normal dos acontecimentos, as pessoas felizes confiam nas experiências positivas do passado, enquanto as infelizes são mais descrentes. Ainda que uma luz pareça incontrolável pelos últimos dez minutos, as pessoas felizes, com base nas experiências positivas anteriores, acreditam que as coisas vão se ajeitar e elas vão recuperar o controle. Daí a convicção relatada anteriormente de terem 35% de controle, mesmo quando a luz verde era realmente incontrolável. Quando a situação é ameaçadora ("três xícaras de café por dia aumentam o risco de câncer de mama"), as pessoas felizes logo mudam de tática e adotam uma postura cética e analítica.

Existe uma possibilidade animadora, com fortes implicações, que integra todas essas descobertas: *Um estado de espírito positivo nos induz a um modo de pensar completamente diferente de um estado de espírito negativo.* Observei isso em mais de trinta anos de reuniões de professores do Departamento de Psicologia — gente taciturna em salas sombrias, cinzentas e sem janelas —, um ambiente gelado que parece nos tornar críticos mais severos. Quando nos reunimos para discutir qual dos vários excelentes candidatos devia ser contratado como professor, em geral encontramos defeitos em todos e acabamos não contratando nenhum. Durante mais de trinta anos, recusamos jovens que, mais tarde, se mostraram profissionais excelentes, pioneiros e nomes importantes no ramo da psicologia.

Um estado de espírito frio, negativo, ativaria um modo de pensar antagônico: a ordem do dia é se concentrar no que houver de errado e eliminar. Um estado de espírito positivo, ao contrário, leva os indivíduos a um modo de pensar criativo, tolerante, construtivo, generoso e desarmado. Esse modo de pensar visa detectar não o que está errado, mas o que está certo; visa aperfeiçoar as virtudes da confiança, e não buscar falhas por omissão. Esse modo de pensar provavelmente ocorre em uma parte diferente do cérebro e apresenta uma neuroquímica diversa do pensamento sob o estado de espírito negativo.[16]

Escolha o local e o estado de espírito que mais se adaptem à tarefa que tiver pela frente. Estes são exemplos de tarefas que exigem pensamento crítico: fazer uma prova, calcular imposto de renda, decidir a dispensa de um empregado, lidar com uma desilusão amorosa, preparar-se para um exame, fazer a revisão de um texto, tomar decisões cruciais em esportes competitivos e escolher a universidade que vai cursar. Prefira executar essas tarefas em dias chuvosos, sentado em posição ereta, em silêncio e em ambientes pintados em tom neutro. Irritação e mau humor não são empecilhos; na verdade, podem tornar as suas decisões mais acertadas.

Já outras tarefas requerem um pensamento criativo, generoso e tolerante: planejar uma campanha de vendas, encontrar maneiras de incluir mais amor na vida, decidir-se por uma mudança de carreira ou um casamento, pensar em hobbies e esportes não competitivos e escrever um texto criativo. Execute essas atividades em um ambiente que eleve o seu humor — uma cadeira confortável, com música adequada, sol e ar fresco, por exemplo. Se possível, cerque-se de pessoas altruístas e de boa vontade.[17]

AUMENTANDO OS RECURSOS FÍSICOS

Emoções positivas de alta energia, como a alegria, tornam as pessoas divertidas, e a brincadeira está intimamente ligada à melhora da aptidão física. Entre os esquilos jovens, a brincadeira envolve correr a toda a velocidade, pular, mudando de direção em pleno ar, e voltar ao chão, correndo em zigue-zague. Jovens macacos-patas, quando estão brincando, pulam sobre arbustos que sejam flexíveis o bastante para servir de trampolim, saltando em outra direção.[18] Tais manobras são utilizadas pelos adultos das respectivas espécies para escapar dos predadores. A conclusão natural é ver a brincadeira em geral como facilitadora do condicionamento muscular e cardiovascular, como prática para quando for preciso escapar de predadores e como aperfeiçoamento para a luta, a caça e o namoro.

Existem evidências claras de que a emoção positiva funciona como um indicativo de saúde e longevidade, que são bons indícios de recursos físicos. No maior estudo feito até hoje, 2282 mexicanos radicados no Sudoeste dos Estados Unidos, com idades a partir dos 65 anos, receberam uma bateria de testes emocionais e demográficos e, então, foram acompanhados por dois anos. As emoções positivas mostraram-se um forte indicativo de longevidade e de capacidade física. Depois de fazer o controle por idade, renda, nível de instrução, peso, hábito de fumar e beber, e doenças, os pesquisadores descobriram que as pessoas felizes tinham metade da probabilidade de morrer ou de ficar incapacitadas fisicamente que as infelizes. As emoções positivas também nos protegem dos estragos do envelhecimento.[19] Você ainda deve se lembrar das freiras do início do livro, que escreveram autobiografias felizes lá pelos seus vinte e poucos anos, e viveram mais tempo e com mais saúde do que as noviças cujos escritos eram desprovidos de emoção positiva; e dos otimistas do estudo da Mayo Clinic, que viveram significativamente mais que os pessimistas.[20] As pessoas felizes têm hábitos mais saudáveis, pressão sanguínea mais baixa e um sistema imunológico mais ativo que as menos felizes.[21] Se juntarmos tudo isso à conclusão de Aspinwall, de que as pessoas felizes buscam e absorvem mais informações sobre os riscos que ameaçam nossa saúde, chegaremos a um panorama inequívoco da felicidade como fator de prolongamento da vida e melhoria da saúde.

Produtividade

Talvez o traço mais importante do ser humano para o mercado de trabalho seja a produtividade. Apesar de ser quase impossível esclarecer se a maior satisfação no trabalho faz a pessoa mais feliz ou se a disposição de ser feliz gera satisfação no trabalho, não deve ser surpresa o fato de que as pessoas mais felizes estejam nitidamente mais satisfeitas com seu trabalho do que as menos felizes. Pesquisas sugerem que mais felicidade contribui para maior produtividade e salários melhores. Foi feito um estudo que mediu a quantidade de emoção positiva em 272 empregados e depois acompanhou seu desempenho no trabalho pelos dezoito meses seguintes. Os mais felizes tiveram avaliações cada vez mais positivas de seus supervisores e conseguiram aumento de salário.[22] Em outro estudo em larga escala feito com jovens australianos ao longo de quinze anos, a felicidade mostrou-se fator indicativo de um emprego bem remunerado.[23] Por meio da indução à felicidade e da posterior observação do desempenho, foram feitas tentativas de definir o que vem primeiro — a felicidade ou a produtividade —, e chegou-se à conclusão de que crianças e adultos em estado de espírito positivo selecionam metas mais ambiciosas, têm um desempenho melhor e persistem por mais tempo em uma variedade de testes de laboratório, como resolver anagramas, por exemplo.[24]

Quando coisas ruins acontecem com gente feliz

O aparato que as pessoas felizes têm para desenvolver recursos físicos é o modo como lidam com acontecimentos desagradáveis. Durante quanto tempo você é capaz de deixar a mão dentro de um balde de gelo? O tempo médio, antes que a dor fique insuportável, é de sessenta a noventa segundos. Rick Snyder, um professor de Kansas e um dos pais da psicologia positiva, usou esse teste no programa *Good Morning America* para demonstrar os efeitos da emoção positiva quando se trata de enfrentar a adversidade. Primeiro, ele aplicou ao cast regular do programa um teste de emoção positiva. Charles Gibson superou os outros por boa margem. E então, ao vivo, todo mundo colocou as mãos no balde. Antes que se passassem os noventa segundos, todos foram tirando as mãos, exceto Gibson. Ele continuou sentado, sorrindo (de verdade, e não um sorriso amarelo), e ainda estava com a mão dentro do balde quando, finalmente, anunciaram o intervalo comercial.[25]

As pessoas felizes não somente resistem melhor à dor e adotam mais precauções relativas à segurança e à saúde quando ameaçadas, mas as emoções positivas *desfazem* as negativas. Barbara Fredrickson mostrou a alguns estudantes uma cena do filme *A tentação*, em que um homem avança lentamente, agarrado a um beiral na fachada de um prédio alto. Em determinado momento, ele perde o equilíbrio e fica pendurado sobre a rua de tráfego intenso. A frequência dos batimentos cardíacos dos estudantes aumentou rapidamente. Depois disso, eles assistiram a quatro clips: "*waves*" [ondas], que provoca satisfação; "*puppy*" [filhote], que diverte; "*sticks*" [gravetos], que não provoca nenhuma emoção; e "*cry*" [chorar], que provoca tristeza. "*Puppy*" e "*waves*" acalmaram os batimentos cardíacos e "*cry*" fez a frequência subir ainda mais.[26]

AUMENTANDO OS RECURSOS SOCIAIS[27]

Minha filha mais nova, Carly Dylan, deu seus primeiros passos na dança do desenvolvimento com sete semanas de vida. Mamando no peito da mãe, Carly fazia frequentes interrupções em que olhava para ela e sorria. Mandy, minha esposa, sorria de volta, e Carly, balbuciando, abria um sorriso maior ainda. Quando essa dança é feita com maestria, fortes laços de amor (ou o que os etologistas, evitando termos subjetivos, chamam de "vinculação segura") formam-se entre as duas. Crianças seguramente vinculadas crescem superando os colegas da mesma idade em quase todos os aspectos testados, inclusive persistência, solução de problemas, independência, investigação e entusiasmo. A sensação e a expressão de uma emoção positiva estão no centro não somente do amor entre mãe e filho, mas de quase toda situação de amor e amizade. Sempre me surpreende o fato de meus amigos mais íntimos não serem outros psicólogos (apesar da simpatia mútua, do tempo que passamos juntos e da bagagem comum) ou intelectuais, mas o pessoal com quem jogo bridge, pôquer e vôlei.

Aqui, a exceção confirma a regra. Existe uma trágica paralisia facial chamada síndrome de Moebius, em que a pessoa é incapaz de sorrir. Os indivíduos que nascem com esse problema não conseguem demonstrar emoção positiva pela expressão facial e reagem à conversa mais amigável com uma desconcertante fisionomia impassível. Eles têm enorme dificuldade de fazer e manter amizades, ainda que casuais. Quando se interrompe a sequência de sentir uma emoção positiva, expressá-la e obter uma emoção positiva como resposta, também se interrompe a música que acompanha a dança do amor e da amizade.

Estudos psicológicos de rotina se concentram na patologia; eles procuram as pessoas deprimidas, ansiosas ou mal-humoradas e perguntam sobre seu estilo de vida e personalidade. Durante duas décadas, fiz esse tipo de estudo. Recentemente, Ed Diener e eu decidimos fazer o contrário, enfocando estilo de vida e personalidade das pessoas muito felizes. Pegamos uma amostra aleatória de 222 estudantes universitários e, usando seis escalas diferentes, medimos rigorosamente a felicidade e concentramos nossa pesquisa nos 10% mais felizes. Esses indivíduos "muito felizes" apresentavam uma diferença marcante em relação aos que ficavam na média ou eram francamente infelizes: uma vida social rica e produtiva. Os muito felizes passavam o mínimo de tempo sozinhos (e o máximo em atividades sociais) e, segundo a própria opinião e as opiniões dos amigos, tinham ótimos relacionamentos. Todos os 22 membros do grupo dos muito felizes, exceto um, disseram estar namorando. Eles tinham um pouco mais de dinheiro, mas não havia diferença significativa em relação à quantidade de eventos positivos ou negativos nem quanto a número de horas de sono, tempo passado em frente à televisão, exercícios, hábito de fumar ou beber álcool ou atividade religiosa.[28] Muitos outros estudos demonstram que as pessoas felizes têm mais amigos, sejam casuais ou íntimos, ficam mais tempo casadas e participam mais de atividades de grupo do que as infelizes.[29]

Uma consequência do envolvimento que os indivíduos felizes têm com os outros é seu altruísmo. Antes de analisar os dados, eu pensava que as pessoas infelizes — identificando-se com o sofrimento que conhecem tão bem — fossem mais altruístas. Fiquei perplexo quando vi que todas as descobertas sobre a relação entre estados de espírito e altruísmo revelavam que as pessoas felizes são muito mais propensas a essa qualidade. No laboratório, crianças e adultos induzidos à felicidade demonstram mais empatia e ficam mais dispostos a doar dinheiro aos necessitados. Quando estamos felizes, pensamos menos em nós mesmos, gostamos mais dos outros e queremos partilhar o que temos de bom, ainda que com estranhos. Quando estamos tristes, no entanto, ficamos desconfiados, arredios e nos concentramos defensivamente em nossas próprias necessidades. A filosofia do "primeiro eu" é mais característica da tristeza que do bem-estar.[30]

FELICIDADE E INTERAÇÕES EM QUE TODOS SAEM GANHANDO: A EVOLUÇÃO RECONSIDERADA

A teoria de Barbara Fredrickson e todos esses estudos me convenceram de que valia a pena tentar incluir mais emoção positiva em minha vida. Como muitos dos meus companheiros integrantes da parte mais fria da distribuição da positividade, eu me consolava com a desculpa de que meus sentimentos não tinham importância, porque o que eu valorizava mesmo era uma interação bem-sucedida com o mundo. Mas a emoção positiva é importante, não somente pela sensação agradável que acarreta, mas também porque *cria* um relacionamento muito melhor com o mundo. O aumento da emoção positiva melhora a amizade, o amor, a saúde física e a realização. A teoria de Fredrickson também responde à pergunta que inicia este capítulo: Por que nos sentimos felizes? Por que sentimos alguma coisa?

Intensificar e estimular — o crescimento e desenvolvimento positivos — são características essenciais de uma interação em que todos saem ganhando. A leitura deste capítulo é um exemplo disso: se eu tiver feito um bom trabalho, terei crescido intelectualmente, o que também acontece com o leitor. Estar apaixonado, fazer uma nova amizade e criar os filhos são quase sempre exemplos de interações em que todos ganham. Quase todos os avanços tecnológicos (a imprensa ou a rosa-chá híbrida, por exemplo) são uma interação desse tipo. A imprensa de Gutenberg não subtraiu o valor econômico agregado de lugar algum; em vez disso, causou uma explosão de valor.

Aí está a razão mais provável para a existência dos sentimentos. Assim como os sentimentos negativos são sistemas sensoriais que funcionam como um alarme, avisando inequivocamente sobre uma interação em que, para um ganhar, o outro tem de perder, os sentimentos da emoção positiva também são sensoriais. O sentimento positivo é um letreiro em néon que avisa sobre uma potencial interação favorável a ambas as partes.[31] Ao ativar um estado de espírito expansivo, tolerante e criativo, os sentimentos positivos maximizam os benefícios sociais, intelectuais e físicos resultantes daquela interação.

Agora que estamos convencidos de que vale a pena trazer mais felicidade para nossa vida, no capítulo seguinte vamos abordar a questão mais importante: é possível aumentar a quantidade de emoção positiva na vida?

4. É possível se tornar permanentemente mais feliz?

A FÓRMULA DA FELICIDADE[1]

Embora boa parte das pesquisas apresentadas neste livro estejam baseadas em estatísticas, acredito que um livro de psicologia para leigos não deva trazer mais de uma equação. Então, aqui está a única equação que lhe peço para considerar:

$$F = L + C + V$$

em que F (*felicidade*) é o seu nível constante de felicidade, L (*limites estabelecidos*) são seus limites estabelecidos, C (*circunstâncias*) são as circunstâncias da vida e V (*voluntário*) representa os fatores que obedecem ao seu controle voluntário.

Este capítulo trata dos três primeiros itens: F, L e C. O quarto item, V — a mais relevante questão em psicologia positiva —, é assunto dos capítulos 5, 6 e 7.

F (NÍVEL CONSTANTE DE FELICIDADE)

É importante distinguir uma felicidade momentânea do seu nível constante de felicidade. A felicidade momentânea pode ser facilmente aumentada por uma série de artifícios, como chocolate, uma comédia romântica, uma massagem nas costas, um cumprimento, flores ou uma roupa nova. Este capítulo — e este livro como um todo — não é um guia para aumentar o número de explosões fugazes de felicidade na sua vida. Ninguém conhece melhor esse assunto do que você. O desafio é elevar seu nível *constante* de felicidade, o que o aumento do número de episódios de sentimentos positivos momentâneos não conseguirá, por motivos que descobrirá em breve. O questionário de emoções Fordyce, que foi apresentado no capítulo 1, tratava da felicidade momentânea; agora é hora de medir seu nível geral de felicidade. A escala seguinte foi criada por Sonja Lyubomirsky, professora assistente de psicologia da Universidade da Califórnia, em Riverside.[2]

ESCALA GERAL DE FELICIDADE

Para cada uma das seguintes afirmações e/ou perguntas, circule o número de pontos da escala que considerar mais apropriado.

1. Em geral, me considero:

1	2	3	4	5	6	7
Uma pessoa não muito feliz						*Uma pessoa muito feliz*

2. Comparado à maioria dos meus amigos, eu me considero:

1	2	3	4	5	6	7
Menos feliz						*Mais feliz*

3. Algumas pessoas são geralmente muito felizes. Elas aproveitam a vida, aconteça o que acontecer, procurando tirar o máximo de cada situação. Em que grau essa descrição se aplica a você?

1	2	3	4	5	6	7
De modo algum						*Muito*

4. Algumas pessoas geralmente não são muito felizes. Embora não estejam deprimidas, nunca parecem tão felizes quanto poderiam ser. Em que grau essa descrição se aplica a você?

1	2	3	4	5	6	7
Muito						*De modo algum*

Para calcular o resultado, some os números correspondentes às respostas e divida por 4. Nos Estados Unidos, a média para adultos é de 4,8. Dois terços das pessoas ficam entre 3,8 e 5,8.

O título deste capítulo pode parecer uma pergunta estranha. Talvez você acredite que, com esforço suficiente, seja possível melhorar todos os traços da personalidade e todos os estados emocionais do ser humano. Quando comecei a estudar psicologia, quarenta anos atrás, também acreditava nisso, e o dogma da plasticidade humana reinou sobre toda a área. Segundo essa teoria, com bastante trabalho pessoal e reformulação do ambiente, a psicologia humana poderia ser aprimorada. Nos anos 1980, porém, com sucessivos estudos da personalidade de gêmeos e de crianças adotadas, essas ideias caíram por terra. A psicologia de gêmeos idênticos se mostra muito mais semelhante do que a de gêmeos fraternos, e a psicologia das crianças adotadas é muito mais similar à de seus pais biológicos do que à dos pais adotivos. Todos esses estudos — que já chegam às centenas — convergem para um único ponto: mais ou menos 50% dos traços da personalidade podem ser atribuídos à herança genética. Mas o fato de ser herdada não determina se uma característica pode ser alterada ou não. Alguns traços fortemente herdados (como orientação sexual e peso corporal) não mudam muito, enquanto outros (como pessimismo e timidez) podem ser mudados com algum esforço.[3]

L (LIMITES ESTABELECIDOS): BARREIRAS QUE IMPEDEM UMA FELICIDADE MAIOR

Mais ou menos a metade do seu resultado no teste que mede a felicidade corresponderia à pontuação de seus pais biológicos, caso eles tivessem feito o teste. Isso significa que herdamos um "timoneiro" que nos impulsiona em direção a um nível específico de felicidade ou tristeza. Se, por exemplo, você tiver pouca afetividade positiva, pode sentir o impulso frequente de evitar o contato social, preferindo ficar só. Como verá a seguir, as pessoas felizes são muito sociais, e existe razão para acreditar que sua felicidade seja fruto de muita socialização enriquecedora. Assim, se você não lutar contra as exigências do seu timoneiro genético, pode ter menos sentimentos felizes do que seria possível.

O termostato da felicidade

Ruth, uma mãe solteira dos arredores de Hyde Park, em Chicago, precisava de um pouco mais de esperança, e conseguia isso a baixo custo: comprava toda semana cinco dólares em bilhetes da loteria do estado de Illinois. Ela precisava dessas doses periódicas de esperança para melhorar o moral geralmente baixo; se tivesse procurado um terapeuta, teria ouvido o diagnóstico de depressão secundária. Esse desânimo constante não começou quando, três anos antes, o marido a deixou por outra mulher; parecia ter existido sempre — ou, pelo menos, desde quando cursava o ensino médio, 25 anos antes.

Foi então que um milagre aconteceu: Ruth ganhou 22 milhões de dólares na loteria. Ela ficou fora de si de tanta alegria. Deixou o emprego de empacotadora na Nieman-Marcus e comprou uma casa de dezoito cômodos em Evanston, encheu um guarda-roupa inteiro com roupas da Versace e adquiriu um Jaguar chamativo. Conseguiu até mesmo matricular os filhos gêmeos em uma escola particular. Porém, com o passar dos meses, seu estado de espírito foi piorando. Ao fim daquele ano, apesar da ausência de qualquer adversidade óbvia, seu caríssimo terapeuta deu o diagnóstico: distimia (depressão crônica).

Histórias como a de Ruth levaram os psicólogos a pensar se cada um de nós teria os próprios limites para a felicidade, um nível fixo e amplamente herdado ao qual invariavelmente revertemos.[4] A má notícia é que, como um termostato, esses limites estabelecidos sempre arrastam a sua felicidade de volta para o nível usual, mesmo depois de um evento muito feliz. Um estudo sistemático com 22 pessoas que ganharam grandes prêmios lotéricos descobriu que, com o tempo, todas voltaram a seu nível normal de felicidade, e nenhuma delas era mais feliz do que as do grupo de controle.[5] A boa notícia é que, depois de um evento muito triste, o termostato também se empenha em nos tirar da infelicidade e voltar para um ponto entre os limites estabelecidos de felicidade. Na verdade, a depressão é quase sempre episódica, e a recuperação acontece em alguns meses. Mesmo indivíduos que se tornaram paraplégicos como resultado de acidentes logo começam a se adaptar à grande limitação de suas capacidades, e em oito semanas já relatam mais emoção positiva do que negativa. Passados poucos anos, eles são apenas um pouquinho menos felizes, em média, do que os não paralisados.[6] Das pessoas com tetraplegia grave, 84% consideram levar uma vida média ou acima da média.[7] Essas descobertas estão de acordo com a ideia de que todos nós possuímos limites estabelecidos para o nível de emoção positiva (e negativa), e essa faixa de variação pode representar o aspecto herdado da felicidade em geral.[8]

A rotina hedonista

Outro obstáculo ao aumento do nível de felicidade é a "rotina hedonista", que faz com que as pessoas se adaptem rápida e inevitavelmente às coisas boas, vendo-as como naturais. Com o acúmulo de bens materiais e de realizações, as expectativas aumentam. Os feitos conquistados tão arduamente não trazem mais felicidade; é preciso alcançar um patamar ainda melhor para elevar a felicidade até os níveis mais altos dos limites estabelecidos. Só que o indivíduo também vai se adaptando aos novos bens materiais ou às novas realizações. Infelizmente, existem diversas evidências dessa rotina.

Se não fosse assim, as pessoas que têm mais coisas boas na vida seriam, em geral, muito mais felizes do que as que têm menos. Mas as menos afortunadas são, de modo geral, tão felizes quanto as mais afortunadas. Segundo os estudos, coisas boas e realizações importantes têm o poder de aumentar a felicidade apenas temporariamente.[9]

- Em menos de três meses, eventos importantes (como uma demissão ou uma promoção) perdem o impacto sobre os níveis de felicidade.
- A riqueza, que com certeza traz bens materiais, tem uma correlação surpreendentemente baixa com o nível de felicidade. Os ricos são, em média, apenas ligeiramente mais felizes que os pobres.
- Os salários aumentaram bastante nas nações prósperas no último meio século, mas o nível de satisfação com a vida manteve-se o mesmo nos Estados Unidos e na maioria dos países ricos.
- Mudanças no salário do indivíduo são motivo de satisfação no trabalho, mas os níveis médios de salário, não.

• A beleza física (que, como a riqueza, traz uma série de vantagens) não tem muito efeito sobre a felicidade.

• A saúde física, talvez o mais valioso de todos os recursos, tem pouquíssima relação com a felicidade.

A adaptação, porém, tem seus limites. Existem alguns acontecimentos ruins que nunca superamos, ou aos quais nos adaptamos muito lentamente. A morte de um filho ou do cônjuge em um acidente de carro é um exemplo.[10] De quatro a sete anos depois de um evento como esse, as pessoas enlutadas ainda estão muito mais deprimidas e infelizes do que o grupo de controle. Os familiares que cuidam de parentes com o mal de Alzheimer[11] demonstram uma deterioração do bem-estar subjetivo com o passar do tempo, e os habitantes de nações muito pobres,[12] como a Índia e a Nigéria, relatam muito menos felicidade do que aqueles que vivem em países mais ricos, embora os primeiros vivam na pobreza há séculos.

Juntas, as variáveis L (timoneiro genético, rotina hedonista e limites estabelecidos) tendem a impedir que o seu nível de felicidade aumente. Mas existem outras duas forças poderosas, C e V, que elevam o nível de felicidade.

C (CIRCUNSTÂNCIAS)[13]

A boa notícia a respeito das circunstâncias é que algumas aumentam o nível de felicidade. A má notícia é que mudar tais circunstâncias costuma ser impraticável ou muito caro. Antes de abordarmos o modo como as circunstâncias da vida afetam a felicidade, anote a sua opinião sobre as seguintes questões:

1. Qual a porcentagem de habitantes dos Estados Unidos que se tornam clinicamente deprimidos durante a vida? _____
2. Qual a porcentagem de habitantes dos Estados Unidos que situam sua satisfação com a vida acima do ponto neutro? _____
3. Qual a porcentagem de portadores de doenças mentais que relatam um equilíbrio emocional positivo (mais sentimentos positivos do que negativos)? _____

4. Quais dos seguintes grupos de habitantes dos Estados Unidos relatam um equilíbrio emocional negativo (mais sentimentos negativos do que positivos)?
Afro-americanos pobres _____
Desempregados _____
Idosos _____
Portadores de múltiplas e severas deficiências _____

Você provavelmente subestimou as pessoas felizes (eu sei que fiz isso). Os cidadãos adultos dos Estados Unidos que responderam a esse teste acreditam, em média, que a ocorrência de depressão clínica no decorrer da vida é de 49% (na verdade, fica entre 8% e 18%); que apenas 56% dos pesquisados declaram estar satisfeitos com a vida (na verdade, são 83%) e que apenas 33% dos portadores de doença mental relatam mais sentimentos positivos do que negativos (na verdade, são 57%). Todos os quatro grupos desfavorecidos afirmam ser felizes a maior parte do tempo, mas 83% dos americanos imaginam o oposto sobre os afro-americanos pobres, e 100% imaginam o mesmo sobre os desempregados. Apenas 38% e 24%, respecti-vamente, imaginam que os mais idosos e aqueles com deficiências múltiplas consigam um equilíbrio hedonista positivo.[14] A lição que se tira daí é que a maioria dos habitantes dos Estados Unidos se diz feliz, quaisquer que sejam as circunstâncias objetivas, e ao mesmo tempo subestima a felicidade de seus concidadãos.

Em 1967, ao iniciar uma pesquisa sobre felicidade, Warner Wilson fez um apanhado do que se acreditava na época sobre o assunto.[15] Segundo informou ao mundo da psicologia, as pessoas felizes são:

- Bem remuneradas.
- Casadas.
- Jovens.
- Saudáveis.
- Têm bom nível de escolaridade.
- De qualquer sexo.
- De qualquer nível de inteligência.
- Religiosas.

Metade dessas convicções se mostrou equivocada, mas metade estava correta. Vamos agora analisar as descobertas dos últimos 35 anos acerca da influência das circunstâncias externas sobre a felicidade. Algumas são surpreendentes.

Dinheiro

> *"Já fui rica e já fui pobre. Ser rica é melhor."*
> Sophie Tucker
> *"Dinheiro não compra felicidade."*
> Ditado popular

As duas afirmativas, aparentemente contraditórias, mostram-se verdadeiras, e muitos dados já foram colhidos acerca de como a riqueza e a pobreza afetam a felicidade.[16] Em um nível mais amplo, os pesquisadores comparam o bem-estar médio subjetivo daqueles que vivem em países ricos com o dos que vivem em países pobres. Pelo menos mil pessoas de quarenta países responderam a essa pergunta sobre satisfação com a vida; responda você também:

Em uma escala de 1 (insatisfeito) a 10 (satisfeito), como você avalia seu nível de satisfação com a vida atualmente? _____

A tabela seguinte utiliza as respostas para comparar o nível médio de satisfação com o poder de compra correspondente a cada país (100 = Estados Unidos).

PAÍS	SATISFAÇÃO COM A VIDA	PODER DE COMPRA
Bulgária	5,03	22
Rússia	5,37	27
Bielorrússia	5,52	30
Letônia	5,70	20
Romênia	5,88	12
Estônia	6,00	27
Lituânia	6,01	16
Hungria	6,03	25
Turquia	6,41	22

(continua)

PAÍS	SATISFAÇÃO COM A VIDA	PODER DE COMPRA
Japão	6,53	87
Nigéria	6,59	6
Coreia do Sul	6,69	39
Índia	6,70	5
Portugal	7,07	44
Espanha	7,15	57
Alemanha	7,22	89
Argentina	7,25	25
China	7,29	9
Itália	7,30	77
Brasil	7,38	23
Chile	7,55	35
Noruega	7,68	78
Finlândia	7,68	69
Estados Unidos	7,73	100
Holanda	7,77	76
Irlanda	7,88	52
Canadá	7,89	85
Dinamarca	8,16	81
Suíça	8,36	96

Essa pesquisa internacional, envolvendo dezenas de milhares de adultos, ilustra vários pontos. Primeiramente, Sophie Tucker estava parcialmente certa: o poder geral de compra do país e a satisfação média com a vida caminham decididamente na mesma direção. Assim que o Produto Interno Bruto atinge e excede 8 mil dólares por pessoa, porém, a correlação desaparece, e o aumento da riqueza não indica maior satisfação com a vida. Então, os suíços ricos são mais felizes que os búlgaros pobres, mas a riqueza tem pouca importância quando se trata de um cidadão da Irlanda, Itália, Noruega ou dos Estados Unidos.

Existem também muitas exceções à associação riqueza/satisfação: Brasil, China continental e Argentina encontram muito mais satisfação na vida do que seria de supor com base em sua riqueza. Ainda tomando a riqueza como parâmetro, os países que formavam o bloco soviético e o Japão estão menos satisfeitos do que se poderia prever. Os valores culturais do Brasil e da Argentina e os valores políticos da China podem servir de suporte à emoção positiva, e a difícil emergência do comunismo (acompanhada de mudanças sociais e da deterioração da saúde) provavelmente reduz a felicidade no Leste Europeu. A razão para a insatisfação dos japoneses é mais misteriosa, e junto com o alto nível de satisfação das nações mais pobres — China, Índia e Nigéria, por exemplo — nos diz que o dinheiro não necessariamente compra felicidade. O aumento do poder de compra nos países ricos, como Estados Unidos, França e Japão, transmite a mesma mensagem, pois apesar de ter dobrado nos últimos cinquenta anos, a satisfação com a vida não melhorou em nada.[17]

Comparações entre países são difíceis, pois junto com a riqueza vêm maior taxa de escolaridade, melhores serviços de saúde e mais liberdade, assim como bens materiais. Comparar ricos e pobres vivendo em um mesmo país ajuda a identificar as causas, chegando mais perto de uma informação relevante para nossa própria tomada de decisão. "Ter mais dinheiro vai me fazer mais feliz?" é provavelmente a pergunta que você se faz quando não sabe se é melhor passar mais tempo com os filhos, se dedicar mais ao trabalho ou gastar à vontade em uma viagem. Em países muito pobres, onde a escassez chega a níveis extremos, ser rico é um fator de maior bem-estar. Em nações mais ricas, porém, onde quase todos têm uma rede de segurança básica, um aumento da riqueza tem pouco efeito sobre a felicidade pessoal.[18] Nos Estados Unidos, os muito pobres são menos felizes, mas uma vez alcançado certo nível de conforto, mais dinheiro representa pouca ou nenhuma felicidade. Mesmo os fabulosamente ricos — os cem mais ricos da *Forbes*, com um patrimônio líquido de 125 milhões de dólares, em média — são apenas um pouquinho mais felizes do que o norte-americano médio.[19]

E quanto aos muito pobres? O cientista amador Robert Biswas-Diener, filho de um casal de conceituados estudiosos da felicidade, viajou por conta própria até os confins da Terra — Calcutá, a área rural do Quênia, a cidade de Fresno, na Califórnia central, e a tundra da Groenlândia — para observar como vivem as pessoas em alguns dos lugares menos felizes do mundo.[20] Ele entrevistou e aplicou testes em 32 prostitutas e 31 moradores de rua de Calcutá para avaliar seu nível de satisfação com a vida.

Kalpana tem 35 anos e é prostituta há vinte. A morte da mãe a levou para a profissão, de modo a poder sustentar os irmãos, com quem mantém contato até hoje. Ela os visita uma vez por mês na aldeia onde moram. Lá também vive sua filha de oito anos. Kalpana mora sozinha e pratica sua profissão em um cômodo de alvenaria alugado, mobiliado com uma cama, um espelho, alguns pratos e um santuário para os deuses hindus. Como profissional do sexo, ela se enquadra na categoria oficial A — as que recebem mais de dois dólares e meio por cliente.

O senso comum nos faria acreditar que os pobres de Calcutá estejam terrivelmente insatisfeitos. Por incrível que pareça, não é verdade. Sua satisfação *geral* com a vida é ligeiramente negativa (1,93 em uma escala de 1 a 3), abaixo do índice dos estudantes universitários da cidade (2,43). Mas, em muitos setores, sua satisfação é alta: moralidade (2,56), família (2,50), amigos (2,40) e alimentação (2,55). O menor nível de satisfação em um setor específico ocorre na renda (2,12).

Embora Kalpana tenha medo de ser julgada pelos antigos amigos da aldeia, a família a valoriza. Suas visitas mensais são motivo de alegria. Ela é grata por ganhar o suficiente para pagar uma babá para a filha, mantendo-a abrigada e bem alimentada.

Quando compara os moradores de rua de Calcutá aos de Fresno, na Califórnia, Biswas-Diener encontra diferenças marcantes a favor da Índia. Entre os 78 moradores de rua californianos, a média de satisfação com a vida é extremamente baixa (1,29), muito inferior à dos sem-teto de Calcutá (1,60). Entre os primeiros, a satisfação é moderada em alguns aspectos, como inteligência (2,27) e alimentação (2,14), mas a maioria é francamente insatisfatória: rendimento (1,15), moralidade (1,96), amigos (1,75), família (1,84) e moradia (1,37).

Apesar de os dados se basearem em uma pequena amostra da população pobre, eles são surpreendentes e não devem ser ignorados. No cômputo geral, as conclusões de Biswas-Diener nos dizem que a pobreza extrema é uma doença social, e que as pessoas que vivem nesse estado têm um senso de bem-estar pior do que os mais afortunados. Mesmo frente a grande adversidade, porém, essa gente pobre considera satisfatórios alguns aspectos da vida (embora isso se aplique mais aos moradores de favelas de Calcutá que aos pobres dos Estados Unidos). Se isso estiver certo, são muitas as razões para se combater a pobreza — falta de oportunidades, alta taxa de mortalidade infantil, alimentação deficiente, moradias insalubres, superpopulação, desemprego ou trabalho aviltante —, mas a insatisfação com a vida não está entre elas. No último verão, Robert foi ao extremo norte da Groenlândia para estudar a felicidade em meio a um grupo inuíte que ainda não descobriu as delícias do snowmobile.

Mais que o próprio dinheiro, o que influencia a felicidade é a importância que se dá a ele.[21] O materialismo parece ser contraproducente: em todas as faixas de rendimento, aqueles que valorizam mais o dinheiro do que outros setores estão menos satisfeitos com o que ganham e com a vida como um todo, embora não haja uma explicação precisa para isso.

Casamento

Alguns dizem que o casamento é tanto uma maldição quanto uma prisão, outros o descrevem como uma eterna fonte de prazer. Nenhuma das classificações é exata, mas, de modo geral, pode-se dizer que os dados apontam mais para a segunda possibilidade do que para a primeira. Ao contrário do dinheiro, que tem no máximo um efeito pequeno, o casamento está intimamente ligado à felicidade. O National Opinion Research Center, instituto de pesquisa de opinião pública, entrevistou 35 mil americanos nos últimos trinta anos; destes, 40% dos casados se disseram "muito felizes", enquanto apenas 24% dos solteiros, divorciados, separados e viúvos tinham essa opinião. Viver com a pessoa amada (sem casar) é uma situação que está associada a mais felicidade em culturas individualistas como a nossa, mas associada a menos felicidade em culturas coletivistas, como o Japão e a China. Em termos de felicidade, a vantagem para os casados está ligada ao envelhecimento e à parte financeira, e tanto vale para homens como para mulheres. Mas também existe um fundo de verdade no ditado "antes só do que mal acompanhado", já que um casamento infeliz prejudica o bem-estar: entre aqueles que vivem casamentos "não muito felizes", o nível de felicidade é mais baixo que o dos solteiros ou divorciados.[22]

O que fazer com a associação entre casamento e felicidade?[23] Você deveria sair correndo para se casar? A maioria dos pesquisadores sobre o assunto endossa esse conselho se o casamento realmente gerar felicidade, mas existem duas outras possibilidades menos simpáticas: que as pessoas felizes tenham maior probabilidade de se casar e manter o casamento, ou que uma terceira variável (como boa aparência e sociabilidade) seja a causa de mais felicidade e de maior probabilidade de sucesso no casamento. Indivíduos deprimidos tendem a ser mais retraídos, irritáveis e autocentrados, o que os torna parceiros menos interessantes.[24] Na minha opinião, ainda não está claro por que as pessoas casadas são mais felizes do que as solteiras.

Vida social

No estudo que fizemos de indivíduos muito felizes, Ed Diener e eu constatamos que todos (menos um) entre os 10% dos mais felizes estavam em um relacionamento estável. É bom lembrar que pessoas muito felizes diferem claramente daquelas que estão na média e das infelizes pelo fato de terem uma vida social rica e plena. Elas passam pouco tempo sozinhas e muito tempo em convívio social, e têm a avaliação mais positiva possível em relação à qualidade dos relacionamentos, tanto por elas mesmas como pelos amigos.

Esses dados se juntam àqueles relativos a casamento e felicidade, tanto nas virtudes como nas falhas. A alta sociabilidade das pessoas felizes pode ser a causa do que se descobriu sobre o casamento, com as pessoas mais sociáveis (que já são mais felizes) tendo maior probabilidade de se casar. Em qualquer caso, é difícil separar causa e efeito. Então, existe a possibilidade real de que uma vida social rica (e o casamento) faça o indivíduo mais feliz. Mas também pode ser que as pessoas mais felizes sejam mais estimadas e por isso tenham uma vida social mais rica e mais probabilidade de se casarem. Ou poderia haver uma "terceira" variável — a possibilidade de que a extroversão e a capacidade de entreter sejam a causa de uma vida social rica e de mais felicidade.

Emoção negativa

Com a intenção de experimentar mais emoção positiva, é necessário se esforçar para vivenciar menos emoção negativa, minimizando os acontecimentos ruins da vida? A resposta a essa pergunta é surpreendente. Ao contrário da crença popular, muito sofrimento não impede a alegria. Muitas e fortes evidências negam uma relação de reciprocidade entre emoções positivas e negativas.

Norman Bradburn, professor emérito da Universidade de Chicago, começou sua longa carreira fazendo uma pesquisa com milhares de cidadãos dos Estados Unidos sobre satisfação na vida, em que perguntava sobre a frequência de emoções agradáveis e desagradáveis. Ele esperava encontrar uma relação inversamente proporcional entre elas — pessoas que experimentassem muita emoção negativa experimentariam pouca emoção positiva e vice-versa. Não foi isso que os dados mostraram, e os mesmos resultados se repetiram muitas vezes.

Há apenas uma correlação negativa moderada entre emoção positiva e negativa.[25] Isso quer dizer que, se tiver muita emoção negativa na vida, sua emoção positiva pode ser um pouco abaixo da média, mas isso não significa estar fadado a uma vida sem alegria. Do mesmo modo, muita emoção positiva não passa de uma proteção moderada contra a tristeza.

Em seguida, vieram os estudos comparando homens e mulheres.[26] As mulheres, pelo que se sabia, sofrem duas vezes mais de depressão do que os homens e em geral têm mais emoções negativas. A surpresa veio quando descobriram que as mulheres também experimentam consideravelmente mais emoção positiva — com mais frequência e mais intensidade. Os homens, como diz Stephen King, são feitos de "solo árido"; as mulheres têm uma vida emocional mais intensa. Se essa diferença é resultado da biologia ou da maior disposição da mulher em relatar (ou talvez viver) fortes emoções é uma questão absolutamente incerta, mas, em qualquer caso, desmente uma relação de oposição.

A palavra grega *soteria* se refere a nossas alegrias intensas, irracionais. É o oposto de *phobia*, que significa medo intenso, irracional. *Soteria* também era o nome da festa que os gregos davam quando escapavam da morte. Por aí se vê que, às vezes, as maiores alegrias vêm com o alívio dos maiores medos. O prazer de andar de montanha-russa, de praticar bungee-jump, de assistir a um filme de horror ou até mesmo a surpreendente redução da incidência de doenças mentais em tempos de guerra atestam isso.[27]

O que sabemos com certeza é que a relação entre emoção negativa e emoção positiva não é de total oposição. Que relação é essa e seus motivos ainda são um mistério, e o esclarecimento dessa questão é um dos mais excitantes desafios da psicologia positiva.

Idade

Segundo o estudo de Wilson, feito 35 anos atrás, a juventude era considerada um fator de felicidade.[28] Hoje, a juventude é vista de modo diferente, e na medida em que os pesquisadores adotaram uma visão mais sofisticada dos dados, desapareceu a crença de que gente jovem seja mais feliz. A imagem do velho ranzinza, que reclama de tudo, também não condiz mais com a realidade. Um estudo contundente feito com 60 mil adultos de quarenta países divide a felicidade em três componentes: satisfação com a vida, estado de espírito agradável e estado de espírito desagradável. A satisfação com a vida sobe ligeiramente com a idade, o estado de espírito agradável diminui um pouquinho e o estado de espírito negativo se mantém estável. O que muda com a idade é a intensidade das emoções. Tanto o sentimento de "sentir-se no topo do mundo" quanto "chegar ao fundo do poço" são menos comuns, conforme aumentam a idade e a experiência.[29]

Saúde

Já que uma boa saúde é considerado o aspecto mais importante da vida, você certamente acredita que ela seja um elemento-chave para a felicidade. Mas o que ficou comprovado é que uma saúde boa raramente está relacionada à felicidade. O que importa é nossa percepção subjetiva do quanto somos saudáveis; poder encontrar meios de encarar positivamente uma doença debilitante é um tributo à nossa capacidade de adaptação à adversidade.[30] Receber a visita de um médico ou estar hospitalizado são situações que não influenciam na satisfação com a vida, mas afetam a classificação subjetiva da saúde — que, por sua vez, é afetada pelas emoções negativas. Por incrível que pareça, mesmo pacientes com câncer terminal apresentam uma satisfação global com a vida pouquíssimo diferente daquela apresentada por pessoas objetivamente saudáveis.[31]

Quando uma doença é incapacitante e demorada, a felicidade e a satisfação com a vida diminuem, embora não tanto do que seria de se esperar. Indivíduos admitidos em um hospital, portadores de um único problema de saúde crônico (como uma doença cardíaca, por exemplo), demonstram nítido aumento da felicidade no ano seguinte, mas a felicidade de indivíduos com cinco ou mais problemas de saúde diminui com o tempo.[32] Portanto, uma doença moderada não acarreta infelicidade, mas uma doença grave, sim.

Educação, Clima, Etnia e Gênero

Juntei essas quatro circunstâncias porque, surpreendentemente, nenhuma delas tem muita importância para a felicidade. Muito embora o nível de instrução seja um meio de aumentar os rendimentos, não é motivo de aumento da felicidade, exceto entre pessoas de baixa renda e, mesmo assim, muito pouco.[33] A inteligência também não influencia a felicidade, seja para mais ou para menos.[34] E embora um clima ensolarado afugente o distúrbio sazonal da afetividade (depressão de inverno), os níveis de felicidade não variam com o clima. As pessoas que sofrem com o inverno do Nebraska acreditam que os moradores da Califórnia sejam mais felizes, mas estão erradas; os seres humanos logo se adaptam a qualquer clima.[35] Portanto, o seu sonho de felicidade em uma ilha tropical não vai se realizar, pelo menos não por causa do clima.

A etnia, ao menos nos Estados Unidos, não tem relação consistente com a felicidade. Apesar da renda menor, os afro-americanos e os hispânicos têm taxas de depressão nitidamente mais baixas que as dos caucasianos, mas nem por isso relatam um nível de felicidade maior (exceto talvez entre os homens mais velhos).

O gênero, conforme já foi dito, tem uma relação fascinante com o humor. Homens e mulheres não diferem muito no tom emocional, mas isso se deve ao fato de as mulheres serem mais felizes *e* mais tristes do que os homens.

Religião

Depois das críticas de Freud, a ciência social viveu meio século de dubiedade em relação à religião.[36] Discussões acadêmicas sobre a fé acusaram-na de produzir culpa, repressão da sexualidade, intolerância, anti-intelectualismo e autoritarismo. Cerca de vinte anos atrás, no entanto, os dados sobre os efeitos psicológicos positivos da fé começaram a gerar uma força oposta. Nos Estados Unidos, os religiosos são claramente menos predispostos a usar drogas, a se divorciar e a cometer crimes e suicídio. São também fisicamente mais saudáveis e vivem mais. As mães religiosas de crianças deficientes resistem melhor à depressão e são menos impactadas pelo divórcio, pelo desemprego, pelas doenças e pela morte. Mais diretamente relevante é o fato de que os dados coletados na pesquisa demonstram consistentemente que os indivíduos religiosos são um tanto mais felizes e satisfeitos com a vida que os não religiosos.

A relação causal entre religião e uma vida mais saudável, de maior socialização, não é mistério. Muitas religiões condenam as drogas, o crime e a infidelidade, enquanto incentivam a caridade, a moderação e o trabalho árduo. A relação causal entre religião e felicidade, ausência de depressão e maior resistência à tragédia não é tão direta. No auge do behaviorismo, os benefícios emocionais da religião eram explicados (ou perdoados?) pelo maior apoio social. Segundo se argumentava, os religiosos se unem em comunidades solidárias de amigos, e todos se sentem melhores. Mas eu acredito que exista uma ligação mais básica: as religiões infundem esperança no futuro e dão significado à vida.

Sheena Sethi Iyengar é uma das estudantes mais notáveis que já conheci. Cega, ela cruzou os Estados Unidos durante o quarto ano do curso na Universidade da Pensilvânia, enquanto escrevia sua monografia. Visitou uma congregação após outra, avaliando a relação entre otimismo e fé religiosa. Para isso, aplicou questionários a centenas de fiéis, registrou e analisou dezenas de sermões dominicais, e estudou a liturgia e as histórias contadas às crianças, em onze importantes religiões. Sua primeira descoberta foi que, quanto mais fundamentalista a religião, mais otimistas são os fiéis: judeus ortodoxos, cristãos e muçulmanos fundamentalistas são mais otimistas que reformistas e unitários, estes mais depressivos em média. Aprofundando a análise, conseguiu separar a quantidade de esperança pregada nos sermões, na liturgia e nas histórias, de outros fatores, como o apoio social da comunidade. Ela descobriu que o aumento do otimismo relacionado à religiosidade poderia ser explicado por um senso maior de esperança. Como mística cristã, Juliana de Norwich expressou, no meio das profundezas da Peste Negra, em meados do século XIV, algumas das mais belas palavras já escritas:

Mas tudo estará bem, e tudo estará bem, e estará bem de todas as maneiras[37] [...] Ele não disse "Não te atormentes, não sofras, não adoeças", mas disse: "Não serás dominado".

A relação entre esperança no futuro e fé religiosa é provavelmente a pedra angular do motivo pelo qual a fé afugenta o desespero e aumenta a felicidade.

A relação entre significado e felicidade, tanto no aspecto religioso como no mundano, é um assunto ao qual retornarei no último capítulo.

Já que provavelmente existe um limite estabelecido que mantém mais ou menos estacionário o nível geral de felicidade, a pergunta que este capítulo faz é: como mudar algumas circunstâncias da vida, de modo a viver na parte superior da faixa de variação desse limite? Até recentemente, se acreditava que pessoas felizes fossem as bem pagas, casadas, jovens, saudáveis, instruídas e religiosas. Por isso compilei o que se sabe sobre o conjunto de variáveis circunstanciais externas (C) que se acreditava influírem sobre a felicidade. Para resumir, se você deseja um aumento constante do seu nível de felicidade por meio da mudança de circunstâncias externas da vida, deve fazer o seguinte:

1. Viva em uma democracia rica, e não em uma ditadura pobre (efeito intenso).
2. Case-se (efeito forte, mas talvez não causal).
3. Evite eventos negativos e emoções negativas (apenas um efeito moderado).
4. Estabeleça uma extensa rede social (efeito forte, mas talvez não causal).
5. Tenha uma religião (efeito moderado).

No que diz respeito à felicidade e à satisfação com a vida, no entanto, você não precisa se preocupar em fazer o seguinte:

6. Ganhar mais dinheiro (dinheiro tem pouco ou nenhum efeito para você que pôde comprar este livro; e pessoas materialistas são menos felizes).
7. Manter-se saudável (saúde subjetiva, a saúde objetiva não importa).
8. Conseguir o máximo possível de instrução (nenhum efeito).
9. Mudar de etnia ou mudar-se para um lugar com clima ensolarado (nenhum efeito).

Você com certeza percebeu que os fatores importantes variam de impossíveis a inconvenientes de mudar.[38] Ainda que você pudesse alterar todas as circunstâncias externas apontadas, isso não faria muita diferença, já que, juntas, elas provavelmente respondem apenas por não mais de 8% a 15% da variação na felicidade. A boa notícia é que existe um bom número de circunstâncias internas que provavelmente atuarão a seu favor. Agora vou apresentar um novo conjunto de variáveis que dependem mais do seu controle voluntário. Se decidir mudá-las (sabendo que nenhuma das mudanças acontece sem esforço real), o seu nível de felicidade tem toda a chance de aumentar e de se manter alto.

5. Satisfação em relação ao passado

Você consegue viver nos limites superiores da sua faixa de variação de felicidade? Que variáveis voluntárias (V) vão criar uma mudança sustentável e fazer mais que apenas aumentar a quantidade de ocasiões de prazer passageiro?

Emoções positivas podem estar ligadas ao passado, ao presente ou ao futuro.[1] As emoções positivas ligadas ao futuro incluem otimismo, esperança, fé e confiança. As ligadas ao presente incluem alegria, êxtase, calma, entusiasmo, animação, prazer e (mais importante) *flow* — a plenitude, a experiência de fluir; é a essas emoções que as pessoas em geral se referem quando casualmente, mas de maneira limitada, falam de "felicidade". As emoções positivas ligadas ao passado incluem satisfação, contentamento, realização, orgulho e serenidade.

É indispensável compreender que esses três sentidos de emoção são diferentes e não estão necessariamente ligados. Embora seja desejável ser feliz em todos os três, isso nem sempre acontece. É possível estar orgulhoso e satisfeito em relação ao passado, por exemplo, mas descontente com o presente e pessimista quanto ao futuro. Do mesmo modo, é possível ter muitos prazeres no presente, vendo o passado com amargura e o futuro com desesperança. Aprendendo sobre os três diferentes tipos de felicidade, você pode redefinir o modo como se sente em relação ao passado, como pensa sobre o futuro e como vive o presente, direcionando suas emoções de maneira mais positiva.

ESCALA DE SATISFAÇÃO COM A VIDA[2]

A seguir estão cinco afirmações com as quais você pode concordar ou discordar. Usando a escala de 1 a 7, indique quanto você concorda com cada item, escrevendo o número apropriado na linha que precede cada afirmação.

7 = Concordo plenamente
6 = Concordo
5 = Concordo um pouco
4 = Não concordo nem discordo
3 = Discordo um pouco
2 = Discordo
1 = Discordo plenamente

_____ Na maioria dos aspectos, minha vida está próxima do ideal.
_____ As condições da minha vida são excelentes.
_____ Estou inteiramente satisfeito com a minha vida.
_____ Até hoje, consegui realizar as coisas mais importantes que desejei.
_____ Se pudesse viver outra vez, não mudaria nada.
_____ Total

30 - 35 — Extremamente satisfeito, muito acima da média.
25 - 29 — Muito satisfeito, acima da média.
20 - 24 — Razoavelmente satisfeito, na média.
15 - 19 — Ligeiramente insatisfeito, um pouco abaixo da média.
10 - 14 — Insatisfeito, nitidamente abaixo da média.
 5 - 9 — Muito insatisfeito, bem abaixo da média.

Dezenas de milhares de indivíduos, de diferentes culturas, fizeram esse teste. Aqui estão alguns números representativos: entre os adultos mais velhos dos Estados Unidos, os homens marcam 28, em média, e as mulheres, 26. A média dos estudantes universitários norte-americanos fica entre 23 e 25; os estudantes chineses e do Leste Europeu, em média, marcam entre 16 e 19.[3] Os presidiários do sexo masculino ficam em torno de 12, em média, assim como os pacientes internados em hospitais. Pacientes de clínicas psicológicas marcam entre 14 e 18, em média, e as mulheres que sofreram abusos e cuidadores de idosos (duas surpresas) marcam em torno de 21, em média.

As emoções relativas ao passado vão desde o contentamento, a serenidade, o orgulho e a satisfação, até uma amargura irremediável ou uma raiva vingativa. Essas emoções são inteiramente determinadas pelas ideias que você tem do seu passado. A relação entre pensamento e emoção é uma das questões mais antigas e controversas em psicologia. A clássica visão freudiana, que dominou a psicologia durante os primeiros setenta anos do século XX, afirma que o conteúdo do pensamento é causado pela emoção:

> Seu irmão mais novo inocentemente o parabeniza por uma promoção, e você sente a raiva crescer no peito. Os seus pensamentos são uma balsa frágil, adernando no turbulento mar das emoções, a começar pelo ciúme de ter que dividir a atenção e afeição dos pais com ele, flutuando em direção a lembranças de indiferença e desprezo, e finalmente à interpretação de estar sendo tratado com indulgência por um pirralho mimado e subserviente.

São muitas as evidências a favor dessa visão.[4] Quando um indivíduo está deprimido, é muito mais fácil ter lembranças tristes do que alegres, assim como é difícil, em uma bela tarde de verão com um céu sem nuvens, trazer à memória uma chuva de gelar os ossos. Injeções que aumentam a adrenalina (um efeito colateral comum da cortisona) geram medo e ansiedade, com tendência à interpretação de acontecimentos inocentes como se fossem perigo e perda.[5] Vômitos e náuseas criam aversão ao que você comeu por último, ainda que o incômodo seja causado por um problema de estômago, e não pelo molho *béarnaise*.[6]

Trinta anos atrás, a revolução cognitiva na psicologia derrubou as teorias de Freud e dos behavioristas, pelo menos no meio acadêmico.[7] Os cientistas cognitivos demonstraram que o raciocínio pode ser objeto da ciência, é mensurável e, mais importante, não é um simples reflexo da emoção nem do comportamento. Aaron T. Beck, importante teórico da terapia cognitiva, afirmou que a emoção é sempre gerada pela cognição, não o contrário. A ideia de perigo causa ansiedade, a ideia de perda causa tristeza e a ideia de invasão causa raiva. É possível, se observar com cuidado, perceber a linha de pensamento que levou a esses estados de espírito. Muitas evidências dão suporte a essa visão. O pensamento de indivíduos deprimidos é dominado por interpretações negativas do passado, do futuro e de suas capacidades. Aprender a lutar contra as interpretações pessimistas dá à depressão um alívio equivalente ao das drogas antidepressivas (com menos recaídas e recorrências). Portadores da síndrome do pânico, catastrófica e erroneamente, interpretam sensações físicas, como aumento do ritmo cardíaco ou respiração ofegante, como sintomas de um ataque cardíaco ou acidente vascular cerebral.[8] No entanto, o distúrbio pode ser virtualmente curado se a pessoa se convencer de que são apenas sintomas de ansiedade, não de doença cardíaca.

Nunca foi possível conciliar essas duas visões opostas. A visão freudiana afirma que a emoção sempre comanda o pensamento, enquanto a visão cognitiva dominante acredita que o pensamento sempre comanda a emoção. A evidência, no entanto, é de que as situações se alternam. Então, apresenta-se para a psicologia do século XXI a seguinte questão: sob que condições a emoção comanda o pensamento e sob que condições o pensamento comanda a emoção?

Não tenho aspirações de chegar a uma solução global aqui; apenas a uma solução local.

Alguns aspectos da nossa vida emocional são instantâneos e reativos. O êxtase e o prazer sexual, por exemplo, são emoções do aqui e agora, que precisam de pouco ou nenhum raciocínio e interpretação para virem à tona. Um bom banho quente quando se está enlameado da cabeça aos pés é uma *sensação* maravilhosa; não é preciso pensar "a lama está indo embora" para sentir prazer. As emoções relativas ao passado, porém, são completamente dirigidas pelo pensamento e pela interpretação:

• Lydia e Mark são divorciados. Sempre que Lydia ouve o nome de Mark, a primeira lembrança que lhe ocorre é a de que ele a traiu, e ela ainda ferve de raiva vinte anos depois.

• Quando Abdul, um refugiado palestino vivendo na Jordânia, pensa em Israel, logo se lembra da plantação de oliveiras que deixou lá, agora tomada pelos judeus. Ele sente amargura e ódio profundos.

• Quando Adele revisita os muitos anos que já viveu, sente-se tranquila, orgulhosa e em paz. Ela sabe que conseguiu superar as adversidades que vêm do fato de ter nascido mulher, negra e pobre no Alabama.

Em cada um desses casos (e em todas as outras ocasiões em que uma emoção é despertada pelo passado), uma interpretação, uma lembrança ou um pensamento intervém e comanda a emoção resultante.[9] Essa verdade óbvia e aparentemente inocente é decisiva para que você entenda como se sente em relação ao que passou. E mais importante: é a chave para escapar dos dogmas que fizeram tanta gente prisioneira do passado.

VIVENDO NO PASSADO

Você acredita que o passado determina o futuro?[10] Essa não é uma pergunta vazia de teoria filosófica. Quanto mais você acreditar que o passado determina o futuro, mais vai tender à passividade, como uma embarcação à deriva, incapaz de comandar o próprio curso. Está aí a razão da inércia de muita gente. É talvez irônico que a ideologia por trás dessa crença tenha sido instituída pelos três grandes gênios do século XIX: Darwin, Marx e Freud.

A versão de Charles Darwin é que somos o produto de uma longa sucessão de vitórias. Nossos ancestrais só se tornaram nossos ancestrais porque venceram dois tipos de batalha: pela sobrevivência e pelo acasalamento. Nós não passamos de uma coleção de características adaptativas precisamente selecionadas para nos manter vivos e nos reproduzindo com sucesso. A frase anterior pode não ser tão fiel a Darwin, mas é a melhor forma de definir a crença de que aquilo que faremos no futuro seja determinado por nosso passado ancestral. Darwin foi um cúmplice involuntário dessa visão limitadora, mas Marx e Freud foram deterministas militantes e conscientes. Para Karl Marx, a luta de classes produziu uma "inevitabilidade histórica" que levaria ao colapso do capitalismo e à ascensão do comunismo. A determinação do futuro por importantes forças econômicas é a estrutura do passado, e mesmo "grandes" indivíduos não transcendem a marcha dessas forças; eles simplesmente as refletem.

Para Sigmund Freud e sua legião de seguidores, todo evento psicológico de nossa vida (mesmo aqueles aparentemente triviais, como brincadeiras e sonhos) é estritamente determinado pelas forças do passado. A infância não é somente formadora, mas determinante da personalidade adulta. Nós nos "fixamos" no estágio da infância em que há questões não resolvidas e passamos o resto da vida tentando em vão solucionar esses conflitos sexuais e agressivos.

A maior parte do tempo passado nos consultórios de psicólogos e psiquiatras, antes da revolução do tratamento com medicamentos e do advento da terapia cognitiva e comportamental, era consumido por minuciosas reconstituições da infância — que continua até hoje sendo o tema predominante das sessões de terapia. O mais popular movimento de autoajuda dos anos 1990 também veio diretamente dessas premissas deterministas. O movimento da "criança interior" nos diz que os traumas da infância, e não nossas decisões erradas ou falta de caráter, causam a confusão em que nos encontramos quando adultos, e que somente enfrentando-os conseguimos nos livrar da "vitimização".

Acredito que a importância dada aos acontecimentos da infância é exagerada; na verdade, creio que o passado, em geral, é superestimado.[11] Mostrou-se difícil encontrar efeitos, ainda que pequenos, de eventos da infância na personalidade adulta, e não existem evidências de grandes efeitos, muito menos efeitos determinantes. Entusiasmados com a crença de que a infância tem grande impacto sobre o desenvolvimento adulto, há cinquenta anos muitos pesquisadores passaram a procurar diligentemente apoio para suas ideias. Eles esperavam encontrar evidências sólidas para a manifestação, na idade adulta, dos efeitos destrutivos de eventos negativos na infância, como a morte ou separação dos pais, doenças físicas, maus-tratos, abandono ou abuso sexual. Foram feitos estudos em larga escala sobre a saúde mental dos adultos e suas perdas na infância, inclusive estudos prospectivos (existe um grande número deles; levam anos e custam uma fortuna).

Apareceram algumas evidências, mas não muitas. Uma criança de menos de onze anos, por exemplo, cuja mãe venha a morrer, poderá ficar um pouco mais deprimida na idade adulta — mas não muito, e só se for mulher, e mesmo assim esse resultado aparece apenas em cerca da metade dos estudos. A morte do pai não tem impacto mensurável. Quem nasce primeiro tem o QI mais alto que o dos irmãos, mas por uma diferença de apenas um ponto, em média. Se os pais se separam (isso sem falar nos estudos que nem se preocupam em manter grupos de controle formados por casais não divorciados), só se encontram leves efeitos negativos no final da infância e na adolescência, mas os problemas vão diminuindo com o passar dos anos, tornando-se difícil detectá-los na idade adulta.

Grandes traumas na infância podem ter alguma influência sobre a personalidade do adulto, mas é muito difícil identificá-los.[12] Em resumo: eventos negativos na infância não levam necessariamente a problemas na idade adulta.

Segundo esses estudos, quando na idade adulta existirem problemas como depressão, ansiedade, um casamento ruim, uso de drogas, problemas sexuais, desemprego, agressividade contra os filhos, alcoolismo ou raiva, não há razão para culpar os acontecimentos da infância.

De todo modo, a maioria desses estudos mostrou-se metodologicamente inadequada. Em seu entusiasmo pela influência da infância, os pesquisadores deixaram de analisar os genes. Estavam tão concentrados nessa teoria, que não ocorreu a nenhum deles, antes de 1990, que pais criminosos pudessem passar adiante os genes que os predispõem ao crime, e que tanto as perversidades da própria criança quanto a tendência dos pais a maltratar os próprios filhos pudessem ser resultado mais da natureza que da criação. Atualmente, há estudos que levam os genes em consideração: um tipo de estudo observa a personalidade de gêmeos idênticos adultos que cresceram separados; outro tipo observa a personalidade de adultos que foram adotados quando crianças, comparando à dos pais biológicos e dos pais adotivos.[13] Todos esses estudos apontam um efeito considerável dos genes sobre a personalidade adulta, e apenas efeitos insignificantes de acontecimentos da infância. Gêmeos idênticos criados separados são muito mais parecidos, quando adultos, do que gêmeos fraternos criados juntos, no que diz respeito a autoritarismo, religiosidade, satisfação no trabalho, conservadorismo, raiva, depressão, inteligência, alcoolismo, bem-estar e tendência a neuroses, para citar apenas alguns aspectos. Em comparação, os adotados, ao chegarem à idade adulta, são muito mais parecidos com os pais biológicos do que com os adotivos.[14] Nenhum evento da infância contribui de maneira significativa para essas características.

Isso quer dizer que não tem valor a nota promissória assinada por Freud e seus seguidores quanto à possibilidade de acontecimentos da infância determinarem o curso da vida adulta.[15] Acredito que muitos dos meus leitores estejam injustificadamente preocupados com o passado e excessivamente passivos quanto ao futuro, porque acreditam-se aprisionados pelos eventos desagradáveis de sua história pessoal; daí a ênfase que dou ao assunto. Essa atitude constitui também a infraestrutura filosófica sobre a qual se assenta a vitimologia que varreu os Estados Unidos desde o glorioso começo do movimento pelos direitos civis e que ameaça atacar o individualismo saudável e o senso de responsabilidade pessoal que sempre foram a marca do país. É libertador o simples fato de saber que os acontecimentos do passado, na verdade, exercem pouca ou nenhuma influência sobre a vida adulta, e essa liberdade é o ponto principal desta seção. Portanto, se você está entre aqueles que se veem forçados pelo passado em direção a um futuro infeliz, tem todas as razões para se livrar dessa ideia.

Outra teoria amplamente disseminada, agora transformada em dogma, que também aprisiona as pessoas em um passado negativo é a teoria hidráulica da emoção. Esta foi difundida por Freud e se insinuou, sem muito questionamento, tanto na cultura popular quanto no meio acadêmico. Hidráulica emocional é, de fato, o verdadeiro significado de "psicodinâmica", o termo geral utilizado para descrever as teorias de Freud e seus sucessores. As emoções são vistas como forças dentro de um sistema circundado por uma membrana impermeável, como um balão. Se você não se permitir expressar uma emoção, ela vai forçar a saída em algum outro ponto, geralmente como um sintoma indesejável.

No campo da depressão, uma negação dramática veio através de um exemplo terrível. A terapia cognitiva, hoje a mais utilizada e eficaz para o tratamento da depressão, surgiu da desilusão de Aaron Tim Beck com a premissa da hidráulica emocional. Eu assisti à sua criação; de 1970 a 1972, fiz residência em psiquiatria com Tim enquanto ele procurava se entender com a terapia cognitiva. Conforme contou o próprio Tim, sua experiência crucial aconteceu no fim dos anos 1950. Ele tinha terminado o treinamento em terapia freudiana e recebeu a incumbência de aplicar o que aprendera em um grupo de pessoas deprimidas. A psicodinâmica afirmava ser possível curar a depressão fazendo com que os pacientes se abrissem sobre o passado, discutindo cataticamente as mágoas e perdas sofridas.

Tim descobriu que era fácil fazer as pessoas deprimidas falarem e se alongarem sobre erros do passado. O problema era que, frequentemente, elas se desestruturavam, e Tim não conseguia encontrar meios de recompô-las. Isso chegou a levar a tentativas de suicídio, algumas fatais. A terapia cognitiva para a depressão desenvolveu-se como uma técnica de libertação de um passado infeliz através da mudança de paradigma sobre o presente e o futuro. Técnicas de terapia cognitiva funcionam tão bem quanto antidepressivos, com a vantagem de evitarem a recorrência e a recaída.[16] Por isso, incluo Tim Beck entre os grandes libertadores.

A raiva é outro aspecto em que o conceito de hidráulica emocional foi criticamente examinado. A sociedade norte-americana se expõe, ao contrário das culturas orientais. Nós consideramos honesto, justo e até saudável expressar nossa raiva. Então gritamos, protestamos, brigamos. Parte da razão para nos permitirmos isso é que acreditamos na teoria psicodinâmica da raiva: se não for expressa, vai sair em outro lugar, mais destrutivamente, como nas doenças cardíacas. Mas essa teoria se mostrou falsa; na verdade, o que acontece é o contrário. A expressão da raiva e a insistência na invasão produzem mais doenças cardíacas e mais raiva.

A franca expressão de hostilidade revela-se a verdadeira culpada pelas doenças do coração do tipo A.[17] Por outro lado, a premência de tempo, a competitividade e a supressão da raiva não parecem exercer um papel importante em causar doenças do coração. Em um estudo, 255 estudantes de medicina fizeram um teste de personalidade que media o grau de hostilidade. Vinte e cinco anos mais tarde, verificou-se que os mais raivosos tinham cerca de cinco vezes mais doenças do coração do que os menos raivosos. Em outro estudo, os homens com o maior risco de futuras doenças cardíacas foram exatamente aqueles com vozes mais explosivas, mais irritados quando forçados a esperar e com a raiva mais externada. Em estudos experimentais, estudantes do sexo masculino tiveram a pressão sanguínea diminuída ao sufocarem a raiva, e aumentada ao expressarem seus sentimentos. A expressão da raiva também faz subir a pressão das mulheres. Em contraste, a receptividade calorosa em reação à invasão a faz cair.[18]

Quero sugerir um modo de ver a emoção que é mais compatível com as evidências. As emoções, na minha opinião, são envolvidas por uma membrana altamente permeável, que se chama "adaptação", como vimos no capítulo anterior. As evidências demonstram claramente que, quando acontecem eventos positivos e negativos, existe uma temporária explosão de humor na direção certa. Geralmente, porém, depois de um curto período de tempo, o humor se acomoda em seus limites estabelecidos. Isso nos diz que as emoções se dissipam por si mesmas. Sua energia atravessa a membrana, e por "osmose emocional" a pessoa volta à sua condição normal. Mas quando expressamos e insistimos nas emoções, elas se multiplicam e nos prendem no círculo vicioso de uma volta infrutífera aos erros do passado.

A pouca apreciação de acontecimentos positivos do passado e a ênfase excessiva dada aos negativos são as responsáveis pelo enfraquecimento da serenidade, do contentamento e da satisfação. Existem duas maneiras de trazer esses sentimentos do passado à tona de forma positiva: a gratidão aumenta a apreciação dos eventos positivos vividos, e ao revisitar o passado com a intenção de perdoar, diminuímos o poder que os acontecimentos negativos têm de instilar amargura, podendo de fato transformar más lembranças em boas.

GRATIDÃO

Vamos começar pelo mais bem documentado teste de gratidão, desenvolvido por Michael McCullough e Robert Emmons, que são pesquisadores da gratidão e do perdão bastante respeitados nos Estados Unidos. Mantenha à mão a sua contagem de pontos, porque vamos nos referir a ela conforme formos avançando no capítulo.

PESQUISA DE GRATIDÃO[19]

Usando como guia a escala apresentada a seguir, escreva um número ao lado de cada afirmativa, para indicar o quanto você concorda com ela.

1 = Discordo veementemente
2 = Discordo
3 = Discordo ligeiramente
4 = Não discordo nem concordo
5 = Concordo ligeiramente
6 = Concordo
7 = Concordo veementemente

_____ 1. Tenho muito o que agradecer na vida.
_____ 2. Se eu fizesse uma lista de tudo o que tenho a agradecer, seria uma lista muito longa.
_____ 3. Quando olho para o mundo, não vejo muitos motivos para agradecer.
_____ 4. Sou grato(a) a muita gente.
_____ 5. Com o passar dos anos, cada vez mais me sinto inclinado(a) a apreciar as pessoas, os acontecimentos e as situações que fazem parte da história da minha vida.

_____ 6. Pode demorar muito tempo antes que eu me sinta grato(a) a alguém ou alguma coisa.

Instruções para a contagem de pontos
1. Some os pontos dos itens 1, 2, 4 e 5.
2. Reverta os pontos marcados para os itens 3 e 6. Ou seja: se você marcou "7", mude para "1", se marcou "6", mude para "2" etc.
3. Some os pontos resultantes da reversão dos itens 3 e 6 com o total dos itens 1, 2, 4 e 5. Vamos chamar esse número de total GQ-6. O resultado deve ficar entre 6 e 42.

Com base em uma amostra de 1224 adultos que fizeram o teste recentemente em uma das atividades do site *Spirituality and Health*, aqui estão alguns pontos de referência para você se situar.

Se você marcou 35 pontos ou menos, está no quarto inferior da amostra, em termos de gratidão. Se marcou entre 36 e 38, está na metade inferior das pessoas que responderam à pesquisa. Se marcou entre 39 e 41, está no quarto superior. E se marcou 42, está no oitavo superior. As mulheres normalmente possuem um total de pontos um pouco mais alto que os homens, e os mais velhos superam os mais jovens.

Passei mais de trinta anos dando aulas de psicologia na Universidade da Pensilvânia: introdução à psicologia, aprendizagem, motivação, clínica e psicopatologia. Adoro ensinar, mas o que me deu mais prazer foi ensinar psicologia positiva nos últimos quatro anos. Uma das razões para isso é que, ao contrário de outras matérias, as questões são aplicáveis à vida real, significativas e capazes de operar mudanças.

Houve um ano, por exemplo, em que eu estava às voltas com a tarefa de "estabelecer um contraste entre fazer alguma coisa divertida e fazer alguma coisa altruísta". Então, tornei a criação de um exercício o próprio exercício. Marisa Lascher, uma das estudantes menos convencionais, sugeriu que tivéssemos uma "Noite da Gratidão". Os alunos traiam alguém que tivesse sido importante em sua vida, mas a quem nunca haviam agradecido adequadamente. O agradecimento seria em forma de relato, e haveria um debate em seguida. Os convidados só saberiam do motivo da reunião quando chegassem lá.

Marcamos o encontro para dali a um mês, em uma noite de sexta-feira, com alguns queijos e vinhos, e a classe reunida em torno de sete convidados vindos de várias partes do país — três mães, dois amigos íntimos, um colega de quarto e uma irmã mais nova. (Para que a duração do encontro não passasse de três horas, tivemos de restringir os convidados a apenas um terço da turma.) Eis o que Patty disse à mãe:

Como avaliar uma pessoa? É possível medir seu valor como se fosse uma pepita de ouro das mais puras, de 24 quilates, brilhando mais que as outras? Se nosso valor interior fosse visível, eu não precisaria estar aqui falando com vocês. Como não é, vou descrever a alma mais pura que conheço: minha mãe. Eu sei que agora ela está me olhando com uma das sobrancelhas erguidas... Não, mãe, você não foi escolhida por ter a mente mais pura, mas é a pessoa mais genuína e de coração puro que já conheci...

Ainda me surpreendo quando um completo estranho procura você para falar sobre a perda de seu animalzinho de estimação, e você chora junto, como se a perda fosse sua. Você oferece conforto em um momento de tristeza. Quando eu era criança, não entendia, mas hoje percebo que é por causa desse seu coração generoso, sempre disposta a oferecer um ombro amigo em um momento de necessidade...

Em meu coração não há nada além de alegria quando falo da pessoa mais maravilhosa que conheço. Espero algum dia me tornar como esta pepita de ouro que tenho diante de mim. Você atravessa a vida com a mais perfeita humildade, sem *nunca* esperar uma palavra de agradecimento, desejando simplesmente que as pessoas tenham aproveitado o tempo que passaram a seu lado.

Quando Patty terminou, ninguém na sala tinha os olhos secos. Sua mãe murmurou, contendo as lágrimas: "Você vai ser sempre minha Patty Pimentinha". Mais tarde, um aluno comentou que todos choravam: os que agradeciam, os que recebiam o agradecimento e os que observavam. "Comecei a chorar sem nem saber por quê." O choro é extraordinário, e quando todos choram, é sinal de que aconteceu algo que tocou o rizoma que une toda a humanidade.

Guido escreveu uma canção hilária que cantou com acompanhamento do violão, agradecendo a amizade de Miguel:

Somos dois machos, e não vou cantar uma canção de amor,
Mas quero que saiba o quanto é importante.
Se precisar de um amigo, conte comigo;
Chame "Guido", e eu estarei lá.

Sarah falou para Rachel:

Na nossa sociedade, os mais jovens costumam ser deixados de lado quando se procura alguém com muita força. O que espero, ao trazer aqui uma pessoa mais jovem que eu, é que vocês repensem as certezas que têm quando pensam em alguém a quem admirar. De muitas maneiras, eu pretendo ser como minha irmã mais nova, Rachel...

Rachel tem um jeito extrovertido e falante que sempre invejei. Apesar da idade, ela não tem medo de conversar com quem quer que seja. Isso começou muito cedo, quando ela ainda era um bebê, para desespero de minha mãe. Uma ida ao parquinho era um perigo, porque Rachel não tinha medo de estranhos, e certa vez se afastou de nós, conversando com um desconhecido. Quando eu cursava o ensino médio e ela ainda estava no fundamental, tornou-se amiga de um grupo animado de garotas que eu mal conhecia, apesar de elas serem da minha turma. Eu fiquei surpresa e cheia de inveja. Afinal, elas deveriam ser *minhas* amigas. Quando perguntei como aquilo tinha acontecido, ela deu de ombros e explicou que, um dia, tinha começado a conversar com elas no portão da escola. Na época, ela estava no quinto ano.

Quando, ao fim do semestre, fizemos uma avaliação do curso, recebi vários comentários dizendo "Aquela sexta-feira, no dia 27 de outubro, foi uma das melhores noites da minha vida", tanto dos que observaram como dos que participaram ativamente. De fato, a Noite da Gratidão é agora o ponto alto da classe. Como professor e como ser humano, é difícil ignorar tudo isso. Em nossa cultura, não contamos com um veículo para dizer às pessoas que têm mais importância para nós quanto somos gratos a elas por existirem — e mesmo quando sentimos o impulso de fazer isso, nos retraímos, envergonhados.

Então vou sugerir dois exercícios de gratidão. O primeiro é para todos os leitores, e não apenas para os que tiveram uma pontuação baixa em gratidão ou em satisfação com a vida:

Escolha uma pessoa importante que tenha feito uma grande diferença positiva na sua vida, mas a quem nunca tenha expressado gratidão. (Não confunda essa escolha com um relacionamento amoroso recente nem pense na possibilidade de ganhos futuros.) Escreva um testemunho de tamanho suficiente para preencher uma página. Não tenha pressa; eu e meus alunos levamos várias semanas, escrevendo sempre que as ideias vinham, fosse no trajeto de ônibus ou antes de dormir. Convide a pessoa para ir até a sua casa ou vá até a casa dela. É importante que seja feito pessoalmente, não por escrito ou por telefone. Não informe com antecedência o motivo da visita; um simples "quero te ver" é suficiente. Vinho e queijo não têm importância, mas vale a pena ter uma versão escrita para oferecer como lembrança. Depois dos cumprimentos iniciais, dê seu testemunho com calma, em voz alta, olhando nos olhos do outro. Então, espere pela reação. Relembre com aquela pessoa os fatos que a fizeram tão importante para você.

A Noite da Gratidão teve um impacto tão forte, que não foi preciso experiência alguma para me convencer de seu poder. Pouco tempo depois, porém, a primeira experiência controlada desse tipo foi parar na minha mesa de trabalho.[20] Robert Emmons e Mike McCullough pediram a pessoas escolhidas ao acaso que, durante duas semanas, anotassem diariamente acontecimentos que lhes inspirassem gratidão, aborrecimento ou fossem simples situações do cotidiano. Alegria, felicidade e satisfação com a vida aumentaram rapidamente em função da gratidão.

Portanto, se os seus resultados nos testes de satisfação com a vida ou de gratidão ficaram situados na metade inferior da contagem de pontos, o segundo exercício é para você. Nas próximas duas semanas, reserve cinco minutos toda noite, de preferência imediatamente antes de se preparar para ir dormir. Separe catorze páginas, uma para cada dia. Na primeira noite, faça novamente os testes Escala de Satisfação com a Vida (página 80) e Escala Geral de Felicidade (página 61) e anote os pontos. Então, pense nas últimas 24 horas e faça uma lista de até cinco fatos que aconteceram nesse período que tenham feito você sentir gratidão. Eis alguns exemplos comuns: "por acordar de manhã", "pela generosidade dos amigos", "pela determinação que Deus me deu", "pelos meus pais maravilhosos", "pela boa saúde" e "pelos Rolling Stones" (ou por alguma outra inspiração artística). Na última noite, duas semanas depois do início, repita os testes Escala de Satisfação com a Vida e Escala Geral de Felicidade, comparando os resultados com os da primeira noite. Se funcionar, incorpore a atividade à sua rotina noturna.

PERDOAR E ESQUECER

O que você sente em relação ao passado — satisfação ou orgulho versus amargura ou vergonha — depende inteiramente das suas lembranças. Não existe outra fonte. A razão pela qual a gratidão contribui para aumentar a satisfação com a vida é que ela amplia as boas lembranças do passado — a intensidade, a frequência e a graça. Outra estudante, que homenageou a mãe, escreveu: "Minha mãe disse que nunca vai esquecer aquela noite. O exercício foi a oportunidade de finalmente dizer o quanto ela significa para mim. Falei do fundo do coração! Passamos alguns dias nas nuvens. Sempre penso naquela noite".

Ela passou alguns dias nas nuvens porque sua consciência foi tomada por frequentes pensamentos positivos acerca das coisas boas que a mãe fazia. Esses pensamentos tornaram-se mais intensamente positivos, e a graça inspirou a felicidade ("Que grande pessoa!"). O contrário também se aplica às lembranças negativas. A mulher divorciada que só tem pensamentos sobre o ex-marido ligados à traição e à mentira, e o palestino que lembra com ódio a invasão da terra natal são exemplos de amargura. Pensamentos negativos, intensos e frequentes acerca do passado são matéria-prima para a insatisfação, tornando impossíveis a serenidade e a paz.

Isso se aplica igualmente aos indivíduos e às nações. Os líderes que relembram incessantemente a seus seguidores a longa história de afrontas (reais e imaginárias) sofridas pela nação tornam o povo violento e vingativo. Slobodan Milosevic, ao trazer à memória dos sérvios os seis séculos de atrocidades cometidas contra eles, incentivou uma década de guerra e genocídio nos Bálcãs. Em Chipre, depois que assumiu o poder, o arcebispo Makarios continuou a fomentar o ódio contra o povo turco, tornando quase impossível a reconciliação entre gregos e turcos, o que acabou contribuindo para a catastrófica invasão pelo Exército turco. Nos Estados Unidos contemporâneos, demagogos usam a questão racial, lembrando a escravidão (ou supostos casos de discriminação) em toda e qualquer oportunidade e despertando o mesmo espírito de vingança em seus seguidores. Esses políticos podem conseguir popularidade a curto prazo, mas a longo prazo é provável que a explosão de violência e ódio preparada por eles venha a ferir gravemente o próprio grupo que dizem querer ajudar.

Nelson Mandela, ao contrário, procurou interromper a retaliação contínua.[21] Como líder da África do Sul, recusou-se a mergulhar na tristeza do passado e comandou a nação dividida rumo à reconciliação. Yakubu Gowon, da Nigéria, evitou um genocídio, trabalhando arduamente para que os ibos não fossem castigados depois que a rebelião do povo de Biafra foi reprimida, no final dos anos 1960. Jawaharlal "Pandit" Nehru, um discípulo do Mahatma Gandhi, garantiu a suspensão das hostilidades contra os muçulmanos da Índia depois que o país foi dividido em 1947. O governo assumiu o controle e interrompeu a matança, deixando os muçulmanos protegidos.

O cérebro humano evoluiu para garantir que nossa luta contra as emoções negativas favoreça as emoções positivas — libertadoras, construtivas e duradouras, mas muito mais frágeis. A única saída desse deserto emocional é promover uma mudança nas ideias, reescrevendo o passado: perdoando, esquecendo ou apagando as lembranças ruins. Não existem, porém, meios conhecidos de favorecer o esquecimento e suprimir a memória diretamente.[22] Na verdade, tentativas explícitas de dominar tais pensamentos têm efeito contrário, aumentando a probabilidade de que venha à mente a imagem do objeto proibido. (Por exemplo: procure não pensar em um urso branco nos próximos cinco minutos.) Isso faz do perdão, que deixa a memória intacta, mas transforma ou mesmo afasta a dor, a única estratégia viável para uma releitura do passado. Porém antes de discutirmos o perdão, precisamos perguntar por que tanta gente se apega — na verdade, abraça apaixonadamente — a pensamentos amargos sobre o passado. Por que a releitura positiva do que se passou não é a abordagem mais natural das ofensas sofridas?

Infelizmente, existem boas razões para se apegar à tristeza, e é preciso fazer um balanço antes de tentar reescrever o passado por meio do perdão (ou do esquecimento ou da supressão). Estas são algumas das razões mais comumente apresentadas para se apegar ao rancor:[23]

- É injusto perdoar. O perdão prejudica a motivação que nos levaria a perseguir e castigar o culpado, e vai minando a raiva justificada, que poderia ser aproveitada para ajudar outras vítimas.
- O perdão talvez sugira empatia pelo culpado, mas demonstra falta de empatia pela vítima.
- O perdão impede a vingança, que é justa e natural.

Por outro lado, o perdão transforma a tristeza em neutralidade, ou mesmo em lembranças tingidas de cores mais positivas, tornando possível sentir uma satisfação muito mais intensa em relação à vida. "Não perdoando, você não atinge o culpado, mas perdoando, você se liberta."[24] A saúde física, especialmente em termos cardiovasculares, é em geral melhor nos indivíduos que perdoam do que nos que não perdoam.[25] E quando é seguido pela reconciliação, o perdão pode melhorar muito as suas relações com aquele que foi perdoado.

Não me cabe discutir aqui o peso a ser atribuído aos prós e contras quando você for decidir se vale a pena acabar com o rancor. Isso depende dos seus valores. Meu objetivo é simplesmente expor a relação inversa que existe entre rancor e satisfação com a vida.

Sua disposição de perdoar uma ofensa não depende apenas de como você equilibra racionalmente os prós e contras, mas também da sua personalidade. A seguir, você vai encontrar uma escala desenvolvida por Michael McCullough e seus colegas que mede o seu grau de generosidade em relação a uma ofensa grave.[26] Para fazer o teste, pense em uma pessoa específica que o tenha ofendido seriamente há pouco tempo.

MOTIVAÇÃO PARA A TRANSGRESSÃO

Para responder às questões seguintes, tenha em mente os sentimentos atuais a respeito da pessoa que feriu você. Queremos saber como se sente *neste exato momento*. Faça um círculo em volta do número que corresponde à sua resposta.

	DISCORDO INTEIRAMENTE (1)	DISCORDO (2)	NEUTRO (3)	CONCORDO (4)	CONCORDO INTEIRAMENTE (5)
1. Ele/ela vai me pagar.	1	2	3	4	5
2. Estou tentando manter o máximo possível de distância entre nós.	1	2	3	4	5
3. Tomara que aconteça alguma coisa horrível com ele/ela.	1	2	3	4	5
4. Estou vivendo como se ele/ela não existisse.	1	2	3	4	5
5. Não confio nele/nela.	1	2	3	4	5
6. Quero que ele/ela tenha o que merece.	1	2	3	4	5
7. Acho difícil tratá-lo/la com gentileza.	1	2	3	4	5
8. Eu o/a estou evitando.	1	2	3	4	5
9. Vou ajustar as contas com ele/ela.	1	2	3	4	5
10. Cortei relações com ele/ela.	1	2	3	4	5
11. Quero vê-lo/la no fundo do poço.	1	2	3	4	5
12. Eu me afastei dele/dela.	1	2	3	4	5

Instruções para a contagem de pontos

Motivação para o afastamento

Some os pontos dos sete itens que tratam do afastamento: 2, 4, 5, 7, 8, 10 e 12. _____

Nos Estados Unidos, a média entre os adultos é em torno de 12,6. Acima de 17,6, você está na terça parte que mais se afasta, e com 22,8 ou mais, você está entre os 10% que mais se afastam. Se a sua pontuação no teste foi alta, os exercícios de perdão apresentados a seguir podem ser úteis.

Motivação para a vingança

Some os pontos dos cinco itens que tratam da vingança: 1, 3, 6, 9 e 11. _____
Se tiver marcado em torno de 7,7, você está na média. Se tiver marcado 11 ou mais, você se inclui na terça parte mais vingativa, e acima de 13,2, você está na décima parte mais vingativa. Se a sua pontuação foi alta, os exercícios de perdão apresentados a seguir podem ser úteis.

COMO PERDOAR

"Nossa mãe foi assassinada.[27] *Havia sangue no tapete, nas paredes. O sangue cobria..."* Na manhã de Ano-Novo de 1996, Everett Worthington, psicólogo que escreveu um livro importantíssimo sobre perdão, recebeu de seu irmão o mais terrível dos telefonemas. Quando o dr. Worthington chegou a Knoxville, ficou sabendo que sua mãe idosa tinha sido espancada até a morte com um pé de cabra e um taco de beisebol. Ela foi estuprada com uma garrafa de vinho e a casa estava toda revirada. A história de seu esforço para perdoar seria por si só um exemplo incrível, ainda mais vindo de um importante pesquisador do assunto. É um ensinamento moral que recomendo aos leitores que desejam perdoar, mas não conseguem. Worthington descreve um processo em cinco etapas (embora nenhuma delas seja rápida ou fácil) a que chamou de REACH:

O "R" corresponde a *recordação* da ofensa, da maneira mais objetiva possível. Não pense no outro como uma pessoa má. Não ceda à autopiedade. Respire lenta e profundamente, para se acalmar, enquanto visualiza o evento. Worthington descreve uma possível cena:

Imaginei como dois jovens talvez se sentissem, ao se prepararem para roubar uma casa... Sozinhos na rua escura, deviam estar nervosos.

"É essa", disse um deles. "Não tem ninguém em casa. As luzes estão apagadas."

"O carro não tá na garagem", comentou o outro. "Devem estar em alguma festa de Ano-Novo."

Eles não tinham como saber que mamãe não dirigia e, por isso, não tinha carro.

"Ah, não", ele deve ter pensado. "Ela me viu. Isso não podia acontecer... De onde saiu essa velha? Isso é terrível. Ela pode me reconhecer. Eu vou pra cadeia. Ela vai arruinar minha vida."

O "E" corresponde a *empatia*. Procure entender pelo ponto de vista da pessoa que praticou a ofensa o porquê de ela ter feito aquilo. Não é fácil, mas crie uma história plausível que o transgressor poderia contar, se alguém lhe perguntasse. Para facilitar, lembre-se do seguinte:

- Quando as pessoas sentem sua sobrevivência ameaçada, elas ferem inocentes.
- Aqueles que atacam geralmente estão assustados, ansiosos e magoados.
- O que leva uma pessoa a atacar outra é a situação em que ela se encontra, não sua personalidade.
- As pessoas em geral não pensam que vão ferir o outro; elas apenas reagem.

O "A" corresponde a *altruísmo*. O dom altruístico do perdão é outra etapa difícil. Primeiro, lembre-se de uma situação em que você agiu mal, sentiu-se culpado e foi perdoado. Essa foi uma dádiva que você recebeu porque precisava, e ficou agradecido por isso. E uma dádiva faz bem a quem recebe e a quem oferece. Como se diz:

Se você quer ser feliz...
... por uma hora, tire um cochilo.
... por um dia, vá pescar.
... por um mês, case-se.
... por um ano, receba uma herança.
... pela vida toda, ajude alguém.

Mas não oferecemos essa dádiva por interesse próprio; é para o bem do transgressor. Diga a si mesmo que você pode superar a mágoa e o desejo de vingança. Perdoar de má vontade não adianta; você não se sentirá livre.

O "C" corresponde a *compromisso*. Quando você se compromete publicamente a perdoar. Nos grupos de Worthington, os clientes assinam um "certificado de perdão", escrevem uma carta perdoando o transgressor, anotam no diário, compõem uma canção ou um poema, ou contam a um amigo de confiança o que fizeram. Tudo isso são contratos de perdão que levam à etapa final, ao "H", que corresponde a *honrar o perdão*. É mais uma etapa difícil, porque as lembranças voltam. Perdão não é uma borracha que apaga o passado; é uma mudança no que as lembranças trazem com elas. É importante saber que lembrar não significa guardar rancor. Não fique remoendo as lembranças, pensando em vingança. Lembre-se de que já perdoou. Leia os documentos que garantem isso.

Talvez tudo isso possa lhe parecer uma tentativa de convencimento pra lá de piegas. Mas o que faz do método uma ciência é o fato de existirem pelo menos oito estudos de controle de resultados que medem as consequências de procedimentos como o REACH. No maior e mais bem-feito estudo até hoje, um grupo de pesquisadores de Stanford, liderados por Carl Thoresen, dividiu 259 adultos escolhidos ao acaso em dois grupos. Um deles participou de um workshop sobre perdão, com duração de nove horas (seis sessões de noventa minutos), e o outro formou um grupo de controle para simples avaliação. Os componentes da intervenção foram cuidadosamente estudados e comparados com aqueles apontados aqui, com ênfase em ofender-se menos e em rever a história da ofensa sob uma ótica mais objetiva. Menos raiva, menos estresse, mais otimismo, sensação de saúde melhor e mais perdão foram os resultados, com efeitos consideráveis.[28]

PENSANDO NA VIDA

O modo como você se sente em relação à sua vida é uma questão incerta, e uma avaliação precisa da sua trajetória é importante na tomada de decisões para o futuro. Sentimentos irrelevantes e momentâneos de tristeza ou alegria podem atrapalhar sua avaliação da qualidade da vida como um todo. Uma recente desilusão amorosa faz despencar a satisfação, e os dias seguintes a um aumento de salário são de um contentamento inflado artificialmente.

Veja meu exemplo. Logo depois do Ano-Novo, reservo meia hora de calma para preencher uma "retrospectiva de janeiro". Procuro um dia que não esteja próximo de satisfações ou aborrecimentos momentâneos e vou ao computador, onde guardo uma cópia das retrospectivas dos dez anos anteriores, para comparação. Em uma escala de 1 a 10 (que vai de péssimo a perfeito), classifico minha satisfação com a vida em cada um dos aspectos que têm valor para mim e escrevo um resumo. Os aspectos valorizados por mim podem ser diferentes dos seus. Os meus são:

- Amor
- Profissão
- Finanças
- Diversão
- Amigos
- Saúde
- Produtividade
- Geral

Tenho mais uma categoria, "Trajetória", em que analiso as mudanças ano a ano e seu curso no decorrer de uma década.

Recomendo-lhe o mesmo procedimento. É esclarecedor, evita a decepção e orienta futuras ações. Parafraseando Robertson Davies:[29] "Pese a vida uma vez por ano. Se achar que algum dos aspectos está ficando de lado, mude de vida. Geralmente, você acaba descobrindo que a solução está nas suas próprias mãos".

Este capítulo questionou quais variáveis sob o seu controle voluntário (V) podem contribuir para que você se situe permanentemente na parte superior da faixa de variação dos seus limites de felicidade. Esta seção abordou as suas emoções positivas (satisfação, contentamento, realização, orgulho e serenidade) em relação ao passado. Existem três maneiras de sentir satisfação permanente com o passado. A primeira é intelectual — abandonar a ideia de que o passado determina o futuro. O determinismo inflexível que sustenta esse dogma é infrutífero empiricamente e nada óbvio filosoficamente, e a passividade gerada por ele é imobilizadora. A segunda e a terceira são emocionais, e ambas envolvem uma mudança voluntária nas recordações. Uma gratidão maior pelas coisas boas do passado intensifica as lembranças positivas, e aprender a perdoar antigas ofensas dissipa a tristeza que o impossibilita de alcançar a satisfação. No próximo capítulo, discutiremos as emoções positivas quanto ao futuro.

6. Otimismo em relação ao futuro

Entre as emoções positivas em relação ao futuro estão a fé, a confiança, a esperança e o otimismo. Otimismo e esperança estão bem explicados, pois foram objeto de milhares de estudos empíricos e, o melhor de tudo, podem ser desenvolvidos.[1] O otimismo e a esperança aumentam a resistência à depressão que se segue a acontecimentos ruins, melhoram o desempenho profissional — especialmente em tarefas difíceis — e a saúde física. Comece testando o seu otimismo. Você pode fazer este teste no livro ou então na internet, onde poderá verificar o seu resultado em relação a outras pessoas do mesmo gênero, idade e linha de trabalho.

TESTE O SEU OTIMISMO

Leve o tempo que for preciso para responder as perguntas a seguir. O teste leva, em média, cerca de dez minutos. Não existem respostas certas ou erradas. Se você leu *Aprenda a ser otimista*, já fez uma versão diferente deste teste e alguns dos exercícios sugeridos a seguir.

Leia a descrição de cada situação e imagine claramente que está acontecendo com você. Provavelmente, vai haver algumas que você nunca experimentou, mas não faz mal. Ou talvez aconteça de nenhuma das duas respostas ser a ideal; escolha a opção que melhor se aplicar a você. Pode ser que algumas das respostas soem mal, mas não escolha a que *acha* que deveria ou que pareceria correta para os outros; escolha a opção que seria mais provavelmente a sua.

Marque apenas uma resposta por pergunta. Por enquanto, ignore os códigos (PmB, PvG e outros).

1. O que aconteceu depois de uma briga com o seu/sua parceiro(a):
PmG

    A. Eu o/a perdoei.   0

    B. Eu sempre perdoo.   1

2. Você esqueceu o aniversário de seu/sua parceiro(a).
PmB

    A. Não sou bom/boa em lembrar aniversários.   1

    B. Estava preocupado(a) com outras coisas.   0

3. Você recebe uma flor de um(a) admirador(a) secreto(a).
PvG

    A. Ele/ela se sente atraído(a) por mim.   0

    B. Sou uma pessoa popular.   1

4. Você concorre a um cargo e vence a eleição.
PvG

    A. Dediquei um bocado de tempo e energia à campanha.   0

    B. Sempre trabalho duro.   1

5. Você falta a um encontro importante.
PvB

    A. Às vezes, a memória me falha.   1

    B. Às vezes, esqueço de verificar a agenda.   0

6. Você oferece um jantar que é um sucesso.
PmG

    A. Foi uma noite de especial inspiração.   0

    B. Sou um bom/boa anfitrião/anfitriã.   1

7. Você tem de pagar uma multa à biblioteca por ter deixado de devolver um livro dentro do prazo.

PmB

A. Quando me envolvo na leitura, me esqueço das obrigações.   1
B. Eu me enrolei com um relatório e me esqueci de devolver o livro. 0

8. As suas ações renderam bem.

PmG

A. Meu corretor decidiu arriscar em alguma coisa nova.   0
B. Meu corretor é um excelente investidor.   1

9. Você vence uma competição esportiva.

PmG

A. Eu estava me sentindo imbatível.   0
B. Treinei muito.   1

10. Você se saiu mal em uma prova importante.

PvB

A. Não fui tão inteligente quanto as outras pessoas que fizeram a prova.   1
B. Não me preparei bem para a prova.   0

11. Você preparou uma refeição especial para um amigo, mas ele mal tocou na comida.

PvB

A. Não sou bom/boa cozinheiro(a)   1
B. Preparei a comida com pressa.   0

12. Você perdeu uma partida esportiva para a qual vinha treinando havia muito tempo.

PvB

A. Não sou bom/boa atleta.   1
B. Não sou bom/boa naquele esporte.   0

13. Você perdeu a paciência com um(a) amigo(a).

PmB

    A. Ele/ela vive me provocando.   1

    B. Ele/ela estava de mau humor.   0

14. Você foi multado(a) por não ter entregue a declaração de imposto de renda a tempo.

PmB

    A. Eu sempre deixo a declaração para depois.   1

    B. Eu me atrasei com a declaração este ano.   0

15. Você convida uma pessoa para sair, e ela recusa.

PvB

    A. Eu estava em um mau dia.   1

    B. Fiquei nervoso(a) na hora de fazer o convite.   0

16. Em uma festa, muita gente quer dançar com você.

PmG

    A. Sou muito extrovertido(a) nas festas.   1

    B. Eu estava no meu auge naquela noite.   0

17. Você se saiu excepcionalmente bem em uma entrevista de emprego.

PmG

    A. Eu me senti extremamente confiante durante a entrevista.   0

    B. Eu fiz uma boa entrevista.   1

18. Seu chefe lhe dá pouco tempo para terminar um projeto, mas você consegue.

PvG

    A. Sou bom/boa no que faço.   0

    B. Sou uma pessoa eficiente.   1

19. Você está se sentindo exausto(a) ultimamente.

PmB

    A. Você nunca tem chance de relaxar.   1

    B. Estive excepcionalmente ocupado(a) esta semana.   0

20. Você salva uma pessoa que estava sufocando.
PvG

    A. Conheço uma boa técnica para esse tipo de situação.   0

    B. Sei o que fazer durante uma crise.   1

21. Seu par romântico quer "dar um tempo".
PvB

    A. Sou egocêntrico(a).   1

    B. Não passo tempo o bastante com ele/ela.   0

22. Um(a) amigo(a) diz algo que fere os seus sentimentos.
PmB

    A. Ele/ela sempre fala as coisas sem pensar nos outros.   1

    B. Ele/ela estava de mau humor e descontou em mim.   0

23. Seu patrão pede um conselho seu.
PvG

    A. Sou expert no assunto que ele me perguntou.   0

    B. Sei dar bons conselhos.   1

24. Um amigo agradece por você tê-lo ajudado a atravessar tempos difíceis.
PvG

    A. Gosto de ajudar em tempos difíceis.   0

    B. Eu me preocupo com as pessoas.   1

25. Seu médico lhe diz que você está em boa forma física.
PvG

    A. Faço questão de me exercitar frequentemente.   0

    B. Sou muito consciente em relação à saúde.   1

26. Seu/sua parceiro(a) leva você para uma viagem romântica.
PmG

    A. Ele/ela precisava passar uns dias fora.   0

    B. Ele/ela gosta de conhecer novos lugares.   1

27. Pediram-lhe que tocasse um projeto importante.
PmG

    A. Completei com sucesso um projeto similar.   0

    B. Sou bom/boa supervisor(a).   1

28. Você levou vários tombos quando estava esquiando.
PmB

    A. Esquiar é difícil.   1

    B. As trilhas estavam ruins.   0

29. Você ganhou um prêmio importante.
PvG

    A. Resolvi um problema importante.   0

    B. Fui o(a) melhor funcionário(a).   1

30. As suas ações estão em baixa constante.
PvB

    A. Quando comprei as ações, não sabia muito do assunto.   1

    B. Escolhi mal as ações.   0

31. Você ganhou peso nas férias e não consegue perder os quilos extras.
PmB

    A. Dietas não funcionam a longo prazo.   1

    B. A dieta que fiz não deu certo.   0

32. Seu cartão de crédito não foi aceito em uma loja.
PvB

    A. Às vezes, penso que tenho mais dinheiro.   1

    B. Às vezes, me esqueço de pagar o cartão de crédito.   0

A sua contagem de pontos conforme indicado nas duas próximas seções explica as duas dimensões básicas do otimismo.

Chave de contagem de pontos

PmB ____ PmG ____

PvB ____ PvG ____

HoB ____ HoG ____

HoG menos HoB = ____

Existem duas dimensões cruciais no seu estilo explicativo: permanência e penetrabilidade.[2]

Permanência

Aqueles que desistem facilmente acreditam que a causa das coisas ruins que lhes acontecem são permanentes — os eventos negativos vieram para ficar e vão estar sempre ali para afetar sua vida. Aqueles que resistem ao sentimento de impotência acreditam que as causas dos eventos negativos são temporárias.

PERMANENTES (PESSIMISTAS) TEMPORÁRIAS (OTIMISTAS)

"Estou acabado." "Estou exausto."

"Dietas nunca dão certo." "Dietas não dão certo quando você não as segue."

"Você sempre reclama." "Você reclama quando não arrumo meu quarto."

"Meu chefe é um cretino." "Meu chefe está de mau humor."

"Você nunca fala comigo." "Você não tem falado comigo ultimamente."

Se você pensa nas coisas ruins em termos de "sempre", "nunca" e como características fixas, isso significa que tem um estilo permanente, pessimista. Se você pensa em termos de "às vezes" e "ultimamente", qualificando os eventos negativos de efêmeros, você tem um estilo otimista.

Agora, voltemos ao teste. Repare nos oito itens marcados com PmB, correspondente a *Permanent Bad* [permanente ruim], que são os de número 2, 7, 13, 14, 19, 22, 28 e 31. Estes indicam quanto você acredita que as causas dos eventos negativos sejam permanentes. As afirmações marcadas com 0 são otimistas; as marcadas com 1, pessimistas. Então, por exemplo, se você escolheu "Não sou bom/boa em lembrar aniversários" (Pergunta 2) em vez de "Estava preocupado(a) com outras coisas", para explicar o motivo de ter esquecido um aniversário, escolheu uma causa mais permanente e, portanto, mais pessimista.

Some os números da margem direita. Escreva o total na linha junto a PmB da chave de contagem de pontos. Se o seu total foi 0 ou 1, você é muito otimista nessa dimensão; 2 ou 3, moderadamente otimista; 4, na média; 5 ou 6, um pouco pessimista; e 7 ou 8, muito pessimista.

Quando falhamos, ficamos desanimados, pelo menos por um tempo. É como um soco no estômago. Dói, mas a dor passa — para alguns, quase que na mesma hora. Esses são os que perfazem um total de 0 ou 1. Para outros, a dor perdura e vai se cristalizando em ressentimento. Esses marcam 7 ou 8. Passam dias, às vezes meses, se lamentando, ainda que tenha sido uma falha de pouca importância. Se o fracasso for importante, podem simplesmente não se recuperar jamais.

O estilo otimista para eventos positivos é exatamente o oposto do estilo otimista para eventos negativos. Aqueles que acreditam que os eventos positivos têm causas permanentes são mais otimistas do que os que acreditam que as causas são temporárias.

TEMPORÁRIAS (PESSIMISMO)	PERMANENTES (OTIMISMO)
"Meu dia de sorte."	"Sempre tenho sorte."
"Eu me esforcei."	"Tenho talento."
"Meu rival se cansou."	"Meu rival não é bom."

Ao explicarem para si mesmos os eventos positivos, os otimistas apontam causas permanentes, como características e capacidades. Os pessimistas apontam causas transitórias, como estado de espírito e esforço.

Você provavelmente notou que algumas perguntas do teste — metade delas, na verdade — eram sobre eventos positivos ("As suas ações renderam bem", por exemplo). Some os pontos das perguntas marcadas com PmG, ou *Permanent Good* [permanente bom]. São as de números 1, 6, 8, 9, 16, 17, 26 e 27. As que valem um ponto são as respostas permanentes, otimistas. Some os números à direita de cada pergunta e escreva o total na linha ao lado de PmG na chave de contagem de pontos. Se o seu total for de 7 ou 8, você é muito otimista a respeito da probabilidade de os eventos positivos permanecerem; 6, moderadamente otimista; 4 ou 5, na média; 3, moderadamente pessimista; e 0, 1 ou 2, muito pessimista.

Sempre que têm sucesso, aqueles que acreditam que os eventos positivos têm causas permanentes esforçam-se ainda mais nas vezes seguintes. Aqueles que veem razões temporárias para esses eventos podem desistir quando têm sucesso, acreditando que tudo não passou de um golpe de sorte. Aqueles que mais aproveitam o sucesso, quando as coisas começam a dar certo, são os otimistas.

Penetrabilidade: específico versus universal

A permanência está ligada ao tempo. A penetrabilidade está ligada ao espaço.

Veja este exemplo: em uma grande empresa de venda a varejo, metade dos funcionários do departamento de contabilidade foi despedida. Dois deles, Nora e Kevin, ficaram deprimidos. Durante vários meses, não tinham disposição sequer para procurar outro emprego e deixaram de lado as declarações do imposto de renda ou qualquer coisa que lembrasse contabilidade. Nora, no entanto, continuou uma esposa dedicada e ativa. Sua vida social seguiu normalmente, a saúde se manteve boa e ela continuou a se exercitar três vezes por semana. Kevin, ao contrário, se isolou. Passou a ignorar a mulher e o filho pequeno, e vivia em silêncio. Recusava-se a ir a festas, dizendo que não queria ver ninguém. Não achava graça das piadas. Pegou uma gripe que durou todo o inverno e desistiu de fazer suas caminhadas.

Algumas pessoas conseguem compartimentar os problemas, tocando a vida mesmo quando um aspecto importante dela — o trabalho, por exemplo, ou a vida amorosa — está em frangalhos. Outras deixam que um problema contamine todo o resto. Criam uma verdadeira catástrofe. Em sua vida, quando uma linha se rompe, todo o tecido se desmancha.

Ou seja: aqueles que dão explicações *universais* para seus fracassos desistem de tudo quando uma área é atingida. Aqueles que dão explicações *específicas* podem sentir-se mal em relação a uma parte da vida sem que isso influencie o restante. Existem algumas explicações universais e outras específicas para os eventos negativos:

UNIVERSAIS (PESSIMISMO)	ESPECÍFICAS (OTIMISMO)
"Todo professor é injusto."	"O professor Seligman é injusto."
"Sou repulsivo."	"Ele me acha repulsivo."
"Livros não servem para nada."	"Este livro é inútil."

Nora e Kevin tiveram a mesma contagem de pontos altamente permanente na dimensão "permanência" do teste. Ambos eram pessimistas nesse aspecto. Quando foram despedidos, ficaram deprimidos por bastante tempo. Na dimensão "penetrabilidade", porém, obtiveram resultados opostos. Quando um evento negativo se abateu sobre eles, Kevin acreditou que tudo mais estaria comprometido. Com a dispensa do emprego, convenceu-se de que não era bom *em nada*. Nora acreditava que eventos negativos têm causas muito específicas; quando foi demitida, convenceu-se de que não era boa em contabilidade.

A dimensão "permanência" determina por quanto tempo a pessoa fica mal — com as explicações permanentes para acontecimentos ruins produzindo um desânimo duradouro e as explicações temporárias gerando resistência. A dimensão "penetrabilidade" determina se o desânimo se espalha para outras situações ou se limita à situação original. Kevin foi uma vítima da dimensão "penetrabilidade". Quando foi demitido, acreditou que a causa fosse universal e desistiu dos outros aspectos da vida.

Isso também acontece com você? As perguntas que trazem a indicação PvB, ou *Pervasiveness Bad* [penetrabilidade ruim], têm os números 5, 10, 11, 12, 15, 21, 30 e 32. Some os números que estão à direita das suas respostas e escreva o total na linha ao lado de PvB na chave de contagem de pontos. Quem teve um total de 0 ou 1 é muito otimista; 2 ou 3, moderadamente otimista; 4, na média; 5 ou 6, moderadamente pessimista; e 7 ou 8, muito pessimista.

Agora, o oposto. O estilo otimista de explicação para eventos positivos é o oposto do estilo otimista de explicação para eventos negativos. O otimista acredita que os eventos positivos vão afetar positivamente tudo o que ele fizer, enquanto o pessimista acredita que tudo o que acontece de bom é causado por fatores específicos. Quando Nora foi convidada a fazer um serviço temporário para a mesma empresa de onde havia sido dispensada, pensou: "Até que enfim perceberam que não podem ficar sem mim". Kevin, ao receber o mesmo convite, pensou: "Devem estar mesmo com falta de funcionários". Aqui estão alguns exemplos:

ESPECÍFICOS (PESSIMISMO)	UNIVERSAIS (OTIMISMO)
"Sou bom em matemática."	"Sou inteligente."
"Meu corretor conhece as ações ligadas a petróleo."	"Meu corretor conhece o mercado de ações."
"Ela me achou atraente."	"Sou atraente."

Some os pontos do seu otimismo para a penetrabilidade de eventos positivos. Os itens marcados com PvG, ou *Pervasiveness Good* [penetrabilidade boa], são os de número 3, 4, 18, 20, 23, 24, 25 e 29. As afirmações marcadas com um 0 são pessimistas (específicas). Na pergunta 24, em que se verifica como você se sente diante do agradecimento de um amigo que recebeu a sua ajuda, você respondeu "Gosto de ajudar em tempos difíceis" (específico e pessimista) ou "Eu me preocupo com as pessoas" (universal e otimista)? Some os números à direita das suas respostas e escreva o total na linha ao lado de PvG na chave de contagem de pontos. Quem consegue um total de 7 ou 8 pontos é muito otimista; 6, moderadamente otimista; 4 ou 5, na média; 3, moderadamente pessimista; e 0, 1 ou 2, muito pessimista.

A ESSÊNCIA DA ESPERANÇA

A esperança é um dos temas mais abordados por políticos, vendedores e pregadores na televisão. O conceito de otimismo aprendido leva a esperança para o laboratório, onde pode ser dissecada. Ter ou não esperança depende da reunião de duas dimensões. Encontrar as causas permanentes e universais de eventos positivos, junto com as causas temporárias e específicas dos eventos negativos, é a arte da esperança; encontrar as causas permanentes e universais de eventos negativos e ao mesmo tempo as causas específicas e temporárias de eventos positivos é a prática do desespero.

Eventos negativos podem ser descritos com desalento ou com esperança, como nestes exemplos:

COM DESALENTO
"Sou estúpido(a)."
"Os homens são tiranos."
"Cinquenta por cento de chance
  de ser câncer."

COM ESPERANÇA
"Estou mal hoje."
"Meu marido estava de mau humor."
"Cinquenta por cento de chance
  de não ser nada."

O mesmo se aplica aos eventos positivos:

COM DESALENTO	COM ESPERANÇA
"Tenho sorte."	"Tenho talento."
"Minha mulher encanta os clientes."	"Minha mulher encanta todo mundo."
"Os Estados Unidos vão derrotar os terroristas."	"Os Estados Unidos vão derrotar todos os inimigos."

Talvez a contagem de pontos mais importante do seu teste seja a da esperança (HoB – *Hope Bad* [esperança ruim] e HoG – *Hope Good* [esperança boa]). Para calcular o HoB, some os totais de PvB e PmB. Para calcular HoG, some os totais de PvG e PmG. Em seguida, subtraia o resultado de HoB do resultado de HoG. Se o resultado final ficar entre 10 e 16, isso quer dizer que você é uma pessoa extremamente esperançosa; de 6 a 9, moderadamente esperançosa; de 1 a 5, na média; de –5 a 0, moderadamente sem esperança; e abaixo de –5, severamente sem esperança.

Aqueles que dão explicações permanentes e universais para eventos positivos, além de explicações temporárias e específicas para eventos negativos, se recuperam mais rápido dos problemas e embarcam facilmente na onda do sucesso. Aqueles que dão explicações temporárias e específicas para o sucesso e, ao mesmo tempo, explicações permanentes e universais para os reveses tendem a se desestruturar sob pressão — por um longo tempo e nos vários setores da vida — e têm dificuldade para seguir em frente.

AUMENTANDO O OTIMISMO E A ESPERANÇA[3]

Existe um método bem documentado para aumentar o otimismo. Consiste em reconhecer e afastar ideias pessimistas. Todos temos essa capacidade e a utilizamos quando outra pessoa — alguém que esteja cobiçando nosso emprego ou a pessoa amada, por exemplo — nos faz uma acusação falsa. "Você não merece ser vice-presidente. É volúvel, egoísta e os seus colegas de trabalho não suportam você", acusa o rival. Em resposta, você aponta as razões que provam que ele está errado: a avaliação altamente positiva que a equipe fez de você no ano anterior e a habilidade com que tratou os problemas criados pelos três funcionários mais difíceis do departamento de marketing. Mas, quando fazemos acusações desse tipo a nós mesmos, é comum não conseguirmos argumentar — embora elas sejam geralmente falsas. A solução para afastar as próprias ideias pessimistas é primeiro reconhecê-las, depois tratá-las como se viessem de outra pessoa, um rival cujo único objetivo fosse tornar a sua vida um inferno.

Aqui vai um cursinho rápido sobre como fazer isso. Assim que perceber ideias pessimistas tentando tomar conta, lute contra elas usando o modelo dos cinco Cs: contrariedade, crenças, consequências, contestação e capacitação. Ao contestar efetivamente as crenças que resultam de uma contrariedade, você pode mudar a sua reação, de desânimo para disposição e bom humor.

Contrariedade. Meu marido e eu saímos para jantar sozinhos pela primeira vez depois do nascimento do bebê e passamos a noite discutindo por tudo, desde o sotaque do garçom (se era autêntico) até o formato da cabeça do nosso filho (se parecia mais com o dos meus pais ou dos pais dele).

Crenças. Qual é nosso problema? Devíamos estar aproveitando o jantar romântico e, no entanto, estávamos desperdiçando a noite, discutindo sobre as coisas mais idiotas. Li um artigo que dizia que muitos casamentos acabam depois do nascimento do primeiro filho. Parece que estamos seguindo nessa direção. Como vou criar Noah sozinha?

Consequências. Fui dominada por um grande desapontamento e uma tristeza profunda e comecei a ficar angustiada. Mal toquei no jantar. Meu marido se esforçava para melhorar os ânimos, mas eu não conseguia nem olhar para ele.

Contestação. Talvez eu não esteja sendo realista. É difícil ser romântica quando não consegui pregar o olho por três horas seguidas nas últimas sete semanas, e tenho medo de que o leite comece a vazar. Ah, que romântico! Mas, espere aí, um único jantar ruim não significa divórcio. Já passamos por fases muito mais difíceis, e nosso relacionamento saiu delas fortalecido. Acho melhor parar de ler aquelas revistas idiotas. Não posso acreditar que eu esteja aqui planejando os detalhes do divórcio só porque Paul acha que a cabeça do Noah parece mais com a de seu tio-avô Larry do que com a de minha tia Flo. Preciso relaxar um pouco e ver este jantar como uma primeira experiência de namoro. O próximo vai ser melhor.

Capacitação. Comecei a me sentir melhor e mais interessada em Paul. Até contei a ele sobre minha preocupação de que o leite vazasse, e demos uma boa risada imaginando qual seria a reação do garçom. Decidimos encarar o jantar como um treinamento; iríamos sair de novo na semana seguinte e tentar outra vez. Depois que conversamos sobre o assunto, passamos a nos divertir e a nos sentir mais unidos.

É essencial perceber que as suas crenças são apenas isto — crenças. Podem, ou não, ser fatos. Se uma mulher ouvisse uma rival enciumada e enfurecida gritar "Você é uma mãe horrível — egoísta, insensível e estúpida", como reagiria? Provavelmente ignoraria a acusação, e caso se aborrecesse, iria contestar, fosse interiormente ou frente a frente. "Meus filhos me amam", ela poderia dizer para si mesma. "Passo longos períodos de tempo com eles. Ensino álgebra, futebol e a viverem neste mundo conturbado. Ela está cheia de inveja porque seus filhos se comportaram mal."

Podemos, então, nos distanciar, com maior ou menor facilidade, das infundadas acusações alheias. A questão é que somos muito menos eficientes em conseguir distanciamento das acusações que fazemos diariamente a nós mesmos. Afinal de contas, se *nós* pensamos assim, deve ser verdade, certo?

Errado!

O que dizemos a nós mesmos, quando sofremos uma derrota, pode ser tão infundado quanto as ofensas de um rival invejoso. Nossas explicações reflexivas são, em geral, distorções. Não passam de maus hábitos de pensamento, provocados por experiências desagradáveis do passado — conflitos da infância, pais severos, um treinador crítico demais ou uma irmã mais velha ciumenta. No entanto, só porque nós mesmos dissemos, passam a soar como verdades definitivas.

São apenas crenças. E só porque alguém não se acredita capaz de arranjar um emprego ou de ser amado ou pensa ser um incompetente, não quer dizer que seja verdade. É essencial recuar e se distanciar de explicações pessimistas, pelo menos o suficiente para verificar se são verdadeiras. Checar a veracidade de nossas crenças reflexivas e contestá-las. O primeiro passo é saber que as suas crenças podem ser contestadas; o segundo passo é pôr a contestação em prática.

APRENDENDO A ARGUMENTAR COM VOCÊ MESMO

Existem quatro maneiras de tornar a sua argumentação convincente. Vamos discutir cada uma delas em separado.

Evidência

O modo mais convincente de contestar uma crença negativa é checar os fatos. Boa parte do tempo, você terá os fatos ao seu lado, já que as reações pessimistas à contrariedade são, com muita frequência, exageradas. Você assume o papel de detetive e pergunta: "Quais são as evidências para essa crença?".

Se tirou nota baixa em um teste e se convenceu de ser "o pior da turma", verifique as evidências. O colega que senta ao seu lado tirou uma nota mais alta? Se acha que "furou" a dieta, conte as calorias dos nachos, das asinhas de frango e da cerveja. Talvez seja apenas um pouco mais que as calorias do jantar de que você abriu mão para poder sair com os amigos.

É importante perceber a diferença entre essa abordagem e a chamada "força do pensamento positivo".[4] O pensamento positivo envolve tentar acreditar em afirmações estimulantes, como "Todos os dias, de todas as maneiras, estou cada vez melhor", ainda que não haja evidências disso ou as evidências sejam contrárias. Se você conseguir a façanha de acreditar realmente nesse tipo de afirmação, sorte a sua. Muita gente bem informada, treinada em argumentação, não consegue aceitar esse tipo de estímulo. O otimismo aprendido, ao contrário, está ligado à veracidade. Uma das suas técnicas mais eficazes de contestação será a busca de evidências que apontem as distorções das suas explicações catastróficas. A maior parte do tempo, você terá a realidade do seu lado.

Alternativas

Quase nada do que acontece tem uma única causa; a maioria dos acontecimentos tem várias causas. Se você se saiu mal em um teste, pode ter sido por muitas razões: o grau de dificuldade do teste, quanto você se preparou, o seu nível de inteligência, a correção do professor, o desempenho dos outros alunos e a extensão do seu cansaço. Os pessimistas costumam se apegar à pior das causas — a mais permanente e penetrante delas. Mais uma vez, a contestação geralmente conta com a realidade como aliada. Em meio a tantas causas, por que se apegar à mais traiçoeira? Pergunte a si mesmo se não há um modo menos destrutivo de ver as coisas.

Para contestar as suas próprias crenças, examine todas as causas que possam ter contribuído para a situação. Concentre-se nas que sejam mutáveis (pouco tempo de estudo), específicas (um teste extraordinariamente difícil) e não pessoais (injustiça do professor na correção da prova). Talvez você tenha de se esforçar para produzir crenças alternativas, apegando-se a possibilidades de que não esteja inteiramente convencido. Lembre-se de que muito do pensamento pessimista consiste exatamente no contrário, ou seja, em se apegar à pior crença possível — não por causa das evidências, mas precisamente por ser tão ruim. A sua tarefa é interromper esse hábito destrutivo, tornando-se hábil na criação de alternativas.

Implicações

Pelo modo como as coisas caminham no mundo, porém, os fatos nem sempre estarão do seu lado. Talvez a realidade esteja contra você, e a crença negativa que você guarda sobre si mesmo seja verdadeira. Nessa situação, a técnica a ser utilizada é a *descatastrofização*.

Ainda que a crença seja verdadeira, pergunte a si mesmo: "Quais são as implicações?". É verdade que o jantar não foi nada romântico. Mas o que isso implica? Um jantar que não deu certo não significa divórcio.

Pergunte a si mesmo quais são as piores possibilidades. Três notas medianas no seu histórico significam que ninguém nunca vai querer contratar você? Duas asinhas de frango e um prato de nachos condenam você à obesidade eterna? Neste ponto, volte à primeira técnica e repita a busca por evidências. Em nosso primeiro exemplo, a mulher lembrou-se de que ela e o marido já tinham atravessado tempos mais difíceis.

Utilidade

Às vezes, as consequências de se apegar a uma crença soam mais importantes que a verdade. A crença é destrutiva? Quando você sai da dieta, a resposta "Sou um glutão incorrigível" é uma receita para abandonar a dieta de vez. Algumas pessoas ficam muito aborrecidas quando o mundo não se mostra justo com elas. Por mais simpatia que tenhamos por esse sentimento, a própria crença pode causar mais sofrimento do que deveria. De que adianta ficar insistindo na crença de que o mundo deveria ser justo? Outra tática é detalhar todas as maneiras pelas quais você pode mudar sua situação no futuro. Ainda que a crença seja verdadeira hoje, é uma situação mutável? Como começar a mudar? A mulher citada no início resolveu parar de ler artigos alarmantes sobre divórcio publicados em revistas.

REGISTRANDO A CONTESTAÇÃO

Agora, vamos praticar a contestação. Nos próximos cinco eventos negativos que acontecerem no seu dia a dia, preste atenção às suas crenças, note as consequências e conteste tais crenças com firmeza. Repare na energia que resulta quando você consegue vencer as crenças negativas. Registre tudo. Os cinco eventos negativos podem ser de pouca importância: o correio atrasou, alguém não retornou seu telefonema, o rapaz que encheu o tanque não lavou o para-brisa. Em todos os casos, use as quatro técnicas de autocontestação.

Antes de começar, veja os exemplos a seguir. O primeiro trata de um evento negativo e o segundo trata de um evento positivo.

Contrariedade. Em um seminário, dei um curso sobre recuperação psicológica de um trauma. Quando recebi as avaliações, uma delas dizia: "Eu me desapontei muito com o curso. O que mais me impressionou foi como o professor consegue ser tão entediante. A maioria dos cadáveres tem mais animação que o professor Richmond. Não faça esse curso de jeito nenhum!".

Crenças. Que atrevimento! Os estudantes de hoje querem que as aulas tenham som Dolby, e se você não utiliza recursos sofisticados de multimídia, o chamam de chato. Não conseguem entender quando você apresenta material para reflexão e espera que pensem e trabalhem um pouco. Estou farto dessa atitude. Ainda bem que quem escreveu isso não se identificou.

Consequências. Fiquei furioso. Chamei minha esposa, li a avaliação para ela e passei uns dez minutos reclamando. Mesmo mais tarde, no fim do dia, eu ainda estava aborrecido. Fiquei ruminando minha insatisfação com a arrogância e a leviandade dos estudantes.

Contestação. Aquilo foi realmente muito rude. Posso entender que alguém não goste do curso, mas não há motivo para ser tão desagradável. Preciso me lembrar, é claro, de que foi só uma avaliação. A maioria dos alunos parece ter gostado. É bem verdade que as avaliações não foram tão positivas como costumavam ser. Alguns comentaram que seria mais fácil entender o material se houvesse alguns slides. Eles não estão pedindo um show pirotécnico; apenas um pouco de tecnologia, para tornar a aula mais interessante e acessível. Talvez eu tenha tido certa preguiça. Em outras vezes, me esforcei mais para atrair a atenção dos alunos. Talvez esteja deixando transparecer que já não estou gostando tanto de dar essas aulas. Quem sabe eu deveria ver essa avaliação como um alerta e elaborar melhor o material?

Capacitação. Eu me senti bem menos irritado. Ainda estava aborrecido pelo modo como o estudante se expressou, mas consegui manter a perspectiva. Não gostei de admitir que tinha sido um pouco descuidado, mas consegui canalizar essa energia para atualizar a aula. Estou até mais interessado pelo material e pensando em melhorar o curso.

Conforme já vimos, o estilo pessimista de interpretar eventos positivos é exatamente o oposto do mesmo estilo para eventos negativos. Se é bom, os pessimistas dizem que é passageiro, específico e aconteceu por acaso. Explicações pessimistas para eventos positivos impedem que a pessoa tenha novos sucessos e aproveite a vitória. Esse exemplo mostra como contestar explicações temporárias, específicas e externas para o sucesso, transformando-as em explicações permanentes, profundas e pessoais — aquelas de que precisamos, para que venham mais realizações.

Contrariedade. Meu chefe disse que gostou de umas ideias que tive e pediu que eu fosse à reunião e as apresentasse à equipe executiva.

Crenças. Não posso acreditar que ele queira que eu vá à reunião. Vou fazer papel de idiota. Foi só um golpe de sorte. As ideias nem são minhas;

são uma criação coletiva. Eu falei direitinho, mas não tenho o conhecimento necessário para responder às perguntas dos chefões. Vai ser uma humilhação.

Consequências. Entrei em pânico. Não consigo me concentrar. Deveria ensaiar a apresentação, mas perco a linha de pensamento e me atrapalho.

Contestação. Espere aí. Isso é uma coisa boa, não ruim. Nós todos colaboramos, mas não é verdade que as ideias não sejam minhas. Na última reunião, fui eu que resolvi o impasse e pensei na nova abordagem. Qualquer um ficaria nervoso se apresentando diante de executivos de alto escalão. Conheço o assunto. Venho pensando nisso há muito tempo. Cheguei até a escrever minhas ideias e a apresentá-las pelo departamento. Se Hank me chamou foi porque sabe que faço um bom trabalho. Ele não iria arriscar sua reputação colocando qualquer um diante de seus chefes. Ele confia em mim, e eu também deveria.

Capacitação. Consegui me acalmar e me concentrar. Decidi chamar dois colegas para servirem de plateia enquanto pratico a apresentação. Comecei a gostar do desafio, e quanto mais ensaio, mais confiante fico. Até descobri novas maneiras de falar que deixam tudo mais coerente.

Durante a próxima semana, anote as contrariedades do seu dia a dia. Não procure pela contrariedade, mas quando acontecer, volte-se cuidadosamente para o seu diálogo interno. Quando perceber crenças negativas, conteste. Anote seu processo de pensamento.

1.
    Contrariedade:
    Crenças:
    Consequências:
    Contestação:
    Capacitação:

2.
    Contrariedade:
    Crenças:
    Consequências:

Contestação:
Capacitação:

3.

Contrariedade:
Crenças:
Consequências:
Contestação:
Capacitação:

4.

Contrariedade:
Crenças:
Consequências:
Contestação:
Capacitação:

5.

Contrariedade:
Crenças:
Consequências:
Contestação:
Capacitação:

No capítulo 5, discutimos sobre satisfação acerca do passado e vimos exercícios para aumentá-la. Neste capítulo, vimos o que constitui a satisfação acerca do futuro e detalhamos técnicas para melhorá-la. Agora, vamos abordar a felicidade no presente.

7. Felicidade no presente

A felicidade no momento presente consiste em estados muito diferentes da satisfação com o passado e com o futuro e compreende dois aspectos bastante distintos: prazeres e gratificações. Os *prazeres* são satisfações com claros componentes sensoriais e fortemente emocionais. São o que os filósofos chamam de "sensações naturais": êxtase, entusiasmo, orgasmo, deleite, gozo, exuberância e conforto. São passageiros e envolvem pouco ou nenhum raciocínio. As *gratificações* são atividades que gostamos muito de praticar, mas não são necessariamente acompanhadas por nenhuma sensação natural. Em vez disso, as gratificações nos envolvem, nos absorvem de tal modo, que perdemos a noção da realidade. Uma boa conversa, a leitura de um bom livro, a dança, uma partida de basquete, escalar uma montanha são exemplos de atividades em que o tempo para, nossas habilidades superam os desafios e ficamos em contato com nossas forças. A gratificação dura mais que o prazer, envolve raciocínio e interpretação, não cria hábito facilmente e está apoiada em nossas forças e virtudes.

OS PRAZERES[1]

Que haja muitas manhãs de verão
em que com prazer, com alegria,
você entre em portos
que estará vendo pela primeira vez;
que possa parar
em postos fenícios de comércio
e comprar artigos finos
de madrepérola e coral, âmbar e ébano,
perfumes sensuais de todo tipo —
todos os perfumes sensuais que puder comprar...

Konstantinos Kaváfis, "Ítaca"

Os prazeres físicos

Essas satisfações são imediatas, passageiras e vêm através dos sentidos. Precisam de pouca ou nenhuma interpretação. Os órgãos dos sentidos, devido à evolução da espécie humana, estão ligados diretamente à emoção positiva; tocar, sentir gosto, sentir cheiro, movimentar o corpo, enxergar e ouvir são ações capazes de evocar diretamente o prazer. O gosto do leite materno e de sorvete de baunilha têm o mesmo efeito durante os seis primeiros meses de vida. Quando você está coberto de sujeira, um bom banho quente é ótimo, e essa sensação agradável transcende o conhecimento do fato de estar ficando limpo. O orgasmo não precisa de agência de publicidade para apregoar suas virtudes. Para alguns, esvaziar o intestino provoca um misto de alívio e prazer. Visão e audição também estão ligadas a emoção positiva, de um modo um pouco menos direto, mas ainda assim imediato; o céu sem nuvens de um dia de primavera, os acordes finais de "Hey Jude", dos Beatles, fotografias de bebês e de filhotes de animais e sentar-se diante da lareira em uma noite fria são exemplos de prazeres físicos.

Com um pouco mais de sofisticação, sensações complexas podem levar ao prazer sensual. Para mim, elas incluem uma rosa-chá híbrida perfeita, os compassos da abertura do "Magnificat" de Bach, um gole do vinho Riesling Trockenbeerenauslese, a última cena do primeiro ato de *Sunday in the Park with George*, o perfume Shalimar, uma rima perfeita e meu indicador preso na mãozinha fechada de minha filhinha de dois meses.

Apesar da satisfação que certamente trazem, não é fácil construir a vida em torno de prazeres físicos, já que são passageiros. Assim que o estímulo externo cessa, eles desaparecem rapidamente. Além disso, nos habituamos a eles com facilidade, o que exige doses maiores para igualar a sensação original. São apenas os primeiros segundos de calor que vem da lareira, a primeira colherada de sorvete de baunilha, o primeiro contato com o aroma de Shalimar que "mexem" conosco. O prazer vai diminuindo, a não ser que aumentem os intervalos entre uma e outra experiência.

Os prazeres superiores

Os prazeres superiores têm muito em comum com os prazeres físicos. Como estes últimos, têm "sensações naturais" positivas, são passageiros, desaparecem com facilidade e criam hábito rapidamente, mas são consideravelmente mais complexos em relação ao modo como se instalam. São mais cognitivos, muito mais numerosos e variados que os prazeres físicos. Existem várias maneiras de organizar os prazeres superiores, e o esquema que adotei é apenas um deles. Escolhi uma palavra que define uma emoção positiva, alegria, e procurei sinônimos para ela. Depois, peguei cada uma das palavras selecionadas e procurei novos sinônimos. Fiz isso repetidas vezes, até os sinônimos se esgotarem. O procedimento rendeu, para minha surpresa, menos de cem palavras correspondentes a emoções positivas, incluindo prazeres físicos e superiores. Então, separei as palavras correspondentes a prazeres corporais (orgástico e ardor, por exemplo), e me vi com três classes de prazeres superiores que agrupei conforme a intensidade.

Os prazeres de alta intensidade incluem enlevo, deleite, êxtase, emoção, hilaridade, euforia, empolgação, sublimidade, júbilo e excitação. Os prazeres de intensidade moderada incluem animação, encantamento, vigor, regozijo, contentamento, alegria, bom humor, entusiasmo, atração e graça. Os prazeres de baixa intensidade incluem conforto, harmonia, divertimento, saciedade e relaxamento. Para meu objetivo — discutir como aumentar essas sensações —, não tem muita importância qual o método escolhido para separar os prazeres; todos eles têm caminhos comuns que levam ao aperfeiçoamento.

Intensificando os prazeres

Para começar, devo dizer que você não precisa procurar um especialista para lhe dar conselhos sobre os prazeres da vida. Você sabe do que gosta e do que não gosta muito melhor que qualquer psicólogo. No entanto, estudos científicos sobre a emoção positiva levaram a três conceitos que podem contribuir para aumentar a felicidade momentânea na sua vida: habituação, apreciação e mindfulness. Libertar o poder desses conceitos psicológicos pode oferecer lições sobre como intensificar o sentimento positivo ao longo da vida.

HABITUAÇÃO

Tanto os prazeres físicos quanto os prazeres complexos possuem um conjunto de propriedades uniformes e peculiares que limitam sua utilidade enquanto fontes de felicidade duradoura. São prazeres fugazes por definição e em geral desaparecem subitamente. Se passo aos meus alunos uma tarefa divertida, como assistir a um filme, percebemos que quando acaba, acaba. Cessado o estímulo externo, a emoção positiva mergulha na onda da experiência contínua, deixando poucos vestígios. Isso é tão comum, que as exceções provam a regra: um raro filme que volta à nossa consciência no dia seguinte (*O Senhor dos Anéis*) ou o travo de um borgonha que persiste por dois minutos inteiros (ou alguma coisa que eu tenha experimentado uma meia dúzia de vezes em uma vida de apreciador de vinhos, um gosto que vem à memória no dia seguinte).

O mesmo prazer repetido com frequência perde o efeito. O prazer da segunda colherada de sorvete de baunilha não é nem metade do que foi a primeira, e lá pela quarta colherada, só restam as calorias. Uma vez saciadas as necessidades calóricas, o gosto é pouco melhor que o de papelão. Esse processo, chamado habituação ou adaptação, é um fato neurológico intocável da vida. Os neurônios são conectados para responder a novos eventos, e para não atuar se não houver novas informações. No nível celular, existe o chamado período refratário, em que o neurônio simplesmente fica impedido de atuar por algum tempo (alguns segundos, geralmente). No nível cerebral, damos atenção a novos eventos e ignoramos os que se repetem. Quanto mais redundante é o evento, mais ele se torna secundário.

Os prazeres não apenas desaparecem rapidamente, eles podem ter consequências negativas. Lembra-se dos "centros de prazer" que se supôs terem sido encontrados nos cérebros de ratos, quarenta anos atrás? Os pesquisadores implantaram fios muito finos em áreas específicas do cérebro (sob o córtex) dos ratos, e então liberavam um pequeno choque elétrico sempre que o animal pressionava uma barra. Os ratos passaram a preferir a estimulação elétrica a alimento, sexo e até à própria vida. O que os pesquisadores descobriram estava mais ligado à dependência do que ao prazer. Acontece que o estímulo elétrico provoca um desejo muito forte. O desejo é satisfeito pela estimulação elétrica seguinte, que, infelizmente, provoca um novo desejo. Esse desejo desapareceria em poucos minutos se o rato interrompesse o processo deixando de pressionar a barra; mas o desejo é tão intenso, que ele pressiona a barra sem parar, não pelo prazer, mas porque fica preso em um círculo vicioso. O desejo não satisfeito é em si negativo, e o rato vai evitá-lo.[2]

Coçar as costas acalma a coceira, que no entanto volta ainda mais forte quando o toque é interrompido. O ato de coçar desperta uma nova sensação de coceira, e o ciclo continua. Se você trincar os dentes e esperar, a coceira passa, mas a vontade de coçar é mais forte. É assim que funciona com um acesso de tosse, amendoim, cigarro e sorvete de baunilha. Muito mais seriamente, é assim também com o mecanismo da dependência de drogas. O álcool produz efeitos posteriores negativos (a ressaca) que acabam passando, seja naturalmente ou tomando outro drinque. Se você toma aquele drinque que cura a ressaca, os efeitos desaparecem, mas até a próxima ressaca e assim por diante.

Isso tem implicações diretas sobre a intensificação dos prazeres da vida: o padrão segundo o qual você os divide pelo tempo é crucial. A primeira regra prática está no poema de Kaváfis: "Todos os perfumes sensuais que puder comprar". Inclua na vida o máximo possível de eventos que deem prazer, mas procure espaçá-los por períodos de tempo mais longos do que normalmente o faz. Quando o seu desejo por determinado prazer diminuir a zero (ou, abaixo disso, chegar à aversão), ao tê-lo mais espaçado, é sinal de que provavelmente não era prazer, mas dependência. Tome uma colherada de sorvete e espere trinta segundos (vai parecer uma eternidade). Se não desejar a segunda colherada, jogue tudo pelo ralo — literalmente. Se ainda tiver vontade, tome a segunda colherada e espere novamente. Vai acabar passando.

Procure encontrar o intervalo de tempo mais adequado para manter a habituação dos seus prazeres sob controle. Se você gosta de escutar Bruce Springsteen, experimente ouvir com mais ou menos frequência. Você vai encontrar um intervalo que mantém a música sempre nova. A surpresa, como o intervalo, impede que os prazeres se transformem em hábito. Procure pegar a si mesmo de surpresa ou, melhor ainda, cuide para que as pessoas com quem você convive surpreendam frequentemente umas às outras, oferecendo prazeres "de presente". Não precisa ser nada do tipo dúzias de rosas encomendadas ao florista. Que tal uma inesperada xícara de café? Vale a pena reservar cinco minutos todo dia para criar uma surpresinha agradável para o seu cônjuge, os filhos ou um colega de trabalho: sua música preferida ao chegar em casa, uma massagem nas costas enquanto estiver trabalhando ao computador, um vaso de flores sobre a escrivaninha, um bilhetinho carinhoso. Essas atitudes são reciprocamente contagiosas.

APRECIAÇÃO

A rapidez da vida moderna e nossa extrema preocupação com o futuro podem se insinuar em nosso presente e empobrecê-lo.[3] Quase todos os avanços tecnológicos recentes — do telefone à internet — têm como finalidade fazer mais em menos tempo. A vantagem da economia de tempo se articula com o alto valor agregado do planejamento para o futuro. Tão invasiva é essa "virtude", que, mesmo durante a mais descompromissada das conversas, nós nos pegamos planejando uma resposta inteligente em vez de ouvir. Perdemos boa parte do presente economizando tempo (para quê?) e planejando o futuro (que nunca chega).

Fred B. Bryant e Joseph Veroff, da Loyola University, são os criadores de um campo restrito, ainda em seus estágios iniciais, a que chamam *savoring*, que pode ser traduzido para "apreciação".[4] Eles criaram um conceito que, junto com o mindfulness, repercute as veneráveis tradições do budismo e nos permite recuperar a fatia perdida do presente.

Apreciação, segundo Bryant e Veroff, é atenção deliberada e consciência diante da experiência do prazer. Bryant aprecia uma pausa durante a escalada de uma montanha:

Inspiro profundamente o ar frio e escasso e expiro devagar. Noto um aroma penetrante e pungente de *polemonium*, e procurando sua origem, encontro um único pé de alfazema crescendo entre os seixos sob meus pés. Fecho os olhos e ouço o vento percorrendo o vale lá embaixo. Sento-me entre as pedras mais altas, sentindo o prazer de estar imóvel sob o sol morno. Pego uma pedra do tamanho de uma caixa de fósforos, para levar como lembrança desse momento. É áspera, parecendo uma lixa. Sinto o estranho impulso de cheirar a pedra. Um odor de umidade desperta uma onda de imagens antigas. Fico pensando há quanto tempo aquela pedra estaria naquele lugar...

Joe Veroff, de modo semelhante, aprecia a leitura de cartas escritas pelos filhos:

Espero por um momento tranquilo, sem pressa, e leio as cartas, deixando que as palavras escorram lentamente, como um demorado e gostoso banho morno. Leio devagar. Às vezes, são tão sentimentais, que não consigo conter as lágrimas. Às vezes, são tão profundamente perspicazes acerca do que acontece a eles e ao mundo, que me surpreendo. Quase posso senti-los reunidos na sala enquanto leio.

Depois de testar milhares de estudantes universitários, os autores chegaram a cinco técnicas que promovem a apreciação:

Partilhamento. Você pode procurar outras pessoas com quem partilhar a experiência e dizer-lhes quanto valoriza aquele momento. Esse é o mais forte elemento indicativo do nível de prazer que está por vir.

Formação da memória. Tire fotografias mentais ou pegue uma lembrança concreta do evento, para lembrar mais tarde com outras pessoas. Fred Bryant fez isso ao pegar a pedra do tamanho de uma caixa de fósforos, que conserva até hoje ao lado de seu computador.

Autocongratulação. Não tenha medo de se orgulhar. Diga a si mesmo como os outros ficaram impressionados e lembre-se de como esperou por aquele momento.

Aprimoramento das percepções. O foco em certos elementos encobre outros. Ao provar uma sopa, Veroff disse: "A sopa tinha um gosto forte, porque era muito cremosa, e eu tinha acidentalmente deixado queimar um pouco no fundo da panela quando estava cozinhando. Bem que tentei não deixar que a parte queimada se misturasse ao resto, mas a sopa ficou com gosto de fumaça". Quando ouve música erudita, ele fecha os olhos.

Absorção. Deixe-se envolver totalmente e tente não pensar, apenas sentir. Não deixe o pensamento ir para outras coisas que poderia estar fazendo, o que vai fazer em seguida ou como poderia melhorar a experiência.

Todas essas técnicas se aplicam aos quatro tipos de apreciação: satisfação (receber elogios e congratulações), agradecimento (expressar gratidão pelo que foi recebido), admiração (deslumbrar-se com o momento) e conforto (prazer dos sentidos). Vamos tentar agora "demonstrar o sentido" do que acabamos de discutir. Se estava lendo esta seção "por alto", faça uma parada aqui. Eu **insisto**. Aprecie com atenção cada palavra:

> Mas devo deixar este espaço tão delicado, esta paz tão breve
> e imaculada,
> este contentamento tão pungente;
> e o tempo vai se fechar sobre mim, e minha alma vai se integrar
> ao ritmo da rotina diária.
> Agora, depois de viver assim, a vida não vai me pressionar tanto,
> e sempre vou sentir o tempo passando tênue;
> pois por uma vez estive diante
> da imaculada e doce presença da eternidade.[5]

MINDFULNESS

Depois de três anos de estudo, o noviço chega à morada do mestre. Ele entra no cômodo, a cabeça fervilhando de ideias sobre questões complicadas da metafísica budista, preparado para as perguntas que o aguardam no exame.

"Só tenho uma pergunta", diz o mestre com voz grave.

"Estou pronto, mestre", ele responde.

"No caminho até aqui, as flores estavam à esquerda ou à direita do guarda-sol?"

O noviço se retira, desconcertado, para mais três anos de estudo.

O mindfulness começa com a observação de que a desatenção permeia a atividade humana. Deixamos de notar enormes caminhos para a experiência. Agimos e interagimos no piloto automático, sem pensar. Ellen Langer, professora de Harvard, respeitada no meio acadêmico no campo da desatenção, fez algumas pessoas passarem pela experiência de tentar "furar" uma fila de funcionários de escritórios que esperavam para tirar cópias de algum material. Quando os pretendentes a "fura-fila" perguntaram "Se importa se eu entrar na sua frente?", a resposta foi negativa. Quando perguntaram "Se importa se eu entrar na sua frente, porque tenho um material para copiar?", as pessoas concordaram.

Langer desenvolveu um conjunto de técnicas para nos deixar mais atentos e nos fazer ver o momento presente de forma diferente. O que sustenta essas técnicas é o princípio da mudança de perspectiva, para transformar em nova uma situação antiga. Por exemplo: alguns alunos do ensino médio receberam um capítulo de história que tratava de Stephen Douglas e do Kansas Nebraska Act. Um grupo leu o texto sob a perspectiva de Douglas e de seu neto e foi questionado sobre o que pensariam e como se sentiriam. Esse grupo aprendeu muito mais que o outro que só recebeu a instrução de estudar o material.[6]

A atenção redobrada ao presente ocorre muito mais prontamente em um estado de espírito de tranquilidade do que quando se vive a experiência com pressa e preocupação com o futuro. A prática oriental da meditação tem muitas formas e quase todas, se feitas regularmente, desaceleram a mente ocidental e comprovadamente diminuem a ansiedade. Tudo isso contribui para desenvolver um estado de espírito mais atento ao momento presente, tornando mais fácil lembrar que as flores estavam à esquerda do guarda-sol. Para os americanos, a técnica mais acessível é a meditação transcendental, e como a pratiquei religiosamente durante vinte anos, tornando-me muito mais calmo e menos ansioso, posso atestar sua eficácia. Mas a meditação transcendental ou outras técnicas de meditação não são soluções instantâneas.[7] Para obter os benefícios, é preciso praticar duas vezes por dia, durante vinte minutos, no mínimo, e os resultados só aparecem depois de algumas semanas.

Não se trata de coincidência o fato de que muito do que a ciência tem documentado sobre apreciação e mindfulness tenha sua origem no budismo. Essa grande tradição se concentra em levar a mente a um estado de serenidade que é fruto da maturidade. Não pretendo discutir o budismo aqui, mas quero encerrar esta seção recomendando enfaticamente a leitura de *The Positive Psychology of Buddhism and Yoga* [A psicologia positiva do budismo e da ioga], de Marvin Levine, renomado especialista em psicologia cognitiva, que é também o autor do poema que inicia este livro.[8]

Tenha um belo dia

Esta seção enumerou os prazeres e as alegrias, bem como várias maneiras de intensificá-los. A habituação pode ser neutralizada pelo espaçamento cuidadoso dos prazeres e por um acordo com um amigo ou com a pessoa amada para se fazerem surpresas recíprocas. A apreciação e o mindfulness se dão pelo partilhamento dos prazeres, pelas fotografias mentais, pela autocongratulação, pelo aguçamento das percepções (em especial pela mudança de perspectiva) e pela concentração. Receber, agradecer, admirar e aproveitar o conforto são meios de intensificar o prazer. É com uma boa dose de sorte e o emprego dessas habilidades que se chega à "vida prazerosa".

Agora, para colocar tudo isso em prática, recomendo a você (assim como faço com meus alunos) que tenha um belo dia. Escolha um dia livre deste mês para se permitir os seus prazeres favoritos. Faça todas as suas vontades. Faça uma lista do que pretende fazer, planeje o dia hora a hora. Utilize o máximo das técnicas que aprendeu. Não deixe que a correria da vida interfira; ponha o plano em ação.

AS GRATIFICAÇÕES

É difícil distinguir entre gratificação e prazer, o que é lamentável, porque confunde duas classes diferentes das melhores coisas da vida, nos levando a pensar que podem ser entendidas do mesmo modo. Dizemos casualmente que gostamos de caviar, de massagem nas costas ou do som da chuva no telhado (prazeres), assim como dizemos gostar de jogar vôlei, de ler Dylan Thomas e de ajudar os sem-teto (gratificações). A confusão prática se dá por causa do termo "gostar". O principal significado da palavra, em todos esses casos, é que escolhemos fazer determinadas coisas em vez de outras atividades. Como usamos sempre a mesma palavra, ficamos inclinados a olhar em volta, procurando pela mesma fonte de gosto, e acabamos dizendo "Caviar me dá prazer" ou "Dylan Thomas me dá prazer", como se nos dois casos a mesma emoção positiva fosse a base da escolha.

Quando questiono as pessoas acerca da existência de uma emoção positiva subjacente aos prazeres, elas dizem que boa comida, massagem, perfume agradável ou banho quente produzem as mesmas sensações naturais de prazer que mencionei no começo deste capítulo. Ao contrário, quando a pergunta é sobre a emoção positiva que dizemos sentir ao servir café a moradores de rua, ler Andrea Barrett, jogar bridge ou escalar uma montanha, a resposta é imprecisa. Algumas conseguem identificar uma discreta emoção ("me senti muito confortável aninhada no sofá com o livro"), mas a maioria não consegue. A concentração total, a suspensão da consciência e a plenitude — o *flow* — que a gratificação produz é que definem se você gosta ou não dessas atividades, não a presença do prazer. Na verdade, a imersão total bloqueia a consciência, e há uma completa ausência de emoções.

Essa distinção é a diferença entre a vida boa e a prazerosa. Lembra-se de Len, o meu amigo CEO e campeão de bridge, a quem falta estado de espírito positivo? São as gratificações — que Len tem em abundância — a chave da minha afirmação de que ele leva uma vida boa. Nenhum exercício, conselho ou mágica vai ser capaz de levar Len a um estado de alegria contagiosa ou de intenso prazer, mas sua vida é cheia de ocupações, já que é um profissional bem-sucedido, campeão de bridge e fanático por esportes. A grande vantagem da distinção entre prazer e gratificação é que mesmo a metade menos favorecida da população (3 bilhões de pessoas) em termos de estado de espírito positivo não está fadada à infelicidade. Em vez disso, sua felicidade está nas numerosas gratificações que conseguem ter e conservar.

Enquanto nós, homens da modernidade, perdemos a distinção entre prazer e gratificação, os atenienses da Idade de Ouro eram peritos nisso, e esse é apenas um dos casos em que eles sabiam mais do que nós. Para Aristóteles, diferentemente dos prazeres físicos, a felicidade (*eudaimonia*) é "parente" da graça na dança. A graça não é uma entidade que acompanha a dança ou surge no fim; é parte integrante de uma dança bem-feita. Falar do "prazer" da contemplação é dizer que a vantagem da contemplação está nela mesma; não é referir-se a qualquer emoção que acompanhe a contemplação. *Eudaimonia*, que chamo de gratificação, é parte integrante da ação correta. Não vem do prazer físico nem é um estado que possa ser quimicamente induzido ou alcançado por meio de qualquer intervenção. Só se alcança *eudaimonia* através de uma atividade que esteja em harmonia com um propósito nobre.[9] Minha citação de Aristóteles pode parecer pretensão acadêmica, mas, nesse caso, é de real importância para a sua vida. O prazer pode ser descoberto, alimentado e ampliado pelos meios apontados na última seção, mas a gratificação, não. Os prazeres estão ligados aos sentidos e às emoções. As gratificações, ao contrário, estão ligadas à representação de forças e virtudes pessoais.

A explicação científica da gratificação pode ser atribuída à curiosidade de uma eminente figura das ciências sociais.

"É um nome famoso", eu disse baixinho para Mandy, enquanto lia a lista de cabeça para baixo. Os muitos anos em que fiquei de pé do outro lado da mesa de professores, enfermeiros e dirigentes me ensinaram a habilidade de ler de cabeça para baixo sem mexer os olhos. Éramos os primeiros da fila para o café da manhã no nosso hotel favorito em Big Island, Kona Village, e eu estava lendo a lista dos hóspedes. O nome que eu tinha encontrado, Csikszentmihalyi, era famoso entre psicólogos, mas eu não sabia nem pronunciá-lo.

"Fácil para você dizer", brincou Mandy.

Mihaly Csikszentmihalyi é um renomado professor de ciência social da Peter Drucker School of Business, na Claremont University. Foi ele que deu nome e investigou o flow, o estado de gratificação em que entramos quando nos concentramos completamente no que estamos fazendo. Tínhamos conversado rapidamente uma vez, ambos com vinte anos a menos, mas eu não conseguia me lembrar exatamente de seu rosto.

Minutos mais tarde, enquanto tentava tirar as sementes do mamão, examinei o salão, na tentativa de localizar a figura de cabelos ruivos, físico esbelto e definido, de quem eu tinha uma vaga lembrança. (Embora um dos temas da próxima seção seja o convívio familiar, devo confessar que a chance de conversar com outro psicólogo, especialmente em um lugar com muito pouco o que fazer, a não ser ficar com a família, me deixava bem animado.)

Depois do café da manhã, Mandy, as crianças e eu atravessamos a trilha pedregosa rumo à praia de areia escura. Nuvens escuras se espalhavam pelo céu, e as ondas estavam altas demais para entrarmos no mar.

"Pai, acho que alguém está gritando." Lara, entre nós a de ouvido mais aguçado, apontava para o mar. Na arrebentação, havia um homem de cabelos brancos sendo

jogado contra as pedras vulcânicas, cortantes como navalhas, por causa dos mariscos agarrados a elas. Ele parecia uma versão menor e com menos mobilidade da baleia Moby Dick, exceto pelo sangue no peito e no rosto, e por um único pé de pato pendendo do pé esquerdo. Entrei correndo na água. Calçado com meus sapatos de sola grossa de borracha, cheguei até ele facilmente, mas o cara era grande (bem mais pesado que os meus quase cem quilos), e tirá-lo de lá não foi fácil.

Quando finalmente chegamos à areia, em meio à sua respiração ofegante, pude notar o sotaque típico da Europa Central.

"Mihaly?", perguntei.

Assim que cessaram a tosse e os arquejos, o rosto de Papai Noel se abriu no mais largo dos sorrisos, e ele me deu um abraço apertado. Passamos os dois dias seguintes conversando sem parar.

Mihaly Csikszentmihalyi (pronuncia-se "chics sent mi rai" e vem de St. Michael of Csik, uma cidade da Transilvânia) atingiu a maioridade na Itália, durante a Segunda Guerra Mundial. Seu pai, um aristocrata húngaro (essa classe social se distingue pelo i ao fim do sobrenome), foi embaixador em Roma. O mundo elegante da infância de Mihaly foi esfacelado pela guerra. Depois da tomada da Hungria por Stálin, em 1948, seu pai deixou a embaixada; tornando-se apenas mais um refugiado estrangeiro na Itália, lutou para abrir um restaurante em Roma. Os móveis da família foram parar em museus de Belgrado e Zagreb. Alguns dos adultos que Mihaly conhecia sucumbiram ao desamparo e ao desânimo.

"Sem emprego, sem dinheiro, tornaram-se conchas vazias", ele recordou. Enquanto isso, outros adultos, enfrentando os mesmos desafios, irradiavam integridade, bom humor e determinação em meio ao caos. Estes, em geral, não estavam entre os mais capacitados e respeitados, e antes da guerra seriam considerados medíocres.

A curiosidade de Mihaly foi despertada, e nos anos 1950, ainda na Itália, ele leu sobre filosofia, história e religião, procurando por uma explicação. A psicologia não era reconhecida como matéria acadêmica; ele, então, emigrou para os Estados Unidos, com a finalidade de estudar o assunto pelo qual tinha se encantado depois de ler os escritos de Carl Jung. Esculpiu, pintou, escreveu para a *New Yorker* (já em seu terceiro idioma), recebeu o ph.D. e iniciou a busca que se estenderia por toda a vida e da qual teve o primeiro vislumbre em meio ao caos da Roma do pós-guerra: tentar descobrir cientificamente a chave para o sucesso do ser humano. Como ele me disse, enquanto admirávamos o oceano Pacífico: "Eu queria entender o que é e o que poderia ser".

A extraordinária contribuição de Mihaly para a psicologia é o conceito de *flow*,[10] ou fluxo. Para você, quando é que o tempo para? Quando é que você se encontra fazendo exatamente o que quer, desejando que não acabe nunca? É quando pinta, faz amor, joga vôlei, fala diante de um grupo, escala uma montanha ou quando ouve com simpatia os problemas alheios? Para introduzir o assunto, ele me contou de seu irmão de oitenta anos.

Fui visitar meu meio-irmão mais velho faz pouco tempo. Ele está aposentado, e seu hobby é estudar minerais. Ele me contou que, poucos dias antes, pegou um cristal para estudar em seu poderoso microscópio, logo após o café da manhã. Algum tempo depois, ele começou a ter dificuldade para enxergar claramente a estrutura interna e pensou que uma nuvem tivesse encoberto o sol. Olhou pela janela e viu que já estava anoitecendo.

O tempo parou para o irmão dele. Mihaly chama esses estados de "*enjoyments*", que poderíamos traduzir por "deleite", um termo que costumo evitar porque enfatiza o componente "sentimento" da gratificação. Ele estabelece o contraste entre *enjoyments* e prazeres, que são a satisfação das necessidades biológicas.

Jogar uma partida de tênis que exija da nossa capacidade é agradável, assim como ler um livro que nos traga revelações ou ter uma conversa que nos leve a expressar ideias que nem sabíamos ter. Fechar um negócio ou dar por terminado um trabalho bem-feito é agradável. Talvez nenhuma dessas experiências seja especialmente prazerosa no momento em que acontece, mas, depois, ao lembrarmos dela, dizemos "Foi bom", e gostaríamos que acontecessem novamente.

Ele entrevistou milhares de pessoas de todas as idades e variadas condições sociais de todas as partes do mundo, pedindo que descrevessem suas maiores gratificações. Podiam ser gratificações mentais, como a que aconteceu com o irmão mineralogista de Mihaly, ou sociais, como descreve este adolescente membro de um grupo de motociclistas de Kyoto:

Quando começamos a andar em grupo, a harmonia ainda não é completa. Mas quando o comboio de centenas vai se movimentando, todos sentimos uns pelos outros. Como posso dizer?... Quando nossas mentes se tornam uma só... Quando todos somos um só, eu percebo... De repente, eu percebo: "Somos um". [...] Quando todos somos um só corpo, é o máximo. Quando aumentamos a velocidade, é realmente incrível.

Esse estado pode resultar de uma atividade física. Uma bailarina conta:

Quando começo, fico pairando, aproveitando o momento, sentindo meu corpo se mover... Sinto uma espécie de êxtase... Fico suando, febril, como que em transe quando tudo vai bem... Eu me movo e procuro me expressar através dos movimentos. É isso. É uma espécie de linguagem corporal. Quando tudo vai bem, eu consigo me expressar em relação à música e às pessoas que estão lá.

Apesar das grandes diferenças entre as atividades em si — de gurus da meditação coreanos a membros de gangues de motociclistas, jogadores de xadrez, escultores, operários de linha de montagem e bailarinas —, todos descrevem os componentes psicológicos da gratificação de maneiras nitidamente similares. São estes:

- A tarefa é desafiadora e exige habilidade.
- Existe concentração.
- Os objetivos são claros.
- O feedback é imediato.
- O envolvimento é intenso e natural.
- Existe um senso de controle.
- A consciência do "eu" desaparece.
- O tempo para.

Repare em uma ausência: não há nenhuma emoção positiva na lista de componentes essenciais. Embora as emoções positivas, como o prazer, a alegria e o êxtase, sejam mencionadas ocasionalmente, em retrospecto, elas não aparecem. Na verdade, o que está no coração do *flow* é a ausência de emoção, de qualquer tipo de consciência de si mesmo. A emoção e a consciência estão lá para corrigir a trajetória; quando o que você faz está perfeito, não há necessidade disso.

A economia oferece uma analogia conveniente. O capital pode ser definido como um recurso que é retirado da despesa e investido no futuro, para um maior retorno a longo prazo. A ideia do acúmulo de capital foi aplicada a questões não financeiras: o capital social são os recursos que adquirimos ao interagir com outras pessoas (amigos, parceiros românticos e contatos), e o capital cultural são as informações e os recursos (como museus e livros) que herdamos e utilizamos para enriquecer nossa vida individual. Existe capital psicológico? Se existe, como consegui-lo?

Quando sentimos prazer, talvez estejamos apenas consumindo. Um perfume, o gosto de uma fruta, a sensualidade de um "cafuné" — todos são momentos de grande deleite momentâneo, mas não constroem nada para o futuro. Não são investimentos, nada se acumula. Ao contrário, quando nos dedicamos a uma atividade (concentrados no *flow*), talvez estejamos investindo, construindo capital psicológico para o futuro. Talvez o *flow* seja o estado que marca o crescimento psicológico. A concentração, a perda do "eu" e a interrupção do tempo são a maneira que a evolução tem de nos dizer que estamos acumulando recursos psicológicos para o futuro. Seguindo com essa analogia, o prazer marca o ponto da saciedade biológica, enquanto a gratificação marca o ponto de crescimento psicológico.

Csikszentmihalyi e seus colegas usam o método de amostragem para medir a frequência de *flow*. Nesse método, os participantes recebem pagers e são "bipados" aleatoriamente, durante todo o dia; nesse momento, devem anotar o que estiverem fazendo, pensando e as emoções que estiverem sentindo. A equipe da pesquisa reuniu mais de 1 milhão de dados, envolvendo milhares de pessoas de várias condições sociais.

Flow é uma experiência frequente para alguns, mas para outros acontece muito raramente. Em um dos estudos, Mihaly analisou 250 adolescentes de alto *flow* e 250 de baixo *flow*. Os de baixo *flow* são os "jovens de shopping"; adoram passear no shopping e passam longas horas diante da televisão. Os de alto *flow* têm hobbies, praticam esportes e dedicam bastante tempo aos estudos. Em todas as medidas de bem-estar psicológico (inclusive autoestima e dedicação), menos uma, os adolescentes de alto *flow* se saíram melhor. A exceção é importante: os jovens de alto *flow* acreditam que seus colegas de baixo *flow* se divirtam mais e dizem que preferiam estar passeando no shopping ou vendo TV. Embora toda a dedicação que demonstram não seja considerada positiva, a recompensa, entretanto, vem mais tarde. Os adolescentes de alto *flow* chegam à universidade, desenvolvem laços sociais mais profundos e são mais bem-sucedidos. Tudo isso se encaixa na teoria de Mihaly de que o *flow* é o estado que acumula capital psicológico para ser retirado nos anos seguintes.

Dados os benefícios e o *flow* que a gratificação produz, é surpreendente que, com frequência, façamos a opção pelo prazer (ou pior, pelo desprazer) em detrimento da gratificação. À noite, com a possibilidade de escolher entre ler um bom livro ou assistir a uma série na TV, em geral ficamos com a série — embora as pesquisas tenham provado e comprovado que o estado de espírito médio enquanto se assiste a uma série televisiva seja de depressão moderada. O hábito de escolher o prazer fácil em lugar da gratificação pode ter consequências desagradáveis.[11] Nos últimos quarenta anos, vem se avolumando em todos os países ricos um assustador aumento da depressão.[12] A depressão, hoje, é dez vezes mais frequente do que era em 1960 e ataca muito mais cedo. A idade média do primeiro episódio de depressão era 29 anos e meio, enquanto hoje é catorze e meio. Isso é um paradoxo, já que todos os indicadores objetivos de bem-estar — poder de compra, nível de instrução, música e alimentação à disposição — estão aumentando, ao mesmo tempo que os indicadores de bem-estar subjetivo caem. Como explicar o que causa essa epidemia?

É mais fácil identificar o que *não* causa.[13] A epidemia não é biológica, já que, em quarenta anos, nossos genes e hormônios não mudaram o suficiente para responder por uma incidência de depressão dez vezes mais alta. Não é ecológica, já que os Amish, que vivem em condições equivalentes às do século XVIII, a pouco mais de sessenta quilômetros do local onde moro, têm apenas a décima parte da depressão que temos na Filadélfia, apesar de beberem da mesma água, respirarem o mesmo ar e fornecerem boa parte do alimento que consumimos. Não se pode dizer que as condições de vida sejam piores, pois a epidemia ocorre apenas em nações ricas, e estudos diagnósticos cuidadosamente feitos demonstraram que, nos Estados Unidos, os hispânicos e afro-americanos têm menos depressão que os caucasianos, muito embora a média de suas condições de vida objetiva seja pior.

Formulei a teoria de que um conjunto de ideias e atitudes possa ter contribuído para a epidemia ao favorecer uma autoestima injustificada, apoiar a vitimologia e estimular o individualismo selvagem; mas não vou me aprofundar nessa especulação agora.[14] Há também outro fator como possível causa da epidemia: o excesso de confiança em "atalhos" que levam à felicidade. Os países ricos criam cada vez mais atalhos para o prazer: televisão, drogas, compras, sexo sem compromisso, esportes e chocolate, para citar alguns.

Neste momento, enquanto escrevo, como uma torrada com manteiga e geleia. Não assei o pão, não bati a manteiga nem colhi as frutas para a geleia. Meu café da manhã (ao contrário do meu livro) é todo feito de atalhos; não exige esforço nem habilidade. O que aconteceria comigo se minha vida fosse toda feita de prazeres fáceis, nunca exigindo o uso de minhas forças nem apresentando desafios? Uma vida assim predispõe à depressão. As forças e virtudes podem murchar durante uma vida de facilidades, oposta a uma vida plena pela busca da gratificação.

Um dos principais sintomas da depressão é "olhar para o próprio umbigo". O deprimido pensa demais em si mesmo. Sua disposição negativa não é um fato da vida, mas para ele é da maior importância. Quando detecta um sinal de tristeza, fica "ruminando" o sentimento, projetando para o futuro e estendendo-o a todas as atividades, o que, por sua vez, faz sua tristeza aumentar. "Entre em contato com os seus sentimentos", apregoam os profissionais da autoestima em nossa sociedade. Nossos jovens absorveram a mensagem e acreditaram nela, criando uma geração de narcisistas cuja maior preocupação, como seria de se esperar, é como se sentem.[15]

Na direção oposta, o critério que define a gratificação é a ausência de sentimento, a perda da consciência de si mesmo e a dedicação. A gratificação diminui a preocupação consigo mesmo, e quanto mais *flow*, maior é a gratificação e menos deprimida é a pessoa. Então, aí está um poderoso antídoto para a epidemia de depressão na juventude: buscar mais gratificação e menos prazer. Os prazeres vêm facilmente, e as gratificações, que resultam do exercício de forças pessoais, são mais difíceis de conquistar. A determinação em identificar e desenvolver essas forças é, portanto, um grande remédio contra a depressão.

É difícil dar início ao processo de evitar prazeres fáceis e buscar mais gratificações. As gratificações produzem *flow*, mas exigem esforço e habilidade; ainda mais desestimulante é o fato de, por responderem a desafios, admitirem a possibilidade da falha. Jogar três sets de uma partida de tênis, participar de uma conversa inteligente, ou ler Richard Russo dá trabalho, pelo menos no início. Os prazeres são mais simples: quanto de esforço e habilidade são necessários para comer um pão com manteiga? Que possibilidade de falha existe em assistir a um jogo de futebol pela televisão, na segunda-feira à noite? Como Mihaly me disse no Havaí:

> O prazer é uma fonte poderosa de motivação, mas não produz mudanças; é uma força conservadora que nos faz querer satisfazer necessidades já existentes, alcançar o conforto e o relaxamento... Já o deleite (gratificação) nem sempre é prazeroso, podendo às vezes ser muito estressante. O alpinista pode estar perto de congelar, completamente exausto, correndo o risco de cair em um abismo sem fim, mas não gostaria de estar em nenhum outro lugar do mundo. Saborear um coquetel sob uma palmeira, de frente para um mar azul-turquesa, pode ser muito bom, mas não se compara à satisfação que ele sente naquela montanha gelada.[16]

O lagarto. A questão do enriquecimento da gratificação se resume a nada mais nada menos que a velha pergunta: "O que é a vida boa?". Um dos meus professores, Julian Jaynes, mantinha um exótico lagarto da Amazônia em seu laboratório como animal de estimação. Nas primeiras semanas depois da chegada do lagarto, Julian não conseguia fazê-lo comer. Ele tentou de tudo, mas o réptil definhava a olhos vistos. Ofereceu alface, manga e até carne de porco moída comprada no supermercado. Matou moscas e ofereceu ao lagarto. Tentou insetos vivos e comida chinesa. Misturou sucos de frutas. O lagarto recusava tudo e, apático, quase não se mexia.

Certo dia, Julian levou para o laboratório um sanduíche de presunto e o apresentou ao lagarto. O animal não demonstrou interesse. Mergulhado na rotina diária, Julian pegou o *New York Times* e começou a ler. Terminando a primeira seção, largou distraidamente o jornal em cima do sanduíche. O lagarto observou a cena, atravessou depressa a sala, saltou sobre o jornal, rasgando-o todo, e engoliu com avidez o sanduíche. Ele precisava aproximar-se furtivamente da presa e atacar, antes de comer.

Os lagartos evoluíram para espreitar e saltar sobre a presa. A caçada, ao que parece, é uma necessidade do lagarto. Tão essencial à vida é o exercício de sua força, que seu apetite só pôde ser satisfeito quando essa força foi solicitada. Para aquele lagarto, não havia atalho para a felicidade. Os seres humanos são imensamente mais complexos que os lagartos amazônicos, mas nossa complexidade se assenta sobre um cérebro emocional que precisou de centenas de milhões de anos de seleção natural para tomar forma. Nossos prazeres e os apetites a que servem estão ligados à evolução por um leque de ações muito mais elaboradas que ficar à espreita, saltar sobre a presa e matá-la, mas que não podem ser ignoradas sob a pena de se pagar um alto preço. A crença de que podemos alcançar a gratificação através de atalhos e evitar o exercício das forças e virtudes pessoais é tolice, e pode não apenas levar lagartos a definhar até a morte, como fazer legiões de seres humanos deprimidos definharem até a morte espiritual, em meio à riqueza.

Essas pessoas perguntam: "Como posso ser feliz?". A pergunta está errada, porque, sem a distinção entre prazer e gratificação, é fácil acreditar em soluções fáceis, em uma vida do máximo possível de prazer. Não sou contra o prazer; na verdade, este capítulo tratou de como intensificar o prazer (bem como todo um leque de emoções positivas) na vida. Vimos em detalhes as estratégias sob controle voluntário que são capazes de elevar o seu nível de emoção positiva até a parte superior da sua faixa de variação da felicidade: a gratidão, o perdão e a libertação da tirania do determinismo, aumentando as emoções positivas acerca do passado; a aprendizagem da esperança e do otimismo por meio da intensificação das emoções positivas acerca do futuro e a apreciação, o mindfulness e a quebra do hábito que aumentam os prazeres do presente.

Quando uma vida inteira é dedicada à busca das emoções positivas, autenticidade e significado se perdem. A questão ainda é a mesma apresentada por Aristóteles 2500 anos atrás: "O que é a vida boa?". Meu principal objetivo ao fazer a distinção entre gratificação e prazer é renovar essa pergunta, oferecendo uma resposta nova e cientificamente fundamentada. Minha resposta está ligada à identificação e à utilização de suas forças pessoais.

Os próximos capítulos vão tratar de afirmar e justificar essa resposta, mas tudo começa com o aumento de ações que geram gratificação. Isso é consideravelmente mais difícil do que conseguir mais emoção positiva. Csikszentmihalyi teve o cuidado de evitar escrever livros de "autoaperfeiçoamento" como este. Seus livros descrevem quem tem e quem não tem *flow*, mas em nenhum momento diz ao leitor como conseguir mais *flow*. Essa reticência deve-se, em parte, à sua bagagem europeia, que se apoia na tradição descritiva, diferentemente da tradição intervencionista americana. Ele espera que a descrição eloquente seja suficiente para que o leitor criativo descubra as próprias maneiras de incluir mais *flow* em sua vida. Eu, que venho de uma tradição claramente americana e acredito que já há informações suficientes sobre gratificação, disponho-me a sugerir como alcançá-la. O processo não é rápido nem fácil. É dele que trata o restante deste livro.

Parte II

Força e virtude

Não somos inimigos. Somos amigos. Não devemos ser inimigos. Embora a paixão possa ter arrefecido, não devemos romper nossos laços de afeto. Os acordes místicos da memória se estendem de todos os campos de batalha e de todos os túmulos de patriotas a todo coração pulsante e todo lar, de ponta a ponta nesta terra. Esses acordes, quando tocados novamente, e com certeza serão, pelos melhores anjos da nossa natureza, irão até onde chegar o coro da União.

Abraham Lincoln, discurso inaugural, 4 de março de 1861

8. Renovando força e virtude

Enquanto o Norte e o Sul encaravam o abismo da guerra mais cruel da história dos Estados Unidos, Abraham Lincoln invocava "os melhores anjos da nossa natureza", na vã esperança de que essa força pudesse afastar o perigo. As palavras finais do primeiro discurso do maior orador-presidente não foram, podemos estar certos disso, escolhidas ao acaso. Elas demonstram várias suposições básicas sustentadas pela maioria das mentes instruídas da América do Norte de meados do século XIX:

- Existe uma "natureza" humana.
- A ação é resultado do caráter do indivíduo.
- O caráter vem em duas formas, ambas igualmente fundamentais — mau caráter e caráter bom ou virtuoso ("angelical").

Como tais suposições quase desapareceram da psicologia do século XX, a história de sua ascensão e queda é o pano de fundo da renovação que faço da noção de bom caráter como principal suposição da psicologia positiva.

A doutrina do bom caráter era a base do mecanismo ideológico para várias instituições sociais do século XIX. A insanidade era vista como defeito e degeneração moral, e o tratamento "moral" (a tentativa de transformar mau caráter em virtude) era o tipo dominante de terapia. O movimento de temperança, o voto feminino, as leis sobre trabalho infantil e o abolicionismo são os resultados mais importantes. O próprio Abraham Lincoln cresceu em meio a essa agitação, e não é nenhum exagero considerar a Guerra Civil ("Meus olhos viram a glória da chegada do Senhor") a mais terrível de suas consequências.[1]

Mas o que aconteceu ao bom caráter e à ideia de que nossa natureza tinha "anjos melhores"?

Na década seguinte à calamidade da Guerra Civil, os Estados Unidos enfrentaram outro trauma: a agitação da classe operária. Greves e violência nas ruas se espalharam por todo o país. Em 1886, graves confrontos entre trabalhadores (imigrantes, em sua maioria) e forças de repressão tornaram-se comuns, culminando com o tumulto de Haymarket Square, em Chicago. O que a nação pensava dos grevistas e manifestantes que atiravam bombas? Como aquelas pessoas podiam cometer atos tão bárbaros? As explicações "óbvias" para o mau comportamento estavam todas ligadas ao caráter: deficiência moral, maldade, depravação, falsidade, estupidez, cobiça, crueldade, impulsividade, falta de consciência — um desfile dos piores anjos da natureza humana. O mau caráter era responsável pelas más ações, e todos tinham que responder por suas ações. Mas uma grande mudança estava a caminho e, com ela, uma transformação equivalente na política e na ciência da condição humana.

O fato de todos aqueles homens violentos serem oriundos das classes mais baixas não passou despercebido. Suas condições de vida e trabalho eram terríveis: jornadas de dezesseis horas por dia sob o sol escaldante ou frio cortante, seis dias por semana, em troca de um salário miserável, famílias inteiras comendo e dormindo em um só cômodo. Desinformados, analfabetos, famintos e cansados. Estes fatores — classe social, condições exaustivas de trabalho, pobreza, subnutrição, condições de moradia deficientes, baixa escolaridade — não eram consequências de mau-caratismo ou defeitos morais. As razões estavam no ambiente e fugiam ao controle daquelas pessoas. Ora, talvez a explicação para a violência desenfreada estivesse no ambiente. Por mais "óbvio" que isso pareça à nossa sensibilidade contemporânea, a explicação de que a causa do mau comportamento estivesse nas péssimas condições de vida era estranha ao pensamento do século XIX.

Teólogos, filósofos e críticos sociais começaram a expressar a opinião de que talvez o povo não fosse responsável pelo mau comportamento e sugeriram que a missão de pregadores, professores e gurus mudasse; que deixassem de apontar a responsabilidade de cada um pelas próprias ações e passassem a tentar descobrir onde estava essa responsabilidade.[2] O alvorecer do século XX testemunhou o surgimento de uma nova pauta científica nas grandes universidades dos Estados Unidos: a ciência social, cujo objetivo era explicar o comportamento (e o mau comportamento) dos indivíduos como resultado não de seu caráter, mas de forças poderosas e tóxicas do ambiente que fugiam a seu controle. Tal ciência seria o triunfo do "ambientalismo positivo". Se o crime é resultado da sordidez urbana, os cientistas sociais apontavam a solução para reduzi-lo: limpar e organizar as cidades. Se a estupidez é fruto da ignorância, os cientistas sociais apontavam o modo de anular isso: educação para todos.

A sofreguidão com que muitos pós-vitorianos abraçaram Marx, Freud e mesmo Darwin pode ser vista como parte dessa reação contra as explicações baseadas no caráter.[3] Marx diz aos historiadores e sociólogos que não acusem individualmente os trabalhadores pelas greves, ações ilegais e tumultos que em geral acompanhavam as agitações operárias, pois eram causados pela dissociação entre mão de obra e trabalho e pela luta de classes. Freud diz aos psiquiatras e psicólogos que não acusem indivíduos emocionalmente perturbados por seus atos destrutivos e autodestrutivos, pois são causados por forças incontroláveis de um conflito inconsciente. Darwin é visto por alguns como justificativa para não acusar indivíduos pela cobiça e pelos males da competição desenfreada, já que eles estão simplesmente à mercê da inevitável força da seleção natural.

A ciência social não é apenas uma resposta à moral vitoriana, mas principalmente uma afirmação do elevado princípio da igualdade.[4] O reconhecimento de que um péssimo ambiente pode, às vezes, produzir mau comportamento até a afirmação de que também, às vezes, corrompe o bom caráter era apenas uma questão de tempo. Mesmo as pessoas de bom caráter (um tema constante de Victor Hugo e Charles Dickens) vão sucumbir a um ambiente nocivo. Daí a crença de que um ambiente muito ruim vai *sempre* destruir o bom caráter. Logo, pode-se prescindir completamente da ideia de caráter, já que este, bom ou mau, é simplesmente o produto de forças ambientais. A ciência social passa a assumir a monumental tarefa de criar um ambiente "favorável" e mais saudável, permitindo-nos escapar de uma noção de caráter carregada de valor, formadora de culpa, de inspiração religiosa e opressora de classes.

O caráter, bom ou mau, não tinha um papel na então emergente psicologia americana do behaviorismo, e qualquer noção subjacente da natureza humana era desconsiderada, já que apenas as circunstâncias da criação existiam. Somente um setor da psicologia científica, o estudo da personalidade, manteve acesa a chama do caráter e da ideia da natureza humana por todo o século XX. Apesar do modelo político, com o passar do tempo e qualquer que fosse a situação, os indivíduos tendiam a repetir os mesmos padrões de bom ou mau comportamento, e havia uma incômoda impressão (e poucas evidências) de que esses padrões fossem herdados. Gordon Allport, pai da moderna teoria da personalidade, começou a carreira como assistente social com o objetivo de "promover o caráter e a virtude".[5] Para Allport, porém, as palavras eram desagradavelmente vitorianas e moralistas, e era preciso encontrar um termo mais adequado à ciência moderna, livre de juízo de valor. "Personalidade" tinha a perfeita aura científica de neutralidade. Para Allport e seus seguidores, a ciência deve apenas descrever o que é, sem prescrever o que devia ser. *Personalidade* é uma palavra descritiva, enquanto *caráter* é uma palavra prescritiva. E foi assim que conceitos carregados de moralidade, caráter e virtude foram importados pela psicologia científica para a construção de um conceito mais claro de personalidade.

No entanto, o fenômeno do caráter não desapareceu simplesmente por estar em descompasso com o igualitarismo americano. Embora a psicologia do século XX tentasse exorcizar o caráter de suas teorias — a "personalidade" de Allport, os conflitos inconscientes de Freud, o salto de Skinner além da liberdade e da dignidade, e os instintos postulados pelos etologistas —, isso não teve nenhum efeito sobre o discurso corrente acerca da ação humana. O bom e o mau caráter ficaram firmemente enraizados em nossas leis, nossa política, na maneira como criamos nossos filhos e no que falamos e pensamos a respeito dos motivos pelos quais as pessoas fazem o que fazem. Qualquer ciência que não adote o caráter como conceito básico (ou pelo menos justifique com sucesso o caráter e a escolha) jamais será aceita como explicação útil para a ação humana. Por esse motivo, acredito que chegou o momento de resgatar o caráter como conceito central no estudo científico do comportamento humano, não só demonstrando que as razões para abandonar essa noção não mais se justificam, mas ainda tentando construir sobre uma base sólida uma classificação viável de força e virtude.

O caráter foi deixado de lado essencialmente por três razões:

1. O caráter, como fenômeno, é totalmente derivado da experiência.
2. A ciência não deve endossar prescritivamente, deve apenas descrever.
3. O caráter é carregado de valor e está ligado ao protestantismo vitoriano.

A primeira objeção desaparece entre os escombros do ambientalismo. A tese de que tudo que somos vem unicamente da experiência foi o lema e princípio do behaviorismo durante os últimos oitenta anos e começou a ser desconstruída quando Noam Chomsky convenceu estudantes de linguagem de que nossa capacidade de enunciar e entender sentenças nunca antes proferidas (tais como: "Há uma libélula montada na garupa do bebê") exige um módulo cerebral preexistente para a linguagem, além da simples experiência. Esse desgaste continuou quando teóricos da aprendizagem descobriram que animais e pessoas são preparados pela seleção natural para aprender prontamente sobre alguns relacionamentos (tais como fobias e aversão a certos sabores) e completamente despreparados para aprender sobre outros (como gravuras de flores acompanhadas de um choque elétrico). A condição de herança da personalidade (leia-se caráter), porém, é o golpe final que afasta a primeira objeção. Daí se conclui que qualquer constituição do caráter não resulta apenas do ambiente, se é que o ambiente exerce alguma influência.

A segunda objeção é que *caráter* é um termo apreciativo, e a ciência deve ser moralmente neutra. Eu concordo plenamente que a ciência deva ser descritiva e não prescritiva. Não é função da psicologia positiva dizer a você que seja otimista, ou espiritual, ou bondoso, ou bem-humorado; sua função é descrever as consequências dessas características; por exemplo, que ser otimista diminui a depressão, melhora a saúde física e proporciona maiores realizações, a um custo talvez de menos realismo. O que você vai fazer com essas informações depende dos seus valores e objetivos.

A objeção final é que o caráter seja irremediavelmente *passé*, protestante do século XIX, rígido e vitoriano, com pouca aplicação, tendo em vista a tolerância e a diversidade do século XXI. Esse provincianismo é um sério retrocesso para qualquer estudo da força e das virtudes. Poderíamos decidir estudar apenas as virtudes valorizadas pelos protestantes norte-americanos do século XIX ou pelos acadêmicos caucasianos de meia-idade do século XXI. Porém acredito que seja muito melhor começar com as forças e virtudes valorizadas praticamente em todas as culturas.

A UBIQUIDADE DAS SEIS VIRTUDES

Nesta era pós-modernismo e do relativismo ético, tornou-se lugar-comum admitir que as virtudes sejam meramente uma questão de convenção social, peculiares ao tempo e ao lugar ocupados pelo observador. Assim, nos Estados Unidos do século XXI, autoestima, boa aparência, assertividade, autonomia, singularidade, riqueza e competitividade são aspectos altamente desejáveis. Santo Tomás de Aquino, Confúcio, Buda e Aristóteles, no entanto, não considerariam virtuosos nenhum desses traços, chegando mesmo a classificar alguns deles como defeitos. Castidade, silêncio, prodigalidade e vingança — virtudes sérias em algum tempo e lugar agora nos parecem estranhos, até indesejáveis.

Portanto, foi um choque descobrirmos que só existem seis virtudes endossadas por todas as mais importantes culturas e tradições religiosas. A quem se refere esse "nós" e o que estamos procurando?

"Estou cansado de subvencionar projetos acadêmicos que ficam na prateleira pegando poeira", disse Neal Mayerson, presidente da Manuel D. and Rhoda Mayerson Foundation, de Cincinnati. Ele tinha me ligado em novembro de 1999, depois de ler um de meus artigos sobre psicologia positiva, e sugeriu que lançássemos um projeto juntos. Mas que projeto? Afinal, decidimos começar pelo patrocínio e divulgação de algumas das melhores intervenções positivas para jovens. Passamos um fim de semana inteiro examinando as mais bem documentadas e eficazes intervenções, diante de oito figuras importantes da área de desenvolvimento da juventude, as quais decidiriam que iniciativas subvencionar.

Depois do jantar, uma surpreendente decisão foi tomada por unanimidade. "Por mais louvável que seja cada uma das suas ideias", disse Joe Conaty, que comandava o programa de meio bilhão de dólares do Departamento de Educação dos Estados Unidos, "temos que começar pelo começo. Não podemos intervir para melhorar o caráter dos jovens sem antes saber exatamente o que queremos melhorar. Primeiro, precisamos de um esquema de classificação e de um meio de medir o caráter. Neal, ponha o seu dinheiro em uma classificação científica do bom caráter."

A ideia tinha um ótimo precedente. Trinta anos antes, o National Institute of Mental Health, que subvencionava a maioria das intervenções para a doença mental, tinha enfrentado um problema similar. Havia uma caótica discordância entre os pesquisadores dos Estados Unidos e da Inglaterra acerca do que estávamos fazendo. Pacientes cuja patologia tinha sido diagnosticada como esquizofrenia e pacientes cuja patologia era diagnosticada como desordem obsessivo-compulsiva na Inglaterra, por exemplo, pareciam muito diferentes daqueles que recebiam o mesmo diagnóstico nos Estados Unidos.

Em 1975, junto com cerca de vinte outros psicólogos e psiquiatras, participei de uma conferência para estudo de casos em Londres, em que nos foi apresentada uma mulher de meia-idade, confusa e desalinhada. Seu problema era constrangedor e envolvia o uso do vaso sanitário — o fundo do vaso sanitário, para ser mais específico. Sempre que usava o banheiro, ela se curvava sobre o vaso sanitário, e só dava descarga depois de examinar minuciosa e repetidamente o que havia lá dentro. Ela procurava por um feto, temendo mandar embora um bebê sem querer. Depois que a pobre mulher se retirou, fomos convidados a fazer um diagnóstico. Como professor visitante dos Estados Unidos, tive a duvidosa honra de ser o primeiro; com base em sua confusão e dificuldade de percepção, optei por esquizofrenia. Depois que os risinhos cessaram, os outros profissionais se pronunciaram, um por um, e todos se basearam no ritual minucioso cumprido pela mulher e em sua ideia perturbadora de dar a descarga em um bebê, diagnosticando o problema como obsessivo-compulsivo.

A disparidade entre diagnósticos é chamada "não confiabilidade". No nosso caso, estava claro que não haveria nenhuma possibilidade de progresso na compreensão e tratamento de desordens mentais até que todos utilizássemos os mesmos critérios para diagnóstico. Não podíamos, por exemplo, descobrir se a esquizofrenia tem uma bioquímica diferente da desordem obsessivo-compulsiva sem antes enquadrar os mesmos pacientes nas mesmas categorias. O NIMH decidiu criar o *DSM-III*, a terceira revisão do manual de estatística e diagnóstico das desordens mentais, que seria a base em torno da qual se fariam diagnósticos confiáveis e seriam decididas as intervenções subsequentes. Deu certo, e hoje os diagnósticos são seguros e confiáveis. Quando é adotada uma terapia ou são decididas medidas de prevenção, todos conseguimos medir o que mudou com considerável precisão.

Sem um sistema de classificação adotado por todos, a psicologia positiva enfrentaria exatamente os mesmos problemas. Os escoteiros poderiam dizer que seu programa promove mais "amizades"; os terapeutas matrimoniais, mais "intimidade"; as atividades cristãs, mais "benevolência"; as iniciativas antiviolência, mais "empatia". Estão todos falando da mesma coisa? Como podem saber se falharam ou tiveram sucesso? Então, tendo em mente o *DSM-III*, Neal e eu resolvemos patrocinar a criação de uma classificação das sanidades, como base da psicologia positiva. Minha tarefa era recrutar um excelente diretor científico.

"Chris", pedi, "não recuse até acabar de me ouvir." Minha primeira opção era a melhor de todas, mas eu tinha pouca esperança de convencê-lo. O dr. Cristopher Peterson é um renomado cientista — autor de um livro inovador sobre personalidade, uma das maiores autoridades em esperança e otimismo, além de diretor do programa de Psicologia Clínica da Universidade de Michigan, o maior e incontestavelmente melhor programa desse tipo no mundo. "Quero que você tire três anos de licença do seu cargo de professor em Michigan, peça transferência para a Universidade da Pensilvânia e assuma um papel importante na elaboração de uma resposta da psicologia ao *DSM* — um sistema definitivo de medida e classificação das forças humanas."

Esperando por uma recusa polida, me surpreendi quando Chris disse: "Que coincidência! Ontem fiz cinquenta anos e estava sentado aqui, em minha primeira crise de meia-idade, pensando no que fazer pelo resto da vida... Portanto, aceito". Simples assim.

Uma das primeiras tarefas determinadas por Chris foi a de lermos textos básicos de todas as religiões e tradições filosóficas, para catalogar o que cada uma considerava virtude, e então verificar se havia uma constância. Queríamos evitar a acusação de que nossa classificação das forças de caráter fosse tão simples quanto a dos protestantes vitorianos, com a única diferença de agora refletir os valores de acadêmicos caucasianos norte-americanos do sexo masculino. Por outro lado, queríamos evitar a tolice do chamado veto antropológico ("A tribo que estou estudando não é bondosa; então, a bondade não é valorizada universalmente"). Estávamos atrás do que era ubíquo, se não universal. Caso não encontrássemos virtudes comuns a todas as culturas, a segunda opção seria, como o *DSM*, classificar as virtudes que a principal corrente do pensamento contemporâneo da América do Norte endossava.

Liderados por Katherine Dahlsgaard, lemos Aristóteles e Platão, santo Tomás de Aquino e santo Agostinho, o Velho Testamento e o Talmude, Confúcio, Buda, Lao-Tze, o Bushido (o código samurai), o Alcorão, Benjamin

Franklin e os Upanishads — uns duzentos catálogos de virtudes, ao todo. Para nossa surpresa, quase todas essas tradições, ao longo de 3 mil anos e espalhadas por toda a face da Terra, endossavam seis virtudes:[6]

- Saber e conhecimento.
- Coragem.
- Amor e humanidade.
- Justiça.
- Temperança.
- Espiritualidade e transcendência.

Os detalhes diferem, é claro: o significado que um samurai dá à coragem é diferente daquele dado por Platão, e a humanidade de Confúcio não é idêntica à *caritas* de santo Tomás de Aquino. Existem, além disso, virtudes únicas a cada uma dessas tradições (como a sutileza em Aristóteles, a parcimônia em Benjamin Franklin, o asseio para os escoteiros e a vingança até a sétima geração, no código Klingon), mas a coincidência é real e, para aqueles que foram criados como relativistas éticos, bastante nítida. Isso fortalece a afirmação de que os seres humanos são animais morais.[7]

Compilamos essas seis virtudes como características principais, endossadas por quase todas as religiões e tradições filosóficas; juntas, elas apreendem a noção de bom caráter. Mas saber, coragem, humanidade, justiça, temperança e transcendência são conceitos impraticavelmente abstratos para os psicólogos que queiram desenvolvê-los e medi-los. Além disso, há várias maneiras de alcançar cada uma das virtudes, e o objetivo de desenvolver e medir nos leva a enfocar esses caminhos específicos. A virtude da humanidade, por exemplo, pode ser alcançada pela benevolência, filantropia, capacidade de amar e ser amado, sacrifício ou compaixão. A virtude da temperança pode ter como componentes a modéstia e a humildade, o autocontrole ou a prudência e o cuidado.

Portanto, agora vamos aos caminhos — as *forças* do caráter — pelos quais alcançamos as virtudes.

9. Suas forças pessoais

Este capítulo vai lhe permitir identificar as suas forças pessoais. Os capítulos seguintes tratam de desenvolvê-las e utilizá-las nos principais setores da vida.

TALENTOS E FORÇAS

As forças, tais como integridade, coragem, originalidade e bondade, não são o mesmo que talentos: uma entonação perfeita, a beleza facial ou a capacidade de correr velozmente. Tanto forças quanto talentos são tópicos da psicologia positiva, e, embora possuam muitas similaridades, sua maior diferença é que as forças são traços morais, e os talentos, não. E apesar de essa linha de separação ser muito tênue, os talentos geralmente são mais difíceis de construir do que as forças. É verdade que você pode baixar o seu tempo nos cem metros rasos elevando o quadril na linha de largada, usar maquiagem para melhorar a aparência ou ouvir bastante música clássica para aprender a identificar os acordes. Acredito, porém, que essas sejam somente pequenas melhorias, pequenos acréscimos a um talento preexistente.

Coragem, originalidade, justiça e bondade, ao contrário, podem ser desenvolvidas, ainda que sobre bases frágeis, e acredito que com prática, persistência, ensinamento e dedicação podem se enraizar e florescer. Talentos são mais inatos. Em sua maior parte, ou você tem um talento ou não tem; se não nasceu com um bom ouvido para música ou com os pulmões para ser um corredor de longa distância, infelizmente há limites severos em relação a quanto é possível desenvolver um talento. O que você conseguir adquirir será apenas mero simulacro. Isso não se aplica à vontade de aprender, à prudência, à humildade ou ao otimismo. Quando você adquire essas forças, elas se tornam reais.

Os talentos, ao contrário das forças, são relativamente automáticos (você *sabe* que se trata de um sol sustenido), enquanto as forças costumam ser mais voluntárias (avisar ao caixa que ele cobrou a menos exige determinação). Um talento envolve algumas escolhas, mas apenas quanto a desenvolvê-lo e aperfeiçoá-lo; não se pode escolher ter ou não um talento. Por exemplo: "Jill era inteligente, mas desperdiçou sua inteligência" faz sentido, porque Jill demonstrou falta de determinação. Ela não pôde decidir entre ter ou não um alto QI, mas desperdiçou sua inteligência ao escolher os aspectos que desenvolveria e aperfeiçoaria. "Jill era uma pessoa boa, mas desperdiçou sua bondade" já não faz muito sentido. Você não tem como desperdiçar uma força. A força envolve escolhas acerca de quando vai ser utilizada, como vai ser aperfeiçoada e também se vai ser adquirida ou não. Com tempo, esforço e determinação suficientes, as forças que vamos discutir adiante podem ser adquiridas praticamente por qualquer um. No entanto, não existe força de vontade capaz de garantir a aquisição de um talento.

Na verdade, o que aconteceu ao caráter também aconteceu ao talento. A psicologia científica deixou de lado ambos os conceitos mais ou menos na mesma época e pelas mesmas razões, apesar de os conceitos de determinação e responsabilidade pessoal serem tão importantes para a psicologia positiva quanto o conceito de bom caráter.

Por que nos sentimos tão bem quando chamamos a atenção do caixa para o engano dele a nosso favor? Não é que estejamos, de repente, admirando um traço inato de honestidade; é que estamos orgulhosos por ter feito a coisa certa — *escolhemos* um curso de ação mais difícil do que simplesmente embolsar o dinheiro. Se não houvesse esforço, não nos sentiríamos tão bem. De fato, quando vencemos uma luta interna ("Ora, mas é uma grande cadeia de supermercados... Hum, mas e se ele for descontado no fim do dia?"), nos sentimos melhor ainda. Existe diferença entre a emoção de ver Michael Jordan enterrar uma bola com facilidade, enfrentando um time mais fraco, e assistir a ele marcar 38 pontos, apesar de gripado e com mais de quarenta graus de febre.[1] A virtuosidade sem esforço desperta emoção, adoração, admiração e reverência. Sem resistência, porém, não provoca a inspiração e a elevação induzidas pelo desafio de superar um grande obstáculo.

Ou seja: nós nos sentimos inspirados e elevados quando o exercício da determinação produz uma ação virtuosa.[2] Repare também que, quando se trata de virtude, por mais conhecimento de ciência social que tenhamos, não subestimamos o crédito que nos é devido invocando o argumento ambientalista dos teólogos do século XIX. Não dizemos: "Não é mérito algum ser honesto, porque fui criado em uma boa casa, com bons pais, tenho um bom emprego, e esse dinheiro não vai fazer diferença para mim". No fundo, acreditamos que tivemos uma atitude que é resultado de um bom caráter e do exercício da escolha. Apesar de nossa tendência a usar as circunstâncias da criação como desculpa para atos criminosos cometidos na vida adulta, não tiramos o mérito de Jordan pelo fato de ter tido bons treinadores, ter nascido com talento ou ser rico e famoso. Por causa do papel preponderante da vontade na demonstração de virtude, consideramos justo o elogio. O pensamento moderno afirma que a virtude depende primordialmente de vontade e escolha, ao passo que as ações negativas dependem mais de circunstâncias externas.

É exatamente por essa razão que as intervenções em psicologia positiva diferem das intervenções da psicologia tradicional. A psicologia tradicional trata de consertar o que não está bem, passando de −6 para −2. As intervenções que conseguem deixar menos perturbados os portadores de distúrbios são mais voltadas para as pressões exercidas pelas forças externas do que para o exercício da vontade. A ação dos medicamentos não depende em nada da vontade; uma das principais justificativas para a utilização de remédios é que "não é preciso disciplina alguma". As psicoterapias que atuam sobre desordens psicológicas são descritas como "configuração" ou "manipulação". Quando a terapia é ativa e o paciente é passivo, procedimentos como colocar um claustrofóbico em um armário por três horas e demonstrar evidências contra os pensamentos sombrios de um deprimido funcionam moderadamente bem. Ao contrário, terapias como a psicanálise, em que o terapeuta é passivo — falando raramente e nunca agindo — e o paciente é ativo, não possuem registros importantes no alívio de desordens mentais.

Quando queremos mudar nossa vida de +3 para +8, o exercício da vontade é mais importante do que a reorganização de fatores externos. Construir forças e virtudes e usá-las na vida diária é muito mais uma questão de escolha. Na construção de forças e virtudes não existe aprendizagem, treinamento nem condicionamento; existe descoberta, criação e autoria. Minha "intervenção" positiva favorita é simplesmente pedir que você responda à pesquisa a seguir, pensando depois em quais são as forças que possui e como pode usá-las diariamente. Surpreendentemente, sua habilidade e seu desejo de levar uma vida boa costumam se fortalecer a partir daí, ainda que nenhuma outra providência seja tomada.

AS 24 FORÇAS

> As várias listas de virtudes morais de que tomei conhecimento em minhas leituras eram mais ou menos numerosas, conforme os diferentes escritores incluíam ou retiravam ideias sob o mesmo nome.
> Benjamin Franklin, *The Autobiography*

Ser uma pessoa virtuosa é demonstrar por vontade própria todas ou pelo menos a maior parte das seis virtudes ubíquas: saber, coragem, humanidade, justiça, temperança e transcendência.[3] Os caminhos para alcançá-las são vários e variados. A virtude da justiça, por exemplo, pode ser demonstrada por meio de atos de cidadania, imparcialidade, lealdade, liderança e espírito de equipe. A esses caminhos chamo de *forças* e, ao contrário das virtudes abstratas, cada uma delas é mensurável e passível de ser adquirida. A seguir, vamos ver rapidamente as forças que estão presentes em todas as culturas. Com base nessas informações e na pesquisa seguinte, você pode decidir quais são, entre as 24, as mais características do seu jeito de ser.

Abaixo estão alguns critérios pelos quais podemos saber se uma característica é uma força:

Uma força é um *traço*, uma característica psicológica que pode ser observada em várias situações e ocasiões. Uma única demonstração de bondade em determinada situação não significa a existência subjacente da virtude da humanidade.

Uma força *vale por si*. As forças em geral produzem boas consequências. A liderança bem exercida em geral resulta em prestígio, promoções e aumento de salário. Embora forças e virtudes produzam esses resultados desejáveis, valorizamos uma força por si mesma, ainda que não haja resultados benéficos óbvios. Lembre-se de que se busca uma gratificação por ela mesma, e não pelas emoções positivas que possa acarretar. Aristóteles afirmou que as ações praticadas por motivos egoístas não são virtuosas, exatamente por serem forçadas.

As forças podem ser vistas naquilo que *os pais desejam para os filhos* ("Quero que meu filho seja gentil, corajoso e prudente"). A maioria dos pais não diria desejar que o filho evitasse a psicopatologia nem exercesse uma função administrativa. Talvez os pais desejem que os filhos se casem com milionários, mas provavelmente explicariam isso em termos das possibilidades trazidas por um casamento vantajoso. As forças são situações que desejamos, sem precisar dar maiores explicações.

Quando alguém demonstra possuir determinada força, isso não diminui em nada aqueles com quem convive. Na verdade, a observação de uma ação virtuosa *eleva e inspira*, despertando a vontade de fazer o mesmo. A força em geral produz emoção positiva autêntica em quem a exerce: orgulho, satisfação, alegria, realização ou harmonia. Por essa razão, forças e virtudes costumam se revelar em situações em que todos saem ganhando. Todos podemos ser vencedores quando agimos de acordo com nossas forças e virtudes.

A cultura dá suporte às forças por meio de *instituições*, *rituais*, *modelos*, *parábolas*, *máximas e fábulas*. Instituições e rituais são como ensaios que permitem a crianças e adolescentes praticar e desenvolver uma característica valorizada em um contexto seguro ("imagine se") com orientação explícita. Conselhos estudantis de escolas de ensino médio pretendem desenvolver a cidadania e a liderança; equipes da Liga Infantil esforçam-se por desenvolver o espírito de grupo, o dever e a lealdade; e as aulas de catecismo procuram estabelecer as bases da fé. Para falar a verdade, as instituições podem agir mal (pense nos treinadores que aconselham jovens a buscar a vitória a qualquer custo ou nos concursos de beleza para crianças de seis anos), mas essas falhas são notadas e decididamente reprovadas.

Em uma cultura, *modelos e exemplos* ilustram positivamente forças e virtudes. Modelos podem ser reais (Mahatma Gandhi e liderança humanizada), apócrifos (George Washington e honestidade) ou explicitamente míticos (Luke Skywalker e determinação). Cal Ripken e Lou Gehrig são exemplos de perseverança. Helen Keller é um exemplo de gosto pela aprendizagem; Thomas Edison, de criatividade; Florence Nightingale, de bondade; Madre Teresa, da capacidade de amar; Willie Stargell, de liderança; Jackie Robinson, de autocontrole; e Aung San, de integridade.

Algumas forças têm *prodígios*, ou seja, jovens que as demonstram cedo e incrivelmente bem. Quando dei meu mais recente seminário de psicologia positiva na Universidade da Pensilvânia, comecei pedindo a todos os estudantes que se apresentassem, mas não com aquela fórmula batida: "Estou no penúltimo ano e vou me graduar em economia e psicologia", mas contando uma história sobre si mesmo que demonstrasse uma força. (Essas apresentações são um contraste afetuoso e inovador ao meu seminário de psicopatologia, em que os alunos geralmente se apresentam contando traumas de infância.) Sarah, uma moça alegre do último ano, contou que, por volta dos dez anos, reparou que o pai estava trabalhando mais e que os pais pareciam ter se afastado. Ela se preocupou que eles pudessem se divorciar. Em segredo, foi até a biblioteca local ler livros sobre terapia de casais, o que já seria notável, mas o que mais nos impressionou foi o resto da história: ela transformou as conversas durante o jantar em família em intervenções deliberadas, estimulando os pais a se unirem para resolver os problemas, deixando claro o que agradava ou desagradava no comportamento um do outro e assim por diante. Ela era, aos dez anos, um prodígio em respeito à força da inteligência social. A propósito, os pais dela estão casados até hoje.

Também existem os *idiotas* (do grego, quer dizer não socializado) com respeito à força, e os arquivos do Darwin Awards (www.darwinawards.com) são uma galeria da fama desses indivíduos. Diferentemente de Rachel Carson, cujo livro *Silent Spring* [Primavera silenciosa] a imortaliza como modelo de prudência, este é um idiota da prudência:

> Um adolescente de Houston aprendeu uma breve lição sobre segurança no manuseio de armas quando praticava roleta-russa com uma pistola semiautomática calibre .45. Rashaad, de dezenove anos, estava na casa de amigos quando anunciou a intenção de fazer a brincadeira mortal. Mas ele não sabia que a pistola semiautomática não é como um revólver; a pistola insere automaticamente um cartucho na câmara de explosão quando a arma é engatilhada. Suas chances de vencer o jogo eram zero, como ele logo descobriu.[4]

Muito embora a criança cresça rodeada de modelos positivos, uma questão da maior importância é quando e por que as más lições são aprendidas, deixando de lado as boas. O que leva alguns garotos a adotar Eminem, Donald Trump ou lutadores profissionais como bons exemplos?

Nosso critério final para a escolha dessas forças é sua *ubiquidade*, ou seja, o fato de serem valorizadas em quase todas as culturas do mundo. É verdade que existem exceções, mas são raras; os Ik, por exemplo, parecem não valorizar a bondade.[5] Daí chamarmos as forças de ubíquas e não de universais, e a importância de esclarecer que o veto antropológico ("Bem, os Ik não têm isso") é raro, mas chama a atenção. Isso significa que muitas das forças endossadas pelos americanos contemporâneos não estão em nossa lista: boa aparência, riqueza, competitividade, autoestima, celebridade, singularidade etc. Certamente vale a pena estudar essas forças, mas isso não é minha prioridade imediata. O motivo que tenho para a adoção desse critério é o desejo de chegar a uma formulação da vida boa que se aplique tanto a japoneses e iranianos quanto a americanos.[6]

Saber e conhecimento

O primeiro grupo de virtudes é o do saber. Organizei os seis caminhos que levam à demonstração de saber e seu precedente necessário, o conhecimento, desde o aspecto mais básico do desenvolvimento (curiosidade) ao mais maduro (perspectiva).

1. CURIOSIDADE/INTERESSE PELO MUNDO

A curiosidade acerca do mundo ocasiona receptividade às experiências e flexibilidade em relação a questões que não se enquadram em conceitos preestabelecidos. Os curiosos não toleram a incerteza; gostam dela e se sentem estimulados por ela. A curiosidade tanto pode ser específica (somente sobre rosas, por exemplo) como global, generalizada. A curiosidade se envolve ativamente com a novidade, e a absorção passiva de informação (como no caso de ficar diante da televisão, clicando o controle remoto) não é sinal dessa força.[7] A extremidade oposta da dimensão da curiosidade é o desinteresse.

Se você não pretende responder às perguntas no site, responda aqui:

a) "Tenho sempre curiosidade em relação ao mundo."

Tem tudo a ver comigo	5
Tem a ver comigo	4
Neutro	3
Não tem muito a ver comigo	2
Não tem nada a ver comigo	1

b) "Eu me desinteresso facilmente."

Tem tudo a ver comigo	1
Tem a ver comigo	2
Neutro	3
Não tem muito a ver comigo	4
Não tem nada a ver comigo	5

Some os pontos destes dois itens e escreva aqui. _____
Esta é a sua contagem de curiosidade.

2. GOSTO PELA APRENDIZAGEM

Você adora aprender coisas novas, seja na sala de aula ou como autodidata. Você sempre gostou da escola, de leitura, de museus — de toda e qualquer oportunidade de aprender. Existem setores do conhecimento em que você é o especialista? Seu conhecimento é valorizado por aqueles que fazem parte do seu círculo social ou por um círculo mais amplo? Você gosta de aprender mesmo que não haja incentivos externos para isso? Os funcionários dos correios, por exemplo, conhecem os códigos postais, mas esse conhecimento só reflete uma força se tiver sido adquirido pelo prazer de saber.[8]

a) "Eu fico animado(a) quando aprendo alguma coisa nova."

Tem tudo a ver comigo	5
Tem a ver comigo	4
Neutro	3
Não tem muito a ver comigo	2
Não tem nada a ver comigo	1

b) "Não tenho interesse em visitar museus ou outras instituições educacionais."

Tem tudo a ver comigo	1
Tem a ver comigo	2
Neutro	3
Não tem muito a ver comigo	4
Não tem nada a ver comigo	5

Some os pontos destes dois itens e escreva aqui. _____
Esta é a sua contagem do gosto pela aprendizagem.

3. CRITÉRIO/PENSAMENTO CRÍTICO/LUCIDEZ

Analisar as questões, examinando-as por todos os ângulos, é um aspecto importante da pessoa que você é. Na hora de tomar decisões, você não tira conclusões precipitadas e só confia em evidências sólidas. Você é capaz de mudar de ideia.

Quando falo em critério, estou me referindo ao exercício de examinar a informação racional e objetivamente, a serviço do próprio bem e do bem dos outros. Nesse sentido, critério é sinônimo de pensamento crítico; incorpora a orientação para a realidade e é o oposto dos erros lógicos que afligem tantos deprimidos, como o excesso de personalização ("É sempre culpa minha") e o pensamento maniqueísta. O oposto disso é raciocinar de modo a favorecer e confirmar aquilo em que já se acredita. Esta é uma parte significativa do traço saudável de não confundir os próprios desejos e necessidades com os fatos da vida.[9]

a) "Quando o assunto exige, posso ser um pensador altamente racional."

Tem tudo a ver comigo	5
Tem a ver comigo	4
Neutro	3
Não tem muito a ver comigo	2
Não tem nada a ver comigo	1

b) "Minha tendência é fazer julgamentos precipitados."

Tem tudo a ver comigo   1

Tem a ver comigo   2

Neutro   3

Não tem muito a ver comigo   4

Não tem nada a ver comigo   5

Some os pontos destes dois itens e escreva aqui. _____
Esta é a sua contagem do critério.

4. HABILIDADE/ORIGINALIDADE/INTELIGÊNCIA PRÁTICA/ESPERTEZA

Quando deseja alguma coisa, você consegue encontrar um comportamento diferente, porém adequado, para atingir aquele objetivo? Você raramente se contenta em fazer as coisas da maneira convencional. Essa categoria de força inclui o que é chamado de criatividade, mas não se limita às experiências tradicionais no ramo das artes. Também pode ser chamada de inteligência prática, senso comum ou esperteza.[10]

a) "Gosto de pensar em maneiras novas de fazer as coisas."

Tem tudo a ver comigo   5

Tem a ver comigo   4

Neutro   3

Não tem muito a ver comigo   2

Não tem nada a ver comigo   1

b) "Meus amigos, em sua maioria, são mais imaginativos do que eu."

Tem tudo a ver comigo   1

Tem a ver comigo   2

Neutro   3

Não tem muito a ver comigo   4

Não tem nada a ver comigo   5

Some os pontos destes dois itens e escreva aqui. _____
Esta é a sua contagem de habilidade.

5. INTELIGÊNCIA SOCIAL/INTELIGÊNCIA PESSOAL/ INTELIGÊNCIA EMOCIONAL

Inteligência social e inteligência pessoal consistem no conhecimento de si e dos outros. Você toma consciência dos motivos e sentimentos alheios e responde bem a eles. Inteligência social é a capacidade de reparar nas diferenças, em especial com respeito a estado de espírito, temperamento, motivações e intenções, agindo com base nessas distinções.[11] Essa força *não* deve ser confundida com ser simplesmente uma pessoa introspectiva, reflexiva ou voltada para aspectos psicológicos; é uma força que aparece em ações de habilidade social.

A inteligência pessoal consiste em sintonizar precisamente o acesso aos próprios sentimentos e na capacidade de utilizar essa sintonia para compreender e orientar o comportamento adotado. Daniel Goleman juntou essas duas inteligências no que chamou de "inteligência emocional".[12] Esse conjunto de forças é fundamental para outras, como bondade e liderança.

Outro aspecto dessa força é a identificação de nichos: colocar-se em situações que maximizem os próprios interesses e habilidades. Você escolheu o seu trabalho, os seus relacionamentos e o seu lazer de modo a colocar em prática diariamente as suas maiores capacidades, se possível? Você é pago por fazer aquilo em que é melhor? A Gallup Organization descobriu que os trabalhadores mais satisfeitos respondem de pronto e afirmativamente à pergunta:[13] "O seu trabalho permite que você dê o melhor de si todo dia?". Pense em Michael Jordan, o medíocre jogador de beisebol que "se encontrou" no basquete.

a) "Qualquer que seja a situação social, sinto-me à vontade."

Tem tudo a ver comigo	5
Tem a ver comigo	4
Neutro	3
Não tem muito a ver comigo	2
Não tem nada a ver comigo	1

b) "Não tenho muita facilidade em perceber o que os outros estão sentindo."

Tem tudo a ver comigo	1
Tem a ver comigo	2

Neutro	3
Não tem muito a ver comigo	4
Não tem nada a ver comigo	5

Some os pontos destes dois itens e escreva aqui. _____
Esta é a sua contagem de inteligência social.

6. PERSPECTIVA

Uso essa classificação para descrever a força mais madura da categoria, a que mais se aproxima do próprio saber. Os outros recorrem à sua experiência para ajudá-los a resolver problemas e adquirir perspectiva de si mesmos. Você tem um modo de ver o mundo que faz sentido para si e para os outros. As pessoas sábias são especialistas no que há de mais importante e complicado na vida.[14]

a) "Sempre consigo ver o panorama geral das coisas."

Tem tudo a ver comigo	5
Tem a ver comigo	4
Neutro	3
Não tem muito a ver comigo	2
Não tem nada a ver comigo	1

b) "Raramente alguém vem me pedir conselhos."

Tem tudo a ver comigo	1
Tem a ver comigo	2
Neutro	3
Não tem muito a ver comigo	4
Não tem nada a ver comigo	5

Some os pontos destes dois itens e escreva aqui. _____
Esta é a sua contagem de perspectiva.

Coragem

As forças que formam a coragem refletem a determinação de alcançar objetivos importantes, porém incertos. Para serem qualificados como coragem, esses atos devem ser praticados diante de grave adversidade. É uma virtude admirada universalmente, e todas as culturas possuem heróis que a exemplificam. Eu aponto a valentia, a perseverança e a integridade como três caminhos ubíquos que levam à coragem.[15]

7. BRAVURA E VALENTIA

Você não recua diante de ameaças, desafios, dores ou dificuldades. Bravura é mais que valentia sob pressão, quando o bem-estar físico é ameaçado. Refere-se também a posturas intelectuais ou emocionais que sejam impopulares, difíceis ou perigosas. Depois de anos de estudo, os pesquisadores estabeleceram a distinção entre bravura moral e bravura física ou valentia; outra maneira de analisar a bravura é com base na presença ou ausência de medo.

A pessoa dotada de valentia consegue separar os componentes emocionais e comportamentais do medo, resistindo à resposta de fuga e enfrentando a situação assustadora apesar do desconforto produzido pelas reações subjetivas e físicas. Destemor, ousadia e audácia não são o mesmo que bravura; enfrentar o perigo, apesar do medo, é.[16]

A noção de bravura foi se ampliando ao longo da história, extrapolando o campo de batalha e a coragem física. Hoje, estão incluídas a coragem moral e a psicológica. Coragem moral é tomar posições que se sabem impopulares e capazes de acarretar problemas para si mesmo. Rosa Parks, ao sentar-se no banco da frente em um ônibus no Alabama nos anos 1950, foi um exemplo para todo o país. A denúncia de atos ilegais do governo ou de empresas é outro exemplo. A coragem psicológica inclui a postura estoica e até mesmo positiva que é necessária para enfrentar provações sérias e doenças persistentes, sem perder a dignidade.[17]

a) "Tenho batido de frente contra a oposição."

Tem tudo a ver comigo	5
Tem a ver comigo	4
Neutro	3
Não tem muito a ver comigo	2
Não tem nada a ver comigo	1

b) "Dor e decepção frequentemente me desanimam."

Tem tudo a ver comigo   1
Tem a ver comigo   2
Neutro   3
Não tem muito a ver comigo   4
Não tem nada a ver comigo   5

Some os pontos destes dois itens e escreva aqui. _____
Esta é a sua contagem de bravura.

8. PERSEVERANÇA/DINAMISMO/DILIGÊNCIA

A pessoa dinâmica termina o que começa. Assume projetos difíceis e os leva até o fim, sempre com bom humor e pouca reclamação. Faz o que diz que vai fazer e às vezes até mais; menos, nunca. Ao mesmo tempo, perseverança não significa perseguir obsessivamente metas inatingíveis. A pessoa verdadeiramente dinâmica é flexível, realista e *não* é perfeccionista. A ambição tem aspectos positivos e negativos, e os aspectos desejáveis pertencem a essa categoria de força.

a) "Sempre termino o que começo."

Tem tudo a ver comigo   5
Tem a ver comigo   4
Neutro   3
Não tem muito a ver comigo   2
Não tem nada a ver comigo   1

b) "Sempre deixo alguma tarefa para depois."

Tem tudo a ver comigo   1
Tem a ver comigo   2
Neutro   3
Não tem muito a ver comigo   4
Não tem nada a ver comigo   5

Some os pontos destes dois itens e escreva aqui. _____
Esta é a sua contagem de perseverança.

9. INTEGRIDADE/AUTENTICIDADE/HONESTIDADE

O indivíduo honesto não apenas diz a verdade, mas vive de maneira genuína e autêntica, é prático e sem fingimento; é "uma pessoa verdadeira". Quando falo em integridade e autenticidade, estou me referindo a mais que simplesmente falar a verdade. Integridade e autenticidade é se representar — suas intenções e compromissos — aos outros e a si mesmo de uma forma sincera, seja por palavras ou ações: "Sejas verdadeiro contigo mesmo, e não serás falso com nenhum outro homem".[18]

a) "Sempre cumpro minhas promessas."

Tem tudo a ver comigo	5
Tem a ver comigo	4
Neutro	3
Não tem muito a ver comigo	2
Não tem nada a ver comigo	1

b) "Meus amigos nunca dizem que sou prático e honesto."

Tem tudo a ver comigo	1
Tem a ver comigo	2
Neutro	3
Não tem muito a ver comigo	4
Não tem nada a ver comigo	5

Some os pontos destes dois itens e escreva aqui. _____
Esta é a sua contagem de integridade.

Humanidade e amor

Essas forças estão presentes na interação social positiva com amigos, conhecidos, familiares e até estranhos.

10. BONDADE E GENEROSIDADE

Você é bom e generoso e nunca está ocupado demais para prestar um favor. Você gosta de praticar boas ações mesmo que o favorecido seja um desconhecido. Com que frequência você leva os interesses de outro ser humano tão a sério quanto leva os seus? Todos os traços dessa categoria carregam em si o reconhecimento do valor de uma outra pessoa. A categoria "bondade" inclui várias maneiras de se relacionar.[19] Esse relacionamento está voltado para os melhores interesses do outro, às vezes superando os próprios desejos e necessidades imediatas. Você assume a responsabilidade por alguém — parentes, amigos, colegas de trabalho ou mesmo estranhos? Empatia e simpatia são componentes úteis dessa força. Shelly Taylor, ao descrever a resposta usual dos homens à adversidade como "lutar e fugir", define a resposta feminina como "proteger e ajudar".[20]

a) "Ajudei voluntariamente um vizinho no mês passado."

Tem tudo a ver comigo	5
Tem a ver comigo	4
Neutro	3
Não tem muito a ver comigo	2
Não tem nada a ver comigo	1

b) "Raramente me interesso tanto pela vida dos outros quanto pela minha."

Tem tudo a ver comigo	1
Tem a ver comigo	2
Neutro	3
Não tem muito a ver comigo	4
Não tem nada a ver comigo	5

Some os pontos destes dois itens e escreva aqui. _____
Esta é a sua contagem de bondade.

11. AMAR E ACEITAR SER AMADO

Você valoriza os relacionamentos próximos e íntimos. Aqueles por quem você nutre sentimentos profundos e duradouros retribuem esses sentimentos? Caso isso aconteça, é sinal de que a força está em evidência. Essa força é mais que a noção ocidental de romance (é fascinante que os casamentos arranjados nas culturas tradicionais deem mais certo que os casamentos românticos do Ocidente). Também desaprovo a abordagem "mais é melhor" para a intimidade. A ausência de intimidade é ruim, mas depois de certo ponto, o excesso é ainda pior.

Entre os homens, é mais comum amar do que se sentir à vontade recebendo amor — pelo menos em nossa cultura. George Vaillant, o responsável por um estudo das vidas dos homens formados em Harvard, nas turmas de 1939 a 1944, encontrou, em sua última rodada de entrevistas, uma pungente ilustração desse fato. Um médico aposentado procurou George em seu gabinete de trabalho para mostrar uma coleção de cartas de agradecimento que tinha recebido de clientes por ocasião da aposentadoria, cinco anos antes. Com lágrimas nos olhos, confessou não ter lido nenhuma delas. Aquele homem tinha passado a vida distribuindo amor, mas era incapaz de receber.

a) "Na vida, conto com pessoas que se importam tanto com meu bem-estar e meus sentimentos quanto com seus próprios."

Tem tudo a ver comigo	5
Tem a ver comigo	4
Neutro	3
Não tem muito a ver comigo	2
Não tem nada a ver comigo	1

b) "Tenho dificuldade em aceitar o amor que me oferecem."

Tem tudo a ver comigo	1
Tem a ver comigo	2
Neutro	3
Não tem muito a ver comigo	4
Não tem nada a ver comigo	5

Some os pontos destes dois itens e escreva aqui. _____
Esta é a sua contagem da capacidade de amar e ser amado.

Justiça

Essas forças se mostram em atividades cívicas. Vão além dos relacionamentos individuais, alcançando a relação com grupos maiores — família, comunidade, país, mundo.

12. CIDADANIA/DEVER/ESPÍRITO DE EQUIPE/LEALDADE

Você se destaca ao fazer parte de um grupo. Você é leal e dedicado, sempre faz a sua parte e se esforça pelo sucesso do coletivo. Esse conjunto de forças reflete o quanto essas afirmações se aplicam a você em situações de grupo. Você participa do trabalho? Você valoriza as metas e propósitos da equipe, mesmo quando são diferentes dos seus? Você respeita aqueles que ocupam legalmente posições de autoridade, como professores ou treinadores? Você funde a sua identidade com a do grupo? Essa força não quer dizer obediência cega e automática, mas, ao mesmo tempo, acho interessante incluir o respeito pela autoridade, uma força rara, que muitos pais gostariam de ver desenvolvida nos filhos.

a) "Trabalho melhor em equipe."

Tem tudo a ver comigo	5
Tem a ver comigo	4
Neutro	3
Não tem muito a ver comigo	2
Não tem nada a ver comigo	1

b) "Eu hesito em sacrificar meus interesses em prol do grupo."

Tem tudo a ver comigo	1
Tem a ver comigo	2
Neutro	3
Não tem muito a ver comigo	4
Não tem nada a ver comigo	5

Some os pontos destes dois itens e escreva aqui. _____
Esta é a sua contagem de cidadania.

13. IMPARCIALIDADE E EQUIDADE

Você não deixa que sentimentos pessoais influenciem as suas decisões. Para você, todo mundo merece uma chance. Suas ações do dia a dia são guiadas por princípios elevados de moralidade? Você leva tão a sério o bem-estar de outras pessoas, inclusive aquelas que nem conhece, quanto leva o seu? Você acredita que casos similares devem ser tratados de modo similar? Você deixa de lado os preconceitos?[21]

a) "Trato todos igualmente."

Tem tudo a ver comigo	5
Tem a ver comigo	4
Neutro	3
Não tem muito a ver comigo	2
Não tem nada a ver comigo	1

b) "Quando não gosto de uma pessoa, acho difícil tratá-la com imparcialidade."

Tem tudo a ver comigo	1
Tem a ver comigo	2
Neutro	3
Não tem muito a ver comigo	4
Não tem nada a ver comigo	5

Some os pontos destes dois itens e escreva aqui. _____
Esta é a sua contagem de imparcialidade.

14. LIDERANÇA

Você se sai bem organizando atividades e cuidando para que as coisas aconteçam. O líder que age com humanidade é, em primeiro lugar, eficiente, conseguindo que o trabalho seja feito e os participantes mantenham boas relações. O líder eficiente é ainda mais humano quando administra as relações *internas do grupo* "sem ressentimentos; com benevolência, firmeza e justiça". Um bom líder perdoa os inimigos e os inclui no mesmo amplo círculo moral de que fazem parte seus seguidores. (Compare Nelson Mandela a Slobodan Miloševićc.) O bom líder sente-se livre do peso da história, reconhece a responsabilidade pelos próprios erros e é pacífico. Todas as características de uma boa liderança em nível global têm correspondentes entre líderes de outros setores: comandantes militares, CEOs, presidentes de sindicato, chefes de polícia, diretores de escola, chefes de grupos de escoteiros e até presidentes de grêmios estudantis.

a) "Sempre consigo que as pessoas se reúnam para realizar suas tarefas sem precisar insistir."

Tem tudo a ver comigo   5

Tem a ver comigo   4

Neutro   3

Não tem muito a ver comigo 2

Não tem nada a ver comigo 1

b) "Não me saio muito bem planejando atividades de grupo."

Tem tudo a ver comigo   1

Tem a ver comigo   2

Neutro   3

Não tem muito a ver comigo 4

Não tem nada a ver comigo 5

Some os pontos destes dois itens e escreva aqui. _____
Esta é a sua contagem de liderança.

Temperança

Sendo uma das virtudes principais, a temperança se refere à expressão apropriada e sóbria de apetites e desejos. A pessoa moderada não reprime suas vontades, mas espera pela oportunidade de satisfazê-las, de modo a não prejudicar a si nem aos outros.

15. AUTOCONTROLE

Para você, é fácil manter desejos, necessidades e impulsos sob controle quando isso é apropriado. Não basta saber o que é correto; é preciso ser capaz de colocar esse conhecimento em prática. Diante de um acontecimento negativo, você consegue conter as emoções? É capaz de corrigir e neutralizar sentimentos negativos? Consegue manter o ânimo, mesmo diante de situações difíceis?[22]

a) "Eu controlo minhas emoções."

Tem tudo a ver comigo   5

Tem a ver comigo   4

Neutro	3
Não tem muito a ver comigo	2
Não tem nada a ver comigo	1

b) "Raramente consigo me manter na dieta."

Tem tudo a ver comigo	1
Tem a ver comigo	2
Neutro	3
Não tem muito a ver comigo	4
Não tem nada a ver comigo	5

Some os pontos destes dois itens e escreva aqui. _____
Esta é a sua contagem de autocontrole.

16. PRUDÊNCIA/DISCRIÇÃO/CUIDADO

Você é uma pessoa cuidadosa. Você não diz nem faz coisas de que possa se arrepender mais tarde. Prudência é coletar todas as informações necessárias antes de agir. Indivíduos prudentes são cautelosos e ponderados. São bons em resistir ao impulso de perseguir uma meta a curto prazo, preferindo o sucesso a longo prazo. O cuidado é uma força que os pais desejam ver nos filhos, especialmente em um mundo cheio de perigos. ("Não vá se machucar", seja no parquinho, no carro, na festa, no amor ou na escolha da profissão.)

a) "Evito atividades fisicamente perigosas."

Tem tudo a ver comigo	5
Tem a ver comigo	4
Neutro	3
Não tem muito a ver comigo	2
Não tem nada a ver comigo	1

b) "Às vezes, escolho mal as amizades e os relacionamentos."

Tem tudo a ver comigo	1
Tem a ver comigo	2
Neutro	3
Não tem muito a ver comigo	4

Não tem nada a ver comigo   5

Some os pontos destes dois itens e escreva aqui. _____

Esta é a sua contagem de prudência.

17. HUMILDADE E MODÉSTIA

Você não procura estar em evidência, deixando que as suas realizações falem por si próprias. Você não se considera especial, e os outros reconhecem e valorizam a sua modéstia. Você é uma pessoa despretensiosa. Pessoas humildes não veem grande importância em suas aspirações pessoais, vitórias e derrotas, acreditando que não influem muito no grande esquema das coisas. A modéstia que vem dessas crenças não é somente uma fachada; é um verdadeiro reflexo de sua alma.

a) "Quando as pessoas me elogiam, eu mudo de assunto."

Tem tudo a ver comigo   5

Tem a ver comigo   4

Neutro   3

Não tem muito a ver comigo   2

Não tem nada a ver comigo   1

b) "Falo com frequência sobre minhas realizações."

Tem tudo a ver comigo   1

Tem a ver comigo   2

Neutro   3

Não tem muito a ver comigo   4

Não tem nada a ver comigo   5

Some os pontos destes dois itens e escreva aqui. _____

Esta é a sua contagem de humildade.

Transcendência

Emprego "transcendência" para o grupo final de forças. Este não é um termo popular na história — "espiritualidade" é a designação de escolha —, mas queria evitar confusão entre uma das forças específicas, espiritualidade, e forças não religiosas desse grupo, como entusiasmo e gratidão. Quando falo em transcendência, estou me referindo a forças emocionais que saem de você, estabelecendo conexão com algo maior e mais durável: outras pessoas, o futuro, a evolução, o divino ou o universo.

18. APRECIAÇÃO DA BELEZA E DA EXCELÊNCIA

Você para e sente o perfume das rosas. Você aprecia a beleza, a excelência e a habilidade em todos os setores: na natureza e na arte, na matemática e na ciência, e em todos os momentos da vida diária. A apreciação, quando intensa, vem acompanhada de espanto e admiração. Assistir ao virtuosismo no esporte ou a atos de virtude ou beleza moral desperta a exaltação.[23]

a) "Mês passado, me emocionei com a excelência da música, da arte, de um filme, de um esporte, da ciência ou da matemática."
Tem tudo a ver comigo   5
Tem a ver comigo   4
Neutro   3
Não tem muito a ver comigo   2
Não tem nada a ver comigo   1

b) "Não criei nada de belo no ano passado."
Tem tudo a ver comigo   1
Tem a ver comigo   2
Neutro   3
Não tem muito a ver comigo   4
Não tem nada a ver comigo   5

Some os pontos destes dois itens e escreva aqui. _____
Esta é a sua contagem de apreciação da beleza.

19. GRATIDÃO

Você tem consciência das coisas boas que lhe acontecem e sempre as valoriza. Você sempre faz questão de expressar agradecimento. Gratidão é a apreciação da excelência do caráter moral de alguém. Enquanto emoção, a gratidão é admiração, agradecimento e apreciação pela própria vida. Somos gratos quando alguém nos faz o bem, mas também podemos sentir uma gratidão generalizada, por boas ações e boa gente ("Que maravilha você existir!").[24] Também é possível que nossa gratidão tenha causas não humanas e impessoais — Deus, a natureza, animais —, mas não que se volte para a própria pessoa. Na dúvida, lembre-se de que a palavra vem do latim, *gratia*, que quer dizer graça.

a) "Sempre agradeço, ainda que por pequenas coisas."

Tem tudo a ver comigo	5
Tem a ver comigo	4
Neutro	3
Não tem muito a ver comigo	2
Não tem nada a ver comigo	1

b) "Raramente penso nas dádivas que recebo."

Tem tudo a ver comigo	1
Tem a ver comigo	2
Neutro	3
Não tem muito a ver comigo	4
Não tem nada a ver comigo	5

Some os pontos destes dois itens e escreva aqui. _____
Esta é a sua contagem de gratidão.

20. ESPERANÇA/OTIMISMO/RESPONSABILIDADE COM O FUTURO

Você espera o melhor do futuro; planeja e trabalha para que seja assim. Esperança, otimismo e responsabilidade com o futuro são uma família de forças que representam uma postura positiva em relação ao que está por vir. Esperar por eventos positivos, sentindo que ocorrerão como resultado de seu próprio esforço, e planejar para o futuro garantem o bom ânimo no presente e incentivam uma vida definida por objetivos.[25]

a) "Sempre vejo o lado bom."

Tem tudo a ver comigo	5
Tem a ver comigo	4

Neutro	3
Não tem muito a ver comigo	2
Não tem nada a ver comigo	1

b) "Raramente planejo com cuidado o que vou fazer."

Tem tudo a ver comigo	1
Tem a ver comigo	2
Neutro	3
Não tem muito a ver comigo	4
Não tem nada a ver comigo	5

Some os pontos destes dois itens e escreva aqui. _____
Esta é a sua contagem de otimismo.

21. ESPIRITUALIDADE/SENSO DE PROPÓSITO/FÉ/RELIGIOSIDADE

Você tem crenças sólidas e coerentes acerca do propósito maior e do significado do universo. Você sabe o seu lugar no grande esquema das coisas. Para você, as crenças dão forma às ações e são fonte de conforto. Você tem uma filosofia de vida articulada, religiosa ou não, que o situe no universo? Para você, o significado da vida está na ligação com algo maior?

a) "Tenho um poderoso senso de propósito."

Tem tudo a ver comigo	5
Tem a ver comigo	4
Neutro	3
Não tem muito a ver comigo	2
Não tem nada a ver comigo	1

b) "Não tenho uma vocação na vida."

Tem tudo a ver comigo	1
Tem a ver comigo	2
Neutro	3
Não tem muito a ver comigo	4
Não tem nada a ver comigo	5

Some os pontos destes dois itens e escreva aqui. _____
Esta é a sua contagem de espiritualidade.

22. PERDÃO E MISERICÓRDIA

Você perdoa os que lhe fizeram mal. Sempre lhes dá uma segunda chance. Seu princípio orientador é a misericórdia, não a vingança. O perdão representa uma série de mudanças benéficas que ocorrem dentro de um indivíduo que foi ofendido ou magoado. Com o perdão, as tendências ou motivações básicas em relação ao transgressor tornam-se mais positivas (benevolentes, afáveis ou generosas) e menos negativas (vingativas ou separadoras).

a) "Eu acredito que o que passou, passou."

Tem tudo a ver comigo	5
Tem a ver comigo	4
Neutro	3
Não tem muito a ver comigo	2
Não tem nada a ver comigo	1

b) "Sempre procuro ir à forra."

Tem tudo a ver comigo	1
Tem a ver comigo	2
Neutro	3
Não tem muito a ver comigo	4
Não tem nada a ver comigo	5

Some os pontos destes dois itens e escreva aqui. _____
Esta é a sua contagem de perdão.

23. BOM HUMOR E GRAÇA

Você gosta de rir e de fazer os outros rirem. Consegue facilmente ver o lado bom da vida. Até aqui, nossa lista de forças parece seriamente virtuosa: bondade, espiritualidade, coragem, habilidade e assim por diante. As duas últimas, porém, são as mais divertidas. Você tem bom humor? É engraçado?

a) "Adoro misturar trabalho e diversão."

Tem tudo a ver comigo	5
Tem a ver comigo	4

Neutro	3
Não tem muito a ver comigo	2
Não tem nada a ver comigo	1

b) "Raramente digo algo engraçado."

Tem tudo a ver comigo	1
Tem a ver comigo	2
Neutro	3
Não tem muito a ver comigo	4
Não tem nada a ver comigo	5

Some os pontos destes dois itens e escreva aqui. _____
Esta é a sua contagem de humor.

24. ANIMAÇÃO/PAIXÃO/ENTUSIASMO

Você é uma pessoa espirituosa. Você se atira de corpo e alma nas atividades que assume? Acorda de manhã pensando no que vai fazer durante o dia? A paixão que você dedica às suas atividades é contagiosa? Você se sente inspirado?

a) "Eu me dedico a tudo que faço."

Tem tudo a ver comigo	5
Tem a ver comigo	4
Neutro	3
Não tem muito a ver comigo	2
Não tem nada a ver comigo	1

b) "Eu me aborreço um bocado."

Tem tudo a ver comigo	1
Tem a ver comigo	2
Neutro	3
Não tem muito a ver comigo	4
Não tem nada a ver comigo	5

Some os pontos destes dois itens e escreva aqui. _____
Esta é a sua contagem de animação.

RESUMO

Você já deve ter anotado os resultados de cada uma das 24 forças no livro. Agora, anote a contagem de pontos para cada uma das forças abaixo, depois ordene do mais alto para o mais baixo.

SABER E CONHECIMENTO
1, Curiosidade _____
2, Gosto pela aprendizagem _____
3, Critério _____
4, Habilidade _____
5, Inteligência social _____
6, Perspectiva _____

CORAGEM
7. Bravura _____
8. Perseverança _____
9. Integridade _____

HUMANIDADE E AMOR
10. Bondade _____
11. Amor _____

JUSTIÇA
12. Cidadania _____
13. Imparcialidade _____
14. Liderança _____

TEMPERANÇA
15. Autocontrole _____
16. Prudência _____
17. Humildade _____

TRANSCENDÊNCIA

18. Apreciação da beleza _____

19. Gratidão _____

20. Esperança _____

21. Espiritualidade _____

22. Perdão _____

23. Bom humor _____

24. Animação _____

Tipicamente, você terá cinco ou menos resultados 9 ou 10, e estas são as suas maiores forças, pelo menos de acordo com suas respostas. Faça um círculo em volta desses números. Você também terá vários resultados baixos, entre 4 (ou menos) e 6, e estas são suas fraquezas.

Na parte final do livro, em que discuto trabalho, amor e criação de filhos, sugiro que a utilização diária das suas forças nessas atividades seja o elemento decisivo para a "vida boa". A história que contei sobre Nikki é prova de que acredito em construir a vida boa em torno do desenvolvimento e aperfeiçoamento das forças, empregando-as em seguida como proteção contra as fraquezas e as provações que elas trazem.

FORÇAS PESSOAIS

Observe a lista das suas cinco maiores forças. A maioria delas vai lhe parecer autêntica, mas talvez uma ou duas não pareçam verdadeiras. Minhas forças nesse teste foram gosto pela aprendizagem, perseverança, liderança, originalidade e espiritualidade. Quatro delas me parecem verdadeiras, porém liderança, não. Posso liderar razoavelmente se for forçado, mas não é uma das minhas forças. Quando exerço a liderança, fico exausto, conto as horas que faltam para ir embora e, quando a tarefa termina, fico contente de poder voltar para junto da minha família.

Acredito que todos possuam várias *forças pessoais*. Elas são forças de caráter que cada um conscientemente possui, celebra e (se conseguir organizar a vida com sucesso) exercita diariamente no trabalho, no amor, no lazer e na criação dos filhos. Pegue a sua lista de maiores forças e, para cada uma, veja se algum desses critérios se aplica:

- Um senso de posse e autenticidade ("Este sou eu").
- Uma sensação de entusiasmo quando uma força está em ação, principalmente no início.
- Uma rápida curva de aprendizagem quando uma força é exercida, em especial se for a primeira vez.
- Contínua aprendizagem de novas maneiras de pôr uma força em prática.
- Vontade de encontrar meios de usar determinada força.
- Sentimento de inevitabilidade, quando empregando uma força ("Quero ver alguém me parar").
- Fortalecimento em vez de exaustão, ao usar uma força.
- Criação e busca da realização de projetos pessoais que girem em torno de determinada força.
- Alegria, animação, entusiasmo e até mesmo júbilo quando do emprego de determinada força.

Se uma ou mais dessas situações se aplicarem às suas maiores forças, é sinal de que são forças pessoais. Use-as com bastante frequência, em todas as situações possíveis. Se nenhum dos critérios se aplicar a uma ou mais de suas forças, talvez não sejam as melhores aptidões para você desenvolver no trabalho, no amor, na diversão e na criação dos filhos. Esta é minha fórmula para a vida boa: empregar as forças pessoais diariamente nos principais setores da vida, gerando gratificação abundante e felicidade autêntica. A utilização dessas forças no trabalho, no amor, na criação dos filhos e em uma vivência significativa é o assunto da parte final deste livro.

Parte III

Nas moradas da vida

10. Trabalho e satisfação pessoal

A vida profissional está passando por grandes transformações nas nações mais ricas. O dinheiro, por incrível que pareça, está perdendo poder. As pessoas começam a tomar consciência das importantes descobertas acerca da satisfação com a vida (detalhadas no capítulo 4): que além da rede de segurança, o dinheiro acrescenta pouco ou nada ao bem-estar subjetivo. Nos Estados Unidos, enquanto a renda aumentou 16% nos últimos trinta anos, a porcentagem de indivíduos que se descrevem como "muito felizes" caiu de 36% para 29%. "Dinheiro realmente não compra felicidade", declarou o *New York Times*.[1] Mas o que acontece quando um empregado pega o jornal e descobre que aumentos de salário, promoções e pagamento de horas extras não compram um fiapo sequer de satisfação com a vida?[2] Que critério um indivíduo qualificado vai utilizar para se decidir entre um ou outro emprego? O que vai fazer com que um funcionário se mantenha leal à empresa para a qual trabalha? Qual será o incentivo para que um trabalhador se dedique de corpo e alma a fazer um produto de qualidade?

Nossa economia está mudando rapidamente de uma economia de dinheiro para uma de satisfação. Essas tendências sobem e descem (quando falta trabalho, a satisfação pessoal perde um pouco do peso; quando a oferta de emprego é abundante, a satisfação pessoal conta mais), mas há duas décadas elas vêm apontando no sentido da satisfação pessoal. A advocacia é atualmente a profissão mais bem paga nos Estados Unidos, tendo superado a medicina, nos anos 1990. No entanto, os mais importantes escritórios de advocacia de Nova York gastam mais com retenção de pessoal do que com recrutamento, já que uma infinidade de jovens profissionais — e até mesmo os sócios — está deixando a profissão em busca de ocupações que os faça mais felizes. O atrativo de uma vida estável depois de anos de trabalho estafante como um modesto associado perdeu muita força. A nova moeda corrente neste reino é a satisfação. Milhões de cidadãos norte-americanos pensam em seu trabalho e perguntam: "Precisa ser assim tão insatisfatório? O que posso fazer a respeito?". Minha resposta é que você pode ter um trabalho muito mais satisfatório, desde que ponha suas forças pessoais em ação.

Este capítulo expõe a ideia de que, para maximizar a satisfação profissional, você precisa utilizar, de preferência todo dia, as forças pessoais identificadas no capítulo anterior. Isso vale tanto para secretárias, advogados e enfermeiros, como para CEOs. A reformulação do trabalho, de modo a aperfeiçoar diariamente forças e virtudes, não somente torna as tarefas mais agradáveis, mas transforma em vocação a rotina de uma carreira estagnada. A vocação é a forma mais satisfatória de trabalho porque, gerando gratificação, é exercida pela atividade em si, não pelos benefícios materiais que acarreta. Acredito que a satisfação pelo estado de plenitude resultante do exercício da atividade logo estará superando as recompensas materiais como principal razão para o trabalho. Ainda mais significativamente, com a vida e a liberdade agora minimamente cobertas, estamos a ponto de testemunhar uma política que vai além da rede de segurança e leva muito mais a sério a busca da felicidade.

A sua reação, com certeza, é de ceticismo. O que é isso, o dinheiro perdendo o poder em uma economia capitalista? Ele está louco! Gostaria de lembrar a você uma outra grande mudança "impossível" que varreu a educação, quarenta anos atrás. Quando comecei a estudar (em uma escola militar) — e nas várias gerações anteriores —, a educação se baseava na humilhação. As orelhas de burro, a palmatória, a nota zero eram algumas armas do arsenal dos professores, armas que tomaram o mesmo caminho do mamute e do dodô: desapareceram. Isto só aconteceu porque os educadores descobriram um caminho melhor para chegar à aprendizagem: favorecimento dos pontos fortes, acompanhamento com gentileza, estudo profundo de um assunto em vez de se decorar uma infinidade de fatos, ligação emocional entre aluno e professor ou entre aluno e matéria e atenção individual. Também existe um caminho melhor que o dinheiro para atingir uma boa produtividade; e é disso que trata este capítulo.

"Royal flush!", *gritei no ouvido de Bob, enquanto me curvava sobre seu corpo.* "Seven--card stud, all-in!" *Ele não se moveu. Levantei sua musculosa perna direita pelo tornozelo e deixei cair de volta na cama com um baque. Nenhuma reação.*

"Fold!", *gritei de novo. Nada.*

Durante os 25 anos anteriores, eu tinha jogado pôquer com Bob Miller toda terça--feira à noite. Bob era um corredor. Quando se aposentou como professor de história americana, passou um ano inteiro viajando pelo mundo e praticando suas corridas. Certa vez, me disse que preferia perder a visão a perder as pernas. Eu me surpreendi quando, em uma fresca manhã de outubro, duas semanas antes, ele apareceu em minha casa com sua coleção de raquetes de tênis e as deu de presente aos meus filhos. Mesmo aos 81 anos, era um fanático jogador de tênis, e vê-lo abrir mão das raquetes era inquietante, quase um mau agouro.

Outubro era o mês favorito dele. Ele gostava de correr nos montes Adirondacks, e nunca perdia uma subida à Gore Mountain, voltando religiosamente à Filadélfia na terça-feira às sete e meia da noite em ponto. Na manhã seguinte, partiria antes do amanhecer, de volta a suas montanhas de folhas vermelhas e douradas. Dessa vez, ele não fez isso. Um caminhão o atingiu nas primeiras horas da manhã em Lancaster County, na Pensilvânia, e então ali estava ele inconsciente, em uma cama no hospital Coatesville, em coma havia três dias.

"O senhor daria o consentimento para desligarmos os aparelhos do sr. Miller?", *a neurologista me perguntou.* "Segundo o advogado, o senhor é o amigo mais próximo dele, e não conseguimos encontrar nenhum parente." *Enquanto eu absorvia devagar o peso daquelas palavras, reparei pelo canto do olho um homem meio gorducho com uniforme de funcionário que, depois de retirar a comadre, começou a arrumar as gravuras da parede. Observou uma paisagem de neve, ajeitou, deu um passo atrás e olhou novamente, insatisfeito. No dia anterior, eu o tinha visto fazer a mesma coisa, e foi bom deixar a mente se afastar um pouco do tema em questão para ficar atento àquela inoportuna arrumação.*

"Vejo que o senhor precisa pensar", *a neurologista disse, ao ver meu olhar perdido, e se afastou. Eu me sentei na cadeira ao lado da cama e fiquei observando. O homem tirou a paisagem de neve e colocou no lugar um calendário que estava na outra parede. Olhou criticamente, tirou e pegou um grande saco de papel pardo. Do saco, saiu uma gravura de flores pintadas por Monet, que foi para o lugar onde já tinham estado a paisagem de neve e o calendário. Depois, saíram duas aquarelas do oceano de Winslow Homer. Estas, ele pendurou na parede aos pés da cama de Bob. Por fim, foi para a parede lateral e substituiu uma foto em preto e branco da cidade de San Francisco por uma foto colorida de uma rosa.*

"Posso perguntar o que está fazendo?", indaguei delicadamente.

"Meu trabalho. Sou o auxiliar de enfermagem deste andar", ele respondeu. "Mas trago fotos e gravuras novas toda semana. Sou responsável pela saúde de todas estas pessoas. Veja o sr. Miller. Ele ainda não acordou desde que o trouxeram, mas quando acordar, quero que veja coisas bonitas."

Aquele auxiliar de enfermagem do hospital Coatesville (estava tão atordoado que nem perguntei o nome dele) não definia seu trabalho como retirar comadres e limpar bandejas, mas como proteger a saúde dos pacientes e procurar objetos que levassem beleza àqueles momentos difíceis da vida deles. Ele transformou um trabalho modesto em uma grande vocação.

Como uma pessoa estrutura o trabalho em relação aos outros aspectos da vida? Os estudiosos distinguem três tipos de "orientação do trabalho": tarefa, carreira e vocação. Você cumpre uma *tarefa* em troca do pagamento no fim do mês, sem procurar outras recompensas.[3] É apenas um meio a serviço de um fim — como sustentar a família, por exemplo. Se não há pagamento, você se afasta. A *carreira* está vinculada a um investimento pessoal mais profundo no trabalho. Suas realizações são marcadas pelo dinheiro, mas também pelo progresso profissional. Cada promoção traz mais prestígio e poder, além do aumento de salário. Associados de escritórios de advocacia tornam-se sócios, professores assistentes tornam-se professores titulares e gerentes de nível médio alcançam a vice-presidência. Quando as promoções cessam — você chegou "ao topo" —, começam a alienação e a busca por gratificação e significado em outro lugar.

A *vocação* é um compromisso apaixonado com o trabalho. Os indivíduos que têm uma vocação veem seu trabalho como uma contribuição para o bem maior, para algo além deles, o que torna muito apropriada uma conotação religiosa. O próprio trabalho é e continua sendo fator de realização, ainda que não haja dinheiro ou promoções. Tradicionalmente, a vocação era reservada a profissões de muito prestígio e poucos praticantes — padres, juízes da Suprema

Corte, médicos e cientistas. Houve, porém, uma importante descoberta nesse campo: qualquer tarefa pode tornar-se uma vocação e qualquer vocação pode tornar-se uma tarefa. "Um médico que veja seu trabalho como uma tarefa e esteja interessado simplesmente em ganhar dinheiro não tem vocação; um gari que veja seu trabalho como a missão de fazer do mundo um lugar mais limpo e mais saudável para se viver tem uma vocação."[4]

Amy Wrzesniewski (pronuncia-se rez-nes-ki), professora de administração na Universidade de Nova York, e seus colegas fizeram essa importante descoberta. Eles estudaram 28 serventes de hospital cujas tarefas tinham a mesma descrição oficial. Os serventes que veem o trabalho como vocação fazem de tudo para torná-lo significativo. Eles se consideram importantes para o processo de cura e se organizam de modo a conseguir o máximo de eficiência. Antecipam-se às necessidades de médicos e enfermeiros, para que estes tenham mais tempo de se dedicar ao tratamento propriamente dito. Chegam a fazer mais do que seria sua obrigação, tentando alegrar a vida dos pacientes, como fazia o auxiliar de enfermagem de Coatesville. Os serventes sem vocação veem seu trabalho como simples limpeza dos quartos.[5]

Vamos descobrir como você vê o seu trabalho.

PESQUISA TRABALHO-VIDA[6]

Leia os três parágrafos abaixo. Indique o quanto se parece com A, B ou C.

A sra. A trabalha principalmente para se sustentar. Se estivesse bem financeiramente, não estaria na atual profissão, mas em outra completamente diferente. O trabalho da sra. A é basicamente uma necessidade vital, como respirar e dormir. Ela com frequência deseja que o tempo passe mais rápido quando está trabalhando. Espera ansiosamente pelos fins de semana e pelas férias. Se a sra. A pudesse voltar no tempo, provavelmente escolheria outra profissão. Ela não aconselha os amigos nem os filhos a seguirem a mesma profissão que adotou. A sra. A não vê a hora de se aposentar.

A sra. B basicamente gosta do trabalho que faz, mas não espera estar no mesmo cargo daqui a cinco anos. Espera estar ocupando um cargo melhor.

Ela tem várias metas para o futuro ligadas às posições que gostaria de ocupar. Às vezes, suas tarefas lhe parecem um desperdício de tempo, mas ela sabe que deve fazer um trabalho suficientemente bom para ser promovida. A sra. B está ansiosa por essa promoção. Para ela, uma promoção significa reconhecimento por sua boa atuação e é sinal de sucesso na competição com os colegas de trabalho.

Para a sra. C, o trabalho é uma das partes mais importantes da vida. Ela está muito satisfeita com a profissão que escolheu. Por ser essa profissão parte vital de sua formação como pessoa, é o que informa primeiro, ao se apresentar. O trabalho está sempre presente em sua vida, inclusive em casa e nas férias. Os amigos, em sua maioria, estão ligados à profissão que exerce, assim como os clubes e organizações a que pertence. A sra. C sente-se bem em relação a seu trabalho porque gosta dele e acredita que é capaz de fazer do mundo um lugar melhor. Ela estimula os amigos e os filhos a seguirem a mesma profissão que escolheu. A sra. C ficaria muito chateada se fosse forçada a parar de trabalhar, e não tem pressa alguma para se aposentar.

O quanto você se parece com a sra. A?
    Muito _____ Razoavelmente _____ Um pouco _____ Nada _____
O quanto você se parece com a sra. B?
    Muito _____ Razoavelmente _____ Um pouco _____ Nada _____
O quanto você se parece com a sra. C?
    Muito _____ Razoavelmente _____ Um pouco _____ Nada _____

Agora, dê uma nota à sua satisfação com o trabalho em uma escala de 1 a 7, em que 1 = completamente insatisfeito, 4 = neutro e 7 = completamente satisfeito.
Contagem de pontos: O primeiro parágrafo descreve uma tarefa, o segundo uma carreira e o terceiro uma vocação. Para pontuar a relevância de cada parágrafo, faça assim: muito = 3, razoavelmente = 2, um pouco = 1 e nada = 0.

Se você vê o seu trabalho do mesmo modo que a sra. C (com uma pontuação de 2 ou mais para o parágrafo) e está satisfeito com ele (nota maior que 5), ótimo. Se não, procure saber como outros reinventaram seu trabalho. A mesma separação entre tarefas e vocações que se observa entre os serventes de hospitais também acontece entre secretárias, engenheiros, enfermeiros, cozinheiros e cabeleireiros. A chave não é encontrar o emprego certo, mas o emprego que você possa tornar adequado por meio da recriação.

CABELEIREIROS

Cortar o cabelo de outra pessoa sempre foi mais que uma tarefa mecânica. Durante as duas últimas décadas, muitos cabeleireiros das grandes cidades dos Estados Unidos reinventaram suas tarefas, de modo a realçar sua natureza íntima, interpessoal. O cabeleireiro expande os limites da relação, fazendo primeiro revelações sobre si mesmo. Em seguida, faz ao cliente perguntas pessoais e trata com indiferença aqueles que nada revelam. Clientes desagradáveis são "dispensados". A tarefa foi reinventada, tornando-se muito mais agradável pela presença da intimidade.[7]

ENFERMEIROS

Nos Estados Unidos, o sistema hospitalar que se formou recentemente, voltado para o lucro, pressiona os enfermeiros no sentido de cumprirem suas funções de modo mecânico e rotineiro. Isso contraria a tradição da enfermagem. Alguns profissionais reagiram, criando um ambiente de cuidado em torno de seus pacientes. Esses enfermeiros se interessam pelo mundo do paciente e informam ao restante da equipe detalhes aparentemente sem importância. Eles conversam com a família, envolvendo-a no processo de recuperação, e usam isso para levantar o moral de todos.[8]

COZINHEIRO

Cada vez mais um número maior de chefs vem transformando sua identidade, de preparadores de comida para artistas da culinária. Esses chefs procuram tornar a comida o mais bonita possível.

Ao preparar o alimento, economizam no número de etapas, mas se concentram na refeição como um todo, e não na mecânica dos elementos de cada prato. Eles recriaram sua tarefa, que deixou de ser um procedimento maquinal para se tornar racional e estético.[9]

Nesses exemplos, existe algo mais profundo que profissionais dedicados transformando tarefas maçantes em um trabalho menos mecânico e rotineiro, mais social, mais holístico e mais esteticamente atraente. Acredito que a chave da reinvenção de uma tarefa é transformá-la em vocação. Ser chamado a fazer um trabalho, porém, vai além de ouvir uma voz proclamando que o mundo ficará mais bem servido se você ingressar em determinada área. O bem da humanidade seria favorecido por um número maior de voluntários na ajuda aos refugiados, de designers de software educacional, de gente na luta contra o terrorismo, de cientistas em busca da cura de doenças e também de garçons mais atenciosos. Mas pode ser que nenhuma dessas possibilidades exerça qualquer apelo sobre você, porque uma vocação precisa aproveitar as suas forças pessoais. Ao contrário, paixões como colecionar selos ou dançar tango, ainda que utilizem suas forças pessoais, não são vocações, já que estas, por definição, requerem serviço a um bem maior, além de uma dedicação apaixonada.

"Ele está bêbado e é mau", sussurrou Sophie apavorada ao ouvido de Dominick (ele me pediu que não usasse seu nome verdadeiro), o irmão de oito anos. "Olha lá o que ele está fazendo com a mamãe."[10]

Sophie e Dom estavam lavando a louça na cozinha apertada do restaurante de seus pais. O ano era 1947, o lugar era Wheeling, Virgínia Ocidental, e a vida era dura. O pai de Dom tinha voltado da guerra, e a família empobrecida lutava do amanhecer até a meia-noite para conseguir sobreviver.

Junto à caixa registradora, um cliente bêbado (desbocado, barba por fazer e enorme, pelo menos para Dom) avançava sobre sua mãe, reclamando da comida.

"Aquilo tinha mais gosto de rato que de porco. E a cerveja...", ele gritava zangado, segurando a mulher pelos ombros.

Sem pensar, Dom saiu correndo da cozinha e se colocou entre a mãe e o cliente.

"Posso ajudá-lo, senhor?"

"... estava quente, e as batatas, frias..."

"O senhor está certo. Minha mãe e eu sentimos muito. Nós quatro tentamos fazer nosso melhor, mas esta noite não conseguimos manter a qualidade. Queremos muito que o senhor volte para ver como podemos fazer melhor. Vamos receber o seu pagamento agora, e da próxima vez, tome uma garrafa de vinho por nossa conta.

"É, é difícil discutir com esse garotinho... Obrigado."

E lá se foi ele, muito satisfeito consigo mesmo e não menos satisfeito com o restaurante.

Trinta anos mais tarde, Dominick me contou que, a partir daquele encontro, os pais passaram a deixar que atendesse os clientes difíceis — o que ele adorava. Naquele dia de 1947, os pais de Dom souberam que tinham um prodígio na família. Ele possuía uma força pessoal, precocemente e em um grau extraordinário: inteligência social. Conseguia perceber desejos, necessidades e emoções alheias com uma precisão fantástica. Era capaz de encontrar as palavras perfeitas, como se as pegasse no ar. Quando a situação esquentava e as tentativas de conciliação só faziam piorar, Dom entrava em cena com calma e habilidade. Seus pais alimentavam aquela força, e ele passou a organizar a vida em torno dela, forjando uma vocação que apelasse à sua inteligência social a cada dia.

Com tal nível de inteligência social, Dom poderia ter sido um grande garçom-chefe, diplomata ou diretor de pessoal de uma grande empresa. Mas ele tinha duas outras forças pessoais: o gosto pela aprendizagem e a liderança. Ele planejou a vida profissional de modo a explorar essa combinação. Hoje, aos 62 anos, Dominick é o mais habilidoso diplomata que conheço na comunidade científica dos Estados Unidos. Foi um dos mais destacados professores de sociologia e, convidado por uma universidade da Ivy League, tornou-se reitor antes dos quarenta.

Sua influência quase invisível pode ser percebida em muitos dos mais importantes movimentos da ciência social na Europa e nos Estados Unidos, e penso nele como o Henry Kissinger do meio acadêmico. Diante de Dominick, qualquer um se sente a pessoa mais importante do mundo, e ele faz isso naturalmente, sem o menor traço de insinuação, que poderia causar desconfiança. Todas as vezes em que, no trabalho, tive de enfrentar problemas especialmente difíceis de relações humanas, foi a ele que recorri em busca de conselhos. O que transforma o trabalho de Dominick de carreira bem--sucedida em vocação é o fato de que ele lança mão praticamente todo dia de suas três forças pessoais.

Se você consegue um meio de utilizar com frequência as suas forças pessoais no trabalho e percebe a sua atividade profissional como uma contribuição para o bem maior, é porque tem uma vocação. As tarefas se transformaram de transtorno em gratificação. O aspecto mais bem compreendido da felicidade durante um dia de trabalho é o *flow*, a experiência de fluir, de sentir-se completamente à vontade dentro de si mesmo enquanto trabalha.

Nas últimas três décadas, Mihaly Csikszentmihalyi, que você conheceu no capítulo 7, tirou o difícil estado de *flow* da escuridão, levando-o para a penumbra e daí para as próprias fronteiras da luz, onde todos pudessem compreendê-lo e praticá-lo. *Flow*, você vai lembrar, é uma emoção positiva a respeito do presente, sem qualquer sentimento ou raciocínio consciente. Mike descobriu quem tem muito (classe trabalhadora e adolescentes da alta classe média, por exemplo) e quem tem pouco (adolescentes muito pobres ou muito ricos). Ele delineou as condições sob as quais ocorre o *flow*, ligando-as à satisfação no trabalho. O *flow* não se estende por todo um dia de oito horas de trabalho; sob as circunstâncias mais favoráveis, ocorrem várias ocasiões de *flow*, cada uma de alguns minutos. O *flow* acontece quando os desafios que você enfrenta combinam com a sua capacidade de enfrentá-los. Quando você reconhece que essas capacidades incluem não somente os talentos, mas também forças e virtudes, ficam claras as implicações da escolha e da reinvenção do trabalho.

Escolher o trabalho e o modo de fazer é algo novo sob o sol. Por muitos milênios, as crianças foram apenas pequenos aprendizes do que os pais faziam, preparando-se para assumir suas tarefas quando adultos. Desde tempos imemoriais até o dia de hoje, o menino inuíte, ao fazer dois anos, ganha um arco de brinquedo, de modo que aos quatro anos consiga acertar uma perdiz branca, aos seis, um coelho, e ao chegar à puberdade seja capaz de atingir uma foca ou mesmo um caribu. Suas irmãs seguem o caminho indicado para as meninas: juntar-se às mulheres para cozinhar, curar peles de animais, costurar e cuidar das crianças.[11]

Esse padrão começou a mudar na Europa do século XVI. Os jovens abandonaram maciçamente as fazendas e acorreram às cidades, buscando obter as vantagens da crescente riqueza e de outras tentações da vida urbana. Durante três séculos, garotas a partir dos doze anos e garotos a partir dos catorze migraram para as cidades, onde atuavam como lavadeiras, carregadores ou empregados domésticos. Os principais atrativos que a cidade exercia sobre o jovem eram a ação e a escolha, principalmente a de uma profissão. Com o crescimento e a diversificação das cidades, as oportunidades para muitas diferentes profissões se expandiram rapidamente. O ciclo pai-filho de trabalho na agricultura se rompeu. A mobilidade aumentou (tanto para cima como para baixo), e as barreiras de classes foram forçadas até o ponto de ruptura.

Vamos direto à América do Norte do século XXI. A vida se compõe de escolhas. Existem centenas de marcas de cerveja. Literalmente, milhões de carros diferentes estão disponíveis, levando-se em conta todas as trocas de acessórios possíveis — não mais apenas o carro preto, a geladeira branca ou o jeans azul-escuro. Você já se viu, como aconteceu a mim, paralisado diante de uma atordoante variedade de cereais para o café da manhã, incapaz de encontrar a marca que procurava? Eu só queria Quaker Oats, a tradicional, mas não consegui achar.[12]

A liberdade de escolha foi uma boa política por dois séculos, e hoje é um bom negócio, não só em mercadorias, como na estruturação dos próprios empregos. Em um país como os Estados Unidos, que passou vinte anos com uma economia de baixo índice de desemprego, a maioria dos jovens que saíam das universidades tinha consideráveis opções de carreira. A adolescência, um conceito ainda não inventado, e portanto ainda não disponível para a garotada de doze a catorze anos do século XVI, é hoje uma dança prolongada em torno das duas mais importantes escolhas da vida: a(o) companheira(o) e a profissão. São poucos, atualmente, os jovens que seguem a profissão dos pais. Mais de 60% deles continuam os estudos depois de concluir o ensino médio; o ensino universitário — antes considerado enriquecedor, liberal e correto — está agora abertamente centrado em escolhas vocacionais, como administração, finanças ou medicina (e menos abertamente centrado na escolha da(o) companheira(o)).[13]

O trabalho pode ser o principal facilitador do *flow* porque, ao contrário do lazer, cria em si mesmo muitas das condições para isso. Em geral, existem metas e regras de desempenho bastante claras. O feedback é frequente. O trabalho costuma favorecer a concentração e minimizar as distrações; em muitos casos, põe em ação as suas forças e talentos para compensar as dificuldades. Como resultado, é muito frequente as pessoas se concentrarem melhor no trabalho do que em casa.

John Hope Franklin, o renomado historiador, declarou: "Eu poderia dizer que trabalhei todos os minutos da minha vida, e poderia dizer, com igual justiça, que não trabalhei um dia sequer. Sempre concordei com a expressão: 'Que bom que hoje é sexta-feira', porque, para mim, sexta-feira significa que vou poder passar dois dias seguidos trabalhando sem interrupção".[14] Está errado quem disser que o professor é um workaholic. O que acontece é que ele expressa um sentimento comum entre acadêmicos e homens de negócios poderosos, e que vale a pena examinar. Franklin atuava como professor de segunda a sexta, e tudo indica que era bom no que fazia: didática, administração, métodos de estudo e relacionamento com os colegas; tudo ia bem. Essas atividades utilizavam algumas das forças de Franklin — bondade e liderança —, mas não aproveitavam o bastante suas forças pessoais — originalidade e gosto pela aprendizagem. Em casa, lendo e escrevendo, havia mais *flow* do que no trabalho, porque nos fins de semana eram maiores as oportunidades de utilizá-las.

Aos 83 anos, Jacob Rabinow, inventor e detentor de centenas de patentes, disse a Mihaly Csikszentmihalyi: "Você tem que estar disposto a ir atrás das ideias... Pessoas como eu gostam disso. É divertido surgir com uma ideia. Se ninguém se interessar, não estou nem aí. É só pelo prazer de mostrar alguma coisa nova e diferente".[15] A principal descoberta sobre *flow* no trabalho não é o fato nada surpreendente de pessoas com grandes tarefas — inventores, escultores, juízes da Suprema Corte e historiadores — experimentarem esse efeito; é a constatação de que todos nós experimentamos e que é possível reinventar um trabalho monótono, de modo a sentir o efeito *flow* com mais frequência.

Para medir a intensidade do *flow*, Mihaly fez uma experiência pioneira — o método de amostragem — que hoje em dia é amplamente utilizada no mundo todo. Conforme mencionamos no capítulo 7, a experiência consiste em entregar a várias pessoas um pager ou Palm Top que recebe um sinal em momentos escolhidos aleatoriamente (de duas em duas horas, em média) durante todas as horas do dia. Quando o sinal soa, a pessoa anota o que está fazendo, onde está e com quem, atribuindo, então, conceitos a seu grau de felicidade, concentração, autoestima etc. O foco dessa pesquisa são as condições sob as quais o *flow* acontece.

Nos Estados Unidos, surpreendentemente, as pessoas têm consideravelmente mais *flow* no trabalho do que nas horas de lazer. Em um estudo com 824 adolescentes, Mihaly separou e comparou os componentes ativos e passivos do tempo livre. Jogos e hobbies são ativos e produzem *flow* em 39% do tempo e a emoção negativa de apatia em 17% do tempo. Assistir à TV e ouvir música, ao contrário, são atividades passivas e produzem *flow* apenas em 14% do tempo, enquanto a apatia se instala em 37% do tempo. Enquanto assistem à televisão, o estado de espírito dos norte-americanos é de leve depressão. Portanto, há muito a dizer sobre o uso ativo e passivo do nosso tempo livre. É como Mihaly nos lembra: "Gregor Mendel fez suas famosas experimentações em genética como hobby; Benjamin Franklin foi levado pelo interesse, não pela obrigação, quando estudou as lentes e inventou o para-raios; e Emily Dickinson escreveu suas maravilhosas poesias para organizar a própria vida".

Em uma economia de superávit e pouco desemprego, a escolha de um emprego por um indivíduo qualificado vai depender cada vez mais do *flow* que o trabalho lhe proporciona, e cada vez menos de pequenas (ou às vezes consideráveis) diferenças de salário. A escolha ou a reinvenção do trabalho, de modo a produzir mais *flow*, não é nenhum mistério. Existe *flow* quando os desafios — tanto os grandes como as questões que você enfrenta diariamen-te — "casam" com as capacidades. Minha receita para mais *flow* é a seguinte:

- Identifique suas forças pessoais.
- Escolha um trabalho que lhe permita utilizá-las todo dia.
- Reinvente o seu trabalho atual, de modo a utilizar mais suas forças pessoais.
- Se você é o empregador, escolha empregados cujas forças pessoais este-jam em harmonia com o trabalho que vão fazer. Se você é um administrador, ofereça condições para que os empregados reinventem o trabalho dentro dos limites das suas metas.

A advocacia é uma profissão que proporciona um bom estudo de caso, levando a descobrir como liberar o próprio potencial de *flow* e como tornar o trabalho mais satisfatório.

POR QUE OS ADVOGADOS SÃO TÃO INFELIZES?[16]

Quanto a ser feliz, temo que a felicidade não esteja no meu caminho. Talvez os dias felizes prometidos por Roosevelt venham junto com outros, mas tenho medo de que o problema todo esteja no destino que me traçaram quando nasci, e pelo que sei, não existe em um ato do Congresso feitiçaria capaz de fazer uma revolução aí.
Benjamin N. Cardozo, 15 de fevereiro de 1933

A advocacia é uma profissão prestigiada e bem remunerada, e as salas de aula das faculdades de direito estão cheias de novos alunos. Em uma pesquisa recente, porém, 52% dos advogados praticantes se disseram insatisfeitos.[17] O problema não é financeiro, com certeza. A partir de 1999, nos Estados Unidos, os associados (jovens aspirantes a sócios em escritórios de advocacia) vêm tendo um rendimento de até 200 mil dólares por ano, só para começar, e os advogados há muito superaram os médicos como profissionais mais bem pagos do país.[18] Além do desencanto de que padecem, os advogados têm a saúde mental nitidamente comprometida. Estão muito mais propensos à depressão do que a população em geral.[19] Pesquisadores da Johns Hopkins University encontraram um aumento estatisticamente significativo de distúrbio depressivo maior em apenas três de 104 ocupações pesquisadas.[20] Quando os resultados foram agrupados de acordo com a sociodemografia, porém, os advogados ficaram com o primeiro lugar, sofrendo de depressão em um nível 3,6 vezes mais alto do que todos aqueles que tinham um emprego. Os advogados também sofrem mais de alcoolismo e dependência de drogas ilegais do que praticantes de outras profissões. O índice de divórcios entre advogados, sobretudo mulheres, também se mostra mais alto do que entre outros profissionais.[21] Assim, qualquer que seja a medida adotada, os advogados personificam o paradoxo do dinheiro perdendo o poder: são os profissionais mais bem pagos e, no entanto, não são felizes nem saudáveis. E eles sabem disso; muitos estão se aposentando mais cedo e outros deixando a profissão.[22]

A psicologia positiva considera três causas principais para o baixo estado de ânimo entre os advogados. A primeira é o pessimismo, definido não no sentido coloquial (ver o copo meio vazio), mas no estilo de explicação pessimista que vimos no capítulo 6. Esses pessimistas tendem a atribuir a causa de eventos negativos a fatores estáveis e globais ("Vai durar para sempre e vai contaminar tudo"). O pessimista considera os eventos negativos penetrantes, permanentes e incontroláveis, enquanto o otimista os considera localizados, temporários e mutáveis. O pessimismo atrapalha a maioria das iniciativas: o vendedor de seguros de vida que é pessimista vende menos e desiste antes do otimista. O universitário pessimista tira notas mais baixas em relação ao desempenho que teve no ensino médio. Nadadores pessimistas marcam tempos abaixo da média e custam mais a se recuperar de um mau resultado. No beisebol, os arremessadores e rebatedores pessimistas erram mais. Das equipes da NBA, as pessimistas perdem no spread de pontos com mais frequência.[23]

Assim, os pessimistas são perdedores em várias frentes. Mas existe uma brilhante exceção: os pessimistas se dão melhor no direito. Testamos todos os alunos que ingressaram na Virgina Law School em 1990 com uma variante do teste de otimismo e pessimismo que vimos no capítulo 6. Eles foram, então, acompanhados pelos três anos de curso. Contrastando nitidamente com os resultados de estudos anteriores em outras áreas, os estudantes de direito pessimistas tiveram, em média, resultado melhor nas avaliações-padrão de desempenho do que seus colegas otimistas.[24]

Entre os advogados, o pessimismo é visto como vantagem porque, ao considerar os problemas como penetrantes e permanentes, estão de acordo com o que os meios jurídicos chamam de prudência.[25] Uma perspectiva prudente permite ao bom advogado enxergar todas as armadilhas e catástrofes possíveis em determinada transação. A capacidade de antever problemas e deslealdades, impossível a um otimista, é altamente útil ao advogado que, assim, pode ajudar o cliente a se defender dessas eventualidades improváveis. Os próprios cursos de direito procuram ensinar a prudência aos alunos que não possuem essa qualidade. Infelizmente, porém, uma característica positiva para o profissional não faz dele um ser humano feliz.

Sandra é uma psicoterapeuta conhecida na Costa Leste dos Estados Unidos. Para mim, ela é uma bruxa do bem. Sandra possui uma habilidade que nunca encontrei em ninguém que fizesse diagnósticos: consegue prever a esquizofrenia nas crianças em idade pré-escolar. A esquizofrenia é um distúrbio que só se manifesta depois da puberdade; sendo em parte hereditária, as famílias nas quais existem casos se preocupam com os filhos. Seria bastante útil saber quais são as pessoas particularmente vulneráveis, já que isso possibilitaria a adoção de medidas sociais e cognitivas de proteção. Famílias de toda a Costa Leste mandam suas crianças para Sandra. Ela passa uma hora com cada uma e, então, faz uma avaliação cuidadosa e precisa da futura possibilidade de esquizofrenia.

A habilidade de perceber o que se esconde por trás de um comportamento insuspeito é excelente para o trabalho de Sandra, mas não para os outros aspectos de sua vida. Sair para jantar com ela é uma provação. A única coisa que Sandra consegue enxergar é o outro lado da refeição — as pessoas mastigando.

Qualquer que seja o talento mágico que Sandra tem de perceber com tanta precisão o lado oculto do comportamento aparentemente inocente de uma criança de quatro anos, ela não consegue desligá-lo durante o jantar, ficando impedida de aproveitar plenamente o convívio com adultos normais em uma sociedade normal. Os advogados, de modo semelhante, ao deixarem o escritório, não conseguem se desligar facilmente da prudência (ou pessimismo) que faz parte de seu caráter. Assim como preveem resultados negativos para o cliente, preveem resultados negativos para si mesmos. Os advogados pessimistas são mais propensos a acreditar que não vão conseguir arranjar uma companheira, que sua profissão é uma máfia, que a esposa é infiel ou que a economia caminha para o desastre. Desse modo, o pessimismo, tão útil à profissão, traz com ele alto risco de depressão na vida pessoal. O desafio, em geral não superado, é manter a prudência restrita à prática da profissão.

Um segundo fator psicológico que baixa o moral dos advogados, principalmente os mais jovens, é a pouca liberdade de decisão em situações muito estressantes. A liberdade de decisão está ligada à quantidade de opções — ou, pelo menos, à quantidade de opções que o indivíduo *julga* ter no trabalho. Um importante estudo da relação das condições de trabalho com a depressão e as doenças coronarianas mediu aspectos como exigências da profissão e liberdade de decisão. Existe uma combinação especialmente prejudicial à saúde e ao estado de espírito: pouca liberdade de decisão e altas exigências no trabalho.[26] Os indivíduos que se enquadram nessas características sofrem muito mais de depressão e doenças coronarianas.

Enfermeiras e secretárias eram as categorias consideradas menos saudáveis, mas de algum tempo para cá, os jovens advogados de grandes escritórios podem ser acrescentados à lista. Esses jovens profissionais são frequentemente submetidos a uma pressão extrema acompanhada de pouca liberdade de escolha. Junto com a pesada carga imposta pelo trato com a lei ("Esta firma cresce sobre casamentos desfeitos"), eles em geral opinam pouco sobre seu trabalho, têm contato limitado com os superiores e virtualmente nenhum contato com os clientes. Em vez disso, pelo menos nos cinco primeiros anos de prática, muitos ficam isolados em uma biblioteca, pesquisando e redigindo petições sobre questões indicadas pelos sócios do escritório.

O mais profundo dos fatores psicológicos que contribuem para a infelicidade dos advogados é que a lei, nos Estados Unidos, vem se tornando cada vez mais um jogo em que, para um ganhar, o outro tem de perder. Barry Schwartz distingue as práticas que têm suas próprias "vantagens" internas, assim como, em uma economia de livre mercado, as empresas focadas no lucro têm suas metas.[27] O atletismo amador, por exemplo, é uma prática que tem como vantagem a habilidade. O ensino é uma prática que tem a aprendizagem como vantagem. A medicina é uma prática que tem a cura como vantagem. A amizade é uma prática que tem a intimidade como vantagem. Quando essas práticas se juntam ao livre mercado, suas vantagens internas tornam-se subordinadas ao resultado final. Jogos de beisebol realizados à noite vendem mais ingressos, embora não se consiga enxergar direito a bola. O ensino dá lugar ao *star system* acadêmico, a medicina à administração de saúde e a amizade a "o que você tem feito por mim ultimamente". De modo semelhante, o direito nos Estados Unidos deixou de ser uma prática em que o bom conselho sobre justiça e imparcialidade era a vantagem principal, para se tornar um grande negócio cobrado por hora, em que os principais objetivos são evitar a prisão a qualquer custo e conseguir um bom resultado final.

O exercício da profissão e suas vantagens internas são quase sempre situações em que ambos os lados saem ganhando: professor e aluno crescem juntos, e um tratamento bem-sucedido é benéfico para todos. Negócios voltados para o resultado final são frequentemente, mas nem sempre, mais próximos de situações em que, para um ganhar, o outro tem de perder: a administração de saúde corta benefícios da saúde mental para economizar dinheiro; professores famosos recebem salários altíssimos, enquanto os mais novos mal têm dinheiro para sobreviver; e ações bilionárias por causa de implantes de silicone tiraram a Dow-Corning do mercado. Fazer parte de uma iniciativa em que um ganha e o outro perde tem um custo emocional.

No capítulo 3, afirmei que as emoções positivas são o combustível dos jogos em que os dois lados ganham, enquanto as emoções negativas, como a raiva, a ansiedade e a tristeza, evoluíram para surgir durante jogos em que, para um ganhar, o outro tem de perder. Como na advocacia predominam as situações deste último tipo, existe mais emoção negativa na vida dos advogados.

Os jogos em que um ganha e o outro perde, porém, não podem ser simplesmente eliminados do direito em nome de uma vida emocional mais agradável aos seus profissionais. O processo antagônico está no centro do sistema jurídico americano, que se acredita seja o caminho ideal até a verdade, mas personifica uma situação em que um ganho de um lado corresponde a uma perda do outro lado. A competição está no auge. Os advogados são treinados para ser vigorosos, criteriosos, intelectuais, analíticos e emocionalmente distantes. Isso produz previsíveis consequências emocionais para o profissional, que se torna deprimido, ansioso e descontente na maior parte do tempo.

Combatendo a infelicidade dos advogados

Quando a psicologia positiva faz o diagnóstico do problema do desânimo entre os advogados, três fatores emergem: pessimismo, pouca liberdade de decisão e fazer parte de um gigantesco empreendimento em que um perde e o outro ganha. Os dois primeiros têm um antídoto. Já vimos parte do antídoto contra o pessimismo no capítulo 6, e meu livro *Aprenda a ser otimista* expõe em detalhes um programa para o combate eficaz de ideias catastróficas. O mais importante para os advogados é a dimensão "penetrabilidade" — o pessimismo ultrapassando os limites da profissão —, e o capítulo 12 de *Aprenda a ser otimista* contém exercícios que podem ajudar os advogados que veem o lado negativo em todas as situações a separar essa característica dos outros setores da vida. A chave é combater as ideias catastróficas ("Não vou conseguir me tornar sócio", "Provavelmente meu marido me trai"), como se viessem de outra pessoa cuja missão fosse infernizar a sua vida, contradizendo-as com evidências. Essas técnicas podem ensinar os advogados a usar o otimismo na vida pessoal enquanto mantêm a conveniência do pessimismo na vida profissional. Segundo está documentado, o otimismo flexível pode ser ensinado em situações de grupo, como salas de aula ou escritórios de advocacia. Se escolas e escritórios quiserem experimentar, acredito que os efeitos positivos sobre o desempenho e o moral dos jovens advogados serão significativos.

O problema de alta pressão e pouca liberdade de decisão também tem solução. Reconheço que uma forte pressão é um aspecto inevitável da prática do direito. Trabalhar com maior liberdade de decisão faria os advogados mais satisfeitos e produtivos. Um meio de conseguir isso é organizar o dia do advogado de modo que ele tenha consideravelmente mais controle pessoal sobre o trabalho. A Volvo resolveu um problema similar em 1960, oferecendo aos operários da linha de montagem a possibilidade de montar um carro inteiro em vez de repetidamente montar a mesma peça. De modo semelhante, um jovem advogado associado pode sentir melhor o panorama geral se for apresentado ao cliente, acompanhado pelos sócios e envolvido nas discussões acerca da transação. Muitos escritórios de advocacia deram início a esse procedimento para fazer frente às constantes dispensas pedidas pelos jovens profissionais.[28]

A natureza do direito em que para ganhar o outro tem que perder não tem antídoto fácil. Para melhor ou para pior, o processo antagônico, o confronto, a vantagem financeira e a "ética" de conseguir o máximo possível para o cliente estão muito enraizados. Mais atividade *pro bono*, mais mediação, mais acordos e "jurisprudência terapêutica" estão no espírito do combate a essa mentalidade, mas acredito que estes sejam apenas paliativos, não a cura.[29] Na minha opinião, a ideia das forças pessoais é a solução para reter as virtudes do sistema antagônico e fazer advogados mais felizes.

Quando um jovem advogado entra para um escritório, vem equipado não somente com a prudência e outros talentos adequados à profissão, como inteligência verbal, mas também com um conjunto não aproveitado de forças pessoais (liderança, originalidade, imparcialidade, entusiasmo, perseverança, inteligência social etc.). Do modo como estão estruturadas as tarefas do advogado, essas forças não têm muita utilidade. Ainda que surjam situações em que elas seriam úteis, o caso pode ser entregue a quem não possua as forças aplicáveis, já que não houve avaliação.

Todo escritório de advocacia deve descobrir quais são as forças pessoais de seus profissionais. (O teste do capítulo anterior faz isso.) O aproveitamento dessas forças faz a diferença entre um colega de moral baixo e outro energizado, produtivo. Cinco horas devem ser reservadas por semana — o "momento da força pessoal" — para usar as forças individuais a serviço de metas comuns, em uma atividade fora da rotina.

- Pegue o *entusiasmo* de Samantha, uma força que geralmente não tem muita utilidade no direito. Além de pesquisar com afinco, preparando a defesa em um processo de lesão corporal, ela poderia ser paga para usar sua animação (combinada à habilidade verbal) em um trabalho junto à agência de relações públicas do escritório, projetando e redigindo material promocional.

- Pegue a *bravura* de Mark, uma força útil para um litigante, mas desperdiçada na redação de petições e outros documentos.[30] O tempo da força pessoal de Mark seria mais bem aproveitado se ele preparasse, para um próximo julgamento, o ataque crucial do "medalhão" do escritório a um adversário conhecido.

- Pegue a *originalidade* de Sarah, outra força sem muito valor se combinada a métodos estagnados, e junte à perseverança. Originalidade mais perseverança podem originar grandes mudanças. Charles Reich, como advogado associado antes de se tornar professor de direito em Yale, revolveu antigos precedentes para afirmar que o recebimento de benefícios não é um direito, mas uma propriedade. Com isso, redirecionou a lei, mudando a ideia tradicional sobre "propriedade" para o que chamou de "nova propriedade". Isso significou a aplicação do devido processo legal ao pagamento de benefícios, em vez de deixá-lo à mercê da caprichosa generosidade dos funcionários públicos. Sarah poderia ficar incumbida de procurar uma nova teoria para determinado caso. Novas teorias escondidas entre precedentes são como prospecção de petróleo — há muitos poços secos, mas quando você encontra petróleo, é um achado.

- Pegue a *inteligência social* de Joshua, outra característica de pouca utilidade para um jovem profissional envolvido em tarefas de rotina em um caso de direito autoral. O tempo de utilização de sua força pessoal poderia ser dedicado a um almoço com clientes especialmente difíceis do setor de entretenimento, em que todos falariam de suas vidas e discutiriam os contratos em detalhe. Não se compra a lealdade do cliente com a cobrança de honorários, mas com a sutileza de um bom relacionamento.

- Pegue a *liderança* de Stacy e dê a ela a chefia da comissão de qualidade de vida dos associados. Ela pode reunir e confrontar as reclamações, apresentando-as aos sócios para apreciação.

Não existe nada peculiar à área jurídica na reinvenção de tarefas. Em vez disso, há dois pontos básicos a manter em mente quando pensar nesses exemplos e tentar aplicá-los ao seu ambiente de trabalho. O primeiro é que o exercício das forças pessoais é quase sempre uma situação em que todos ganham. Quando Stacy reúne as reclamações e opiniões dos colegas, o respeito que eles sentem por ela aumenta. Quando ela leva o material até os sócios do escritório, ainda que não tomem nenhuma atitude, eles aprendem mais sobre o moral de seus funcionários — e, é claro, a própria Stacy extrai autêntica emoção positiva do exercício de suas forças. Isso leva ao nosso segundo ponto: existe uma relação clara entre emoção positiva no trabalho, ótima produtividade, baixa rotatividade de funcionários e lealdade. O exercício de uma força libera emoção positiva. E o mais importante: Stacy e seus colegas provavelmente ficarão mais tempo na firma se suas forças forem reconhecidas e utilizadas. Embora toda semana se dediquem durante cinco horas a atividades não lucrativas, a longo prazo a atividade estará gerando horas remuneradas.

A advocacia foi usada como exemplo para ilustrar a maneira pela qual uma instituição pode estimular seus empregados a recriar o trabalho que fazem, mas também para mostrar como os indivíduos, em qualquer ambiente, podem reformular suas tarefas a fim de torná-las mais gratificantes. Saber que o objetivo final de um trabalho é uma situação em que para ganhar o outro deve perder — seja o resultado final de um relatório trimestral ou um veredicto favorável do júri — não significa que os meios para alcançar o fim não possam ser situações em que todos ganham. A guerra e os esportes competitivos são eminentemente jogos em que um ganha e o outro perde, mas os dois lados têm muitas opções em que todos ganham. Os negócios, as competições de atletismo e a própria guerra podem ser vencidos pelo heroísmo individual ou pela formação de equipes. A opção por uma situação em que todos ganham e obtêm vantagens com a utilização de forças pessoais traz claros benefícios. Essa abordagem torna o trabalho mais agradável, transforma a tarefa ou a carreira em vocação, aumenta a sensação de plenitude, favorece a lealdade e é decididamente mais lucrativa. Além disso, encher o trabalho de gratificação é um passo na estrada para a vida boa.

11. Amor

Somos membros de uma espécie fanática, que se compromete fácil e profundamente com uma variedade de empreitadas duvidosas. Leaf van Boven, um jovem professor de administração da Universidade da British Columbia, demonstrou quanto o processo de comprometimento irracional é lugar-comum. Van Boven dá a cada estudante uma caneca de cerveja estampada com o brasão da universidade que custa cinco dólares na lojinha local. Se quiserem, os alunos podem ficar com o presente, ou então vender em um leilão. Eles também participam e podem dar lances para adquirir artigos como canetas e flâmulas, todos com a marca da universidade e mais ou menos do mesmo valor, levados por estudantes. É aí que acontece um fenômeno estranho. Os alunos só aceitam entregar suas canecas quando o lance chega a cerca de sete dólares. No entanto, só oferecem quatro dólares, em média, pelas canecas dos outros. A posse do objeto faz com que seu valor aumente nitidamente, assim como cresce o seu compromisso com ele.[1] Essa descoberta nos diz que o *Homo sapiens* não é o *Homo economicus*, uma criatura obediente às "leis" da economia e motivada somente pela troca racional.

O tema subjacente ao capítulo anterior era que o trabalho está muito além da simples troca de mão de obra por salário. O tema subjacente deste capítulo é que o amor significa muito mais que dar afeto em troca daquilo que se espera receber. (Esse fato não é nenhuma surpresa para os românticos, mas entra em choque com as teorias dos cientistas sociais.) O trabalho pode gerar um nível de gratificação que ultrapassa em muito o pagamento e, ao tornar-se vocação, demonstra a capacidade peculiar e maravilhosa que a nossa espécie tem de se comprometer profundamente. O amor nos torna melhores.

A tediosa lei do *Homo economicus* sustenta que os seres humanos são fundamentalmente egoístas. A vida social é vista como governada pelos mesmos princípios que governam o mercado. Assim, como no caso de adquirir um objeto ou decidir sobre a compra de ações, deveríamos perguntar a nós mesmos em relação a outro ser humano: "Que utilidade eles têm?". Quanto mais esperamos ganhar, mais investimos no outro. O amor, porém, é a maneira mais espetacular que a evolução encontrou de desafiar essa lei.

Vejamos o "paradoxo do banqueiro".[2] Você é banqueiro, e Wally vem procurá-lo para um empréstimo. A análise de crédito dele é irrepreensível, as garantias excelentes e as perspectivas visivelmente ótimas. Você concede o empréstimo. Horace também vem pedir um empréstimo. Ele não conseguiu pagar o empréstimo anterior e agora quase não tem garantias a oferecer. Está velho e com a saúde debilitada. As perspectivas são sombrias. Logo, você nega o empréstimo. O paradoxo é que Wally, que nem tinha tanta necessidade, consegue o empréstimo facilmente, e Horace, que precisa desesperadamente, não consegue. Em um mundo governado pelo *Homo economicus*, aqueles que mais precisam são levados à ruína. Em sua defesa, ninguém completamente racional apostaria neles. Os que estão em boa situação, ao contrário, prosperam ainda mais... até o dia em que tiverem um problema.

Existe um momento na vida (espero que não aconteça tão cedo) em que todos passamos por maus bocados. Envelhecemos, adoecemos, perdemos a beleza, o dinheiro, o poder, e nos tornamos um mau investimento. Por que não somos imediatamente abandonados à nossa própria sorte, condenados à ruína? Como conseguimos seguir adiante apesar das dificuldades, aproveitando a vida por muitos anos depois disso? Porque outros, por meio do poder altruísta do amor e da amizade, nos dão apoio. O amor é a resposta da seleção natural ao paradoxo do banqueiro. É a emoção que torna alguém insubstituível. O amor demonstra a capacidade que o ser humano tem de se comprometer, transcendendo aquele "O que você fez por mim ultimamente?", e desmentindo a teoria do egoísmo universal. Existem algumas palavras que estão entre as mais nobres que uma pessoa pode se permitir dizer: "De hoje em diante, na alegria e na tristeza, na riqueza e na pobreza, na saúde e na doença, amando-te e respeitando-te, até que a morte nos separe".

Casamento, união estável, amor romântico — para simplificar, chamo a todos de "casamento" neste capítulo — funcionam notavelmente bem, segundo o ponto de vista da psicologia positiva. Em um estudo feito por Diener e Seligman sobre pessoas extremamente felizes, *todas* (exceto uma) que se enquadravam nos 10% de mais felicidade estavam envolvidas em um relacionamento amoroso.[3] Talvez o fato mais consistente presente em muitas pesquisas seja de que as pessoas casadas são mais felizes. Entre os adultos casados, 40% se dizem "muito felizes", enquanto entre os adultos que nunca se casaram apenas 23% afirmam o mesmo.[4] Isso vale para todos os grupos étnicos estudados em dezessete países. O casamento é um fator de felicidade mais potente que o trabalho, a situação financeira e a comunidade. Como diz David Myers em seu trabalho importante e cuidadosamente documentado, *American Paradox*: "De fato, poucos fatores de previsão da felicidade são mais fortes que a companhia enriquecedora, imparcial, íntima e constante de um bom amigo".

Com a depressão, acontece exatamente o inverso: os casados têm o menor índice de depressão, seguidos pelos que nunca se casaram, depois pelos que se divorciaram uma vez, os que moram juntos e os que se divorciaram duas vezes. De maneira similar, a principal causa de angústia é o rompimento de um relacionamento importante.[5] Quando foi pedido a um grupo de indivíduos que descrevessem "o mais recente acontecimento ruim", mais da metade deles fez referência a um rompimento ou perda desse tipo. Com a redução do número de casamentos e o aumento de divórcios, a quantidade de deprimidos disparou. Glen Elder, importante estudioso norte-americano da sociologia da família, observou três gerações de residentes da área de San Francisco, na Califórnia. Ele concluiu que o casamento é uma poderosa proteção contra os problemas. Os casados suportaram melhor as privações da vida rural, a Grande Depressão e as guerras.[6] Quando, no capítulo 4, falamos sobre como viver na parte superior da sua faixa de variação da felicidade, estar casado mostrou-se o único fator externo capaz de contribuir para isso.

Por que o casamento funciona tão bem? Como foi inventado e como se manteve em tantas culturas, desde tempos imemoriais? Esta pode parecer uma pergunta banal com uma resposta óbvia, mas não é. Pesquisadores da psicologia social que estudam o amor conseguiram uma resposta coerente.[7] Cindy Hazan, psicóloga de Cornell, afirma existirem três tipos de amor. O primeiro é o amor que nos oferece conforto, nos aceita, ajuda, orienta e sustenta nossa confiança; o protótipo desse amor é o do filho pelos pais. O segundo é o amor que sentimos por aqueles que dependem de nós como provedores; o protótipo desse amor é o dos pais pelos filhos. Por fim, temos o amor romântico — a idealização do parceiro, destacando suas forças e virtudes e minimizando seus defeitos. O casamento é uma solução única para que tenhamos os três tipos de amor ao mesmo tempo, e é essa qualidade que o faz tão bem-sucedido.

Muitos cientistas sociais, certos da importância do meio para a formação do indivíduo, tentaram nos fazer acreditar que o casamento é uma instituição inventada pela sociedade e pelas convenções, uma construção social, como ser um *Hoosiers* — denominação dada aos habitantes do estado de Indiana — ou a turma de 1991 da Lower Merion High School.[8] Damas de honra, as cerimônias civil e religiosa e a lua de mel podem ser construções sociais, mas a estrutura subjacente é muito mais profunda. A evolução tem um forte interesse no sucesso da reprodução e, portanto, na instituição do casamento. A reprodução bem-sucedida da nossa espécie não é apenas fertilizar rapidamente e cada um seguir seu caminho. Os seres humanos nascem com um cérebro grande e imaturo, precisando aprender muito com os pais. Essa vantagem só funciona quando aliada à formação do casal. Os filhos, dependentes e imaturos, que têm os pais por perto para proteger e ensinar se desenvolvem muito melhor. Portanto, os nossos ancestrais que se dispuseram a assumir um compromisso tinham muito mais possibilidade de ter filhos capazes de sobreviver e passar seus genes adiante. O casamento foi "inventado" pela seleção natural, não pela cultura.

Essa não é apenas uma questão de especulação ou de histórias a respeito da evolução.[9] As mulheres que têm relacionamentos sexuais estáveis ovulam com mais regularidade e continuam a ovular mesmo na meia-idade, chegando à menopausa mais tarde.[10] Os filhos de casais que se mantêm casados se saem melhor, qualquer que seja o critério de avaliação. As crianças que vivem com ambos os pais biológicos enfrentam menos repetência escolar: de um terço à metade do índice observado entre crianças que vivem em outras estruturas familiares.[11] Entre os resultados mais surpreendentes (além de melhor desempenho escolar e menos depressão) está a constatação de que os filhos de casamentos estáveis amadurecem mais lentamente em termos sexuais, têm uma atitude mais positiva em relação a companheiros em potencial e são mais interessados em relacionamentos a longo prazo do que os filhos de divorciados.[12]

A CAPACIDADE DE AMAR E SER AMADO

Para mim, capacidade de amar é uma coisa e capacidade de ser amado é outra. Cheguei a essa conclusão aos poucos, vendo um grupo após outro lutando para organizar a lista de forças e virtudes que culminou nas 24 forças do capítulo 9. Começando em 1999, todos os grupos de trabalho que reuni colocavam "relações íntimas" ou "amor" bem no alto da lista de forças, mas foi preciso ouvirem uma repreensão de George Vaillant pela omissão do que chamou "A Rainha das Forças" para que se fizesse a diferença.

Enquanto George discorria sobre a importância fundamental da capacidade de ser amado, eu pensava em Bobby Nail. Dez anos antes em Wichita, Kansas, tive a sorte de passar uma semana jogando bridge no mesmo grupo do lendário Bobby Nail, um dos mais famosos jogadores das primeiras décadas do início do jogo. Eu sabia de sua habilidade pela fama que tinha, é claro, e já tinha ouvido falar de seu talento como contador de histórias. O que eu não sabia era da deficiência física de Bobby. Ele era provavelmente bem baixinho, mas parecia menor ainda; vítima de uma doença degenerativa nos ossos, seu corpo se dobrava quase até a altura da cintura. Em meio a suas hilariantes histórias de apostas e trapaças, eu me vi virtualmente carregando-o do carro até a cadeira de rodas. Ele era leve como uma pluma.

Embora ele tenha vencido o torneio, o mais incrível não era sua habilidade no jogo nem as histórias que contava; era como ajudá-lo fez com que eu me sentisse bem. Depois de passar cinquenta anos fazendo boas ações — ajudando cegos a atravessar a rua, dando esmolas a mendigos, abrindo portas para cadeirantes —, eu já não era tão sensível aos agradecimentos maquinais, ou pior, ao ressentimento que às vezes emana dos deficientes quando tentam ajudá-los. Bobby, por um tipo de poder especial, transmitia o oposto: uma gratidão muda e profunda aliada à visível aceitação da ajuda. Ao aceitar minha ajuda, ele não se sentia diminuído e fazia eu me sentir maior.

Enquanto George falava, eu me lembrava de quando tinha finalmente tomado coragem, alguns meses antes, de telefonar para Bobby em Houston. Estava me preparando para escrever este livro (e este capítulo, em especial) e queria pedir a ele que explicasse como conseguia fazer os outros se sentirem tão bem. Fiquei sabendo então que Bobby havia morrido. A magia se perdeu. Ele era uma fonte da capacidade de ser amado — uma capacidade que fez de sua vida e em especial de sua velhice um sucesso.

Estilos de amar e de ser amado na infância

Qual dos três relatos a seguir mais se aproxima da descrição do seu mais importante relacionamento romântico?

1. Acho relativamente fácil me aproximar dos outros e me sinto à vontade recebendo ajuda ou ajudando. Não me preocupo com a possibilidade de me sentir abandonado ou de alguém se aproximar demais de mim.
2. Sinto certo desconforto ao me tornar próximo dos outros. Acho difícil confiar completamente, de me permitir depender de alguém. Fico nervoso se alguém se aproxima demais. A pessoa amada gostaria que tivéssemos mais intimidade do que eu me sentia confortável em oferecer.
3. Percebo nos outros certa relutância em se aproximar de mim tanto quanto eu gostaria. Eu me preocupo com frequência que a pessoa que amo não me ame ou não queira ficar comigo. Quero me unir completamente a alguém, mas esse desejo só parece afastar as pessoas.

Aí estão três estilos de amar e ser amado em adultos, e existem fortes evidências de que tudo tenha origem na infância. O relacionamento romântico que atenda à primeira descrição pode ser chamado de *seguro*, o segundo de *esquivo*, e o terceiro de *ansioso*.

A descoberta desses estilos românticos é um relato fascinante na história da psicologia. Após o fim da Segunda Guerra Mundial, foi grande a preocupação na Europa com as muitas crianças que tinham perdido os pais, fazendo com que o Estado assumisse sua guarda. John Bowlby, um psicanalista britânico estudioso da etologia, provou ser um dos mais astutos observadores dessas crianças desafortunadas. Tanto naquela época como agora, a crença que prevalecia entre os assistentes sociais era um reflexo da realidade política: acreditava-se que se uma criança está bem alimentada, ser cuidada por uma ou por várias pessoas não tem maior importância para seu desenvolvimento. Com esse dogma como pano de fundo, os assistentes sociais tiveram licença para separar muitas crianças das suas mães, principalmente quando a família era muito pobre ou a mãe não tinha marido. Bowlby começou a observar cuidadosamente essas crianças e concluiu que eram desajustadas, sendo o furto uma ocorrência comum. Um número significativo de crianças que furtavam tinha passado por uma separação prolongada das mães no início da vida e foram diagnosticadas como "de pouco sentimento e afetividade, com relacionamentos superficiais, mal-humoradas e antissociais".[13]

Ao afirmar que uma forte ligação entre pais e filhos é insubstituível, Bowlby foi hostilizado, tanto pelos acadêmicos quanto pelas agências de serviço social. Os acadêmicos, influenciados por Freud, sustentavam que os problemas das crianças eram resultantes de conflitos internos não resolvidos, e não de privações da vida real; quem trabalhava no serviço social considerava suficiente (e bem mais conveniente) atender somente às necessidades físicas de seus tutelados. Dessa controvérsia surgiu a primeira observação realmente científica de crianças separadas das mães.

Nessa época, os pais só podiam visitar os filhos enfermos internados em hospitais uma vez por semana, durante uma hora, e Bowlby filmou o momento da separação, registrando o que acontecia a seguir. Havia três estágios: o protesto (choro, gritos, socos na porta e puxões na grade do berço), que durava algumas horas ou até dias, o desespero (choro e apatia) e o desligamento (alienação dos pais), que vinha acompanhado de renovada sociabilidade com outros adultos e crianças e da aceitação do fato de ser cuidado por outra pessoa. O mais surpreendente é que, alcançado o estágio de desligamento, quando a mãe voltava, a criança não demonstrava alegria pelo reencontro. As práticas atuais de tratamento em hospitais e instituições, muito mais humanas, são um resultado indireto das observações de Bowlby.

Entra em cena Mary Ainsworth, uma bondosa pesquisadora infantil da Johns Hopkins University. Aisnworth levou para o laboratório as observações de Bowlby, colocando várias duplas de mães e filhos no que chamou de "situação estranha". Em um espaço para jogos, a criança explora os brinquedos, enquanto a mãe fica quieta ao fundo. Então, uma desconhecida entra, e a mãe deixa a sala. A desconhecida tenta atrair as crianças para a brincadeira. Depois desse, há outros episódios de chegada e saída da mãe e da desconhecida. Essas "minúsculas separações" deram a Ainsworth a oportunidade de observar cuidadosamente a reação das crianças, chegando aos três padrões já mencionados.

A criança segura usa a mãe como base para explorar a sala. Quando a mãe sai, ela para de brincar, mas é amigável com a desconhecida e se deixa convencer com facilidade a retomar a brincadeira. Quando a mãe volta, ela fica junto por alguns instantes, mas logo volta a brincar.

A criança esquiva brinca enquanto a mãe está por perto, mas ao contrário da criança segura, não sorri muito nem mostra a ela os brinquedos. Quando a mãe sai, ela não se importa muito e trata a desconhecida do mesmo modo como tratava a mãe (às vezes é até mais receptiva). Quando a mãe volta, a criança a ignora e pode até se afastar. Quando a mãe a pega no colo, ela não tem nenhuma reação.

A criança ansiosa (Ainsworth prefere o termo "resistente") não parece utilizar a mãe como base segura para a brincadeira e a exploração. Mesmo antes da separação, ela já estava agarrada à mãe, e fica muito perturbada quando ela se afasta. A estranha não consegue acalmá-la, e quando a mãe volta, corre em sua direção, para depois se afastar, irritada.[14]

Bowlby e Ainsworth, os dois pioneiros na observação do comportamento infantil, querendo dar à sua área de estudo a roupagem de uma ciência (literalmente) isenta, escolheram o termo "vinculação". Cindy Hazan e Phillip Shaver, dois nomes importantes da psicologia dos anos 1980, porém, concluíram que Bowlby e Ainsworth estavam, na verdade, investigando não somente o comportamento de vinculação, mas o amor, e não apenas em crianças, mas "do berço ao túmulo".[15] Segundo eles, o modo como a criança vê a mãe no início da infância é repetido nas relações íntimas por toda a vida. O "modelo operacional" da mãe se estende na infância, no relacionamento com irmãos e amigos, e na adolescência se sobrepõe ao primeiro relacionamento romântico, continuando no casamento.[16] O seu modelo operacional não é rígido (pode ser influenciado por experiências positivas e negativas) e é ele que determina os três diferentes caminhos do amor que, no entanto, passam por várias dimensões.

Memórias. A lembrança que adultos seguros têm dos pais é de pessoas presentes, cordiais e afetuosas. Adultos esquivos lembram-se das mães como mulheres frias, arredias e distantes. Adultos ansiosos lembram-se dos pais como injustos.

Atitudes. Adultos seguros têm ótima autoestima e poucas dúvidas a respeito de si mesmos. Os outros gostam deles e são considerados por eles pessoas confiáveis, bondosas e prestativas, até prova em contrário. Adultos esquivos veem os outros com suspeita e desconfiança, considerando-os culpados até que provem sua inocência. Carecem de confiança, em especial em situações sociais. Adultos ansiosos consideram ter pouco controle sobre suas vidas e acham difícil compreender os outros, prevendo o que vão fazer; por isso, sentem-se muito confusos.

Metas. Adultos seguros esforçam-se para ter relações de intimidade com a pessoa amada e procuram equilibrar dependência com independência. Quando esquivos, procuram manter distância daqueles que amam e dão mais importância à realização do que à intimidade. Os ansiosos se apegam; temem a rejeição e desencorajam a autonomia e a independência da pessoa amada.

Administrando a angústia. Pessoas seguras admitem quando estão aborrecidas e procuram usar sua angústia para alcançar objetivos reais. As esquivas não se abrem. Não revelam quando estão aborrecidas nem demonstram ou admitem a raiva. Pessoas ansiosas demonstram abertamente quando sentem raiva ou angústia e tornam-se obedientes e solícitas quando se sentem ameaçadas.

Observe uma mulher adulta e segura comentando seu relacionamento:

Éramos realmente bons amigos.[17] Quando saímos pela primeira vez, foi como se já nos conhecêssemos havia tempos. Gostamos das mesmas coisas. O que também me agrada muito é o fato de vê-lo se dar tão bem com meus amigos. Sempre conversamos sobre tudo. Se nos desentendemos, resolvemos na base da conversa — ele é uma pessoa muito razoável. Posso ser eu mesma, e isso é ótimo, porque não é um relacionamento possessivo. Confiamos muito um no outro.

Agora veja uma mulher adulta do tipo esquivo:

Meu companheiro é meu melhor amigo, e é assim que penso nele. Ele é tão especial para mim quanto qualquer dos meus amigos. Suas expectativas na vida não incluem casamento ou outro compromisso a longo prazo, o que é ótimo para mim, porque penso da mesma maneira. Acho bom que ele não queira muita intimidade nem confiança. Às vezes, é ruim ter uma pessoa perto demais, controlando nossa vida.

E, finalmente, aqui está uma mulher adulta e ansiosa:

Então eu cheguei... e ele estava lá, sentado no banco. Eu me derreti. Ele era a coisa mais linda que já vi, e essa foi a primeira coisa em que pensei. Tínhamos ido ao parque para almoçar... ficamos em silêncio, mas não foi embaraçoso. Sabe quando dois estranhos se encontram, não sabem bem o que dizer e ficam meio sem graça? Mas não foi assim. Nós simplesmente sentamos lá, e foi incrível, como se nos conhecêssemos havia muito tempo, e só fazia dez segundos. Eu gostei dele na mesma hora.

Consequências de uma vinculação segura no romance

Uma vez identificados os adultos seguros, esquivos ou ansiosos, os pesquisadores passaram a querer saber como funcionava a vida amorosa desses indivíduos. Tanto estudos de laboratório quanto a observação da vida real nos dizem que uma vinculação segura é fator positivo para uma vida amorosa bem-sucedida, como já havia ocorrido a Bowlby.

Da observação diária de casais compostos de todas as variações de estilo surgem duas constatações. Primeira: pessoas seguras sentem-se mais confortáveis com a proximidade do outro, têm menos ansiedade acerca do relacionamento e, o mais importante, estão mais satisfeitas com o casamento. Portanto, a melhor configuração para um romance estável é juntar duas pessoas seguramente vinculadas. Mas existem muitos casamentos em que apenas um é seguro. O que acontece? Ainda que somente um dos parceiros tenha um estilo seguro, o outro (esquivo ou ansioso) também se sente mais satisfeito com o casamento do que seria com outro tipo de parceiro.

Existem três aspectos do casamento que se beneficiam em especial da segurança de estilo: cuidado, sexo e maneira de lidar com eventos negativos. Os parceiros seguros cuidam melhor dos companheiros. O parceiro seguro não é apenas mais próximo, como percebe melhor se o outro quer ou não receber atenção. Este faz um contraste com o ansioso, que é um "cuidador compulsivo", e com o esquivo, que é distante e insensível à necessidade de atenção.[18]

A vida sexual também varia conforme o estilo. Pessoas seguras evitam sexo casual e não apreciam a falta de intimidade. Pessoas esquivas aceitam melhor o sexo casual (embora, por mais estranho que pareça, não pratiquem mais que as outras) e o sexo sem amor. Mulheres ansiosas se envolvem em exibicionismo, voyeurismo e submissão, enquanto homens ansiosos fazem menos sexo.[19]

Dois estudos entre casais feitos durante a Guerra do Golfo Pérsico mostraram que seguros, ansiosos e esquivos reagem de maneira diferente quando o casamento vai mal. Um dos estudos foi feito em Israel. Quando os mísseis iraquianos começaram a cair, os indivíduos seguros procuravam apoio. Os esquivos, ao contrário, ignoravam ("Quero esquecer"), e os ansiosos ficavam preocupados consigo mesmos.[20] Com isso, os ansiosos e os esquivos tiveram níveis mais altos de sintomas psicossomáticos e de hostilidade. Do lado americano da guerra, muitos soldados partiram deixando as companheiras. Essa experiência deu aos pesquisadores uma visão de como as pessoas com diferentes estilos de amor reagem à separação e ao regresso. Como as crianças de Mary Ainsworth, homens e mulheres seguramente vinculados tinham mais satisfação no casamento e menos conflito quando os soldados voltavam para casa.[21]

A moral da história é que, qualquer que seja o critério adotado, indivíduos seguramente vinculados e relacionamentos românticos seguros combinam melhor. A psicologia positiva, então, volta-se para a questão de como os relacionamentos íntimos podem fazer parte de vinculações mais seguras.

FAZENDO (MELHOR) O BOM AMOR

Embora seja terapeuta e professor de terapeutas, não trabalho com terapia de casais.[22] Assim, para escrever este capítulo, não tinha a experiência clínica prática em que me basear. Fiz, então, algo que não recomendo: li todos os principais manuais sobre o assunto. Essa é uma tarefa complicada para um praticante da psicologia positiva, já que tais livros são quase inteiramente voltados para como tornar tolerável um casamento que vai mal. Os manuais são povoados por homens fisicamente violentos, mulheres rancorosas e sogras perversas, todos apanhados em um conjunto de recriminações, com uma espiral ascendente de culpa. Existem, porém, alguns livros úteis e sensatos sobre crises matrimoniais. Se esse é o seu caso, os quatro melhores, na minha opinião, são *Reconcilable Differences* [Diferenças reconciliáveis], de Andrew Christensen e Neil Jacobson, *Relacionamentos*, de John Gottman e Joan DeClaire, *Sete princípios para o casamento dar certo*, de John Gottman e Nan Silver, e *Fighting for Your Marriage* [Lutando pelo seu casamento], de Howard Markman, Scott Stanley e Susan Blumberg.

No entanto, quando li os livros, não estava querendo resolver problema algum. A psicologia positiva dos relacionamentos e este capítulo não pretendem reparar o dano causado a um casamento à beira do rompimento; o que se propõe é tornar ainda melhor um casamento sólido. Por isso, eu estava à procura de sugestões para fortalecer bons relacionamentos. Embora não sejam minas de ouro, os manuais contêm veios ricos de conselhos capazes de enriquecer sua vida amorosa, e quero partilhar com você o melhor desse tesouro.

Forças e virtudes

O casamento é melhor quando é uma base para o uso de nossas forças pessoais. Na verdade, o casamento é a base para as gratificações. Com um pouco de sorte, o(a) parceiro(a) se apaixona pelas nossas forças e virtudes. As primeiras cores do amor quase sempre desbotam e, passada a primeira década, a satisfação matrimonial vai ladeira abaixo, mesmo nos casamentos mais sólidos. As forças que inicialmente nos uniram logo viram rotina e passam de qualidades admiradas a hábitos tediosos — e, se as coisas piorarem, a objeto de desdém. A constância e a lealdade que você tanto admirava no início parecem "chatice", medo de arriscar. A inteligência visivelmente brilhante parece exibição superficial, correndo o risco de ser vista como tagarelice compulsiva. Integridade vira teimosia, perseverança vira rigidez, e bondade se confunde com permissividade.

John Gottman, professor da Universidade de Washington, em Seattle, e codiretor do Gottman Institute, é meu estudioso favorito a respeito de casamentos. Ele consegue prever quais casais vão se divorciar e quais vão continuar juntos e utiliza esse conhecimento para organizar programas que melhorem essa união. Observando a interação de centenas de casais durante doze horas por dia por um fim de semana inteiro em seu "laboratório do amor" (um confortável apartamento com todas as facilidades de uma casa), Gottman prevê divórcios com mais de 90% de acerto.[23] Os indícios são os seguintes:

- Discussão áspera quando há discordância.
- Em vez de queixas ao(à) parceiro(a), críticas.
- Demonstrações de menosprezo.
- Atitude defensiva imediata.

- Não valorização (particularmente sabotagem).
- Linguagem corporal negativa.

Pelo aspecto positivo, Gottman também prevê com precisão quais são os casamentos que vão melhorar ao longo do tempo. Ele percebe que esses casais dedicam cinco horas por semana ao casamento. Eis o que eles fazem, e recomendo que você faça o mesmo:[24]

Despedidas. Antes de se despedir toda manhã, o casal comenta o que cada um vai fazer durante o dia. (2 minutos × 5 dias = 10 minutos)

Regressos. Ao fim de cada dia de trabalho, esses casais têm uma conversa amena. (20 minutos × 5 dias = 1 hora e 40 minutos)

Afeto. Tocar, agarrar, segurar e beijar — tudo com ternura e perdão. (5 minutos × 7 dias = 35 minutos)

Uma vez por semana. Somente os dois, em uma atmosfera relaxada, renovando o amor. (2 horas, uma vez por semana)

Admiração e apreciação. Todo dia, pelo menos uma vez, há uma demonstração de afeto e apreciação. (5 minutos × 7 dias = 35 minutos)

Sete princípios para o casamento dar certo, de John Gottman, é meu manual de casamento favorito. Nele, os autores apresentam uma série de exercícios para reacender, através das suas forças pessoais, as brasas do afeto e da admiração, devolvendo a elas o calor constante. Esta é minha versão do exercício. Escolha entre as 24 as três forças que caracterizam seu(sua) parceiro(a).

AS FORÇAS DO PARCEIRO

SABER E CONHECIMENTO
1. Curiosidade _____
2. Gosto pela aprendizagem _____

3. Critério ____
4. Habilidade ____
5. Inteligência social ____
6. Perspectiva ____

CORAGEM
7. Bravura ____
8. Perseverança ____
9. Integridade ____

HUMANIDADE E AMOR
10. Bondade ____
11. Amor ____

JUSTIÇA
12. Cidadania ____
13. Imparcialidade ____
14. Liderança ____

TEMPERANÇA
15. Autocontrole ____
16. Prudência ____
17. Humildade ____

TRANSCENDÊNCIA
18. Apreciação da beleza ____
19. Gratidão ____
20. Esperança ____
21. Espiritualidade ____
22. Perdão ____
23. Bom humor ____
24. Animação ____

Para cada uma das três forças que escolher para o parceiro, escreva ao lado um caso recente positivo em que essa força tenha sido demonstrada.

Mostre ao parceiro o que escreveu e peça que ele/ela também faça este exercício de afeto.

Força _____
Incidente

_____

_____

_____

Força _____
Incidente

_____

_____

_____

Força _____
Incidente

_____

_____

_____

A razão fundamental desse exercício é a importância do nosso "eu" ideal, tanto para você quanto para o seu parceiro. É a imagem que temos do que somos capazes de fazer melhor, das nossas maiores forças realizadas e ativas. Quando nos percebemos à altura dos nossos ideais mais caros, nos sentimos gratificados, e o exercício dessas forças produz mais gratificação. Quando o parceiro percebe da mesma forma, nos sentimos valorizados e nos esforçamos ainda mais para não desapontar quem tanto confia em nós.[25] Esse conceito é a base da mais surpreendente descoberta de toda a pesquisa na literatura sobre amor, um princípio que chamo de "apegar-se às ilusões".

Sandra Murray, professora da State University de Nova York, em Buffalo, é a mais criativa e inovadora das cientistas que estudam o amor e tem feito isso com dedicação. Murray estudou vários casais, fossem casados ou namorados. Ela pediu a cada indivíduo que atribuísse notas a várias forças e defeitos que observasse em si mesmo, no(a) parceiro(a) e em um(a) parceiro(a) ideal. Amigos também eram solicitados a fazer o mesmo em relação ao casal. A medida decisiva é a *discrepância* entre o que o parceiro e os amigos pensam das suas forças. Quanto maior a discrepância em uma direção positiva, maior a "ilusão" romântica do parceiro em relação a você.

O que se pode notar é que, quanto maior a ilusão, mais feliz e estável o relacionamento. Casais satisfeitos veem virtudes nos parceiros que os amigos mais chegados não percebem. Ao contrário dessa distorção positiva, os casais insatisfeitos têm uma imagem deturpada um do outro; enxergam menos virtudes do que os amigos. Os casais mais felizes veem o lado positivo do relacionamento, concentrando-se nas forças, não nas fraquezas, e acreditando que as coisas ruins que acontecem a outros casais não vão afetá-los. São casais que vivem bem, mesmo quando lidando com eventos negativos, e fazem isso em proporção ao tamanho de suas ilusões a respeito do outro. Murray conclui que as ilusões positivas se tornam realidade porque o parceiro idealizado se esforça para estar à altura delas. Assim, passam a ter uma camada protetora contra aborrecimentos, já que os parceiros se perdoam com mais facilidade pelos problemas pequenos do dia a dia e empregam a magia das ilusões para diminuir a importância das falhas e transformar os defeitos em forças.[26]

Esses casais felizes são inteligentes usuários da técnica "sim, mas...". Uma mulher, minimizando o "frustrante" defeito que o marido tinha de discutir compulsivamente cada detalhe sempre que discordavam, disse: "Acho que isso é bom, porque um pequeno problema jamais se tornará uma grande briga". Outra mulher se referiu à falta de autoconfiança do marido: "Sinto vontade de cuidar dele". E outra comentou a obstinação e teimosia do companheiro: "Eu o respeito pela firmeza de suas crenças. Isso me faz confiar no nosso relacionamento". Do ciúme: "Isso é sinal da minha importância na vida dele". Da impulsividade: "De início, pensei que ela fosse maluca, mas depois passei a gostar. Acho que sentiria falta se ela mudasse". Da timidez: "Ela não me força a revelar o que não quero... Isso me atrai cada vez mais para ela".

Essa maleabilidade da emoção está relacionada às explicações otimistas para o casamento. No capítulo 6, discutimos a importância delas para a felicidade, o sucesso no trabalho, a saúde física e o combate à depressão. O amor é outro terreno no qual essas explicações são úteis. Os otimistas, você deve lembrar, dão explicações temporárias e específicas para eventos negativos, e explicações permanentes e penetrantes para eventos positivos. Frank Fincham e Thomas

Bradbury, professores da State University de Nova York em Buffalo e da UCLA, respectivamente, acompanharam durante mais de uma década os efeitos dessas explicações para os casamentos. Sua primeira descoberta foi que todas as combinações são possíveis em um casamento, menos uma: dois pessimistas.

Quando ocorre um evento inesperado que tem influência sobre a união de dois pessimistas, uma espiral descendente logo se inicia. Imagine que a esposa chegue mais tarde do trabalho.[27] Com seu estilo pessimista, ele interpreta isso como: "Ela se preocupa mais com o trabalho do que comigo". E fica chateado. Ela, também uma pessimista, interpreta o jeito dele como: "Que mal-agradecido. Nem liga para o quanto eu me mato de trabalhar, tentando trazer dinheiro para casa". Ele diz: "Você nunca escuta quando eu falo que não estou feliz". Ela responde: "Você não passa de uma criança mimada". E o desentendimento caminha para uma discussão. Se ainda no início tivesse havido uma explicação otimista, a escalada de acusações e defesas se interromperia. Então, em vez de ficar reclamando da ingratidão dele, ela poderia ter dito: "Eu queria muito chegar em casa para saborear o jantar delicioso que você preparou, mas um cliente importante chegou sem avisar às cinco da tarde". Ou ele poderia ter dito, logo depois que ela respondeu de forma atravessada: "É que é muito importante para mim ter você em casa cedo".

A conclusão dessa pesquisa é que o casamento de dois pessimistas corre risco a longo prazo. Se os dois tiverem marcado menos de zero (moderadamente pessimista ou severamente pessimista) no teste do capítulo 6, preste atenção neste conselho: você precisa tomar sérias providências para se livrar do pessimismo. O melhor é que os dois façam atentamente os exercícios do capítulo 12 de *Aprenda a ser otimista* e, depois de uma semana, avaliem a mudança, refazendo o teste do capítulo 6 deste livro. Continuem com os exercícios até alcançarem uma contagem de pontos acima da média.

No mais minucioso estudo sobre otimismo e pessimismo marital feito até hoje, 54 casais foram acompanhados, desde o dia do casamento até quatro anos depois. A relação entre satisfação no casamento e explicações positivas andam juntas, sugerindo que assim como explicações positivas resultam em maior satisfação no casamento, essa satisfação também cria mais explicações positivas. Dos 54 casais, dezesseis se divorciaram ou se separaram nesses quatro anos, e quanto mais positivas as explicações, maior a probabilidade de o casal continuar junto.

A conclusão é clara: o otimismo ajuda o casamento. Quando seu parceiro fizer alguma coisa que lhe desagrade, procure de todo modo encontrar uma explicação verossímil, temporária e natural: "Ele estava cansado", "Estava de mau humor" ou "Estava de ressaca". Não diga: "Ele nunca presta atenção", "É um chato" ou "Ele vive bêbado". Quando o parceiro fizer alguma coisa elogiável, aumente com explicações plausíveis, permanentes (sempre) e penetrantes (traços do caráter): "Ela é brilhante" ou "Ela está sempre em boa forma". Não diga: "O adversário desistiu" ou "Ela teve um dia de sorte".

Audição atenta e compreensiva

Abraham Lincoln foi um mestre na arte de ouvir com atenção. A história nos diz que, além de uma extraordinária sensibilidade, ele contava com uma coleção de expressões que usava nas inúmeras situações de problemas e queixas que povoavam sua vida política — "Não posso culpá-lo por isso", "Não é de admirar" e outras do gênero. Das histórias que ele contava, a minha favorita é esta:[28]

> Conta-se que um monarca de um país oriental encarregou seus sábios de inventarem uma sentença simples que pudesse ser aplicada a todas as situações. Eles apresentaram ao rei as seguintes palavras: "Isso também vai passar". Quanta expressão em uma simples frase! O quanto segura o orgulho! O quanto consola a aflição!

Nenhum de nós é Lincoln, e nossas conversas em geral consistem em falar e escutar. Falar e escutar, no entanto, é uma fórmula muito pobre para a comunicação harmoniosa no casamento (ou onde quer que seja). Por isso, foi criado um campo para analisar e desenvolver a audição compreensiva. Daí, surgem algumas lições que podem tornar um bom casamento ainda melhor.[29]

O maior princípio da boa audição é a *confirmação*. Quem fala quer saber se está sendo entendido ("Aham", "Entendi", "Sei o que você quer dizer", "É mesmo?"). Se possível, quer saber também se o ouvinte concorda ou, pelo menos, é solidário (concordando com a cabeça ou dizendo "É verdade", "Com certeza" ou mesmo o mais imparcial "Não posso culpar você por isso"). Esforce-se por legitimar o que o seu parceiro diz; quanto mais sério o assunto, mais clara deve ser a legitimação. Deixe para discordar quando for sua vez de falar.

O problema mais superficial da audição não compreensiva é a simples desatenção. Fatores externos — crianças chorando, surdez, televisão ligada, estática no telefone — devem ser deixados de lado. Evite conversas sob tais circunstâncias. Fatores externos, como cansaço, divagação, tédio ou (o mais comum) ficar pensando no que vai responder, também podem influir. Sabendo que seu parceiro vai sentir-se desprestigiado se você estiver em um desses estados, procure evitá-los. Se estiver cansado, entediado ou com a cabeça nas nuvens, seja franco: "Gostaria de conversar com você agora, mas estou exausto" ou "Não consigo parar de pensar no imposto de renda" ou ainda "Até agora não superei o modo como Maisie me insultou hoje. Vamos deixar a conversa para mais tarde?". Ficar preparando a resposta enquanto escuta é um hábito insidioso e difícil de abandonar. Uma solução é começar a resposta com uma paráfrase do que a pessoa falou, já que para isso é preciso ter prestado atenção. (Eu mesmo, às vezes, aplico essa técnica nas discussões de classe, quando percebo que os alunos não estão ouvindo com a devida atenção.)

Outra barreira à audição compreensiva é o estado emocional do ouvinte no momento da conversa. Quando estamos de bom humor, damos a quem nos fala o benefício da dúvida. De mau humor, no entanto, nos fechamos e damos um "não" irredutível, a simpatia desaparece, e registramos muito mais o que há de errado na opinião de quem fala. Contra essa barreira, a franqueza também é um antídoto poderoso ("Eu realmente tive um dia péssimo" ou "Desculpe ter respondido atravessado" ou "Vamos falar disso depois do jantar?").

Essas técnicas são úteis para as conversas do dia a dia, mas são insuficientes quando a questão é mais séria. Para casais cujo casamento é problemático, quase toda discussão é "sensível" e pode evoluir para uma briga, mas esse tópico espinhoso existe até mesmo entre casais felizes. Markman, Stanley e Blumberg comparam a discussão desses tópicos ao ato de operar um reator nuclear: o tópico sensível gera calor, que pode ser aproveitado construtivamente ou vir a explodir, provocando uma sujeira difícil de limpar. Mas você também dispõe de barras de controle, uma estrutura para liberar o calor. A principal barra de controle consiste em um ritual que eles chamaram de "ritual falante-ouvinte". Eu o recomendo.

Quando tiver de conversar sobre um tópico "sensível" — como dinheiro, sexo ou família —, seja honesto: "Este é um dos meus tópicos sensíveis. Vamos usar o ritual falante-ouvinte". Pegue um objeto para simbolizar quem tem a palavra;

pode ser uma almofada ou um martelinho como o dos juízes, por exemplo. Ambos devem ter em mente que quem não estiver de posse do objeto será o ouvinte. Não tente resolver problemas; a atividade é para ouvir e responder, em um esforço que, para tópicos sensíveis, deve preceder a busca de soluções.

Quando for a sua vez, fale das suas ideias e sentimentos, e não da interpretação que faz das ideias e sentimentos do seu parceiro. Fale na primeira pessoa o máximo possível. "Acho você horrível" não é uma verdadeira afirmativa na primeira pessoa, e sim "Eu me aborreci por você ter ficado tanto tempo falando com ela". Não fique divagando. Você vai ter tempo para expor suas opiniões. Faça algumas pausas e deixe que o ouvinte comente, para mostrar que entendeu.

Quando for a sua vez de ouvir e o falante pedir que você interprete o que ele disse, faça-o. Não contradiga nem ofereça soluções. Também não faça expressões faciais ou gestos negativos. Seu papel é apenas demonstrar que compreendeu o que escutou. Você vai ter oportunidade de retrucar quando chegar a sua vez.

Aqui está um exemplo desse procedimento:[30] Tessie e Peter discordam sobre a escolinha do filho, Jeremy. Peter está em frente à televisão, tentando evitar a conversa, mas Tessie força o assunto. Ela dá a palavra a ele.

Peter (Falante): Também ando preocupado com a ida de Jeremy para a escolinha. Não acho que ele esteja pronto.

Tessie (Ouvinte): Você também está preocupado e não tem certeza de que nosso filho esteja pronto.

Peter (Falante): Isso. Ele é meio imaturo para a idade. Não sei se vai se adaptar, a não ser que a situação seja adequada.

Repare que Peter reconhece que Tessie fez um resumo correto do que ele disse, antes de seguir adiante.

Tessie (Ouvinte): Você está preocupado de que ele não saiba conviver com crianças mais velhas, é isso?

Tessie não está bem certa de ter entendido o que Peter quis dizer; por isso, faz uma paráfrase interrogativa.

Peter (Falante): Em parte, sim, mas também não sei se ele está pronto para ficar tanto tempo longe de você. É claro que também não quero que se torne dependente...

A palavra passa de Peter para Tessie.

Tessie (Falante): Entendo. Não sabia que tinha pensado tanto no assunto. Estava achando que você não se importava.

Agora como falante, Tessie valoriza os comentários de Peter.

Peter (Ouvinte): Parece que você gostou de saber que eu estou preocupado.
Tessie (Falante): Sim, concordo que não é uma decisão fácil. Se ele for para a escolinha este ano, vai ter que ser o lugar certo.
Peter (Ouvinte): Você está dizendo que só vai valer a pena matriculá-lo este ano se acharmos o lugar certo.
Tessie (Falante): Exatamente. Se encontrarmos um bom lugar, talvez valha a pena tentar.

Tessie sente-se bem ao ver Peter ouvindo com tanta atenção, e diz isso a ele.

Peter (Ouvinte): Você acha válido tentarmos se acharmos o lugar certo.
Tessie (Falante): Talvez. Não tenho certeza. É uma possibilidade.
Peter (Ouvinte): Você ainda não tem certeza de que quer mandar Jeremy para a escolinha, mesmo que seja o lugar perfeito.
Tessie (Falante): É. Você tem a palavra novamente.

Dois princípios para um bom relacionamento permeiam este capítulo: atenção e impossibilidade de substituição. Não economize a atenção que você dispensa à pessoa amada. Ofereça atenção com mais afeto. Voltar-se para admirar as forças do seu companheiro também melhora a qualidade da atenção. Mas quantidade é fundamental. Não sou adepto da conveniente noção de "tempo de qualidade" quando se trata de amor. Queremos que as pessoas que nos amam e a quem amamos nos ouçam bem e com frequência. Quando elas permitem que as pressões do trabalho, da escola ou a interminável sucessão de interferências externas atrapalhem a atenção que nos oferecem, o amor e a impossibilidade de substituição são ameaçados.

Outro dia, eu debatia clonagem com Nikki. Ela já tem dez anos e aprendeu sobre o assunto durante as aulas de biologia de Mandy. Eu falei: "Está aí uma receita de ficção científica para a imortalidade. Imagine raspar algumas das suas células e criar uma outra Nikki. Esse clone ficaria vivo e guardado até amadurecer. Imagine também que a ciência conseguisse registrar todo o conteúdo de cada uma das células do seu cérebro. Quando você estivesse com quase cem anos, era só fazer o download do conteúdo do seu cérebro para o seu clone, e ela continuaria vivendo. Fazendo isso de cem em cem anos, você viveria para sempre".

Para minha completa surpresa, Nikki foi ficando desanimada. Olhos baixos e quase em lágrimas, disse com a voz embargada: "Não seria eu. Eu sou única".

As pessoas a quem amamos só podem ser profunda e irracionalmente comprometidas conosco se, a seus olhos, formos únicos. Se pudermos ser substituídos por um animalzinho ou um clone, saberemos que seu amor era superficial. Parte do que nos faz insubstituíveis aos olhos daqueles que nos amam é o perfil de nossas forças e as maneiras especiais que temos de expressá-las. Alguns afortunados têm como força característica a capacidade de amar e ser amado. O amor flui deles como um rio, e quando vem em sua direção é absorvido. Este é o caminho mais curto para o amor. Muitos, porém, não contam com essa força; é preciso fazer um esforço. Se você quer ser um escritor de sucesso, será uma enorme vantagem possuir uma excelente inteligência verbal e um amplo vocabulário. No entanto, perseverança, bons mentores, facilidade de comunicação e muita leitura podem compensar um vocabulário e uma inteligência comuns. Assim é o casamento bem-sucedido. Felizmente, os caminhos são muitos: bondade, gratidão, perdão, inteligência social, perspectiva, integridade, humor, entusiasmo, justiça, autocontrole, prudência e humildade são forças que podem levar ao amor.

12. Criando filhos[1]

"Arqueólogos não param", disse Darryl, ofegante, jogando para fora de um buraco que lhe chegava até a cintura um monte de lava do tamanho de uma bola de basquete. Ele estava escavando a areia sob o sol tórrido do México havia mais de quatro horas. Era demais para um garoto de seis anos, e Mandy queria que ele fosse para a sombra. A manhã começara com uma professora de arqueologia falando-nos sobre uma escavação em Williamsburg. Em minutos, depois de lambuzado com filtro solar e vestido com uma camisa de mangas compridas, bermuda e chapéu, Darryl saía carregando sua pá. Para cavar.

Eu voltei ao hotel para almoçar e fiquei surpreso ao ver a praia bem cuidada salpicada de pedras e desfigurada por três buracos fundos. "Darryl, isso nunca vai caber de volta nos buracos", eu o repreendi.

"Você é muito pessimista, pai", respondeu Darryl. "Nem parece que foi você quem escreveu The Optimistic Child. *Deve ser um livro bem ruim."*

Darryl é meu terceiro filho. No momento em que escrevo, Lara tem doze, Nikki tem dez, Darryl tem oito e Carly tem apenas um ano. Muito do material utilizado neste capítulo vem da relação de Mandy e eu com nossos filhos, já que não há uma base de pesquisa substancial acerca de emoção positiva e traços positivos em crianças pequenas. O modo como criamos nossos filhos está ligado conscientemente a vários princípios da psicologia positiva. Este capítulo está dividido em duas partes: primeiro, emoção positiva em crianças (porque é fundamental); e forças e virtudes, o melhor resultado da abundância de emoção positiva na infância.

EMOÇÕES POSITIVAS EM CRIANÇAS PEQUENAS

Quando você está tendo que lidar com pirraças, beicinhos e choradeira, é muito fácil esquecer que crianças pequenas têm muita emoção positiva. Como filhotes, crianças pequenas são (com algumas exceções) fofas, brincalhonas e risonhas. A insensibilidade, a indiferença e o desânimo só aparecem bem mais para a frente, lá pelo começo da adolescência. Acredita-se que filhotes e crianças parecem fofos aos adultos porque, no processo evolutivo, sua fofura desperta neles a vontade de cuidar, ajudando a garantir a sobrevivência e a transmissão dos genes que preservam o encanto. Mas por que os pequeninos, além de fofos, são tão alegres e brincalhões?

A emoção positiva, conforme aprendemos no capítulo 3 com o trabalho de Barbara Fredrickson, tem consequências enriquecedoras, edificantes e permanentes. Ao contrário da emoção negativa, que estreita nossa atenção para podermos enfrentar uma ameaça, a emoção positiva favorece o crescimento. A emoção positiva que emana de uma criança é como um letreiro em néon que identifica uma situação vitoriosa para ela e seus pais. O primeiro dos três princípios da criação de filhos, acerca da emoção positiva, é que ela produz e amplia os recursos intelectuais, sociais e físicos que são depositados em uma espécie de conta bancária de onde as crianças podem fazer saques mais tarde. Logo, posso afirmar que a evolução fez da emoção positiva um elemento decisivo do crescimento.

Quando um ser jovem (criança, gatinho ou cãozinho) experimenta emoção negativa, corre em busca de abrigo. Se não houver um local seguro e familiar para se esconder, ele fica imóvel. Quando se sente seguro novamente, deixa o refúgio e se aventura pelo mundo. A evolução cuidou para que o jovem ser, ao se encontrar seguro e sentir emoção positiva, vá em frente e amplie seus recursos, por meio da exploração e da brincadeira. Um bebê humano de dez meses colocado sobre um grande lençol coberto de brinquedos atraentes a princípio será cauteloso, e talvez fique imóvel. A intervalos de poucos segundos, vai olhar ao redor, em busca da mãe. Uma vez certo de estar em segurança, ele vai em direção dos brinquedos e começa a brincar. Esta é uma situação em que a vinculação segura, como vimos no capítulo anterior, tem grande importância. A criança seguramente vinculada começa a explorar e domina o ambiente mais depressa do que a inseguramente vinculada. Mas qualquer perigo impede essa expansão, e se a mãe não estiver presente, a emoção negativa aflora, e o bebê — ainda que seguramente vinculado — recorre a seu repertório seguro, mas limitado. Ele não se arrisca. Vira as costas ao desconhecido e reclama ou chora. Quando a mãe volta, ele fica outra vez feliz e seguro, disposto a correr riscos.

A meu ver, a emoção positiva é abundante em crianças pequenas porque estão vivendo uma fase fundamental de produção e ampliamento de recursos físicos, sociais e cognitivos. A emoção positiva cumpre esse papel de várias maneiras, já que favorece diretamente a exploração que, por sua vez, leva à agilidade. A própria agilidade gera mais emoção positiva, criando uma espiral ascendente de bons sentimentos, mais agilidade e mais bons sentimentos. A criança, então, torna-se uma verdadeira máquina de produzir e ampliar, e sua conta bancária de recursos, antes pequena, cresce exponencialmente. Ao experimentar emoções negativas, ao contrário, ela constrói uma fortaleza a que recorre, sabendo-a segura e inexpugnável, e abre mão da expansibilidade.

Trinta e cinco anos atrás, profissionais adeptos da terapia cognitiva viram-se diante de uma "espiral descendente" de emoção negativa nos seus pacientes deprimidos.

Joyce acordou às quatro da manhã e começou a pensar no relatório que tinha de terminar naquele dia. Era uma análise dos rendimentos do terceiro trimestre, que já estava um dia atrasada. Deitada, pensando no quanto seu chefe detestava atrasos, Joyce foi ficando desanimada. "Ainda que eu faça um bom relatório, ele vai ficar irritado com o atraso." Imaginar a cara feia do chefe piorou ainda mais o humor de Joyce, que pensou: "Talvez eu seja demitida por causa disso". A ideia a deixou ainda mais triste quando lembrou que teria de dizer aos gêmeos que, sem emprego, não poderia pagar o acampamento de verão; ela começou a chorar. Já em completo desespero, Joyce pensou se não seria melhor acabar com tudo de uma vez. As pílulas estavam no banheiro...

A depressão piora porque um estado de espírito depressivo faz lembranças negativas virem à tona.[2] Os pensamentos negativos, por sua vez, pioram o humor, o que facilita a chegada de mais ideias negativas e assim por diante. Os pacientes deprimidos devem descobrir como interromper essa espiral descendente.

Mas será que existe uma espiral ascendente? A ideia de produção e ampliação indica que quando as pessoas sentem emoção positiva são lançadas a um modo de pensar e agir diferente. Seu raciocínio torna-se liberal e criativo, e suas ações, voltadas para a exploração e a aventura. Esse repertório expandido cria mais segurança para enfrentar os desafios, o que, por sua vez, gera mais emoção positiva, que favorece o pensamento e a ação voltados para a produção e a ampliação e assim por diante. Se esse processo realmente existe e pode ser aproveitado, as implicações para uma vida mais feliz são enormes.

Barbara Fredrickson e Thomas Joiner seguiram procurando a espiral ascendente e foram os primeiros pesquisadores a encontrá-la. Eles pediram a 138 de seus alunos que medissem duas vezes seu estado de espírito, com cinco semanas de intervalo. Por ocasião das duas medições, revelaram também seu "estilo de enfrentamento" cognitivo. Cada estudante escolheu o problema mais sério pelo qual tinha passado no ano anterior e escreveu como o tinha enfrentado: resignação, busca por ajuda, reformulação positiva, discussão, fuga ou análise cognitiva (uma forma de enfrentamento maleável que inclui pensar em diferentes maneiras de lidar com o problema e afastar-se da situação, para vê-la com maior objetividade).

Tomar as mesmas medidas cinco semanas depois, com as mesmas pessoas, permite uma boa observação das mudanças na direção de mais felicidade e de um enfrentamento mais maleável. Os estudantes que eram mais felizes no início do estudo estavam mais maleáveis após as cinco semanas, e os que eram mais maleáveis no início estavam mais felizes depois de cinco semanas. Isso isola o processo da espiral ascendente, levando ao nosso segundo princípio para a criação dos filhos: aumentar as emoções positivas das crianças para dar início a uma espiral ascendente de emoção positiva.[3]

Nosso terceiro princípio para a criação dos filhos é levar as emoções positivas da criança tão a sério quanto as negativas, e as forças tão a sério quanto as fraquezas. O dogma atual pode afirmar que a motivação negativa seja fundamental para a natureza humana, e a motivação positiva apenas uma derivação, mas não consigo perceber nada que comprove isso. Pelo contrário, acredito que a evolução selecionou ambos os tipos de traços, e certo número de nichos dá suporte à moralidade, à cooperação, ao altruísmo e à bondade, assim como outros nichos dão suporte ao assassinato, ao roubo, à ganância e à maldade. Essa visão de aspecto duplo, de que traços positivos e negativos são igualmente autênticos e fundamentais, é a premissa motivacional básica da psicologia positiva.

Às voltas com pirraças, choros e brigas, não se pode esperar que os pais se lembrem com detalhes dos conselhos encontrados em livros como este. Eles podem, no entanto, guardar três princípios que emergem da psicologia positiva para a criação de filhos:

- A emoção positiva *cria e amplia* os recursos intelectuais, sociais e físicos que os seus filhos vão usar mais tarde na vida.
- O aumento das emoções positivas pode iniciar uma *espiral ascendente* de emoção positiva.
- Os traços positivos que o seu filho demonstra são tão *reais e autênticos* quanto seus traços negativos.

A mais agradável das nossas tarefas, enquanto pais, é desenvolver emoções e traços positivos nos nossos filhos, em vez de simplesmente consolar emoções negativas e apagar traços negativos. Pode-se ver claramente o sorriso de um bebê de três meses, mas não há como saber, com essa idade, se ele é uma pessoa boa ou má, prudente ou imprudente. A emoção positiva emerge antes das forças e virtudes, e é dessa matéria-prima que forças e virtudes se desenvolvem. Agora, vamos às técnicas que empregamos para criar emoção positiva em crianças.

OITO TÉCNICAS PARA CRIAR EMOÇÃO POSITIVA

1. Dormindo com o bebê

Mandy e eu começamos a prática de dormir com nossos filhos logo depois que a mais velha, Lara, nasceu. Mandy estava amamentando, e era muito mais conveniente e favorável ao nosso sono deixá-la na cama conosco. Quando

Mandy falou nisso pela primeira vez, fiquei horrorizado. "Eu vi um filme em que uma vaca rolava por cima do bezerro enquanto dormia e esmagava o bicho", falei. "E quanto à nossa vida amorosa?" Mas, como quase tudo que se refere à nossa prole — Mandy queria quatro filhos, eu não queria nenhum, então fechamos em quatro —, a vontade dela prevaleceu. O arranjo funcionou tão bem que repetimos com as outras crianças, e Carly, que já tem quase um ano, continua dormindo conosco.

Existem várias boas razões para adotar essa solução:

• *Amai*. Acreditamos na criação de laços sólidos de amor ("vinculação segura") entre o bebê e os pais.[4] Quando o bebê vê os pais pertinho dele toda vez que acorda, o medo do abandono desaparece e cresce a sensação de segurança. No caso de pais que trabalham muito, isso aumenta o tempo de contato precioso com o bebê, e ainda que você acredite na ideia de "tempo de qualidade", ninguém discorda de que quanto mais tempo juntos, melhor para todos. Os pais interagem com o bebê quando vão dormir, no meio da noite caso acorde, e de manhã. Além disso, quando o bebê percebe que não precisa gritar a plenos pulmões para ser alimentado durante a noite, inúmeros ataques de choro são economizados. Tudo isso vai ao encontro da ideia japonesa de *amai*, a sensação de ser querido e a expectativa de ser amado que as crianças criadas corretamente alcançam. Queremos que nossas crianças se sintam amparadas e experienciem novas situações com a expectativa de serem amadas. Ainda que isso não se concretize, essa é, de modo geral, a mais produtiva das expectativas.

• *Segurança*. Como muitos pais, nos preocupamos demais com nossos bebês. Pensamos em interrupção respiratória, mal do berço e perigos ainda mais improváveis, como intrusos, incêndios, inundações, mordidas de animais e picadas de insetos. Estando perto da criança, se um desses raros eventos acontecer, você terá muito mais possibilidade de salvar a vida dela. Não conseguimos encontrar na literatura pediátrica um só exemplo em que um dos pais adormecido rolasse sobre um bebê e o machucasse.

• *Aventuras com o papai*. Em nossa cultura, a mãe assume a maior parte dos cuidados com os filhos. Como resultado, eles com frequência acabam emocionalmente ligados à mãe, em um relacionamento em que o pai — quando se sente excluído — não consegue entrar facilmente. Dormir com o bebê ajuda a contornar isso.

São três da manhã em Berlim, mas apenas nove da noite para viajantes ainda não adaptados à diferença de fuso horário. Estamos deitados, tentando dormir, sabendo que teremos um dia cheio pela frente e faltam apenas quatro horas para amanhecer. Carly, com cinco meses, acorda e começa a chorar. Dar de mamar não resolve; nada que Mandy faça consegue acalmar a bebê. "Sua vez, querido", ela diz baixinho no meu ouvido, embora eu finja estar dormindo. Meio grogue, eu me sento na cama, e Mandy desaba. Carly chora sem parar. Minha vez... o que fazer? Depois de tentar todo tipo de som, cócegas nos pés, massagem nas costas, estou desesperado.

Cantar. Sim. Vou cantar. Tenho uma voz tão ruim que fui dispensado do coral do oitavo ano da Albany Academy apesar da falta de vozes masculinas. Envergonhado, nunca mais cantei quando houvesse alguém ouvindo. Apesar de tudo, adoro cantar.

"Guten abend, gute Nacht, mit Rosen bedacht...", começo a cantarolar o acalanto de Brahms para Carly. Ela se surpreende visivelmente e boceja, o choro suspenso na hora. Encorajado, continuo. Em "Morgen Frueh, so Gott will...", Carly, surpreendentemente abre um largo sorriso. Ainda mais estimulado, canto mais alto, gesticulando como Signor Bartolo. Carly ri. Isso continua por cinco minutos. Minha garganta dói e faço uma pausa. Primeiro, Carly choraminga e, depois, volta a chorar com toda a força.

"Meus olhos viram a glória da chegada do Senhor..." Instantaneamente, ela para de chorar e volta a sorrir. Quarenta e cinco minutos mais tarde, estou rouco e meu repertório de canções esgotado, mas Carly dormiu sem mais lágrimas. Aquela foi uma experiência enriquecedora para nós dois. Eu aprendi que não é só Mandy que é capaz de agradar nossa bebê. Carly, já encantada pela mamãe, parece estar se encantando pelo papai. Agora, sempre que Carly chora ou fica impaciente, posso cantar para acalmá-la. Sou solicitado pelo menos uma vez por dia, e adoro interromper o que quer que esteja fazendo para cantar para ela.

"Já é hora de dormir..."

A razão básica para dormir junto com o bebê é criar vinculação segura por meio de atenção pronta e contínua. Os benefícios da atenção afetuosa, mencionada no capítulo anterior, são tão importantes para a criança quanto para a mãe. Quando o bebê acorda, encontra os pais às vezes acordados, prontos para lhe dedicar seu tempo e atenção. É com essa matéria-prima que a criança constrói a certeza de que pode confiar nos pais e de que é amada por eles.

OS PROBLEMAS DE DORMIR COM O BEBÊ

"Quando vai acabar? Vai haver choradeira, pirraça e separação traumática, anulando todos os benefícios?", era o que nos perguntávamos. Ficaria o nosso bebê tão acostumado à pronta atenção, que sofreria ao ter que dormir sozinho? Em contrapartida, aquela base de vinculação segura — *amai*, laços fortes de amor e a certeza de nunca ser abandonado pelos pais — já teria sido construída nos primeiros meses. Portanto, teoricamente, poderia ser de outra forma, mas é difícil imaginar que a evolução pudesse tolerar nossa espécie dormindo com seus bebês durante milhões de anos se os resultados fossem negativos.

2. Jogos simultâneos

Brinquei de jogos simultâneos com todos os meus seis filhos em seu primeiro ano de vida (tenho outros dois, Amanda, de 32, e David, de 27). Esses jogos vieram diretamente da minha pesquisa sobre o desamparo. Em nossas experiências com o desamparo aprendido, mais de trinta anos atrás, descobrimos que animais, ao receberem choques que não podiam evitar, aprendiam que nada do que fizessem tinha resultado, e se tornavam passivos e deprimidos. Alguns até morriam mais cedo.[5] Ao contrário, animais e pessoas que receberam exatamente os mesmos choques, mas podiam controlá-los (ou seja, tinham possibilidade de acionar um mecanismo que interromperia os choques), apresentaram resultados opostos: atividade, afeto e boa saúde. A variável decisiva é a *contingência* — aprender que as ações têm importância e controlam resultados importantes. Existe aí uma implicação direta para a criação dos filhos: aprender a destreza, o controle sobre resultados importantes só faz bem; o oposto, a não contingência entre ações e resultados, gera passividade, depressão e saúde física deficiente.

Jogos sincrônicos são fáceis, e as oportunidades de executá-los são frequentes. Costumamos brincar na hora das refeições e no carro. Depois do almoço, Carly, com seu apetite já satisfeito, começa a bater na mesa. Quando ela bate, todos batemos também. Ela olha. Ela bate três vezes; todos batemos três vezes. Ela sorri. Ela bate uma vez com as duas mãos; todos batemos uma vez com as duas mãos. Ela ri. Em um minuto, estamos todos às gargalhadas.

Além da diversão, Carly está aprendendo que suas ações influenciam as ações daqueles a quem ama — que ela é importante.

BRINQUEDOS

Nossa escolha dos brinquedos é comandada pelo princípio do jogo simultâneo e pelo *flow* que provoca. No início, escolhemos brinquedos que respondam ao que o bebê faz. O chocalho é divertido não porque faz barulho, mas porque o bebê *faz* com que faça barulho. Atualmente, existe uma enorme variedade de brinquedos interativos para todas as idades. Entre na loja mais próxima e compre um que o bebê possa apertar, apalpar, puxar ou falar com, e receber uma resposta.

Segundo, quando as mais altas capacidades do bebê estão à altura do desafio apresentado pelo brinquedo, a plenitude e a gratificação se instalam. É preciso levar em consideração que as capacidades do bebê aumentam quase que semanalmente. Estão disponíveis no mercado muitos brinquedos que promovem o sincronismo, e vale a pena mencionar alguns bem em conta que podem passar despercebidos:

- *Blocos de empilhar*. Você empilha e o bebê derruba. Quando for um pouquinho mais velho, ele já vai poder empilhar os blocos sozinho.
- *Livros e revistas*. São ótimos para a criança rasgar. Antes, eu achava um sacrilégio deixar um livro ser rasgado, mas recebo pelo correio, sem pedir, tantos catálogos cheios de gravuras coloridas e atraentes que não vejo mal algum em repassá-los a Carly, para que os destrua.
- *Caixas de papelão*. Não jogue fora as caixas grandes em que vêm as lava--louças e os computadores. Abra portas e janelas na caixa, e chame a criança para brincar lá dentro.

A brincadeira, por definição, é o protótipo da gratificação. Quase sempre envolve destreza e favorece a sensação de plenitude para crianças de qualquer idade. Daí este livro não precisar de um capítulo sobre lazer e brincadeira, já que são atividades acerca das quais qualquer conselho "de especialista" costuma ser dispensável. Portanto, faça de tudo para não interromper a brincadeira da criança. Conforme ela for crescendo, não a apresse. Se quiser conversar, deixe que fale até terminar. Se uma criança de qualquer idade estiver concentrada numa brincadeira, não interrompa, dizendo: "Chega. Já deu a hora". Se dispuser de pouco tempo, avise com antecedência e procure preveni-la: "Daqui a dez minutos, vamos precisar parar".

OS PROBLEMAS DOS JOGOS SINCRÔNICOS

Talvez você pense que fazer jogos sincrônicos desde muito cedo com o bebê pode "estragá-lo". Em 1996, condenando o ilegítimo movimento pela "autoestima", escrevi o seguinte:

As crianças precisam errar. Precisam sentir tristeza, ansiedade e raiva. Ao agir impulsivamente para proteger nossos filhos do fracasso, nós os impedimos de aprender... habilidades. Se toda vez que encontrarem obstáculos, corrermos para proteger sua autoestima... para atenuar os golpes e desviar sua atenção dos problemas, vai ficar mais difícil para eles adquirirem habilidades. E sem as habilidades, enfraquece-se a autoestima, como se tivesse sofrido depreciação, humilhação e frustração.

Então, fico pensando que o movimento pela autoestima, em especial, e o conceito de estar sempre bem, em geral, teve a desagradável consequência de produzir baixa autoestima em larga escala. Sem a experiência de se sentirem mal, nossas crianças tiveram mais dificuldade de se sentirem bem e experimentarem a sensação de plenitude. Ao evitar a sensação de fracasso, ficou mais difícil alcançar o triunfo. O bloqueio da tristeza justificada deixou as crianças em risco de sofrer de depressão injustificada. O encorajamento do sucesso barato produziu uma geração de fracassos muito caros.[6]

O mundo real não vai se materializar dentro da bolha do seu bebê, e quando ele deixar o casulo da infância, pode ter o trauma de perceber como tem pouco controle. Não deveríamos estar ensinando a ele a lidar com os problemas, em vez de nos concentrarmos na destreza? Minha resposta a isso tem duas partes. A primeira é que, mesmo que o bebê brinque à vontade com os jogos sincrônicos, sempre vai haver acontecimentos desagradáveis e imprevistos em seu mundinho protegido para fazê-lo aprender. O telefone toca, a fralda fica suja, a mamãe sai para fazer compras, a barriga dói — e não há nada que ele possa fazer a respeito. A segunda é que jogos sincrônicos são fundamentais. Na escolha entre acrescentar desamparo ou sincronismo a uma época tão decisiva da vida, prefiro errar pelo excesso, ficando com a habilidade e a positividade.

A não ser por essa única dúvida, não consigo pensar em nenhuma outra desvantagem. Jogos sincrônicos são fáceis, podem ser feitos a qualquer momento e em qualquer lugar e são poderosos amplificadores da emoção positiva.

3. Não e sim

A quarta palavra que Carly disse, depois de "gugu", "mama" e "papa", foi "bom". Até agora, aos doze meses, o "não" ainda não apareceu. Isso nos surpreende, já que a família de palavras negativas (não, ruim, eca) costuma aparecer muito antes da de palavras positivas (sim, bom, hummm).[7] Uma possível causa é nosso racionamento consciente das palavras do primeiro tipo. "Não" é uma palavra importantíssima na vida da criança, já que significa limites e perigos. Acredito, porém, que seja usada com certa promiscuidade, para prejuízo da criança. Os pais confundem o que é inconveniente para eles com o que é perigoso para a criança e o que deve ser limitado. Em minhas primeiras experiências de pai, por exemplo, quando Lara tentava pegar meu chá gelado, eu gritava: "Não!". Mas aquilo era apenas uma inconveniência, e não um perigo nem uma razão para impor um limite. Bastava que eu tirasse o chá do alcance dela. Agora, procuro conscientemente uma alternativa. Quando Carly tenta puxar os pelos do meu peito (dói muito, pode acreditar) ou aperta nossa tartaruga de estimação, Abe, em vez de dizer "não", eu digo "carinho" ou "de leve", para fazê-la ir mais devagar.

E por que devemos limitar os "nãos"? Ao fazer um discurso de formatura em um colégio feminino no Canadá, Robertson Davies perguntou: "Quando vocês vieram pegar o diploma, que palavra traziam no coração? Não ou sim?".[8] Os últimos vinte anos do meu trabalho podem ser resumidos nessa questão. Acredito que temos uma palavra no coração, que não é uma baboseira sentimental. Não sei exatamente de onde vem essa palavra, mas uma das possibilidades é que se forme gota a gota a partir das palavras que ouvimos dos nossos pais. Se sua criança ouve um "não" agressivo a todo momento, já se aproxima de uma situação nova prevendo receber mais um, com toda a imobilidade e falta de habilidade que vêm junto. Se a criança ouve uma abundância de "sim", acontece como o poeta e. e. cummings canta:[9]

sim é um mundo
& neste mundo de
sim vivem
(cuidadosamente arrumados)
todos os mundos

DESVANTAGENS DE POUCOS "NÃO"

A desvantagem óbvia é o pesadelo da criança sem limites, sem hábitos nem noção de perigo. "Não" faz parte do nosso vocabulário. Nós o usamos para o perigo (água fervente, facas, plantas venenosas e ruas) e para os limites (danificar os móveis, jogar comida no chão, mentir, machucar os outros e apertar o cachorro). No entanto, quando é um caso de simples inconveniência para os pais, é possível encontrar uma alternativa positiva.

Um passeio no shopping é uma situação em que as crianças costumam ensaiar um coro de "Eu quero! Eu quero!". Está aí um bom exemplo de como estabelecer limites, sem precisar recorrer a um coro-resposta do tipo "Não! Não!". Quando entramos em uma loja para comprar um simples pacote de chiclete, as crianças começaram a pedir tudo que viam. Minha resposta foi: "Darryl, seu aniversário é daqui a dois meses. Quando chegarmos em casa, vamos acrescentar o video game à sua lista de pedidos". Isso costuma funcionar, além de começar a transformar o impulso de querer na hora para pensar no futuro, uma força de que vamos voltar a falar na segunda metade do capítulo.

4. Elogio e castigo[10]

O elogio é seletivo. Só gosto de um lado da ideia de "opinião positiva incondicional" — o lado da opinião positiva. Opinião positiva incondicional significa dar atenção e afeto, independentemente de um comportamento bom ou ruim.[11] A opinião positiva geralmente faz a criança sentir uma emoção positiva que, por sua vez, alimenta a exploração e a habilidade. Isso é ótimo. A opinião positiva incondicional não depende do que a criança faz. A habilidade, em nítido contraste, é condicional, definida como um resultado estritamente dependente do comportamento da criança. Essa distinção não pode ser disfarçada. O desamparo aprendido não se desenvolve apenas quando os eventos negativos são incontroláveis, mas também, infelizmente, quando os eventos positivos são incontroláveis.[12]

Quando você elogia constantemente o seu filho, independentemente do comportamento dele, dois perigos se desenham. Primeiro, de se tornar uma criança passiva, confiante de que os elogios virão de qualquer jeito. Segundo, de ter dificuldade em reconhecer seus sucessos quando os elogios forem sinceros. Uma torrente de opiniões positivas incondicionais e bem-intencionadas pode deixá-lo incapaz de aprender com os erros e os acertos.

Amor, afeto e entusiasmo devem ser oferecidos incondicionalmente. Quanto maior a oferta, mais positiva a atmosfera e mais segura a criança. E quanto mais segura, mais é a sua tendência a explorar e adquirir habilidades. Mas o elogio é completamente diferente. O elogio deve vir na mesma medida do sucesso, sem a intenção apenas de fazer a criança se sentir bem. Espere até que ela consiga ajeitar o boneco dentro do carro, para então aplaudir; e não trate o feito como se fosse uma coisa extraordinária. Guarde as suas expressões máximas de satisfação para realizações mais importantes, como dizer o nome da irmãzinha ou agarrar uma bola pela primeira vez.

O castigo impede a emoção positiva porque é doloroso e dá medo, e impede a habilidade porque imobiliza. Seu emprego, porém, não é tão problemático quanto o da opinião positiva incondicional. B. F. Skinner estava errado ao dizer que o castigo não serve para nada. O castigo, ao estabelecer a ligação com uma ação considerada errada, mostra-se altamente eficaz na eliminação de comportamentos indesejáveis — talvez o recurso mais eficiente para a modificação do comportamento —, e isso foi demonstrado por centenas de experiências.[13] Na prática, porém, a criança não consegue dizer por que foi punida, e o medo e o sofrimento atingem também a pessoa que aplica o castigo e a situação como um todo. Quando isso acontece, a criança geralmente fica assustada e retraída, e pode evitar não apenas um novo castigo, como quem o aplicou.

A razão pela qual costuma ser difícil para a criança entender o porquê do castigo pode ser explicada através de experiências de laboratório que utilizaram ratos e "sinais de segurança". Nessas experiências, uma situação hostil (como um choque elétrico) é sinalizada por um som alto pouco antes de começar. O som é um sinal confiável de perigo, e o rato passa a mostrar sinais de medo depois que aprende isso. Ainda mais importante: quando não há som, o choque nunca ocorre. A ausência do som sinaliza confiavelmente a segurança, e o rato relaxa. Sinais de perigo são importantes porque significam que existe um sinal de segurança: a ausência do sinal de perigo. Quando não há sinal de perigo confiável, não pode haver sinal de segurança confiável, e os ratos se amontoam com medo o tempo todo. Quando exatamente os mesmos choques são precedidos por um som com um minuto de duração, eles se encolhem de medo durante o som, mas vivem normalmente o restante do tempo.[14]

Muitas vezes, o castigo não funciona porque os sinais de segurança não ficam claros para a criança. Ao determinar um castigo, você deve se certificar da completa clareza do sinal de perigo — e, consequentemente, do sinal de segurança. Faça com que a criança saiba exatamente o motivo do castigo. Não faça acusações à criança e a seu caráter; acuse apenas a ação específica.

Nikki, com dois anos e meio, está atirando bolas de neve em Lara, que se encolhe toda vez. Nikki acha graça e continua. "Nikki, pare de jogar bolas de neve na sua irmã. Vai machucar", Mandy grita. Outra bola de neve atinge Lara. "Se você jogar mais uma bola de neve na Lara, vai entrar", avisa Mandy. Lara é atingida por mais uma bola de neve. Mandy imediatamente leva uma Nikki chorosa para dentro. "Eu avisei que se você não parasse de atirar bolas de neve ia entrar. Você não parou, foi isso que aconteceu", Mandy explica delicadamente. Nikki soluça alto: "Não faço de novo, não jogo mais. Bola de neve, não".

Procuramos evitar castigos, pelo menos quando existe uma alternativa eficaz. Uma situação em que os pais se sentem tentados a castigar são as demonstrações de choro e pirraça, mas a partir dos quatro anos temos uma boa alternativa. É a "carinha sorridente".

Darryl, na época com quatro anos, está fazendo pirraça na hora de dormir há vários dias seguidos, pedindo para brincar por mais dez minutos. Numa manhã, Mandy senta-se com ele para uma conversa. Mostrando o desenho de um rosto sem boca, ela pede: "Darryl, desenhe a carinha que você tem feito para mim na hora de dormir." Darryl desenha uma carranca no rosto.

"*Por que você tem feito esta cara?*"

"*Porque quero ficar acordado para brincar mais.*"

"*Então tem feito má-criação e pirraça para mim, certo?*

"*Certo.*"

"*E está conseguindo o que quer? Mamãe está deixando você ficar acordado por mais dez minutos?*"

"*Não.*"

"*Que tipo de carinha você acha que pode convencer a mamãe a deixar você acordado um pouco mais?*", pergunta Mandy, desenhando outro rosto sem boca.*

"*Uma carinha sorridente?*", pergunta Darryl, enquanto desenha uma boca com os cantos voltados para cima.*

"*Com certeza. Experimente. Costuma dar certo.*"

E dá mesmo.

Uma atmosfera de afeto e entusiasmo, sinais claros de segurança, amor incondicional acompanhado de elogio condicional, carinhas sorridentes e muitos eventos positivos são fatores de positividade na vida da criança.

DESVANTAGENS DO CASTIGO E DO ELOGIO SELETIVO

A principal desvantagem é que, com o castigo e o elogio seletivo, não fica satisfeito o seu desejo natural de fazer a criança se sentir bem o tempo todo. Ela pode ficar desapontada por não ter sido elogiada ou ter recebido poucos elogios. Esse é um custo real, mas os benefícios de se evitar o desamparo aprendido em relação a eventos positivos (que é provavelmente a base da criança "mimada") e de manter a sua credibilidade aos olhos dela compensam esse custo. A principal desvantagem do castigo com claros sinais de segurança é similar. Ninguém gosta de fazer o filho se sentir mal. Mais uma vez, porém, a importância da eliminação de comportamentos perigosos ou verdadeiramente desagradáveis compensa a desvantagem.

5. Rivalidade entre irmãos

A crença amplamente difundida de que as crianças mais velhas se sentem ameaçadas e não sentem amor pelo irmão mais novo é levianamente invocada para explicar as relações pouco amistosas entre eles, mesmo quando os envolvidos já passaram dos oitenta anos. Essa tese é um exemplo perfeito da mais fundamental diferença entre a psicologia positiva e a psicologia em geral. A psicologia "negativa" sustenta que suas observações sobre a maldade humana são universais, muito embora tenham sido colhidas em sociedades em guerra, em meio a agitações sociais ou em luta contra a miséria, utilizando indivíduos problemáticos ou passando por terapia. Não admira que a rivalidade entre irmãos se desenvolva em famílias onde afeto e atenção sejam bens escassos, em torno dos quais os irmãos precisem travar verdadeiras guerras; se o bebê recebe mais amor, o mais velho recebe menos. Quando há na família disputas por posição, afeto e atenção em que para um ganhar, o outro tem que perder, o solo fica fértil para todo tipo de emoção negativa florescer, inclusive ódio profundo, ciúme irracional, tristeza pela perda e temor de abandono. Não foi à toa que Freud e seus seguidores encontraram tanto material no estudo da rivalidade entre irmãos.

Porém, um aspecto parece ter escapado à observação de todos — inclusive dos pais: a rivalidade entre irmãos é um problema menos grave nas famílias em que não falta afeto e atenção. E embora possa, às vezes, parecer inconveniente, não é nada impossível tornar o afeto e a atenção mais abundantes em casa. Há também antídotos eficazes que procuram desenvolver na criança mais velha a sensação de importância.

Apesar dessa teoria, foi francamente apavorado que acompanhei a cerimônia realizada por Mandy quando chegamos do hospital com cada um dos nossos filhos recém-nascidos. Ela colocou Lara, de dois anos e meio, sobre a cama e a cercou com travesseiros. "Estenda os braços, Lara." Segura e confiante, Mandy ajeitou a pequena Nikki, com 36 horas de vida, no colo da irmã mais velha. O ritual se repetiu quando trouxemos Darryl e, mais tarde, Carly para casa.

Funcionou todas as vezes. O novo bebê recebeu carinhos da radiante criança mais velha. Não foi apertado nem caiu, como eu temia.

O raciocínio de Mandy por trás daquela cerimônia é que toda criança quer sentir-se importante, digna de confiança e insubstituivelmente especial. Quando algum desses desejos é ameaçado, a rivalidade se instala rápido. Pouco depois do nascimento de Nikki, vimos as sementes germinando em Lara.

Na primeira noite em que jogamos pôquer depois do nascimento de Nikki, os jogadores se sucederam em "ohs" e "ahs" diante do berço. Ao lado, Lara observava, e conforme era ignorada, ia ficando visivelmente triste e desapontada.

Na manhã seguinte, Lara entrou no quarto enquanto Nikki estava mamando e pediu à mãe um lenço de papel. Eu a repreendi, dizendo: "Lara, pegue você mesma, mamãe está dando de mamar". Lara explodiu em lágrimas e saiu correndo do quarto. Naquela tarde, enquanto Mandy trocava a fralda de Nikki, Lara se aproximou e anunciou: "Odeio a Nikki". E, em seguida, mordeu Mandy com força na perna.

Não foi preciso juntar dois psicólogos para diagnosticar rivalidade entre irmãos, nem para aplicar o antídoto que Mandy instituiu. Naquela noite, quando foi trocar a fralda do bebê, Mandy chamou Lara para ajudar. "Nikki precisa da sua ajuda e eu também." Logo as duas estavam trabalhando em equipe para trocar a fralda de Nikki. Lara pegava um lencinho enquanto Mandy tirava a fralda suja, que então a menina jogava fora enquanto a mãe limpava a bundinha da pequena. Mandy colocava a fralda limpa, e as duas lavavam as mãos juntas. Das primeiras vezes, Mandy levou o dobro do tempo que levaria sozinha. Mas, afinal, para que serve o tempo?

Um profissional com ideias freudianas poderia se preocupar em que a pequena Lara considerasse a solução como um insulto — mais uma tarefa a serviço da nova rival. Mas nós acreditamos que Lara se sentiria importante com a responsabilidade, o que a faria sentir-se segura e especial.

Uns sete anos mais tarde, Lara quebrou o braço andando de skate, e foi a vez de Nikki retribuir o favor. Nikki estava ficando para trás em relação ao excelente desempenho escolar de Lara e de sua habilidade no tênis. Entre as forças pessoais de Nikki, porém, estão o cuidado e a bondade; ela havia ensinado a Darryl as cores e as letras. Mandy usou esses pontos positivos para enfrentar o ciúme. Nikki passou a ser a enfermeira de Lara: apertava o tubo de pasta de dentes, amarrava os cadarços, escovava os cabelos. Quando fomos nadar, Nikki caminhou toda satisfeita ao lado de Lara e segurou acima da água a tala envolvida em plástico, para que não se molhasse.

Assim como existe a espiral ascendente, existe uma espiral externa de emoção positiva. Quando Nikki assumiu o importante papel de enfermeira e ajudante, seu estado de espírito como um todo ficou melhor, mas não foi só isso: seu senso de habilidade veio à tona. O desempenho escolar e na quadra de tênis melhoraram nitidamente.

Lá pelo meio da infância, as forças de cada criança tornam-se aparentes, e a configuração delas pode ser utilizada para solucionar a rivalidade entre irmãos. Nós organizamos as tarefas domésticas em torno das diferentes forças das crianças. As tarefas podem parecer tediosas, mas George Vaillant, com os extensos estudos que fez das classes de Harvard de 1939 a 1944 e de homens da periferia de Somerville, da juventude até a morte, viu nelas um excelente meio de previsão do sucesso na vida adulta. Ter tarefas a cumprir enquanto criança é um dos fatores que ajudam a prever precocemente a saúde mental na vida adulta.[15] Então, que haja tarefas.

Mas quem faz o quê?

Nikki, generosa e cuidadosa, cuida dos animais: alimenta, dá vitaminas e escova Barney e Rosie, nossos dois cachorros, e leva a tartaruga para passear lá fora enquanto limpa a gaiola. Lara, perfeccionista e habilidosa, arruma as camas sempre com muito capricho. Darryl lava a louça e, com o humor e a alegria que coloca em tudo que faz, transforma a tarefa em uma atividade divertida em que a água espirra sobre todas as superfícies e os restos são atirados com perícia na lata de lixo.

Com cada um ocupando um nicho de tarefas específico e utilizando suas forças particulares, estamos seguindo o sábio conselho de George Vaillant e nos protegendo contra a rivalidade.

OS PROBLEMAS DO COMBATE À RIVALIDADE ENTRE IRMÃOS

A rivalidade entre irmãos existe e é especialmente exacerbada sob condições de carência de atenção e afeto. A regra principal, recomendada por bons livros, é garantir bastante atenção e afeto. Se meus companheiros de pôquer tivessem lido o dr. Spock ou Penelope Leach, saberiam que deviam ter incluído Lara nas atenções que reservaram à irmã recém-nascida. Na realidade, porém, a atenção e o afeto são limitados pelo tempo e pelo número de irmãos. Gostaria de aconselhar você a diminuir o tempo de trabalho para passar mais tempo com as crianças, mas não vou fazer isso. Existem outras soluções. Um fator decisivo para o desenvolvimento da rivalidade entre irmãos é o medo de perder seu lugar aos olhos dos pais. A chegada do bebê pode ser aproveitada para promover o mais velho a uma posição superior, confiando nele e dando--lhe mais responsabilidades.

O perigo dessa abordagem é a possibilidade de que o aumento de responsabilidade seja encarado pelo mais velho como uma imposição, causando mais ressentimento. Nunca vimos isso com nossos filhos, mas pode acontecer, em especial se as novas responsabilidades forem grandes, em vez de pequenas e simbólicas.

6. Tesouros da hora de dormir[16]

Aqueles minutos imediatamente antes de a criança pegar no sono podem ser os mais preciosos do dia. São momentos que os pais em geral desperdiçam com um beijo de boa-noite superficial, uma oração simples ou outro ritual rápido. Nós aproveitamos esses quinze minutos para os "tesouros da hora de dormir", atividades muito mais valiosas do que enxugar os pratos ou assistir à televisão. Nós a chamados de "Melhores Momentos" e "Terra dos Sonhos".

MELHORES MOMENTOS

Uma criança pode ter tudo que quer e, ainda assim, ter uma disposição melancólica. No final das contas, o que importa é quanto de positividade existe dentro de sua cabecinha. Quantos bons e maus pensamentos lhe ocorrem a cada dia? É impossível sustentar um estado de espírito negativo em meio a memórias, expectativas e crenças positivas, assim como é impossível sustentar um estado de espírito positivo na presença de grande número de pensamentos negativos. Mas qual é exatamente a proporção? Greg Garamoni e Robert Schwartz, psicólogos da Universidade de Pittsburgh, decidiram contar o número de bons e maus pensamentos que as pessoas têm e descobrir essa resposta. Pesquisadores experientes, eles contaram "pensamentos" de várias maneiras diversas: lembranças, devaneios, explicações etc. Por meio de 27 estudos diferentes, concluíram que pessoas deprimidas tinham uma proporção igual: um pensamento ruim para cada pensamento bom. Indivíduos não deprimidos tinham mais ou menos o dobro de pensamentos bons em relação aos ruins. Essa ideia é literalmente simplória, mas poderosa, e confirmada pelos resultados da terapia: pacientes deprimidos que melhoram saem de sua proporção original de 1:1 para 2:1. Os que não melhoram permanecem em 1:1.[17]

Aproveitamos os "Melhores Momentos" para construir uma proporção positiva de estado de espírito que, esperamos, será internalizado por nossos filhos quando crescerem.

As luzes estão apagadas. Mandy, Lara (com cinco anos) e Nikki (com três) estão juntinhas na cama.

Mandy: Lara, meu amor, o que você gostou de fazer hoje?

Lara: Gostei de brincar, gostei de ir ao parque com Leah e Andrea. Gostei de comer bolachas na minha casinha. Gostei de nadar e de mergulhar até o fundo com o papai. Gostei de almoçar e fazer o meu prato.

Nikki: Gostei de comer bolo de chocolate.

Lara: Gostei de brincar com Darryl de garagem. Gostei de tirar o vestido e ficar só de calcinha.

Nikki: Eu também.

Lara: Gostei de ler as palavras. Gostei de ver as pessoas remando no rio e patinando na calçada. Gostei de alugar o filme com o papai e pagar.

Mandy: Mais alguma coisa?

Lara: Gostei de brincar com Darryl na hora do jantar. Gostei de brincar de sereia com Nikki no banho. Gostei de jogar video game com o papai. Gostei de assistir ao Barney.

Nikki: Eu também. Eu gosto do Barney.

Mandy: Aconteceu alguma coisa ruim hoje?

Lara: Darryl me mordeu nas costas.

Mandy: É, isso dói.

Lara: Dói muito!

Mandy: Mas ele é só um bebê. Vamos ter que ensiná-lo a não morder. Começamos amanhã de manhã, certo?

Lara: Certo. Não gostei que o coelhinho da Leah morreu. E não gostei da Nikki ter dito que nosso cachorro comeu o coelhinho.

Mandy: É, não foi nada legal.

Lara: Foi horrível.

Mandy: Também não gostei da história de Nikki, mas ela é pequena e não entende. Ela inventou. É uma pena que o coelhinho tenha morrido, mas ele já era bem velhinho e estava doente. Talvez o pai da Leah compre outro para ela.

Lara: Uhum.

Mandy: Parece que foi um bom dia, não?

Lara: Quantas coisas boas, mamãe?

Mandy (pensando): Quinze, eu acho.

Lara: E quantas coisas ruins?

Mandy: Duas?

Lara: Uau, quinze coisas boas em um dia só! O que vamos fazer amanhã?

Quando as crianças cresceram um pouco mais, acrescentamos uma previsão do dia seguinte. Tentamos incluir a previsão ("O que vocês vão fazer amanhã? Vamos ver os coelhinhos da Leah?") quando as crianças tinham por volta de dois e três anos, mas elas ficavam tão excitadas com o que iriam fazer no dia seguinte que perdiam o sono. Depois dos cinco anos, começou a funcionar bem, contribuindo para desenvolver a visão do futuro, de que vamos tratar a seguir.

TERRA DOS SONHOS

Os últimos pensamentos de uma criança antes de cair no sono são carregados de emoção e ricos em imagens visuais, tornando-se as linhas em torno das quais são tecidos os sonhos. Existe uma literatura científica bastante variada sobre sonhos e estados de espírito. A qualidade do sonho está ligada à depressão. Crianças e adultos deprimidos têm sonhos repletos de histórias de rejeição, perdas e derrotas. Interessante: as drogas que suprimem a depressão também bloqueiam os sonhos. Minha intenção, ao brincar de "Terra dos Sonhos", é contribuir para a formação da base de uma vida mental positiva, isso para não falar na criação de sonhos mais doces.[18]

Para começar, peço a cada um dos meus filhos que imagine uma cena realmente feliz. Para eles, é fácil, principalmente depois do jogo dos "Melhores Momentos". Então, descrevem o que imaginaram, e eu peço que se concentrem no que pensaram, dando um nome à cena.

Darryl imagina uma brincadeira com Carly em que ele vem correndo e deixa que a irmãzinha bata com a cabeça em sua barriga. Ele, então, cai, o que faz Carly gargalhar. Darryl dá à cena o nome de "cabeças".

Com um tom de voz hipnótico, dou as instruções: "Quando você for pegando no sono, faça três coisas. Primeiro, lembre-se da cena que imaginou; segundo, repita o nome dela até dormir; e terceiro, tente sonhar com isso".

Descobri que essa estratégia aumenta a probabilidade de que as crianças tenham sonhos relevantes e felizes.[19] Além disso, empreguei a mesma técnica em workshops, e repetidas vezes comprovei que ela quase dobra a probabilidade de sonhos relevantes em adultos.

DESVANTAGENS DOS TESOUROS DA HORA DE DORMIR

A única desvantagem é que você abre mão de quinze minutos do seu dia depois do jantar, a que poderia dar um uso mais adulto. Duvido, porém, que encontre muitas maneiras de aproveitar melhor o tempo.

7. Fazendo um acordo

Descobri uma única verdadeira utilidade para o reforço positivo explícito com meus filhos: transformar caras feias em sorrisos. Todos os nossos filhos passaram por períodos de "eu quero" e "me dá", acompanhados de um "por favor" muito relutante e, em geral, com muito choro e pirraça. Sempre deixamos bem claro que o resultado da soma de uma cara feia mais um "eu quero" seria invariavelmente um "não", mas se a carinha fosse sorridente, talvez a resposta fosse "sim".

Devido à inutilidade prática do reforço positivo (toma muito tempo e exige muita habilidade), não é de admirar que, com um ano de idade, ao ser recompensada por mim com uma chuva de beijos por ter dito "papa", Lara simplesmente me olhasse satisfeita, mas surpresa, e voltasse ao que estava fazendo, sem repetir a façanha.[20] Apesar desse tipo de experiência, o mundo da educação infantil concordava com Skinner em sua opinião de que a maneira certa de agir era reforçando positivamente um comportamento desejável.

Mandy, apesar de formada em psicologia, não acredita nisso. "Não é assim que as crianças agem. Elas não repetem o comportamento que foi motivo de recompensa no passado. Mesmo as crianças muito pequenas pensam no futuro. Pelo menos as minhas. Elas fazem o que acham que pode trazer recompensas para elas."

Todo pai e toda mãe sabem que crianças de quatro ou cinco anos às vezes entram em uma espiral descendente de comportamento intolerável, que não parece ser possível corrigir.

Com Nikki, foi o hábito de se esconder, que durou quase uma semana. Várias vezes por dia, ela encontrava um esconderijo em algum ponto da nossa grande e antiga casa e ficava lá. Mandy, às voltas com Darryl, então um bebê, gritava a plenos pulmões: "Temos que ir buscar o papai!". Nikki continuava em silêncio, escondida. Lara tinha de tomar conta de Darryl para que Mandy pudesse sair pela casa e pelo jardim, gritando sem parar: "Nikki!". Afinal, Mandy a encontrava, e a repreendia com raiva e frustração que aumentavam a cada dia. Nada adiantava: mais atenção, menos atenção, gritos, castigo, palmadas ou explicações sobre quanto aquela brincadeira era aflitiva e perigosa. Toda uma sucessão de técnicas skinnerianas falhou redondamente. A brincadeira ficava mais séria a cada dia. Nikki sabia que estava errada, mas insistia.

Certo dia, durante o café da manhã, depois de ter se queixado comigo na véspera, Mandy perguntou calmamente a Nikki:

"Vamos fazer um acordo?"

Fazia seis meses que Nikki vinha pedindo uma boneca Barbie Bo Peep. Era um brinquedo caro, que tinha sido alçado ao topo da lista de pedidos de aniversário, embora ainda faltassem cinco meses.

"Vamos sair daqui a pouco para comprar a Barbie", Mandy propôs. "Mas você tem que me prometer duas coisas: primeiro, que vai parar de se esconder; segundo, que sempre vai vir correndo quando eu chamar."

"Eba! Vamos!"

"Mas tem uma condição", continuou Mandy. "Se alguma vez, uma vez só, você não vier quando eu chamar, vai perder a Barbie por uma semana. E se acontecer a segunda vez, a Barbie vai embora para sempre."

Nikki nunca mais se escondeu. Repetimos a estratégia com Darryl (um boneco do Pateta de três dólares para acabar com uma choradeira interminável), e funcionou que foi uma beleza. Fizemos ainda mais umas duas vezes, mas só como último recurso, quando já tínhamos esgotado todos os castigos e recompensas costumeiras. "Vamos fazer um acordo" é uma frase que interrompe a espiral descendente por meio de uma surpresa realmente positiva (que, com a circunstância adequada, desperta uma emoção positiva oposta)

252

e mantém o bom comportamento sob a ameaça de perder a recompensa. A injeção de emoção positiva que interrompe a espiral é decisiva. É a razão pela qual prometer uma Barbie daqui a uma semana se ela não se esconder durante sete dias está fadado ao fracasso, enquanto entregar a boneca na hora é sucesso garantido. Fazer um acordo com uma criança de quatro anos implica algumas premissas significativas: que os pais consigam fazer um contrato com uma criança tão pequena, que a recompensa venha antes, e não depois, do comportamento desejado, e que a criança saiba que, caso se comporte mal, estará quebrando a promessa e perdendo a recompensa que acabou de ganhar. Em suma: é preciso que seu filho esteja voltado para o futuro.

DESVANTAGENS DE FAZER UM ACORDO

Não se deve abusar dessa técnica frágil, ou seu filho pode ver nela um ótimo meio de ganhar presentes que, de outro modo, seriam impossíveis. A técnica só deve ser empregada se todos os outros recursos tiverem falhado, e assim mesmo, só duas vezes durante toda a infância. Não faça acordos sobre coisas pequenas, como dormir, comer e tomar banho. Também é importante não blefar: se Nikki tivesse quebrado a promessa, a Barbie teria ido direto para a doação.

8. Resoluções de Ano-Novo

Sempre que um novo ano se inicia, tomamos algumas resoluções junto com as crianças, e daí a uns seis meses fazemos uma avaliação para verificar como estamos indo. Em geral, conseguimos fazer progresso em metade delas, mais ou menos. No entanto, quando comecei a trabalhar com psicologia positiva, reparei que nossas resoluções eram um tanto forçadas. Elas se referiam à correção de nossas falhas ou ao que *não* deveríamos fazer no ano seguinte: não vou ser tão mesquinha com meus irmãos, vou ouvir com mais atenção quando a mamãe falar, não colocar mais do que quatro colheres de açúcar em cada xícara de café, vou parar de fazer birra e assim por diante.

As proibições são um saco. Levantar de manhã e percorrer uma lista de "nãos" — nada de doces, de paqueras, de jogos, de álcool, de e-mails agressivos — não ajuda ninguém a sair da cama com o pé direito. Do mesmo modo, resoluções de Ano-Novo que tratem de moderação e de corrigir pontos fracos não ajudam ninguém a começar o ano com disposição. Então, este ano decidimos fazer nossas resoluções em torno de realizações positivas que enriqueçam nossas forças:

Darryl — Vou aprender a tocar piano.
Mandy — Vou aprender teoria musical e ensinar às crianças.
Nikki — Vou praticar muito e conseguir uma bolsa para aprender balé.
Lara — Vou mandar uma história minha para a *Stone Soup*.
Papai — Vou escrever um livro sobre psicologia positiva, e este vai ser o melhor ano da minha vida.

Na próxima semana, vamos fazer nossa avaliação, e quatro delas parecem estar em andamento.

FORÇAS E VIRTUDES EM CRIANÇAS PEQUENAS

A primeira metade deste capítulo consiste em maneiras de elevar a emoção positiva em crianças. O motivo para isso é que a emoção positiva leva à exploração, que leva à habilidade, que leva não apenas a mais emoção positiva, como à descoberta das forças pessoais da criança. Portanto, até os sete anos, a principal tarefa de uma criação positiva é aumentar a emoção positiva. Por volta dessa idade, você e a criança vão começar a reconhecer algumas forças emergindo. Para ajudar na identificação delas, Katherine Dahlsgaard criou um teste para crianças, que segue a linha daquele que você fez no capítulo 9.

TESTE DE FORÇAS PESSOAIS PARA CRIANÇAS

Katherine Dahlsgaard, Ph.D.

1. Curiosidade
   a) "Mesmo quando estou só, nunca me aborreço."
      Tem tudo a ver comigo   5
      Tem a ver comigo   4

Neutro	3
Não tem muito a ver comigo	2
Não tem nada a ver comigo	1

b) "Quando quero saber alguma coisa, pesquiso em livros ou no computador."

Tem tudo a ver comigo	5
Tem a ver comigo	4
Neutro	3
Não tem muito a ver comigo	2
Não tem nada a ver comigo	1

Agora, some os pontos destas duas respostas e escreva aqui. _____
Esta é a sua pontuação de curiosidade.

2. Gosto pela aprendizagem

a) "Eu fico entusiasmado quando aprendo alguma coisa nova."

Tem tudo a ver comigo	5
Tem a ver comigo	4
Neutro	3
Não tem muito a ver comigo	2
Não tem nada a ver comigo	1

b) "Detesto visitar museus."

Tem tudo a ver comigo	1
Tem a ver comigo	2
Neutro	3
Não tem muito a ver comigo	4
Não tem nada a ver comigo	5

Agora, some os pontos destas duas respostas e escreva aqui. _____
Esta é a sua pontuação de gosto pela aprendizagem.

3. Critério

a) "Se surge um problema durante um jogo ou uma atividade com amigos, consigo descobrir o motivo."

Tem tudo a ver comigo	5

Tem a ver comigo 4

Neutro 3

Não tem muito a ver comigo 2

Não tem nada a ver comigo 1

b) "Meus pais sempre me dizem que faço escolhas erradas."

Tem tudo a ver comigo 1

Tem a ver comigo 2

Neutro 3

Não tem muito a ver comigo 4

Não tem nada a ver comigo 5

Agora, some os pontos destas duas respostas e escreva aqui. _____
Esta é a sua pontuação de critério.

4. Habilidade

a) "Sempre tenho boas ideias de coisas divertidas para fazer."

Tem tudo a ver comigo 5

Tem a ver comigo 4

Neutro 3

Não tem muito a ver comigo 2

Não tem nada a ver comigo 1

b) "Tenho mais imaginação do que as outras crianças."

Tem tudo a ver comigo 5

Tem a ver comigo 4

Neutro 3

Não tem muito a ver comigo 2

Não tem nada a ver comigo 1

Agora, some os pontos destas duas respostas e escreva aqui. _____
Esta é a sua pontuação de habilidade.

5. Inteligência social

a) "Eu me sinto bem em qualquer tipo de grupo."

Tem tudo a ver comigo 5

Tem a ver comigo 4

Neutro	3
Não tem muito a ver comigo	2
Não tem nada a ver comigo	1

b) "Sempre sei o motivo de estar me sentindo alegre ou triste."

Tem tudo a ver comigo	5
Tem a ver comigo	4
Neutro	3
Não tem muito a ver comigo	2
Não tem nada a ver comigo	1

Agora, some os pontos destas duas respostas e escreva aqui. _____ Esta é a sua pontuação de inteligência social.

6. Perspectiva

a) "Os adultos dizem que sou muito maduro para a minha idade."

Tem tudo a ver comigo	5
Tem a ver comigo	4
Neutro	3
Não tem muito a ver comigo	2
Não tem nada a ver comigo	1

b) "Eu sei quais são as coisas mais importantes da vida."

Tem tudo a ver comigo	5
Tem a ver comigo	4
Neutro	3
Não tem muito a ver comigo	2
Não tem nada a ver comigo	1

Agora, some os pontos destas duas respostas e escreva aqui. _____ Esta é a sua pontuação de perspectiva.

7. Bravura

a) "Eu me defendo, mesmo quando estou com medo."

Tem tudo a ver comigo	5
Tem a ver comigo	4
Neutro	3

Não tem muito a ver comigo 2
Não tem nada a ver comigo 1

b) "Mesmo que venha a me aborrecer, faço o que acho certo."
Tem tudo a ver comigo 5
Tem a ver comigo 4
Neutro 3
Não tem muito a ver comigo 2
Não tem nada a ver comigo 1

Agora, some os pontos destas duas respostas e escreva aqui. _____
Esta é a sua pontuação de bravura.

8. Perseverança
a) "Meus pais sempre me elogiam por completar as tarefas."
Tem tudo a ver comigo 5
Tem a ver comigo 4
Neutro 3
Não tem muito a ver comigo 2
Não tem nada a ver comigo 1

b) "Quando consigo o que quero é porque me esforcei muito."
Tem tudo a ver comigo 5
Tem a ver comigo 4
Neutro 3
Não tem muito a ver comigo 2
Não tem nada a ver comigo 1

Agora, some os pontos destas duas respostas e escreva aqui. _____
Esta é a sua pontuação de perseverança.

9. Integridade
a) "Nunca leio o diário ou a correspondência dos outros."
Tem tudo a ver comigo 5
Tem a ver comigo 4
Neutro 3
Não tem muito a ver comigo 2
Não tem nada a ver comigo 1

b) "Eu mentiria para me safar de problemas."

Tem tudo a ver comigo	1
Tem a ver comigo	2
Neutro	3
Não tem muito a ver comigo	4
Não tem nada a ver comigo	5

Agora, some os pontos destas duas respostas e escreva aqui. _____
Esta é a sua pontuação de integridade.

10. Bondade

a) "Quando chega um colega novo na escola, eu me esforço para ser legal."

Tem tudo a ver comigo	5
Tem a ver comigo	4
Neutro	3
Não tem muito a ver comigo	2
Não tem nada a ver comigo	1

b) "No mês passado, ajudei meus pais ou um vizinho sem que tivessem me pedido."

Tem tudo a ver comigo	5
Tem a ver comigo	4
Neutro	3
Não tem muito a ver comigo	2
Não tem nada a ver comigo	1

Agora, some os pontos destas duas respostas e escreva aqui. _____
Esta é a sua pontuação de bondade.

11. Amor

a) "Sei que sou a pessoa mais importante na vida de alguém."

Tem tudo a ver comigo	5
Tem a ver comigo	4
Neutro	3
Não tem muito a ver comigo	2
Não tem nada a ver comigo	1

b) "Embora eu brigue muito com meus irmãos e primos, gosto muito deles."

Tem tudo a ver comigo	5
Tem a ver comigo	4
Neutro	3
Não tem muito a ver comigo	2
Não tem nada a ver comigo	1

Agora, some os pontos destas duas respostas e escreva aqui. _____
Esta é a sua pontuação de amor.

12. Cidadania

a) "Gosto muito de pertencer a um clube ou atividades extraclasse."

Tem tudo a ver comigo	5
Tem a ver comigo	4
Neutro	3
Não tem muito a ver comigo	2
Não tem nada a ver comigo	1

b) "Na escola, consigo trabalhar muito bem em grupo."

Tem tudo a ver comigo	5
Tem a ver comigo	4
Neutro	3
Não tem muito a ver comigo	2
Não tem nada a ver comigo	1

Agora, some os pontos destas duas respostas e escreva aqui. _____
Esta é a sua pontuação de cidadania.

13. Imparcialidade

a) "Ainda que eu não goste de alguém, trato a pessoa com imparcialidade."

Tem tudo a ver comigo	5
Tem a ver comigo	4
Neutro	3
Não tem muito a ver comigo	2
Não tem nada a ver comigo	1

b) "Sempre admito quando estou errado(a)."

Tem tudo a ver comigo	5
Tem a ver comigo	4
Neutro	3
Não tem muito a ver comigo	2
Não tem nada a ver comigo	1

Agora, some os pontos destas duas respostas e escreva aqui. _____
Esta é a sua pontuação de imparcialidade.

14. Liderança

a) "Sempre que participo de um jogo ou atividade esportiva, querem que eu seja o líder."

Tem tudo a ver comigo	5
Tem a ver comigo	4
Neutro	3
Não tem muito a ver comigo	2
Não tem nada a ver comigo	1

b) "Como líder, conquistei a confiança e a admiração de amigos e colegas."

Tem tudo a ver comigo	5
Tem a ver comigo	4
Neutro	3
Não tem muito a ver comigo	2
Não tem nada a ver comigo	1

Agora, some os pontos destas duas respostas e escreva aqui. _____
Esta é a sua pontuação de liderança.

15. Autocontrole

a) "Consigo facilmente parar de assistir à TV ou de jogar video game se for preciso."

Tem tudo a ver comigo	5
Tem a ver comigo	4
Neutro	3
Não tem muito a ver comigo	2
Não tem nada a ver comigo	1

b) "Estou sempre atrasado."

Tem tudo a ver comigo	1
Tem a ver comigo	2
Neutro	3
Não tem muito a ver comigo	4
Não tem nada a ver comigo	5

Agora, some os pontos destas duas respostas e escreva aqui. _____
Esta é a sua pontuação de autocontrole.

16. Prudência

a) "Evito situações ou companhias que possam me trazer problemas."

Tem tudo a ver comigo	5
Tem a ver comigo	4
Neutro	3
Não tem muito a ver comigo	2
Não tem nada a ver comigo	1

b) "Os adultos sempre dizem que sei escolher o que dizer e como agir."

Tem tudo a ver comigo	5
Tem a ver comigo	4
Neutro	3
Não tem muito a ver comigo	2
Não tem nada a ver comigo	1

Agora, some os pontos destas duas respostas e escreva aqui. _____
Esta é a sua pontuação de prudência.

17. Humildade

a) "Em vez de ficar falando de mim, prefiro ouvir o que os outros têm a dizer sobre eles."

Tem tudo a ver comigo	5
Tem a ver comigo	4
Neutro	3
Não tem muito a ver comigo	2
Não tem nada a ver comigo	1

b) "Dizem que sou uma pessoa que gosta de aparecer."

Tem tudo a ver comigo	1
Tem a ver comigo	2
Neutro	3
Não tem muito a ver comigo	4
Não tem nada a ver comigo	5

Agora, some os pontos destas duas respostas e escreva aqui. _____
Esta é a sua pontuação de humildade.

18. Apreciação da beleza

a) "Em relação aos jovens da minha idade, sou o que mais gosto de cinema, música ou dança."

Tem tudo a ver comigo	5
Tem a ver comigo	4
Neutro	3
Não tem muito a ver comigo	2
Não tem nada a ver comigo	1

b) "Gosto de ver as árvores mudarem de cor no outono."

Tem tudo a ver comigo	5
Tem a ver comigo	4
Neutro	3
Não tem muito a ver comigo	2
Não tem nada a ver comigo	1

Agora, some os pontos destas duas respostas e escreva aqui. _____
Esta é a sua pontuação de apreciação da beleza.

19. Gratidão

a) "Quando penso na minha vida, vejo que tenho muito a agradecer."

Tem tudo a ver comigo	5
Tem a ver comigo	4
Neutro	3
Não tem muito a ver comigo	2
Não tem nada a ver comigo	1

b) "Quando os professores me ajudam, sempre me esqueço de agradecer."

Tem tudo a ver comigo	1
Tem a ver comigo	2
Neutro	3
Não tem muito a ver comigo	4
Não tem nada a ver comigo	5

Agora, some os pontos destas duas respostas e escreva aqui. _____
Esta é a sua pontuação de gratidão.

20. Esperança

a) "Quando tiro nota baixa na escola, sempre penso que vou melhorar."

Tem tudo a ver comigo	5
Tem a ver comigo	4
Neutro	3
Não tem muito a ver comigo	2
Não tem nada a ver comigo	1

b) "Quando crescer, vou ser uma pessoa feliz."

Tem tudo a ver comigo	5
Tem a ver comigo	4
Neutro	3
Não tem muito a ver comigo	2
Não tem nada a ver comigo	1

Agora, some os pontos destas duas respostas e escreva aqui. _____
Esta é a sua pontuação de esperança.

21. Espiritualidade

a) "Acredito que toda pessoa é especial e tem uma missão importante na vida."

Tem tudo a ver comigo	5
Tem a ver comigo	4
Neutro	3
Não tem muito a ver comigo	2
Não tem nada a ver comigo	1

b) "Quando as coisas vão mal, minha crença religiosa me ajuda a me sentir melhor."

Tem tudo a ver comigo	5
Tem a ver comigo	4
Neutro	3
Não tem muito a ver comigo	2
Não tem nada a ver comigo	1

Agora, some os pontos destas duas respostas e escreva aqui. _____
Esta é a sua pontuação de espiritualidade.

22. Perdão

a) "Se alguém fere meus sentimentos, nunca procuro me vingar."

Tem tudo a ver comigo	5
Tem a ver comigo	4
Neutro	3
Não tem muito a ver comigo	2
Não tem nada a ver comigo	1

b) "Perdoo as pessoas por seus erros."

Tem tudo a ver comigo	5
Tem a ver comigo	4
Neutro	3
Não tem muito a ver comigo	2
Não tem nada a ver comigo	1

Agora, some os pontos destas duas respostas e escreva aqui. _____
Esta é a sua pontuação de perdão.

23. Bom humor

a) "A maioria das pessoas acha que eu sou divertido."

Tem tudo a ver comigo	5
Tem a ver comigo	4
Neutro	3
Não tem muito a ver comigo	2
Não tem nada a ver comigo	1

b) "Quando estou infeliz ou vejo um de meus amigos chateado, procuro dizer ou fazer alguma coisa engraçada para melhorar a situação."

Tem tudo a ver comigo	5
Tem a ver comigo	4
Neutro	3
Não tem muito a ver comigo	2
Não tem nada a ver comigo	1

Agora, some os pontos destas duas respostas e escreva aqui. _____ Esta é a sua pontuação de bom humor.

24. Animação

a) "Adoro a minha vida."

Tem tudo a ver comigo	5
Tem a ver comigo	4
Neutro	3
Não tem muito a ver comigo	2
Não tem nada a ver comigo	1

b) "Acordo de manhã cheio(a) de entusiasmo para começar o dia."

Tem tudo a ver comigo	5
Tem a ver comigo	4
Neutro	3
Não tem muito a ver comigo	2
Não tem nada a ver comigo	1

Agora, some os pontos destas duas respostas e escreva aqui. _____ Esta é a sua pontuação de animação.

Ao chegar aqui, o número de pontos de cada força está marcado no livro. Agora, escreva a seguir o número de pontos de cada uma das 24 forças, ordenando-as da pontuação mais alta para a mais baixa.

SABER E CONHECIMENTO

1. Curiosidade _____
2. Gosto pela aprendizagem _____
3. Critério _____

4. Habilidade _____
5. Inteligência social _____
6. Perspectiva _____

CORAGEM
7. Bravura _____
8. Perseverança _____
9. Integridade _____

HUMANIDADE
10. Bondade _____
11. Amor _____

JUSTIÇA
12. Cidadania _____
13. Imparcialidade _____
14. Liderança _____

TEMPERANÇA
15. Autocontrole _____
16. Prudência _____
17. Humildade _____

TRANSCÊNDENCIA
18. Apreciação da beleza _____
19. Gratidão _____
20. Esperança _____
21. Espiritualidade _____
22. Perdão _____
23. Bom humor _____
24. Animação _____

Provavelmente, o seu filho terá no máximo cinco aspectos com 9 ou 10 pontos, e essas são suas forças, pelo menos segundo as informações que ele forneceu. Faça um círculo em volta delas. Também deve ter havido várias pontuações baixas, na faixa de 4 (ou menos) a 6, e essas são suas fraquezas.

DESENVOLVENDO AS FORÇAS PESSOAIS DAS CRIANÇAS

O desenvolvimento das forças é parecido com o desenvolvimento da linguagem. Todo recém-nascido tem capacidade para falar qualquer idioma, e um ouvido apurado irá perceber sons rudimentares de todos eles nos primeiros balbucios. Mas então a "tendência do balbucio" se instala. O balbucio do bebê vai se direcionando cada vez mais para a linguagem falada pelas pessoas que o rodeiam. Ao fim do primeiro ano de vida, suas vocalizações lembram os sons da língua materna; os estalidos, a entonação e a cadência do idioma sueco, por exemplo, desapareceram.

Não tenho nenhuma evidência disto, mas por enquanto prefiro pensar que os recém-nascidos têm potencial para as 24 forças. A "tendência à força" se desenvolve nos primeiros seis anos de vida. A criança desenvolve as suas forças nas áreas onde encontra prazer, amor e atenção. A ferramenta é a interação de seus talentos, interesses e forças, e, conforme vai descobrindo o que dá certo e o que dá errado em seu pequeno mundo, vai dando forma detalhada à face de suas várias forças. Com essa ideia otimista em mente, Mandy e eu passamos a reconhecer, dar nome e elogiar todas as demonstrações das diferentes forças. Depois de algum tempo, começamos a observar certa regularidade.

Lara, por exemplo, sempre se preocupou em ser justa, e na primeira vez em que espontaneamente dividiu seus bloquinhos com Nikki, fizemos uma verdadeira festa. Depois de ler o mais recente trabalho de Anthony Lukas (um brilhante e interessantíssimo livro sobre o brutal assassinato de um ex-governador de Idaho, no início do século passado), estava comentando com Mandy quando percebi Lara prestando atenção na conversa. Ela estava muito interessada nas premissas morais do socialismo. Logo se seguiram longas conversas com nossa filha de sete anos sobre comunismo e capitalismo, monopólios e legislação antitruste. ("E se pegássemos todos os nossos brinquedos, deixando só um, e déssemos para quem não tem?")

Nikki sempre demonstrou bondade e paciência. Como já contei, ela ensinou ao pequeno Darryl as cores e as letras, e já chegamos a vê-los "estudando" até tarde. Darryl, como você viu no início do capítulo, é persistente e dedicado; quando se interessa por alguma coisa, não larga de jeito algum.

Então, meu primeiro conselho acerca do desenvolvimento de forças em crianças é que sejam valorizadas todas as demonstrações de qualquer uma delas. Em determinado momento, você vai perceber a criança pendendo na direção de algumas. São as sementes de suas forças pessoais, e o teste que apresentamos vai ajudar na sua identificação e desenvolvimento.

Meu segundo e último conselho é que você favoreça as demonstrações dessas forças pessoais rudimentares durante as atividades normais da família. E quando as forças vierem à tona, reconheça e diga o nome delas.

Semana passada, Lara passou por um sério contratempo. Ela faz aulas de flauta transversa e flauta doce há cinco anos e atingiu o ponto em que teve que mudar de professor. Logo na primeira aula, ele disse a Lara que tudo que tinha aprendido estava errado: a postura, a respiração, a posição dos dedos. Ela conteve a surpresa e o desapontamento e persistiu, redobrando os exercícios. Está aí um exemplo da perseverança de Lara.

Nikki brinca de aula de música com a pequena Carly. Ela arruma a sala com bonecas e instrumentos musicais de brinquedo, põe para tocar canções infantis, dança e ajuda Carly a acompanhar o ritmo com palmas. Nós mencionamos e valorizamos isso como exemplo da paciência, da bondade e do cuidado de Nikki.

Como nossos filhos são ensinados em casa, podemos ajustar o currículo às forças pessoais de cada um. Quero esclarecer que não estamos aconselhando ninguém a fazer o mesmo; trabalho com muitas escolas públicas e particulares, e tenho enorme respeito pelo trabalho dos professores. Optamos pelo ensino em casa porque: (a) viajamos muito, e assim os estudos não são interrompidos; (b) somos ambos professores esforçados; e (c) não queremos abrir mão do prazer de ver nossos filhos crescerem. Esclarecida essa parte, veja como planejamos as atividades familiares, de modo a aproveitar as forças pessoais de cada um na organização do currículo deste ano.

Mandy decidiu que iria ensinar geologia. Toda criança gosta de pedras, e a geologia é um excelente caminho para a química, a paleontologia e a economia. Cada criança tem um interesse especial por minerais e recebeu uma tarefa de acordo com suas forças específicas. Nikki, com sua inteligência social e sua apreciação pela beleza, está aprendendo sobre pedras preciosas. Sua tarefa particular é entender como os minerais criaram beleza no vestuário e na vida social. Lara, com seu senso de justiça, quer estudar o monopólio do petróleo, inclusive a trajetória de John D. Rockefeller e sua guinada na direção da filantropia. Darryl começou uma coleção de pedras e convenceu o bombeiro que presta serviços para nós (Steve Warnek, um mineralogista por vocação) a levá-lo em pequenas excursões. Já coletou um bom número de espécimes, e sua persistência e dedicação ficam claras nesses passeios.

Certa vez, Steve, cansado de procurar pedras, chamou Darryl de volta para o carro. Darryl, suado e sujo, sobre uma pilha de pedras em um terreno em construção, gritou em resposta: "Mineralogistas não param de trabalhar!".

13. Revisão e resumo

No capítulo 1, você testou a felicidade do momento presente. Agora que já leu a maior parte do livro e tomou conhecimento dos conselhos e dos exercícios, vamos conferir o seu nível atual de felicidade.

QUESTIONÁRIO DE EMOÇÕES FORDYCE

Qual é o seu nível de felicidade ou infelicidade usual? Marque *uma* das alternativas a seguir — aquela que descrever melhor o seu estado médio de felicidade.

_____ 10. Extremamente feliz (sentindo-se em êxtase, fantástico)

_____ 9. Muito feliz (sentindo-se muito bem, eufórico)

_____ 8. Bastante feliz (animado, sentindo-se bem)

_____ 7. Moderadamente feliz (sentindo-se razoavelmente bem, com certa animação)

_____ 6. Ligeiramente feliz (somente um pouco acima do normal)

_____ 5. Neutro (nem especialmente feliz, nem infeliz)

_____ 4. Ligeiramente infeliz (só um pouquinho abaixo do neutro)

_____ 3. Moderadamente infeliz (só um pouco "para baixo")

_____ 2. Bastante infeliz (melancólico, de moral baixo)

_____ 1. Muito infeliz (deprimido, desanimado)
_____ 0. Extremamente infeliz (francamente deprimido, completamente prostrado)

Tire um tempo para refletir sobre suas emoções. Em média, durante que porcentagem do tempo você se sente feliz? Durante que porcentagem do tempo se sente infeliz? E durante que porcentagem do tempo se sente neutro (nem feliz nem infeliz)? Anote as estimativas nos espaços a seguir, com a maior precisão possível. Não se esqueça de que a soma dos três números deve dar 100.

Em média:
Porcentagem de tempo em que me sinto feliz _____%
Porcentagem de tempo em que me sinto infeliz _____%
Porcentagem de tempo em que me sinto neutro _____%

Em uma amostra de 3050 cidadãos adultos residentes nos Estados Unidos, a pontuação média (de um total de dez pontos) foi de 6,92. A porcentagem média de tempo foi: feliz, 54%; infeliz, 20%; e neutro, 26%.

Meu argumento principal em relação a esse ponto é que existem vários caminhos que levam à felicidade autêntica. Na primeira parte do livro, discutimos a emoção positiva e vimos como intensificá-la. A emoção positiva se apresenta em três tipos diferentes (passado, futuro e presente), e é perfeitamente possível cultivar cada um em separado. A emoção positiva em relação ao passado (contentamento, por exemplo) pode ser enriquecida por meio da gratidão, do perdão e da libertação do cerco de ideologias deterministas. A emoção positiva em relação ao futuro (otimismo, por exemplo) pode ser intensificada se os pensamentos pessimistas forem reconhecidos e afastados.

A emoção positiva em relação ao presente se divide em duas categorias muito diferentes — prazeres e gratificações —, e este é o melhor exemplo de caminhos radicalmente diversos para a felicidade. Os prazeres são momentâneos e definidos pela emoção que provocam. Podem ser intensificados pela anulação do efeito negativo da habituação, pela apreciação e pelo mindfulness.

A vida agradável persegue com sucesso as emoções positivas em relação ao passado, ao presente e ao futuro.

As gratificações são mais duradouras. Caracterizam-se pela concentração, pelo engajamento e pela plenitude. É importante lembrar que a gratificação se define pela *ausência* — não pela presença — de qualquer emoção positiva ou de consciência. Chega-se à gratificação pelo exercício de forças e virtudes. Por isso, a segunda parte do livro especificou as 24 forças ubíquas e indicou testes para a identificação das suas forças pessoais. Na terceira parte, vimos como desdobrar as suas forças pessoais pelas três grandes áreas da vida: trabalho, amor e criação de filhos. Isso levou à fórmula que criei para a boa vida, que na minha opinião consiste na utilização das forças pessoais nessas três áreas, obtendo assim felicidade autêntica e gratificação plena.

Esperando que o seu nível de emoção positiva e o seu acesso à gratificação plena tenham aumentado, vamos para o tópico final: encontrar significado e propósito na vida.[1] A vida agradável, conforme sugeri, está integrada à busca bem-sucedida de sentimentos positivos, complementada pela habilidade de amplificar essas emoções. A vida boa, ao contrário, não consiste em maximizar emoções positivas, mas está integrada à utilização bem-sucedida das forças pessoais para alcançar gratificação genuína e plena. A vida significativa tem um recurso adicional: o emprego das forças pessoais a serviço de alguma coisa maior que nós mesmos. Viver essas três vidas é levar uma vida completa.

14. Significado e propósito

"Não me sinto tão deslocado desde o jantar dos calouros de Princeton no Ivy Club", sussurrei para minha sogra. O único Iate Clube que eu já tinha visitado era o da Disney, mas lá estávamos todos: as crianças, meus sogros, Mandy e eu, jantando em um clube náutico de verdade. O homem da mesa ao lado, a quem nosso garçom tratava de "Comodoro", era mesmo um comodoro, e o que eu via pela janela subindo e descendo com o balanço do mar não eram barquinhos comuns, mas verdadeiras mansões flutuantes feitas de madeira de lei muito bem polida. Sir John Templeton tinha me convidado a ir até o Lyford Cay Club, e conforme prometi, levei Mandy e as crianças, que por sua vez convidaram os avós. Naquele momento, a promessa me pareceu um tanto temerária, já que ia provocar um abalo na nossa conta bancária. O Lyford Cay Club é um clube particular que ocupa toda a porção noroeste da ilha de New Providence, nas Bahamas. Do clube, onde frequentadores eram atendidos por funcionários uniformizados, falando inglês caribenho, viam-se mais de um quilômetro de praia de areia aveludada cor de marfim, quadras de esporte e incríveis mansões pertencentes a astros do cinema, à realeza europeia e a milionários de várias partes do mundo — todos aproveitando a flexibilidade fiscal das Bahamas. Pois era nesse ambiente um tanto inadequado que eu pretendia expor minhas ideias acerca de como encontrar significado na vida.

Tratava-se de uma reunião de dez cientistas, teólogos e filósofos para discutir se a evolução tinha uma direção e um propósito. Alguns anos antes, teria desconsiderado de pronto a questão, achando-a um disfarce para objeções fundamentalistas às teorias de Darwin. Mas eis que um exemplar de um livro na época ainda não publicado — *NonZero* [NãoZero] — tinha chegado ao meu escritório; era um trabalho tão incrivelmente original e tão bem fundamentado na ciência, que se tornou o trampolim para minhas ideias sobre como encontrar significado e propósito. Uma das razões de minha ida a Lyford Cay foi a oportunidade de conhecer Bob Wright, o autor do livro. Sua ideia inerente se liga diretamente à minha preocupação de que a ciência da emoção positiva, do caráter positivo e das instituições positivas simplesmente flutue nas ondas da moda do autoaperfeiçoamento, sem estar ancorada em premissas mais sólidas. A psicologia positiva deve estar ligada, abaixo, à biologia positiva, e, acima, à filosofia positiva, ou talvez mesmo à teologia positiva. Eu queria ouvir Bob Wright explicando melhor as ideias que expôs em *NonZero* e apresentar minhas considerações a respeito do significado e do propósito, tanto em vidas humanas extraordinárias quanto nas mais simples. E outra razão era fazer uma visita a nosso anfitrião, John Templeton, em seu Jardim do Éden.

Na manhã seguinte, nos reunimos em uma sala iluminada com cortinas verde-azuladas. Sir John estava sentado à cabeceira da mesa de ébano maciço. Muitos anos atrás, ele vendeu sua parte no Templeton Fund, um fundo mútuo muito bem-sucedido, e decidiu dedicar o resto da vida à filantropia. Sua fundação distribui dezenas de milhões de dólares por ano para apoiar estudos não convencionais que se situam em um ponto intermediário entre religião e ciência. Muito sagaz aos 87 anos, em seu blazer verde-esmeralda, sua vida intelectual não é nada modesta: primeiro da turma em Yale, bolsista da US Rhodes Scholarship, um leitor voraz e um autor prolífico. De constituição franzina, moreno, olhos brilhantes de entusiasmo e um sorriso radiante, ele abriu a reunião com as perguntas principais: "A vida do ser humano pode ter um propósito nobre? A vida pode ter um significado que transcenda aquele que criamos para nós? Foi a seleção natural que nos colocou neste caminho? O que a ciência nos diz a respeito da presença ou não de um propósito divino?".

Apesar de toda a sua história de benevolência e tolerância, existe na sala um desconforto palpável, quase medo, que nem sua cordialidade consegue dissipar. Acadêmicos experientes dependem da generosidade de fundações particulares. Então, quando diante da augusta presença de seus benfeitores, ficam com medo de dizer a coisa errada e desagradar o anfitrião. Temem que uma palavra incauta possa levar por água abaixo anos de estudo e realizações. Quase todos os presentes já tinham sido beneficiados pela generosidade de Sir John e esperavam receber mais.

David Sloan Wilson, um renomado biólogo, estudioso da evolução, começou com uma corajosa confissão a fim de dar à reunião um tom franco e tolerante: "Na presença de Sir John, quero deixar claro que sou ateu. Não acredito que a evolução tenha um propósito, muito menos um propósito divino". Estávamos bem na parte do mundo que servira de cenário para o filme *007 contra a chantagem atômica*, e Mihaly Csikszentmihalyi se inclinou para perto de mim e sussurrou: "Você não deveria ter dito isso, Número Quatro. Esta noite, vai dormir com os peixes".

Ri, pensando que Mihaly e David realmente não entendiam Sir John. Já trabalhara havia um tempo com ele e com a fundação. Tudo começou dois anos antes, quando o pessoal da fundação veio a mim, sem mais nem menos, com um convite para participar de um *festschrift* — dois dias de palestras e apresentação de ensaios e artigos de estudiosos da área de esperança e otimismo, em que eu seria o homenageado. Apesar do antigo conselho de que "a cavalo dado não se olham os dentes", Mandy e eu fomos pesquisar o site da fundação, tentando descobrir que outros trabalhos patrocinavam, e ficamos preocupados com a inclinação religiosa de sua missão.

Mandy me lembrou de que o presidente da APA fala em nome de 160 mil psicólogos, e que muita gente gostaria de conquistar sua lealdade, usando assim sua influência e o prestígio do cargo para dar credibilidade às próprias pautas. Então, convidei um dos executivos à minha casa e agradeci, dizendo que estava muito lisonjeado, mas teria de recusar; disse a ele que a psicologia positiva não estava à venda, sem conseguir evitar um toque de excesso de rigor e ingratidão.

Nos sessenta minutos que se seguiram, fui convencido de que ele era uma pessoa confiável, e suas ações desde aquele dia até hoje só fizeram confirmar isso. Arthur Schwartz, o executivo que foi à minha casa, explicou que a psicologia positiva e Sir John tinham pautas similares, mas não idênticas. Elas coincidiam em um ponto crucial. A pauta da fundação tinha um aspecto religioso e espiritual, além de sólido interesse científico. A minha era secular e científica, mas como disse Arthur, ao favorecê-la, a fundação poderia direcionar as ciências sociais para a investigação do que se consideram valores positivos e caráter positivo. Ele me garantiu que a fundação trabalharia comigo apenas

nas partes coincidentes, sem tentar me aliciar; também deixou claro que a fundação não seria aliciada por mim.

Então, enquanto tentava segurar o riso, não podia deixar de pensar que sabia o que Sir John queria, e não era nada do que David e Mihaly suspeitavam. Sir John passou as duas últimas décadas em uma busca muito pessoal. Ele não é nem um pouco dogmático em relação à tradição cristã que é sua origem; na verdade, está insatisfeito com a teologia atual. Na sua opinião, a tradição cristã não acompanhou a ciência, e assim não conseguiu ajustar-se às esmagadoras mudanças no panorama da realidade forjadas pelas descobertas empíricas.

Sir John partilha de muitas dúvidas metafísicas que David Sloan Wilson, Mihaly e eu temos. Ele acabou de completar 87 anos e quer saber o que o espera, não por motivos pessoais urgentes, mas a serviço de um futuro melhor para a humanidade. Como os nobres mecenas da Antiguidade, ele pode se dar ao luxo de não ter que pensar sozinho nas grandes questões; basta reunir um grupo de pensadores extraordinários para ajudá-lo. Ele também não quer ouvir as velhas verdades de sempre repetidas e confirmadas; para isso, bastaria ligar a televisão no domingo de manhã. O que ele realmente quer é trazer à tona a visão mais profunda, franca e original que pudermos formular para as eternas perguntas: "Por que estamos aqui?" e "Para onde vamos?". Por mais estranho que pareça, pela primeira vez na vida, eu acreditava ter algo original para dizer acerca dessas questões difíceis, e o que tinha a dizer fora inspirado pelas ideias de Wright. Se minha ideia sobre significado fizesse sentido, seria o empurrão que faltava para a psicologia positiva decolar.

Robert Wright aproximou-se devagar do lugar de onde falaria. Ele era uma figura estranha em meio àquela reunião de acadêmicos notáveis. Fisicamente, é magro e pálido, mas de certo modo, atraente. Quando fala, franze os lábios como se chupasse um limão — e quando não gosta da pergunta que tem de responder, um limão ainda mais azedo. A voz é suave, quase monótona, com traços do sotaque arrastado do Texas misturada à rapidez do sotaque nova-iorquino. O mais estranho, porém, não são as credenciais, a aparência nem a sua voz. Ele era a única pessoa presente (a não ser por Sir John) que não estava ligada à área acadêmica. Ele trabalha como jornalista, uma profissão vista com certo desdém pelos acadêmicos mais exaltados.

É colunista da revista *New Republic*, posição que há quase um século vem sendo ocupada por cientistas políticos.[1] No início dos anos 1990, publicou

O animal moral, em que afirmava que a moralidade humana tinha profundos fundamentos evolutivos; os preceitos morais humanos não seriam arbitrários nem predominantemente resultantes da socialização. Dez anos antes, pouco depois de formar-se em educação por Princeton, Wright escrevera um artigo para a revista *Atlantic* sobre as raízes do indo-europeu, o idioma que deu origem à maioria das línguas faladas no Ocidente.

Talvez você pense que alguém que escreva sobre política, evolução, biologia, linguística e psicologia seja um amador. Mas Wright não é um amador. Antes de conhecê-lo, já tinha ouvido de Sam Preston (meu reitor e um demógrafo reconhecido em todo o mundo) que *O animal moral* era o mais importante livro de ciência que ele já lera. Steve Pinker, o mais conceituado psicólogo estudioso da linguagem do mundo, me disse que o artigo de Wright sobre o indo-europeu era "definitivo e revolucionário". Na tradição de Smithson e Darwin, Wright é um dos poucos grandes cientistas amadores vivos. Circulando entre os acadêmicos, Wright me fez lembrar a carta a respeito de Ludwig Wittgenstein que G. E. Moore enviou à banca examinadora que concedia o grau de doutor na Cambridge University, em 1930. Wittgenstein tinha sido libertado da Alemanha nazista e conduzido à Inglaterra, e a intenção era torná-lo professor de filosofia. No entanto, como Wittgenstein não possuía credenciais acadêmicas, Moore apresentou em nome dele, como tese de doutorado, o *Tractatus-Lógico-Philosophicus*, um trabalho já considerado clássico. Em sua carta de apresentação, Moore escreveu: "O *Tractatus* do sr. Wittgenstein é um trabalho de gênio e, assim, está à altura dos padrões de um doutorado por Cambridge".

Por coincidência, o livro de Wright, *NonZero*, já tinha sido lançado, e a seção literária do *New York Times* publicara como matéria de capa, no domingo anterior, uma elogiosa resenha. Com isso, os acadêmicos estavam meio enciumados, mas decididamente olharam Wright com menos desdém do que eu esperava. Ainda assim, a densidade e a profundidade do que ele falou durante a hora que se seguiu pegou todos de surpresa.

Wright começou sugerindo que o segredo da vida não está no DNA, mas em outra descoberta feita ao mesmo tempo que a de Watson e Crick: a tese dos jogos de soma não zero, apresentada por John von Neumann e Oskar Morgenstern. O jogo em que um participante perde e o outro ganha é uma atividade na qual a sorte do vencedor está na proporção inversa à da sorte do perdedor; o jogo em que ambos ganham tem um resultado líquido positivo. O princípio básico que permeia a própria vida, segundo Wright, é o superior sucesso reprodutivo que favorece os jogos em que todos saem ganhando. Os sistemas biológicos são forçados — projetados sem um projetista — pela seleção darwiniana na direção de sistemas mais complexos e de mais situações em que todos saem ganhando. A célula que incorpora simbioticamente a mitocôndria supera as células que não podem fazer isso. A inteligência complexa é quase um resultado inevitável, com tempo suficiente, da seleção natural e do sucesso reprodutivo diferencial.

Segundo Wright, não é apenas a mudança biológica que tem essa direção, mas a própria história da humanidade. Antropólogos, como Lewis Henry Morgan no século XIX, estavam certos. O cenário universal da mudança política no decorrer dos séculos, em todo o mundo, vai do selvagem ao bárbaro, e daí à civilização. Essa é uma progressão que tem em seu âmago um aumento de situações em que todos ganham. Quanto mais jogos de soma não zero em uma cultura, mais provável que ela sobreviva e se desenvolva. Wright sabe, é claro, que a história está pontuada de horrores. O progresso não é uma locomotiva inabalável; parece-se mais com um cavalo empacado que se recusa a sair do lugar e recua ocasionalmente. Mas o avanço geral da história humana, não ignorando esses retrocessos, como o Holocausto, o terrorismo e o genocídio contra os aborígines da Tasmânia, vai, quando visto em termos de séculos, na direção de mais situações em que todos saem ganhando.

Estamos vivendo o fim da tempestade que precede a bonança. A internet, a globalização, a ausência de guerra nuclear não são coincidências. São produtos quase inevitáveis de uma espécie selecionada para situações mais positivas. Wright concluiu dizendo que a espécie chegou a um ponto de inflexão, depois do qual o futuro da humanidade será muito mais feliz do que o passado. A sala ficou em um silêncio mortal.

Os ouvintes estavam assombrados. Nós, acadêmicos, que nos orgulhamos de nosso ceticismo e inteligência crítica, não estamos acostumados a ouvir discursos otimistas. Jamais alguém havia pintado um panorama tão róseo para o futuro da humanidade de maneira tão simples; ainda mais vindo de um pessimista "de carteirinha", com credenciais de *realpolitik* muito melhores do que as de qualquer um de nós. Estávamos surpresos, já que tínhamos acabado de ouvir uma argumentação altamente otimista com base em dados e princípios científicos aceitos por todos os presentes. Trocamos alguns comentários superficiais e saímos, ainda aturdidos, para o sol quente do Caribe.

No dia seguinte, aproveitei para ter uma longa conversa com Bob. Sentados próximos da piscina, observávamos as filhas dele, Eleanor e Margaret, brincando na água com Lara e Nikki. Garçons negros, vestidos em uniformes brancos com galões dourados, levavam bebidas para os ricos hospedados lá. Na noite anterior, passeando pelos arredores de Nassau, erramos o caminho e acabamos encontrando a pobreza assustadora, tão bem escondida dos turistas. A raiva, a revolta pela injustiça e a impotência ainda não tinham se dissipado, e fui assaltado por dúvidas acerca da globalização da riqueza e da inevitabilidade de todos saírem ganhando. Fiquei pensando no quanto a crença em um mundo que se move nessa direção utópica se aproxima da existência de ricos e privilegiados. Teria a psicologia positiva apelo apenas para aqueles que ocupam o topo da hierarquia das necessidades de Maslow? Otimismo, felicidade, pessoas se ajudando? De que estávamos falando, afinal?

"Então, Marty, você queria acrescentar alguns detalhes sobre as implicações das situações em que todos saem ganhando, para encontrar o significado da vida?" A pergunta educada de Bob tinha interrompido meus pensamentos melancólicos, em total desacordo com um céu tão azul e uma manhã tão bonita.

Expliquei minhas ideias a partir de duas visões distintas: a psicológica e a teológica. Disse a Bob que estava trabalhando para mudar minha profissão, para fazer os psicólogos se dedicarem a desenvolver as melhores coisas da vida. Garanti a Bob que não sou contra a psicologia negativa. Eu mesmo a pratiquei por 35 anos. Mas é urgente alcançar o equilíbrio, complementar o que sabemos sobre doença com o conhecimento sobre saúde. A urgência vem da possibilidade de que ele esteja correto e que as pessoas estejam agora mais do que nunca preocupadas em encontrar um significado para sua vida.

"Tenho pensado muito sobre virtude e sobre emoções positivas: entusiasmo, contentamento, alegria, felicidade e bom humor. Por que temos emoções positivas, afinal? Por que a vida não é toda estruturada em torno das nossas emoções negativas? Se só tivéssemos emoções negativas — medo, raiva e tristeza —, o comportamento humano básico poderia seguir do jeito que é. A atração seria explicada pelo alívio de repelir a emoção negativa, já que nos aproximamos de quem nos liberta do medo e da tristeza; e a repulsa se explicaria pelo aumento da emoção negativa. Nós ficamos longe de situações ou pessoas que nos deixam tristes ou com medo. Por que a evolução nos deu um sistema de sentimentos agradáveis além do sistema de sentimentos desagradáveis? Um só sistema resolveria o problema."

Sem sequer tomar fôlego, digo a Bob que *NonZero* pode explicar isso. Teria *a emoção negativa evoluído para nos ajudar nas situações em que todos ganham?* Quando estamos em meio a uma competição implacável, quando é "matar ou morrer", o medo e a ansiedade são nossos motivadores e nossos guias. Quando lutamos para evitar uma perda ou impedir uma agressão, tristeza e raiva são nossos motivadores e nossos guias. Quando sentimos uma emoção negativa, é sinal de que estamos em uma situação em que, para um ganhar, o outro tem de perder. Essas emoções abrem um repertório de ações que levam a lutar, fugir ou desistir, ativando também um estado de ânimo analítico, que estreita o foco de modo a apontar apenas para o problema.

Pode ser, então, que a emoção positiva tenha evoluído para nos motivar e guiar através das situações em que todos ganham? Quando é esse o caso — namorar, caçar juntos, criar filhos, cooperar, plantar, ensinar e aprender —, alegria, disposição e contentamento nos motivam e guiam nossas ações. As emoções positivas são parte de um sistema sensorial que nos alerta para a presença de uma situação potencial em que todos ganham. Além disso, abrem um repertório de ações e instalam um estado de espírito que desenvolve e amplia recursos intelectuais e sociais permanentes. As emoções positivas, em resumo, constroem as catedrais da nossa vida.

"Se tudo isso estiver certo, o futuro da humanidade vai ser ainda melhor do que você prevê, Bob. Se estamos no limiar de uma nova era, em que todos ganham, estamos no limiar de uma era de bons sentimentos... literalmente bons sentimentos."

"Você mencionou significado e um ângulo teológico, Marty?" O olhar duvidoso permanecia no rosto de Bob, mas como seus lábios não ficaram franzidos, acreditei que fizesse sentido para ele a ideia do entrelaçamento de emoção positiva com situações em que todos ganham. "Achei que não acreditasse nisso."

"E realmente não acredito. Ou costumava, pelo menos. Nunca consegui engolir a ideia de um Deus sobrenatural e atemporal, um Deus que planeja e cria o universo. Por mais que quisesse, nunca consegui acreditar que houvesse qualquer significado na vida, além daquele que nós mesmos adotamos. Mas agora começo a pensar que estava errado, ou pelo menos parcialmente errado. O que tenho a dizer não é relevante para as pessoas de fé, gente que já acredita em um Criador que é a base da existência pessoal. Elas já levam vidas que acreditam significativas, e pelo que considero, são mesmo. Mas espero é que ter uma vida significativa seja relevante, também, para as comunidades não religiosas, os céticos e os que acreditam apenas na natureza."

Eu começo a avançar com muito mais cuidado. Não costumo ler textos de teologia, e dependendo do trabalho, suspeito da inteligência do autor. Sempre hesitei entre a certeza confortável do ateísmo e as dúvidas aflitivas do agnosticismo, mas a leitura do livro de Bob mudou tudo. Pela primeira vez, sinto os indícios de alguma coisa muito maior que eu ou qualquer ser humano. Vejo sinais de um Deus em que os fortes em evidência e fracos em revelação (e os fortes em esperança, mas fracos em fé) podem acreditar.

"Bob, já ouviu falar de um conto de Isaac Asimov, dos anos 1950, chamado 'A última pergunta'?"[2] Como Bob fez que não com a cabeça e resmungou qualquer coisa a respeito de não ter nascido ainda, contei rapidamente.

A história começa em 2061, com o sistema solar esfriando. Cientistas perguntam a um computador gigante: "É possível reverter a entropia?". E o computador responde: "Sem dados suficientes para uma resposta significativa". Na cena seguinte, os habitantes da Terra haviam deixado nosso Sol em busca de estrelas mais novas. Como a galáxia continuava a esfriar, eles perguntam a um supercomputador miniaturizado que contém todo o conhecimento humano: "É possível reverter a entropia?". E a resposta é: "Sem dados suficientes". As cenas se sucedem, com o computador cada vez mais poderoso e o cosmo cada vez mais frio. A resposta, no entanto, continua a mesma. No final, trilhões de anos se passaram, e toda a vida e o calor do universo desapareceram. Todo o conhecimento está compactado em uma quantidade mínima de matéria no hiperespaço, próximo do zero absoluto. A matéria pergunta a si mesma: "É possível reverter a entropia?".

"Faça-se a luz", ela responde. *E fez-se a luz.*

"Bob, existe uma teologia embutida nessa história que é uma extensão das situações em que todos ganham. Você escreve sobre termos sido 'projetados sem projetista'. Que nosso destino é sermos cada vez mais complexos. Um destino, você diz, comandado pela mão invisível da seleção natural e da seleção cultural, que favorece as situações em que todos ganham. Considero essa complexidade crescente idêntica ao maior poder e ao maior conhecimento. Também vejo essa complexidade crescente como maior bondade, já que a bondade pertence a um grupo de virtudes ubíquas que todas as culturas bem-sucedidas desenvolveram. Nas competições entre menos conhecimento, menos poder e menos bondade, de um lado, e mais conhecimento, mais poder e mais bondade, do outro, tudo que seja 'mais' geralmente vence. É claro que existem reveses e retrocessos, mas o resultado deles é o progresso em termos de conhecimento, poder e bondade. Em que direção, quero perguntar, *a longo prazo*, caminha esse processo de poder, conhecimento e bondade crescentes?"

Noto os primeiros sinais de desagrado nos lábios de Bob, então decido me apressar. "Na tradição judaico-cristã, Deus tem quatro propriedades: onipotência, onisciência, bondade e a criação do universo. Acredito que devamos deixar de lado a última propriedade, o Criador sobrenatural do início dos tempos. De todo modo, essa é a propriedade mais incômoda, que entra em choque com o mal no universo. Se é Deus quem traça o plano, e é bom, onisciente e onipotente, como pode o mundo estar cheio de crianças inocentes morrendo, cheio de terrorismo e sadismo? A propriedade do Criador também contradiz o livre-arbítrio do ser humano. Se Deus é também onipotente e onisciente, como pôde criar uma espécie dotada de livre-arbítrio? E, afinal, quem criou o Criador?

"Cada um desses enigmas tem respostas teológicas bem elaboradas e complicadas. Quanto à questão do mal, podemos afirmar que o plano de Deus é impenetrável. 'O que para nós parece o mal não é o mal no plano insondável de Deus.' A reconciliação do livre-arbítrio do ser humano com as quatro propriedades de Deus é uma questão bem difícil. Calvino e Lutero deixaram de lado a determinação humana para salvar a onipotência de Deus. Em contraste com esses fundadores das religiões protestantes, a teologia 'de processo' é um desenvolvimento moderno que sustenta ter Deus dado início a todas as coisas com um empurrão eterno em direção à complexidade crescente — até aí, tudo bem. A complexidade crescente, porém, ocasiona o livre-arbítrio e a consciência, tornando o livre-arbítrio um forte limitador do poder de Deus. O Deus da teologia de processo abre mão da onipotência e da onisciência, para permitir aos seres humanos vivenciarem o livre-arbítrio. Para chegar a 'quem criou o Criador', a teologia de processo abre mão da própria criação, afirmando que o processo de atingir cada vez maior complexidade dura para sempre; não houve início nem haverá fim. Assim, na teologia de processo, Deus permite o livre-arbítrio, mas às custas da onipotência, da onisciência e da criação. A teologia de processo falha, porque priva Deus de todas as propriedades tradicionais, e o que resta é um deus menor, na minha opinião.[3] Mas é a melhor tentativa que conheço de reconciliar o Criador com a onipotência, a onisciência e a bondade.

"Existe uma saída diferente para esses enigmas: reconhecer que a propriedade do Criador é muito contraditória para as outras três propriedades, como meio de justificar seu completo descarte. É essa propriedade, essencial à crença, que torna tão difícil aos indivíduos de mente científica aceitar a existência de Deus. O Criador é sobrenatural, um ser inteligente e astuto que existe antes do tempo e não está sujeito às leis naturais. Que o mistério da criação fique restrito ao ramo da física chamado cosmologia. Bons ventos o levem.

"Isso nos deixa com a ideia de um Deus que não tinha ligação alguma com a criação, mas é onipotente, onisciente e justo. A grande questão é: 'Deus existe?'. Um Deus assim não pode existir agora, porque estaríamos novamente presos a dois dos mesmos enigmas: Como pode haver mal no mundo, se existe um Deus onipotente e justo, e como podem os seres humanos ter o livre-arbítrio, se existe um Deus onipotente e onisciente? Então, esse Deus não existiu nem existe. E novamente, a longo prazo, aonde o princípio das situações em que todos saem ganhando vai dar? Em um Deus que não é sobrenatural, um Deus que, em última análise, adquire onipotência, onisciência e bondade por meio do progresso natural de situações em que todos saem ganhando. Talvez, apenas talvez, Deus esteja no final dessa estrada."

Nesse momento, notei no rosto de Bob sinais de reconhecimento mesclado a incerteza... mas nenhum desagrado no rosto.

Um processo que avança continuamente no sentido de maior complexidade tem como objetivo final nada menos que onisciência, onipotência e bondade. Claro que essa realização não será alcançada durante nosso tempo de vida, nem no tempo de vida de nossa espécie. Como indivíduos, o melhor que podemos fazer é optar por realizar uma pequena contribuição no avanço desse progresso. É por essa porta que o significado transcendente entra em nossa vida. Uma vida significativa é aquela que nos une a algo maior — e quanto maior, mais significado. Participar de um processo que traz consigo um Deus dotado de onisciência, onipotência e bondade como objetivo final une nossa vida a algo muito maior.

Você recebeu o direito de escolher o curso que vai seguir na vida. Você pode escolher uma vida que avance com maior ou menor intensidade na direção desses objetivos. Ou também pode, com muita facilidade, escolher uma vida completamente desligada desses objetivos. Você pode até escolher uma vida que vá contra eles. Você pode optar por uma vida estruturada em torno de mais conhecimento: ensino, aprendizagem, educação dos filhos, ciência, literatura, jornalismo e muitas outras oportunidades. Você pode optar por uma vida mais poderosa por meio da tecnologia, engenharia, construção, indústria ou dos serviços de saúde. Ou pode optar por uma vida estruturada em torno de mais bondade por meio do direito, das atividades de proteção do povo, do combate a incêndios, da religião, ética, política, caridade ou do serviço público.

A vida boa consiste em obter felicidade usando diariamente nos principais setores da vida suas forças pessoais. A vida significativa acrescenta outro componente: a utilização dessas mesmas forças para promover o conhecimento, o poder ou a bondade. A vida que faz isso carrega dentro dela o significado, e se Deus estiver no final da estrada, será uma vida sagrada.

Apêndice
Terminologia e teoria

Neste apêndice, vamos esclarecer o significado dos termos, resumindo a teoria inerente. Emprego *felicidade* e *bem-estar* de modo intercambiável, como termos abrangentes, para descrever os objetivos de todos os esforços da psicologia positiva, incluindo sentimentos positivos (êxtase e conforto, por exemplo) e atividades positivas (foco e dedicação, por exemplo).[1] É importante reconhecer que "felicidade" e "bem-estar" às vezes se referem a sentimentos, mas também podem referir-se a atividades em que não há sentimento algum.

Felicidade e bem-estar são os resultados desejáveis da psicologia positiva.

Como existem diferentes maneiras de enriquecer as emoções positivas, prefiro dividi-las em três tipos: voltadas para o passado, para o futuro e para o presente. Satisfação, contentamento, orgulho e serenidade são emoções orientadas para o passado; enquanto otimismo, esperança, confiança e fé são emoções orientadas para o futuro.

Emoções positivas (passado): satisfação, contentamento, orgulho e serenidade.

Emoções positivas (futuro): otimismo, esperança, confiança e fé.[2]

As emoções positivas voltadas para o presente dividem-se em duas categorias crucialmente diferentes: prazeres e gratificações. Os *prazeres* podem ser físicos ou superiores. Prazeres físicos são emoções positivas momentâneas que vêm através dos sentidos: cheiros e gostos deliciosos, prazeres sexuais, visões e sons agradáveis. Os prazeres superiores também são momentâneos, provocados por eventos mais complexos e passíveis de aprendizado que os sensoriais, e podem ser definidos pelos sentimentos que despertam: êxtase, enlevo, animação, regozijo, alegria, encantamento, júbilo, divertimento, entusiasmo, conforto, graça, relaxamento etc. Os prazeres do presente, bem como as emoções positivas acerca do passado e do futuro, são a base dos sentimentos subjetivos. O julgamento final é do próprio indivíduo, mas muitas pesquisas comprovam que esses estados de ânimo podem ser testados (este livro apresenta vários testes) e rigorosamente avaliados. As medidas de emoção positiva que utilizo se repetem, são estáveis em relação ao tempo e coerentes em relação às situações — as ferramentas de uma ciência séria. Essas emoções e as estratégias para tê-las em abundância são a peça central da primeira parte deste livro.

Emoção positiva (presente): prazeres físicos, tais como saborear um alimento, receber um carinho ou ter um orgasmo.

Emoção positiva (presente): prazeres superiores, como enlevo, emoção e conforto.

A vida agradável: uma vida que consiga alcançar as emoções positivas acerca do presente, do passado e do futuro.

As *gratificações* são outra classe de emoções positivas em torno do presente. Ao contrário dos prazeres, porém, não são sentimentos, mas atividades que gostamos de fazer: ler, escalar montanhas, dançar, conversar, jogar vôlei ou cartas, por exemplo. As gratificações absorvem completamente, bloqueiam a consciência, bloqueiam a emoção, exceto em retrospecto ("Nossa, foi tão legal!"), e criam a experiência de fluxo — o *flow* — um estado em que o tempo para, e a pessoa fica completamente à vontade.

Emoção positiva (presente): gratificações — atividades que gostamos de fazer.

As gratificações não podem ser alcançadas nem intensificadas permanentemente, sem que se desenvolvam forças e virtudes pessoais. A felicidade, que é o objetivo da psicologia positiva, não se resume a alcançar estados subjetivos momentâneos. Felicidade também inclui a ideia de uma vida autêntica. Este não é um julgamento meramente subjetivo, e *autenticidade* descreve o ato de obter gratificação e emoção positiva através do exercício das próprias forças pessoais, que são caminhos naturais e permanentes para a gratificação. Assim, forças e virtudes são o foco da segunda parte deste livro. As gratificações são o caminho para o que chamo de *vida boa*.

A vida boa: utilização das suas forças pessoais para obter gratificação plena nos principais setores da vida.

A grande lição que podemos tirar das intermináveis discussões sobre "O que é felicidade?" é que a felicidade pode ter muitas origens. Vendo por esse ângulo, torna-se indispensável desdobrar nossas virtudes e forças pessoais pelos principais setores da vida: amor, trabalho, criação de filhos e propósito. Esses tópicos ocupam a terceira parte deste livro. O livro, portanto, trata de fazer das experiências do passado, presente e futuro as melhores possíveis; da descoberta das forças pessoais e de sua utilização em todas as iniciativas que você considerar valer a pena. Importante: uma pessoa "feliz" não precisa experimentar todas ou a maior parte das gratificações e emoções positivas.

Uma vida significativa acrescenta mais um componente à vida boa — o engajamento das suas forças pessoais a serviço de algo maior. Portanto, além de tratar da felicidade, este livro pretende ser uma introdução à vida significativa.

A vida significativa: utilização das suas virtudes e forças pessoais a serviço de algo maior.

Por fim, uma *vida plena* consiste em experimentar emoções positivas acerca do passado e do futuro, saboreando os sentimentos positivos que vêm dos prazeres, buscando gratificação plena no exercício das forças pessoais e aproveitando essas forças a serviço de algo maior, para obter uma vida cheia de significado.

Agradecimentos

A psicologia positiva surgiu como movimento científico do entusiasmo de três pessoas em Yucatán, durante a primeira semana de janeiro de 1998. Este livro, que recebeu o ponto final quatro anos mais tarde, no mesmo local, é a materialização dessa iniciativa. Tudo começou com Nikki (veja no capítulo 2). Com as palavras de minha filha ainda ecoando nos ouvidos, levemente envergonhado, mas com uma visão extraordinariamente clara, percebi qual era minha missão: criar a psicologia positiva. Não estava bem certo do que aquilo significava, mas sabia a quem perguntar.

"Mihaly", falei quando Mihaly Csikszentmihalyi atendeu o telefone, "sei que você e Isabella já têm planos para o Ano-Novo, mas não quer mudá-los e juntar-se a nós em Yucatán? Aluguei uma casa em Akumal. Tem lugar para todo mundo. Quero conversar com você sobre fundar um campo chamado psicologia positiva."

"Ray", falei quando Ray Fowler atendeu o telefone, "sei que você e Sandy já têm planos para o Ano-Novo, mas não quer mudá-los e juntar-se a nós em Yucatán? Aluguei uma casa em Akumal. Tem lugar para todo mundo. Quero conversar com você sobre fundar um campo chamado psicologia positiva."

Em Akumal, na primeira semana de janeiro de 1998, acordávamos cedo, conversávamos até o meio-dia, pegávamos nossos laptops e escrevíamos até a metade da tarde, quando então saíamos com as crianças para passear e nadar. Ao fim da semana, tínhamos um plano: conteúdo, método e infraestrutura. Três pilares sustentariam o conteúdo da iniciativa científica. O primeiro seria o estudo da *emoção positiva*; Ed Diener concordou em ser o diretor. O segundo seria o estudo do *caráter positivo*, as forças e virtudes cujo exercício regular produz emoção positiva; Mihaly Csikszentmihalyi concordou em ser o diretor. Caráter positivo, na nossa opinião, estava precisando de um sistema de classificação — exatamente como tinha sido feito com as doenças mentais, que foram classificadas no *DSM-III* —, permitindo assim que os profissionais concordassem em relação a determinada força. Essa classificação seria um documento vivo, sujeito a revisões conforme a ciência fosse se desenvolvendo. Uma vez alcançado o consenso em relação à classificação, seria preciso criar um método para medir cada um dos aspectos. Chris Peterson e George Vaillant concordaram em assumir essa parte. A psiquiatria já tinha nos dito quais são as doenças; a psicologia positiva, sob a liderança dos dois, nos informaria sobre os estados de sanidade.

O terceiro pilar, extremamente importante, mas fora do campo da psicologia e do assunto deste livro, é o estudo das *instituições positivas*. Quais são as grandes estruturas que transcendem o indivíduo e dão suporte ao caráter positivo, que por sua vez causa emoção positiva? Famílias e comunidades sólidas, democracia, liberdade de imprensa, educação e segurança econômica são exemplos de instituições positivas. A sociologia, a ciência política, a antropologia e a economia são o terreno certo para tais investigações, mas, assim como a psicologia, estão impregnadas pelo estudo de instituições que interferem negativamente, como o racismo, o sexismo, o maquiavelismo, os monopólios etc. Essas ciências sociais já descobriram muito acerca das instituições que tornam a vida difícil ou mesmo insuportável. Porém, elas apenas nos dizem como minimizar as condições desfavoráveis. Mihaly, Ray e eu vimos a necessidade de a ciência social positiva estudar quais as instituições que nos ajudam a ficar no espectro positivo da escala da felicidade, e Kathleen Hall Jamieson concordou em dirigir essa parte. O falecido Robert Nozick concordou em trabalhar conosco sobre as questões filosóficas que rodeavam a iniciativa. Para supervisionar isso tudo, decidimos criar uma rede de psicologia positiva, envolvendo os acadêmicos mais experientes. Concordei em assumir a direção, e Peter Schulman ficou com a coordenação.

Obrigado, Ray, Mihaly, Ed, Chris, George, Kathleen, Bob e Peter.

Mihaly, Ray e eu seguimos os métodos científicos do passado, o que torna a psicologia positiva menos grandiosa. Isso pode desapontar aqueles que esperam por uma revolução científica, mas devo confessar certa má vontade com a desgastada noção de "mudança de paradigma" para caracterizar os novos desdobramentos de uma disciplina. Consideramos a psicologia positiva mera mudança de foco da psicologia — do estudo de algumas das piores coisas da vida para o estudo do que faz a vida valer a pena. Não vemos a psicologia positiva como uma substituição do que já houve, mas como uma extensão e complementação. Mihaly, Ray e eu, três estudiosos da ascensão e queda de movimentos científicos, analisamos cuidadosamente a infraestrutura. A psicologia positiva tinha um conteúdo instigante e métodos comprovados, mas conseguimos perceber que a mudança no foco de uma ciência só ocorre quando há trabalho, subvenções, prêmios e colegas dispostos a dar apoio. Estávamos especialmente interessados nos jovens cientistas. Por isso, decidimos favorecer a pesquisa e a colaboração em cada setor da psicologia positiva, criando oportunidades para professores, cientistas e estudantes de vários níveis.

Tudo isso se mostrou muito caro; daí o levantamento de fundos ter se tornado parte das minhas tarefas. Passei boa parte do ano de 1998 fazendo palestras e levantando fundos, e apesar da experiência de falar em público que adquiri em centenas de seminários sobre desamparo aprendido e otimismo aprendido, não estava preparado para a reação que encontrei, ao falar de psicologia positiva. Pela primeira vez na vida vi um assunto emocionar tanta gente até as lágrimas.

"A psicologia positiva era minha vocação, e eu a troquei por uma confusão de doenças mentais", me disse uma psicóloga, com a voz embargada pela emoção.

"A história de Nikki se aplica muito bem, Marty. O que faço de melhor na terapia é desenvolver forças, mas nunca soube que nome dar a isso", revelou outro renomado psicoterapeuta.

Outra atividade em que tenho experiência é em levantar fundos para pesquisa. Passei boa parte da minha vida adulta pulando de um lugar para outro em busca de recursos. Que digam os mendigos quanto é exaustiva, às vezes degradante, a experiência de pedir dinheiro. No caso da psicologia positiva, ao contrário, foi como um passeio no parque. Harvey Dale, Jim Spencer e Joel Fleishman, da Atlantic Philanthropies, logo concordaram em subvencionar a rede, muito generosamente, aliás. Neal e Donna Mayerson, da Manuel D. and Rhoda Mayerson Foundation, concordaram em patrocinar a criação de uma classificação de forças e virtudes, sob o nome de Values-in-Action (via).

Sir John Templeton, junto com Chuck Harper e Arthur Schwartz, seus executivos da John Templeton Foundation, concordaram em oferecer generosos prêmios para a melhor pesquisa em psicologia positiva e subvencionar jovens estudiosos. As fundações Annenberg e Pew garantiram régios recursos para o pilar de Kathleen Hall Jamieson, começando com o estudo de compromissos cívicos. Jim Hovey assumiu os encontros anuais dos cientistas em Akumal. Don Clifton e Jim Clifton, pai e filho, CEOs da Gallup, concordaram em sediar e patrocinar grandes reuniões de cúpula anuais.

Obrigado, Harvey, Joel, Neal, Donna, Sir John, Chuck, Arthur, Annenberg, Pew, Jim (todos os três) e Don.

Richard Pine, amigo e agente de longa data, sonho de todo autor, fez nascer a ideia do livro que seria a concretização do movimento. Lori Andiman, seu braço direito, cuidou de tudo fora dos Estados Unidos. Philip Rappaport, meu editor em tempo integral e conselheiro em meio expediente, concordou em dar forma ao livro e acompanhou seu trajeto pela Free Press e Simon & Schuster. Ele leu cada palavra pelo menos duas vezes e mudou muitas para melhor.

Obrigado, Richard, Lori e Philip.

Todas as pessoas aqui mencionadas também contribuíram — Csikszentmihalyi, Diener e Peterson principalmente — para que o livro se tornasse realidade. Dois dos grupos de trabalho em psicologia positiva influenciaram fortemente minhas ideias e partilharam comigo seu trabalho: o grupo de trabalho (Amy Wrzesniewski, Monica Worline e Jane Dutton) e o grupo de busca da felicidade (David Schkade, Ken Sheldon e Sonja Lyubomirsky). Muitos outros contribuíram de várias maneiras para o livro: trazendo seus artigos ainda não publicados, permitindo que eu utilizasse pesquisas que tinham desenvolvido, discutindo minhas ideias por e-mail ou pessoalmente, em conversas que talvez até já tenham esquecido, lendo partes do texto e comentando — incentivando ou diminuindo o entusiasmo conforme o necessário, dizendo as coisas certas nas horas certas.

Obrigado, Katherine Dahlsgaard, Martha Stout, Terry Kang, Carrissa Griffing, Hector Aguilar, Katherine Peil, Bob Emmons, Mike McCullough, Jon Haidt, Barbara Fredrickson, David Lubinski, Camilla Benbow, Rena Subotnik, James Pawelski, Laura King, Dacher Keltner, Chris Risley, Dan Chirot, Barry Schwartz, Steve Hyman, Karen Reivich, Jane Gillham, Andrew Shatte, Cass Sunstein, Kim Davis, Ron Levant, Phil Zimbardo, Hazel Markus, Bob Zajonc,

Bob Wright, Dorothy Cantor, Dick Suinn, Marisa Lascher, Sara Lavipour, Dan Ben-Amos, Dennis McCarthy, os estudantes das turmas Psicologia 262 e Psicologia 709 da Universidade da Pensilvânia, Rob DeRubeis, Lilli Friedland, Steve Hollon, Lester Luborsky, Star Vega, Nicole Kurzer, Kurt Salzinger, Dave Barlow, Jack Rachman, Hans Eysenck, Margaret Baltes, Tim Beck, David Clark, Isabella Csikszentmihalyi, David Rosenhan, Elaine Walker, Jon Durbin, Drake McFeeley, Robert Seyfarth, Gary VandenBos, Peter Nathan, Danny Kahneman, Harry Reis, Shelly Gable, Bob Gable, Ernie Steck, Bob Olcott, Phil Stone, Bill Robertson, Terry Wilson, Sheila Kearney, Mary Penner-Lovici, Dave Myers, Bill Howell, Sharon Brehm, Murray Melton, Peter Friedland, Claude Steele, Gordon Bower, Sharon Bower, Sonja Lyubomirsky, David Schkade, Ken Sheldon, Alice Isen, Jeremy Hunter, Michael Eysenck, Jeanne Nakamura, Paul Thomas, Lou Arnon, Marrin Elster, Billy Coren, Charlie Jesnig, Dave Gross, Rathe Miller, Jon Kellerman, Faye Kellerman, Darrin Lehman, Fred Bryant, Joseph Veroff, John Tooby, Leda Cosmides, Veronika Huta, Ilona Boniwell, Debra Lieberman, Jerry Clore, Lauren Alloy, Lyn Abramson, Lisa Aspinwall, Marvin Levine, Richie Davidson, Carol Dweck, Carol Ryff, John Dilulio, Corey Keyes, Roslyn Carter, Monica Worline, Jane Dutton, Amy Wrzesniewski, Jon Baron (dois com o mesmo nome), John Sabini, Rick McCauley, Mel Konner, Robert Biswas-Diener, Carol Diener, Thomas Joiner, Tom Bradbury, Frank Fincham, Hayden Ellis, Norman Bradburn, Cindy Hazan, Phil Shaver, Everett Worthington, David Larsen, Mary Ann Meyers, Jack Haught, Fred Vanfleteren, Randy Gallistel, Eve Clark, Jim Gleick, Marty Apple, Arthur Jaffe, Scott Thompson, Danny Hillis, Martha Farah, Alan Kors, Tom Childers, Dave Hunter, Rick Snyder, Shane Lopez, Leslie Sekerka, Tayyab Rashid, Steve Wolin, Steve Pinker, Robert Plomin, Ken Kendler, Joshua Lederberg, Sybil Wolin, Todd Kashdan, Paul Verkuil e Judy Rodin.

E, acima de tudo, por fazerem do ano do lançamento deste livro o melhor ano da minha vida, agradeço à minha esposa, Mandy, e aos meus seis filhos: Amanda, David, Lara, Nikki, Darryl e a pequena Carly.

Notas

PREFÁCIO [pp. 11-4]

1. Martin E. P. Seligman, *What You Can Change and What You Can't*. Nova York: Knopf, 1994. [Ed. bras.: *O que você pode e o que você não pode mudar*. Rio de Janeiro: Objetiva, 1995.]

2. Sigmund Freud, *Civilization and Its Discontents*. Nova York: Norton, 1962. [Ed. bras.: *O mal-estar na civilização*. São Paulo: Companhia das Letras, 2011.]

3. Doris Kears Goodwin, *No Ordinary Time: Franklin and Eleanor Roosevelt: The Home Front in World War II*. Nova York: Simon & Schuster, 1995.

4. A rede de psicologia positiva, coordenada por mim, consiste de três centros: emoção positiva, dirigido por Ed Diener; caráter positivo, dirigido por Mihalyi Csikszentmihaly; e instituições positivas, dirigido por Kathleen Hall Jamieson, reitora da Annenberg School of Communication da Universidade da Pensilvânia. O estudo de instituições positivas não faz parte deste livro por limitações de espaço. A sociologia e a psicologia costumam dar mais atenção às instituições negativas (racismo e sexismo, por exemplo), que incapacitam as comunidades. Uma sociologia positiva, como a de Kathleen Jamieson, preocupa-se com as instituições que permitem às comunidades florescer e enriquecer o crescimento de forças e virtudes pessoais. Mas este é assunto para um outro livro.

5. Barbara L. Fredrickson, "The Role of Positive Emotions in Positive Psychology: The Broaden-and-Build Theory of Positive Emotions". *American Psychologist*, v. 56, n. 3, pp. 218-26, 2001.

6. Ann S. Masten, "Ordinary Magic: Resilience Processes in Development". *American Psychologist*, v. 56, n. 3, pp. 227-38, 2001.

1. SENTIMENTO POSITIVO E CARÁTER POSITIVO [pp. 17-30]

1. Deborah Danner, David Snowdon e Wallace Friesen, "Positive Emotions in Early Life and Longevity: Findings From the Nun Study". *Journal of Personality and Social Psychology*, v. 80, n. 5, pp. 804-13, 2001. Veja também o estudo que compara as vidas mais longas dos ganhadores do Oscar às vidas mais curtas dos atores dos mesmos filmes que, no entanto, não ganharam o prêmio. Donald Redemer e Sheldon Singh, "Social Status and Life Expectancy in an Advantaged Population: A Study of Academy Award-winning Actors". *Annals of Internal Medicine*, v. 134, n. 10, pp. 955-62, 2001.

2. LeeAnne Harker e Dacher Keltner, "Expressions of Positive Emotion in Women's College Yearbook Pictures and Their Relationship to Personality and Life Outcomes Across Adulthood". *Journal of Personality and Social Psychology*, v. 80, n. 1, pp. 112-24, 2001.

3. Tem havido constante discussão acadêmica acerca da possibilidade de o positivo ser apenas a ausência do negativo (e vice-versa) ou haver duas dimensões independentemente defin\u00edveis. Uma porção de alimento é positiva para um animal faminto ou simplesmente alivia o estado negativo da fome? Se o positivo fosse apenas a ausência do negativo, não precisaríamos de uma psicologia positiva: bastaria uma psicologia que aliviasse os estados negativos.

A solução para esse enigma gira em torno da possibilidade de se definir rigorosamente um estado neutro, um ponto zero. Uma vez definido o ponto zero, o ponto de indiferença, as situações (tais como emoções, circunstâncias externas e motivações internas) que estivessem do lado "+", ou do lado preferido, seriam positivas, e aquelas do lado "–", ou preterido, seriam as negativas.

Eis minha solução: defino como "neutro" o conjunto de todas as circunstâncias, os zeros, quaisquer delas, se acrescentadas a um evento, não o tornam mais ou menos preferido (desejado ou evitado) e não aumentam nem diminuem a emoção provocada. As circunstâncias que são preferidas ao que foi definido como zero (e que despertam mais emoção positiva subjetiva do que o zero) são positivas, e as que são desprezadas em relação ao que foi definido como zero (despertando mais emoção negativa subjetiva do que o zero) são negativas. Para tentativas de definir indiferença, veja Robert Nozick, *Socratic Puzzles*. Cambridge: Universidade Harvard, 1997, pp. 93-5; Daniel Kahneman, "Experienced Utility and Objective Happiness: A Moment-based Approach". In: Daniel Kahneman e Amos Tversky (Orgs.), *Choices, Values and Frames*. Nova York: Cambridge University Press e Russell Sage Foundation, 2000; Francis W. Irwin, *Intentional Behavior and Motivation: A Cognitive Theory*. Filadélfia: Lippincott, 1971.

4. Donald Redelmeier e Daniel Kahneman, "Patient's Memories of Painful Medical Treatments: Real-time and Retrospective Evaluations of Two Minimally Invasive Procedures". *Pain*, v. 116, n. 1, pp. 3-8, 1996; David Schkade e Daniel Kahneman, "Does Living in California Make People Happy? A Focusing Illusion in Judgments of Life Satisfaction". *Psychological Science*, v. 9, n. 5, pp. 340-6, 1998.

5. Robert Nozick, *Anarchy, State, and Utopia*. Nova York: Basic Books, pp. 42-5, 1974.

6. Jonathan Haidt, "The Emotional and the Rational Tail: A Social Intuitionist Approach to Moral Judgment". *Psychological Review*, v. 108, n. 4, pp. 814-34, 2001.

7. Toshihiko Maruta, Robert Colligan, Michael Malinchoc e Kenneth Offord, "Optimists vs. Pessimists: Survival Rate Among Medical Patients Over a 30-year Period. *Mayo Clinic Proceedings*, v. 75, n. 2, pp. 140-3, 2000.

8. George Vaillant, "Adaptive Mental Mechanisms: Their Role in Positive Psychology". *American Psychologist*, v. 55, n. 1, pp. 89-98, 2000; especialmente seu último livro, George Vaillant, *Aging well: Surprising Guideposts to a Happier Life from the Landmark Harvard Study of Adult Development*. Nova York: Little, Brown and Company, 2002.

9. Gordon W. Allport e Henry S. Odbert, "Trait-Names: A Psycholexical Study". *Psychological Monographs*, v. 47, n. 1, pp. 1-171, 1936.

10. Phil Stone, professor de Harvard e guru da Gallup, criou a expressão "força pessoal". A Gallup Corporation foi pioneira no estudo desse assunto. Um excelente guia sobre as pesquisas feitas é *Now, Discover Your Strengths*, de Marcus Buckingham e Donald Clifton. Nova York: Free Press, 2001. [Ed. bras.: *Descubra seus pontos fortes*. Rio de Janeiro: Sextante, 2008.]

11. Michael Fordyce, "A Review of Research on the Happiness Measures: A Sixty Second Index of Happiness and Mental Health". *Social Indicators Research*, v. 20, n. 4, pp. 355-81, 1988. Com a gentil permissão de Kluwer Academic Publishers.

2. COMO A PSICOLOGIA PERDEU O RUMO E EU ACHEI O MEU [pp. 31-43]

1. Um dos motivos para se preferir trabalhar com o pior lado da vida é ser considerado mais excitante. Essa ideia tem origem na observação de Tolstói de que as famílias infelizes são interessantes, porque cada uma é infeliz a seu modo. Famílias felizes, por outro lado, não têm graça, porque são todas felizes do mesmo jeito. A inferência de Tolstói é que uma ciência sobre o lado alegre da vida seria maçante.

O fenômeno que interessava a Tolstói é talvez mais bem descrito em termos temporais. Consideramos interessantes as mudanças bruscas, e desinteressantes as mudanças graduais. Como nas famílias infelizes as mudanças costumam ser bruscas, e nas felizes, graduais, Tolstói associou a infelicidade (e não a surpresa) ao interessante, e a felicidade (e não a previsibilidade) ao desinteressante.

É claro, existem muitos eventos — atos heroicos, por exemplo — que são ao mesmo tempo súbitos e felizes. Eles pertencem ao domínio da psicologia positiva e são bastante interessantes (o suficiente, pelo menos, para que Tolstói os explorasse em seus romances).

O tédio tem um outro aspecto mais fatal para uma ciência do que a máxima de Tolstói. A psicologia positiva descobriu alguma coisa que a sua avó e os seus gentis professores da escola dominical ainda não soubessem? A psicologia positiva é surpreendente? Acredito que muito do valor de qualquer ciência está na descoberta de fatos surpreendentes, e as pesquisas em psicologia positiva têm chegado a resultados nada intuitivos. Você já leu a respeito de alguns, mas aqui está uma lista resumida de fatos surpreendentes que têm saído dos laboratórios dos estudiosos da psicologia positiva:

- Pesquisadores pediram para viúvas falarem dos falecidos maridos. Algumas contaram histórias alegres; outras contaram histórias tristes e se queixaram. Dois anos e meio mais tarde, os pesquisadores perceberam que as mulheres que haviam contado histórias alegres tinham maiores chances de se integrarem à vida e namorarem novamente. Dacher Keltner e George A. Bonanno, "A Study of Laughter and Dissociation: The Distinct Correlates of Laughter and Smiling During Bereavement". *Journal of Personality and Social Psychology*, v. 73, n. 4, pp. 687-702, 1997.

- Pesquisadores concluíram que médicos sob o efeito de emoções positivas fazem diagnósticos mais precisos. Alice M. Isen, Andrew S. Rosenzweig e Mark J. Young, "The Influence of Positive Affect on Clinical Problem Solving". *Medical Decision Making*, v. 11, n. 3, pp. 221-7, 1991.
- Pessoas otimistas têm mais probabilidade de se beneficiarem de informações médicas adversas do que as pessimistas. Lisa Aspinwall e S. Brunhart, "What I Don't Know Won't Hurt Me: Optimism, Attention to Negative Information, Coping and Health". In: Jane Gillham (Org.), *The Science of Optimism and Hope: Research Essays in Honor of Martin E. P. Seligman*. Filadélfia: Templeton Foundation Press, 2000, pp. 163-200.
- Das eleições presidenciais do século passado, 85% foram vencidas pelo candidato mais otimista. Ver Harold Zullow, Gabriele Oettingen, Christopher Peterson e Martin E. P. Seligman, "Pessimistic Explanatory Style in the Historical Record: Caving LBJ, Presidential Candidates and East Versus West Berlin". *American Psychologist*, v. 43, n. 9, pp. 673-82, 1988.
- A riqueza tem pouca relação com a felicidade, não só quando a comparação é feita dentro do país, como também quando é feita entre diferentes países. Ed Diener e Carol Diener, "Most People Are Happy". *Psychological Science*, v. 7, n. 3, pp. 181-5, 1996.
- A tentativa de aumentar a felicidade leva à infelicidade. Barry Schwartz, Andrew Ward, John Monterosso, Sonja Lyubomirsky, Katherine White e Darrin R. Lehman, "Maximizing versus Satisficing: Happiness is a Matter of Choice". *Journal of Personality and Social Psychology*, v. 83, n. 5, 2002.
- A flexibilidade é uma característica comum. Ann S. Masten, "Ordinary Magic: Resilience Processes in Development". *American Psychologist*, v. 56, n. 3, pp. 227-38, 2001.
- Freiras que demonstram emoção positiva em seus relatos autobiográficos vivem mais e têm mais saúde nos setenta anos seguintes. Deborah Danner, David A. Snowdon e Wallace Friesen, op. cit., pp. 804-13.

Adiante, você vai ficar sabendo de mais surpresas. Esta nota foi adaptada de um trabalho inédito: Martin Seligman e James Pawelski, *Positive Psychology*: FAQs.

2. Na história moderna da psicologia, existe uma notável exceção. Fundada, no início dos anos 1960, por duas figuras brilhantes, Abraham Maslow e Carl Rogers, a psicologia humanista ressaltava muitas premissas já enfatizadas pela psicologia positiva: determinação, responsabilidade, esperança e emoção positiva. Infelizmente, essa ciência nunca conseguiu ser aceita pela psicologia tradicional, por mais que Maslow tenha sido presidente da American Psychological Association. As razões pelas quais a psicologia humanista permanecera principalmente como um esforço terapêutico, fora do contato acadêmico, provavelmente estavam ligadas à alienação em relação à ciência empírica convencional. Diferentemente de Rogers e Maslow, os líderes seguintes da psicologia humanista eram bastante céticos em relação aos métodos empíricos convencionais. Eles uniram suas importantes premissas a uma epistemologia radical e menos consistente, enfatizando a fenomenologia e as histórias de casos individuais, o que tornou ainda mais difícil para a psicologia tradicional digerir a nova ciência. Mas o âmbito acadêmico dos anos 1960 era fechado, e a psicologia humanista nunca foi convidada a entrar. Em uma carta reveladora (Bob Gable, correspondência pessoal, 1º set. 2001), um dos expoentes da psicologia humanista assim escreveu sobre suas relações com a psicologia positiva:

"Tenho certeza de que Abe Maslow ficaria feliz em ver o que você está fazendo. Abe queria empiristas dedicados [...] para pesquisar temas como o pleno desenvolvimento do potencial de cada um. Na posição de professor assistente de Abe, não acredito que eu tivesse qualquer qualificação especial, a não ser minha devoção intelectual ao condicionamento operante. O fato de Abe ter exercido a presidência da APA deu mais legitimidade à psicologia humanista, mas o que realmente o teria deixado feliz nunca aconteceu — um retorno de Fred Skinner ao telefonema em que Abe o convidava para um almoço e uma conversa sobre estratégias de pesquisa da psicologia humanista. E os escritórios dos dois ficavam a menos de dezesseis quilômetros de distância um do outro. Abe ficou magoado com a visível desconsideração do convite [...] Desde meados dos anos 1960, a psicologia humanista tem sido um caminho tomado equivocadamente. Você e o pessoal da psicologia positiva estão desenvolvendo o mapa que deveria ter sido desenvolvido por nós."

3. POR QUE SE PREOCUPAR EM SER FELIZ? [pp. 44-59]

1. Barbara L. Fredrickson, "What Good Are Positive Emotions?". *Review of General Psychology*, v. 2, n. 3, pp. 30-319, 1998.

2. Katherine Peil e Jerry Clore são dois teóricos que defendem que as emoções são sensoriais. Já que o "sentimento", por definição, influi maciçamente sobre a consciência, isso parece um lugar--comum — com frequência pouco considerado, mas enormemente importante, como veremos. K. Peil, "Emotional Intelligence, Sensory Self-regulation and the Organic Destiny of the Species: The Emotional Feedback System". Inédito, Universidade de Michigan, 2001. Disponível em: <ktpeil@aol.com>; Gerald L. Clore, "Why Emotions Are Felt". In: Paul Ekman e Richard Davidson (Orgs.). *The Nature of Emotion: Fundamental Questions*. Nova York: Oxford University Press, pp. 103-11, 1994.

3. *Positive Affectivity*: David Watson, Lee Anna Clark e Auke Tellegen, "Development and Validation of Brief Measures of Positive and Negative Affect: The PANAS Scales". *Journal of Personality and Social Psychology*, v. 54, n. 6, pp. 1063-70, 1988.

4. Auke Tellegen et. al, "Personality Similarity in Twins Reared Apart and Together". *Journal of Personality and Social Psychology*, v. 54, n. 6, pp. 1031-9, 1988.

5. Para se comparar com outras pessoas de mesmo gênero, idade e escolaridade, viste o site; mas para uma primeira noção, a média geral de americanos para AP passageira é 29,7 com um desvio--padrão de 7,9. A média para a AN passageira é de 14,8, com um desvio-padrão de 5,7.

6. Barbara Fredrickson, "What Good Are Positive Emotions?". *Review of General Psychology*, v. 2, n. 3, pp. 300-19, 1998; id., "The Role of Positive Emotions in Positive Psychology: The Broaden--and-Build Theory of Positive Emotion. *American Psychologist*, v. 56, n. 3, pp. 218-26, 2001.

7. "Poder" é a resposta. Esses experimentos foram todos feitos por Alice Isen e seus alunos da Cornell University. A dra. Isen desafiou a tendência de trabalhar apenas sobre a infelicidade, muito antes de a psicologia positiva tornar-se conhecida; eu a considero a fundadora da psicologia experimental das emoções positivas. Alice M. Isen, "Positive Affect and Decision Making". In: Michael Lewis e Jeannette M. Haviland-Jones (Orgs.). *Handbook of Emotions*. Nova York: Guilford Press, 2000, pp. 417-35; Carlos A. Estrada, Alice M. Isen e Mark Young, "Positive Affect Facilitates Integration of Information and Decreases Anchoring in Reasoning Among Physicians". *Organizational Behavior and Human Decision Processes*, v. 72, n. 1, pp. 117-35, 1997.

8. John Masters, Christopher R. Barden e Martin Ford, "Affective States, Expressive Behavior, and Learning in Children". *Journal of Personality and Social Psychology*, v. 37, n. 3, pp. 380-90, 1979.

9. Alice M. Isen, Andrew Rosenweig e Mark J. Young, "The Influence of Positive Affect on Clinical Problem Solving". *Medical Decision Making*, v. 11, n. 3, pp. 221-7, 1991.

10. Charles Peirce, "How to Make Our Ideas Clear". In: Justus Buchler (Org.), *Philosophical Writings of Peirce*. Nova York: Dover, 1995.

11. Como em 1980 ainda não pensávamos em felicidade positiva, equiparamos indivíduos não deprimidos e indivíduos felizes, o que pode ser uma falha na argumentação.

12. Bruce Headey e Alexander Wearing, "Personality, Life Events, and Subjective Well-being: Toward a Dynamic Equilibrium Model". *Journal of Personality and Social Psychology*, v. 57, n. 4, pp. 731-9, 1989. Além disso, estudantes universitários acreditam ser mais capazes do que seus colegas de conseguir um bom emprego, comprar uma casa, e menos propensos a serem vítimas de crimes e ainda serem poupados de dificuldades como terem filhos deficientes. Neil D. Weinstein, "Unrealistic Optimism About Future Life Events". *Journal of Personality and Social Psychology*, v. 39, n. 5, pp. 806-20, 1980.

13. Lauren Alloy e Lyn Abramson, "Judgment of Contingency in Depressed and Nondepressed Students: Sadder But Wiser". *Journal of Experimental Psychology: General*, v. 108, n. 4, pp. 441-85, 1979. Este foi o primeiro estudo a demonstrar o realismo depressivo. Veja no capítulo 6 do meu livro *Aprenda a ser otimista* para uma análise das evidências dessa contundente e fascinante ilusão de controle. O artigo que aponta o realismo como fator de risco para a depressão é Lauren B. Alloy e Caroline Clements, "Illusion of Control: Invulnerability to Negative Affect and Depressive Symptoms After Laboratory and Natural Stressors". *Journal of Abnormal Psychology*, v. 101, n. 2, pp. 234-45, 1992.

14. Ruby Ackermann e Robert DeRubeis, "Is Depressive Realism Real?". *Clinical Psychology Review*, v. 11, n. 5, pp. 365-84, 1991.

15. Lisa G. Aspinwall e Richard R. Hoffman, "Understanding How Optimism Works: an Examination of Optimists' Adaptive Moderation of Belief and Behavior". In: Edward C. Chang (Org.). *Optimism and Pessimism: Implications for Theory, Research, and Practice*. Washington: American Psychological Association, pp. 217-38, 2001.

16. R. Davidson, "Biological Bases of Personality". In: Valerian J. Derlega, Barbara Winstead et al. (Orgs.). *Personality: Contemporary Theory and Research*. Chicago: Nelson-Hall, 1999. Davidson e seus colegas observaram a atividade cerebral de indivíduos sob condições de alegria e de tristeza, e relacionaram o estado de espírito positivo com a atividade de várias porções do lobo frontal esquerdo. Em um de seus estudos mais interessantes, Davidson mediu a atividade cerebral de um indivíduo extremamente experiente em meditação: Matthieu Ricard, estudioso francês da biologia molecular que foi monge budista durante vinte anos e é autor de *The Monk and the Philosopher*. Quando Ricard entra em um estado elevado de "paz", ocorrem mudanças drásticas no seu lobo frontal esquerdo.

17. Assumi essa teoria e rompi com a tradição quando escolhi o local de reunião dos cientistas que trabalhavam com a psicologia positiva. Na minha opinião, o pensamento criativo e a descoberta científica são uma prioridade maior para esse novo campo, em seus estágios iniciais, do que as duras críticas acadêmicas. Então nós, os estudiosos da psicologia positiva, não nos encontramos em salas monótonas de universidades ou hotéis, não usamos gravata, não temos uma pauta, nem horários rígidos. Todo ano, em janeiro, nos reunimos por uma semana em Akumal, uma cidade

turística de preços modestos, em Yucatán. Somos trinta pessoas sentadas em torno de uma *palapa* durante algumas horas, de manhã e à tarde, quando discutimos tópicos específicos — entre outros, como avaliar as forças pessoais ou como o humor positivo pode melhorar o sistema imunológico. À tarde, grupos de três especialistas de cada área — o medo e a admiração ou como aumentar o nível de felicidade, por exemplo — reúnem-se e redigem textos, ou apenas conversam. Levamos nossas famílias para Akumal e aproveitamos para caminhar, nadar e comer fajitas juntos. Considerando que esses cientistas são, na maior parte, acadêmicos experientes, é entusiasmante que nossos encontros sejam avaliados como "uma das melhores experiências intelectuais da minha vida". Veja o depoimento que recebi de Mel Konner, esta manhã:

> Devo dizer que a experiência de Akumal foi o mais perto que estive, durante uma conferência, de "ampliar e construir" conhecimento. Tenho que voltar a 1973, a uma conferência multicultural sobre a infância, em um castelo de estilo romano nos arredores de Viena, ou talvez a 1987, em meu Center for Advanced Study Year, para encontrar um ambiente que se aproximasse de Akumal, em seu poder de me interessar e me fazer pensar sob um novo ângulo. O ambiente é importante. Akumal me induziu a um estado de meditação contínua que acredito que tenha sido coletivo.

Outro participante, Marvin Levine, me escreveu dizendo: "Considero esta conferência a melhor a que já compareci, em toda a minha longa vida profissional". E um dos mais jovens e menos experientes colaboradores deu este depoimento:

> Nunca estive em uma conferência que resultasse em um trabalho tão proveitoso e em tantas boas ideias. Achei a estrutura de pequenos grupos e o ambiente incrivelmente produtivos e renovadores. Até agora, me belisco continuamente para checar se não passei a semana sonhando. Não poderia ter sido melhor, e estou imensamente grato pela oportunidade de participar.

18. O fortalecimento de recursos físicos é discutido em Barbara Fredrickson, "What Good Are Positive Emotions?". *Review of General Psychology*, v. 2, n. 3, pp. 300-19, 1998.

19. Gleen Ostir, Kyriakos Markides, Sandra Black e James Goodwin, "Emotional Well-being Predicts Subsequent Functional Independence and Survival". *Journal of the American Geriatrics Society*, v. 48, n. 5, pp. 473-8, 2000.

20. Deborah Danner, David Snowdon e Wallace Friesen, "Positive Emotion in Early Life and Longevity: Findings from the Nun Study". *Journal of Personality and Social Psychology*, v. 80, n. 5, pp. 804-13, 2001.

21. Arthur Stone, Antony Napoli et al., "Daily Events Are Associated With Secretory Immune Responses to an Oral Antigen in Men". *Health Psychology*, v. 13, n. 5, pp. 440-6, 1994; Suzanne Segerstrom, Shelley Taylor, Margaret Kemeny e John Fahey, "Optimism is Associated With Mood, Coping, and Immune Change in Response to Stress". *Journal of Personality and Social Psychology*, v. 74, n. 6, pp. 1646-55; Leslie Kamen-Siegel, Judith Rodin, Martin Seligman e John Dwyer, "Explanatory Style and Cell-Mediated Immunity". *Health Psychology*, v. 10, n. 4, pp. 229-35, 1991.

22. Barry Staw, Robert Sutton e Lisa Pelled, "Employee Positive Emotions and Favorable Outcomes at the Workplace". *Organization Science*, v. 5, n. 1, pp. 51-71, 1994.

23. Gary Marks e Nicole Fleming, "Influences and Consequences of Well-Being Among Australian Young People: 1980-1995". *Social Indicators Research*, v. 46, n. 3, pp. 301-23, 1999.

24. Harry Hom e Barry Arbuckle, "Mood Induction Effects Upon Goal Setting and Performance in Young Children". *Motivation and Emotion*, v. 12, n. 2, pp. 113-22, 1988.

25. Matisyohu Weisenberg, Tal Raz e Tamar Hener, "The Influence of Film-Induced Mood on Pain Perception". *Pain*, v. 76, n. 3, pp. 365-75, 1998.

26. Barbara Fredrickson e Robert Levenson, "Positive Emotions Speed Recovery from the Cardiovascular Sequelae of Negative Emotions". *Cognition and Emotion*, v. 12, n. 2, pp. 191-220, 1998.

27. Leah Matas, Richard Arend e Alan Sroufe, "Continuity of Adaptation in the Second Year: The Relationship Between Quality of Attachment and Later Competence". *Child Development*, v. 49, n. 3, pp. 547-56, 1978.

28. Ed Diener e Martin Seligman, "Very Happy People". *Psychological Science*, v. 13, n. 1, pp. 81-4, 2002.

29. Para maiores informações, veja Ed Diener, Eunkook Suh, Richard E. Lucas e Heidi Smith, "Subjective Well-Being: Three Decades of Progress". *Psychological Bulletin*, v. 125, n. 2, pp. 276--302, 1999.

30. Ed Diener, Sonja Lyubomirsky e Laura King, no prelo.

31. Katherine Peil e Jerry Clore (veja nota anterior para este capítulo) afirmaram que a emoção positiva é um sistema sensorial.

4. É POSSÍVEL SE TORNAR PERMANENTEMENTE MAIS FELIZ? [pp. 60-78]

1. Esta seção, assim como este capítulo, apoia-se em grande parte nas conclusões do grupo de trabalho de psicologia positiva chamado "grupo da busca da felicidade". Seus componentes são David Schkade, professor de administração da Universidade do Texas; Sonja Lyubomirsky, professora de psicologia da Universidade da Califórnia, em Riverside; e Ken Sheldon, professor de psicologia da Universidade de Missouri. Agradeço a eles pela generosidade de partilharem comigo suas ideias.

2. Sonja Lyubomirsky e Heidi Lepper, "A Measure of Subjective HapPiness: Preliminary Reliability and Construct Validation". *Social Indicators Research*, v. 46, n. 2, pp. 137-55, 1999. Com a gentil permissão de Kluwer Academic Publishers.

3. Martin E. P. Seligman, *What You Can Change and What You Can't*, op. cit.

4. Limites e pontos estabelecidos desse tipo têm bons precedentes, e o mais nítido deles vem da literatura que trata das dietas. O ganho de peso mostra a mesma propriedade homeostática da perda de peso: as pessoas que comem à vontade, e ganham muitos quilos em um curto período, tendem a retornar "espontaneamente", aos poucos, ao peso anterior. O peso, porém, não tem uma fixação rígida; tende a aumentar gradualmente com a idade e com a repetição de dietas, acompanhadas de subsequente ganho de peso. O estabelecimento de uma faixa de variação é uma noção mais otimista do que um ponto fixo, seja qual for o caso, já que você pode viver nos pontos mais altos da faixa de variação de felicidade, e não nos mais baixos.

5. Philip Brickman, Dan Coates e Ronnie Janoff-Bulman, "Lottery Winners and Accident Victims: is Happiness Relative?". *Journal of Personality and Social Psychology*, v. 36, n. 8, pp. 917-27, 1978. Em um estudo de ganhadores de loterias esportivas na Inglaterra, Smith e Razzell (1975)

concluíram que 39% dos ganhadores se disseram "muito felizes" duas vezes mais que o grupo de controle, mas relataram também perda de amizades e um menor sentimento de realização. Stephen Smith e Peter Razzell, *The Pools Winners*. Londres: Caliban Books, 1975.

6. Roxane Lee Silver, "Coping With An Undesirable Life Event: A Study of Early Reactions to Physical Disability". Tese de doutorado. Evanston, 1982. Northwestern University.

7. Namci Hellmich, "Optimism Often Survives Spinal Cord Injuries". *USA Today*, p. D4, 9 jun. 1995.

8. David Lykken e Auke Tellegen, "Happiness is a Stochastic Phenomenon". *Psychological Science*, v. 7, n. 3, pp. 186-9, 1996.

9. Esta vasta literatura é comentada por Ed Diener em "Subjective Well-Being". *American Psychologist*, v. 55, n. 1, pp. 34-43, 2000.

10. Darrin Lehman, Camille Wortman e Allan Williams, "Long-Term Effects of Losing a Spouse or Child in a Motor Vehicle Crash". *Journal of Personality and Social Psychology*, v. 52, n. 1, pp. 218-31, 1987.

11. Peter Vitaliano, Joan Russo, Heather M. Young, Joseph Becker e Roland Maiuro, "The Screen for Caregiver Burden". *Gerontologist*, v. 31, n. 1, pp. 76-83, 1991.

12. Ed Diener, Marissa Diener e Carol Diener, "Factors Predicting the Subjective Well-Being of Nations". *Journal of Personality and Social Psychology*, v. 69, n. 5, pp. 851-64, 1995.

13. Ed Diener, Eunkook M. Suh, Richard E. Lucas e Heidi Smith, "Subjective Well-Being: Three Decades of Progress". *Psychological Bulletin*, v. 125, n. 2, pp. 276-302, 1999. Este é um trabalho definitivo sobre como as circunstâncias externas influenciam a felicidade, e esta parte do capítulo segue sua lógica.

14. Ed Diener e Carol Diener, "Most People are Happy". *Psychological Science*, v. 7, n. 3, pp. 181-5, 1995.

15. Warner Wilson, "Correlates of Avowed Happiness". *Psychological Bulletin*, v. 67, n. 4, pp. 294-306, 1967.

16. World Values Study Group, *World Values Survey, 1981-1994 and 1990-1993*. (Arquivo de computador, versão ICPSR.) Ann Arbor: Institute for Social Research, 1994.

17. Ed Diener e Eunkook Suh, "Measuring Quality of Life: Economic, Social and Subjective Indicators". *Social Indicators*, v. 40, n. 1, pp. 189-216, 1997; David G. Myers, "The Funds, Friends, and Faith of Happy People". *American Psychologist*, v. 55, n. 1, pp. 56-67, 2000.

18. Martin E. P. Seligman e Mihaly Csikszentmihalyi, "Positive Psychology: an Introduction". (Número especial.) *American Psychologist*, v. 55, n. 1, pp. 5-14, 2000. Quando Mihaly Csikszentmihalyi e eu estudávamos os dados que demonstravam que a felicidade dos mais pobres não aumenta muito com a melhoria da situação financeira, recebemos uma carta contendo críticas muito intrigantes. O autor da carta argumentava que tais dados enfraqueciam a luta por justiça social no país (e insinuava que a humanidade ficaria melhor se esses dados fossem omitidos). Essa é uma objeção perspicaz. Acredito que aumentar os níveis de felicidade é o principal objetivo da psicologia positiva, mas não necessariamente o principal objetivo da justiça. Pode ser moralmente correto e politicamente desejável tentar preencher a lacuna financeira entre ricos e pobres, não porque fará os pobres mais felizes (porque, muito provavelmente, não fará), mas por ser essa uma obrigação justa e humana.

19. Ibid.; Ed Diener, Jeff Horwitz e Robert Emmons "Happiness of the Very Wealthy". *Social Indicators*, v. 16, n. 3, pp. 263-74, 1995.

20. Robert Biswas-Diener e Ed Diener, "Making the Best of a Bad Situation: Satisfaction in The Slums of Calcutta". *Social Indicators Research*, v. 55, n. 3, pp. 329-52, 2002; Robert Biswas-Diener, "Quality of Life Among The Homeless". *Social Indicators Research*, v. 86, n. 2, pp. 185-205, 2006.

21. Marsha L. Richins e Scott Dawson, "A Consumer Values Orientation for Materialism and Its Measurement: Scale Development and Validation". *Journal of Consumer Research*, v. 19, n. 3, pp. 303-16, 1992; M. Joseph Sirgy, "Materialism and Quality of Life". *Social Indicators Research*, v. 43, n. 3, pp. 227-60, 1998.

22. Arne Mastekaasa, "Marital Status, Distress, and Well-Being", *Journal of Comparative Family Studies*, v. 25, n. 2, pp. 183-206, 1994.

23. Ibid.; Arne Mastekaasa, "Age Variations in The Suicide Rates and Self- Reported Subjective Well-Being of Married and Never Married Persons". *Journal of Community and Applied Social Psychology*, v. 5, n. 1, pp. 21-39, 1995.

24. Com base em um estudo longitudinal de 14 mil indivíduos alemães adultos, Ed Diener, Richard Lucas, Andrew Clark e Yannis Georgellis produziram o trabalho "Reexamining Adaptation and Marital Happiness: Reactions to Changes in Marital Status", em que concluem que pessoas mais felizes têm maior probabilidade de se casarem.

25. Norman Bradburn. *The Structure of Psychological Well-Being*. Chicago: Aldine, 1969; David Watson e Lee Anna Clark, "Affects Separable and Inseparable: on the Hierarchical Arrangement of the Negative Affects". *Journal of Personality and Social Psychology*, v. 62, n. 3, pp. 489-505, 1992; Jeff T. Larsen, Peter McGraw e John T. Cacioppo, "Can People Feel Happy and Sad at the Same Time?". *Journal of Personality and Social Psychology*, v. 81, pp. 684-96, 2001.

26. Wendy Wood, Nancy Rhodes e Melanie Whelan, "Sex Differences in Positive Well-Being: A Consideration of Emotional Style and Marital Status". *Psychological Bulletin*, v. 106, n. 2, pp. 249-64, 1989; Susan Nolen-Hoeksema e Cheryl L. Rusting, "Gender Differences in Well-Being". In: Daniel Kahneman, Ed Diener e Norbert Schwarz (Orgs.). *Well-Being: The Foundations of Hedonic Psychology*. Nova York: Russell Sage Foundation, 1999.

27. Richard L. Solomon e John D. Corbit, "An Opponent Process Theory of Motivation. *Psychological Review*, v. 81, n. 6, pp. 119-45, 1974.

28. Ed Diener e Eunkook M. Suh, "Age and Subjective Well-Being: An International Analysis". *Annual Review of Gerontology*, v. 17, pp. 304-24, 1998.

29. Daniel Mroczek e C. M. Kolarz, "The Effect of Age On Positive and Negative Affect: A Developmental Perspective on Happiness". *Journal of Personality and Social Psychology*, v. 75, n. 5, pp. 1333-49, 1998.

30. Arthur P. Brief, Ann H. Butcher, Jennifer M. George e Karen E. Link, "Integrating Bottom--Up and Top-Down Theories of Subjective Well-Being: The Case of Health". *Journal of Personality and Social Psychology*, v. 64, n. 4, pp. 646-53, 1993.

31. I. S. Breetvelt e S. A. M. Van Dam, "Underreporting by Cancer Patients: The Case of Response-Shift". *Social Science and Medicine*, v. 32, n. 9, pp. 981-7, 1991.

32. Lois Verbrugge, Joseto Reoma e Ann Gruber-Baldini, "Short-Term Dynamics of Disability and Well-Being". *Journal of Health and Social Behavior*, v. 35, n. 2, pp. 97-117, 1994.

33. Robert A. Witter, Morris A. Okun, William A. Stock e Marylin J. Haring, "Education and Subjective Well-Being: A Meta-Analysis". *Education, Evaluation, and Policy Analysis*, v. 6, n. 2, pp.

165-73, 1984; Ed Diener, Eunkook Suh, Richard E. Lucas e Heidi Smith, "Subjective Well-Being: Three Decades of Progress". *Psychological Bulletin*, v. 125, n. 2, pp. 276-302, 1999.

34. Lee Sigelman, "Is Ignorance Bliss? A Reconsideration of The Folk Wisdom". *Human Relations*, v. 34, n. 11, pp. 965-74, 1981.

35. David Schkade e Daniel Kahneman, "Does Living in California Make People Happy?", *Psychological Science*, v. 9, n. 5, pp. 340-6, 1998.

36. David Myers, op. cit. O autor oferece uma visão da vasta e coincidente literatura sobre as correlações positivas da fé religiosa.

37. Juliana de Norwich, "Revelations of Divine Love" [cap. 27, a décima terceira revelação, e cap. 68]. In: Brendan Doyle, *Meditations of Julian of Norwich*. Rochester: Inner Traditions, 1983.

38. Michael Argyle, "Causes and correlates of happiness". In: Daniel Kahneman, Ed Diener e Norbert Schwarz (Orgs.). *Well-Being: The Foundations of Hedonic Psychology*. Nova York: Russell Sage Foundation, 1999.

5. SATISFAÇÃO EM RELAÇÃO AO PASSADO [pp. 79-100]

1. Otimismo, confiança e esperança são emoções momentâneas que frequentemente resultam do exercício de traços mais duradouros, forças que veremos no capítulo 9: esperança e um estilo otimista de encontrar explicações.

2. Ed Diener, Robert A. Emmons, Randy J. Larsen e Sharon Griffin, "The Satisfaction With Life Scale". *Journal of Personality Assessment*, v. 49, n. 1, pp. 71-5, 1985.

3. William Pavot e Ed Diener, "Review of the Satisfaction With Life Scale". *Psychological Assessment*, v. 5, n. 2, pp. 164-72, 1993.

4. John Teasdale, "The Relationship Between Cognition and Emotions: The Mind-in-Place in Mood Disorders". In: David M. Clark e Christopher Fairburn (Orgs.). *Science and Practice of Cognitive Behavior Therapy* . Nova York: Oxford University Press, 1997, pp. 67-93.

5. Stanley Schachter e Jerome Singer, "Cognitive, Social, and Physiological Determinants of Emotional State". *Psychological Review*, v. 69, n. 5, pp. 379-99, 1962.

6. Martin E. P. Seligman, "On the Generality of the Laws of Learning". *Psychological Review*, v. 77, n. 5, pp. 406-18, 1970.

7. Para comentários, veja Martin E. P. Seligman, *What You Can Change and What You Can't*, op. cit.

8. David Clark e Marvin Claybourn, "Process Characteristics of Worry and Obsessive Intrusive Thoughts". *Behavior Research and Therapy*, v. 35, n. 12, pp. 1139-41, 1997.

9. Aaron T. Beck, *Prisoners of Hate: Cognitive Basis of Anger*. Nova York: Harper Collins, 1999. Este é um argumento especialmente bom para a base cognitiva da raiva e da violência, presa a interpretações do passado.

10. Todas essas doutrinas radicais são extensões das máximas de Laplace sobre três áreas científicas. Pierre-Simon Laplace, um matemático francês do Iluminismo, fez a mais clara e ousada de todas as afirmativas deterministas. Ele defendia que, se conhecêssemos, em apenas um instante, a posição e o momentum de todas as partículas do universo, seríamos capazes de prever todo o futuro e mapear todo o passado desse mesmo universo. Quando as afirmativas deterministas de

Darwin para a biologia, de Marx para a política e a sociologia e de Freud para a psicologia são somadas à superestrutura de Laplace, forma-se um edifício imponente: uma versão leiga da doutrina calvinista da predestinação, que formalmente considera absurda a crença de que os seres humanos tenham possibilidade de escolha. Então, seria surpresa que, no século XX, tantos indivíduos bem informados começassem a se acreditar prisioneiros do passado, fadados a marchar rumo a um futuro predestinado pelos acidentes de sua história pessoal?

Na verdade, seria. Em primeiro lugar, porque o argumento é muito mais frágil do que parece; em segundo, porque Laplace (ainda que com aliados brilhantes como Darwin, Marx e Freud) enfrentou veneráveis forças intelectuais opositoras. A mentalidade norte-americana do século XIX não dava muita importância ao determinismo histórico. Nem eu. Muito pelo contrário.

A mentalidade bem informada norte-americana do século XIX acreditava piamente, e não por motivos totalmente frívolos, na relação íntima entre duas doutrinas psicológicas: livre-arbítrio e caráter. As duas se originaram no século XX, e vamos discutir o destino da doutrina do caráter no capítulo 8. A primeira doutrina, a do livre-arbítrio, junto com seus fundamentos, foi colocada contra Laplace e seus aliados. A história moderna do livre-arbítrio começa com Jacob Arminius (1560-1609), um liberal holandês protestante. Em oposição a Lutero e Calvino, Arminius afirmava que os seres humanos possuem livre-arbítrio e podem participar de sua destinação para a graça. É o que chamam de "Heresia Arminiana", já que a graça viria livremente apenas de Deus. A heresia espalhou-se através da pregação evangélica e carismática de John Wesley (1703-91), inglês fundador do metodismo. Wesley pregava que os seres humanos possuem livre-arbítrio e, como resultado, todos podemos participar ativamente da busca da nossa própria salvação por meio de boas obras. Os notáveis sermões de Wesley, ouvidos em todas as cidades, vilas e vilarejos da Inglaterra, País de Gales, Irlanda do Norte e colônias na América, fizeram do metodismo uma religião popular no início do século XIX. Hoje, o livre-arbítrio faz parte da consciência popular norte-americana, e quase todas as formas de cristianismo americano — inclusive o luteranismo e o calvinismo — vieram a adotá-lo. Indivíduos comuns não mais se veem como recipientes passivos à espera de serem preenchidos de graça. A vida humana pode melhorar, pessoas comuns podem ser melhores. A primeira metade do século XIX tornou-se a grande era da reforma social, o Segundo Grande Despertar. A religião evangélica em território americano era intensamente individualista, e os cultos tinham seu clímax no drama da escolha de Cristo. Utopias surgiram com a promessa de alcançar a perfeição humana.

Não poderia haver melhor solo para o florescer dessa doutrina do que os Estados Unidos do século XIX. O forte individualismo, a certeza de que todos os homens são criados iguais, a fronteira sem fim pela qual as ondas de imigrantes poderiam encontrar liberdade e riqueza, a instituição da educação universal, a sugestão de que criminosos podem ser reabilitados, a libertação dos escravos, a luta pelo voto feminino e a idealização do empreendedor são manifestações que demonstram o quanto a mentalidade norte-americana do século XIX encarava com seriedade o livre-arbítrio, antes que Darwin, Marx e Freud jogassem um balde de água fria nele, e a pouca importância que davam à ideia de que somos prisioneiros do passado.

Essa situação levou a um distanciamento desconfortável durante todo o século XX. Por um lado, as tradições políticas e religiosas da América do Norte aceitaram o livre-arbítrio, e as experiências do dia a dia pareciam confirmar isso de centenas de pequenas maneiras. Por outro lado, os estudantes que chegavam à universidade descobriam que a ciência parecia exigir que eles abrissem mão dessa ideia. Na virada do milênio, a liberdade e a escolha tornaram-se mais importantes do que nunca para os norte-americanos com alto nível de instrução. O livre-arbítrio faz parte do nosso discurso político ("O arbítrio do povo", "Vou restituir o caráter à Casa Branca") e do discurso comum ("Você se importaria de apagar o cigarro?", "Prefere ir ao cinema ou ver televisão?"). Ao mesmo tempo, no entanto, o argumento científico estrito o exclui. Essa exclusão chegou às decisões legais ("circunstâncias atenuantes", "isento de culpa em razão de insanidade") e, o mais importante, ao modo como as pessoas mais instruídas pensam no próprio passado.

11. Resenhas úteis estão listadas por assunto. Divórcio: Rex Forehand, "Parental Divorce and Adolescent Maladjustment: Scientific Inquiry vs. Public Information". *Behavior Research and Therapy*, v. 30, n. 4, pp. 319-28, 1992. Esta resenha vem corrigir o alarmismo da literatura popular sobre divórcio. Ao que parece, o conflito é prejudicial, não o divórcio em si. Morte dos pais: George Brown e Tirril Harris, *Social Origins of Depression*. Londres: Tavistock, 1978. Ordem do nascimento: Richard Galbraith, "Sibling Spacing and Intellectual Development: A Closer Look at the Confluence Models". *Developmental Psychology*, v. 18, n. 2, pp. 151-73, 1982. Adversidades (em geral): Anne Margaret Clarke e A. D. Clarke, *Early Experience: Myth and Evidence*. Nova York: Free Press, 1976; Michael Rutter, "The Long-Term Effects of Early Experience". *Developmental Medicine and Child Neurology*, v. 22, n. 6, pp. 800-15, 1980.

12. Quando os estudiosos observam com atenção, em vez de ficar declarando que somos produto da infância, fica clara a falta de uma ligação consistente entre infância e idade adulta. Essa é uma das descobertas mais importantes, desde que se começou a estudar a psicologia do desenvolvimento. A mudança é, pelo menos, uma explicação tão boa quanto a continuidade, para o que nos acontece conforme vamos amadurecendo. Para boas informações sobre a vasta literatura que aborda o assunto, veja Michael Rutter, "Continuities and Discontinuities from Infancy". In: Joy D. Osofsky (Org.). *Handbook of Infant Development*. 2 ed. Nova York: Wiley, 1987, pp. 1256-98, Robert Plomin, H. Chipuer e John Loehlin, "Behavior Genetics and Personality". In: Lawrence Pervin (Org.). *Handbook of Personality Theory and Research*. Nova York: Guilford, 1990, pp. 225-43.

13. Os estudos sobre gêmeos e adotados são citados nas notas para o capítulo 3. Veja especialmente Robert Plomin e C. S. Bergeman, "The Nature of Nurture: Genetic Influence on Environmental Measure". *Behavioral and Brain Sciences*, v. 14, n. 3, pp. 373-427, 1991. Para conhecer outro estudo importante, veja Thomas Bouchard e Matthew McGue, "Genetic and Rearing Environmental Influences on Adult Personality: An Analysis of Adopted Twins Reared Apart". *Journal of Personality*, v. 68, n. 1, pp. 263-82, 1990.

A investigação de eventos da infância que venham a se refletir na vida adulta é um campo em crescimento. De tempos em tempos, surgem efeitos confiáveis, mas o que me surpreende, dada a literatura sobre hereditariedade, é a ausência de qualquer teoria genética nesse campo. Assim, por exemplo, existem dois estudos recentes, bem-feitos aliás, que encontram (1) correlações entre o tratamento dado aos filhos pelas mães e a posterior criminalidade desses filhos, (2) correlações entre traumas na infância e posteriores tentativas de suicídio. Em ambos os casos, os eventos da infância são interpretados como causais, deixando de explorar a possibilidade de que o comportamento adulto e o que aconteceu na infância fossem resultado de uma terceira variável genética. Håkan Stattin e Ingrid Klackenberg-Larsson, "The Relationship Between Maternal Attributes in the Early Life of the Child and the Child's Future Criminal Behavior". *Development and Psychopathology*, v. 2, n. 2, pp. 99-111, 1990; Bessel A. van der Kolk, Christopher Perry e Judith Lewis Herman, "Childhood Origins of Self-Destructive Behavior". *American Journal of Psychiatry*, v. 148, n. 12, pp. 1665-71, 1991.

14. Uma discussão mais extensa e acadêmica sobre os efeitos da infância pode ser encontrada no capítulo 14 do livro de Martin E. P. Seligman, *What You Can Change and What You Can't*, op. cit.

15. O determinismo estrito falhou completamente para os freudianos; para os darwinianos, é vago demais para prever o que está para acontecer; e quanto a Marx, o único refúgio restante para a inevitabilidade histórica, depois da queda do Leste Europeu, são os departamentos de língua inglesa, em umas poucas universidades de elite dos Estados Unidos.

Os argumentos filosóficos para o determinismo estrito e para as ideias de Laplace são, no entanto, menos facilmente colocados do que as afirmativas empíricas de Freud e Marx. Este não é o espaço para rever os longos e específicos avanços e retrocessos do determinismo rígido, do determinismo suave e do livre-arbítrio. Basta dizer que o argumento pelo determinismo rígido está longe de ser óbvio (alguns o considerariam incerto ou impreciso). Nem o fato de conhecer os detalhes dessa inconstante e misteriosa controvérsia seria, para os leitores movidos pela crença no determinismo rígido, libertador das correntes do passado. Em vez disso, quero mencionar uma nova abordagem do livre-arbítrio que considero um sopro de ar puro nessa disputa inútil e talmúdica. A abordagem tem a vantagem de dar algum crédito às ideias de Laplace, deixando-nos, ao mesmo tempo, inteiramente livres das algemas do passado, mesmo que Laplace esteja certo.

Livre-arbítrio não é apenas uma sensação mental de liberdade de escolha. Não é apenas um termo indispensável dentro do discurso político e legal. Não é apenas uma expressão coloquial nas conversas informais. Livre-arbítrio é um fato da natureza, fundamentado cientificamente — uma realidade psicológica e biológica. O livre-arbítrio, na minha opinião, fez parte da evolução porque gera uma grande vantagem na competição pela sobrevivência e pelo sucesso reprodutivo em todas as espécies inteligentes. Os seres humanos, pela própria natureza, competem com outros da mesma espécie por um(a) companheiro(a). E, durante a evolução, a espécie luta contra predadores inteligentes para sobreviver.

O mundo animal é repleto de blefe, de gestos fúteis e da tentativa de tornar imprevisível o próprio comportamento. A direção em que um esquilo vai partir em disparada, ao perceber um falcão mergulhando em sua direção, revela-se estatisticamente imprevisível; se fosse previsível, não restaria um só esquilo para contar a história. A imprevisibilidade e o blefe, no entanto, não são os únicos mecanismos pelos quais a evolução assegura que os competidores consigam prever a ação dos oponentes. Se meu comportamento fosse totalmente previsível por outro ser humano que estivesse competindo pela mesma companheira, ele estaria sempre um passo à frente e me derrotaria facilmente. Se meu comportamento fosse totalmente previsível por um predador inteligente ou por outro ser humano interessado em tomar o que me pertence, eu estaria caminhando diretamente para as garras da morte. Por essa razão, é essencial que muito do nosso comportamento seja imprevisível aos predadores, aos membros da nossa própria espécie e até a nós mesmos; se soubéssemos com precisão o que vamos fazer, a evolução selecionaria maneiras de tornar nosso comportamento previsível para os competidores. (Robert Nozick apresentou essa argumentação na reunião de 1998 da American Psychological Association em San Francisco.)

Se você, como eu, joga pôquer, sabe muito bem como é difícil manter uma expressão impassível. Somos uma espécie apropriadamente selecionada para ser imprevisível — uma espécie selecionada para jogar pôquer. Além do blefe e do gesto falso, o ser humano tem também um processo de decisão interna que é invisível externamente e imprevisível com base na história individual. Esse processo nos deixa literalmente um passo à frente dos competidores.

Na minha opinião, esse é o processo que nos dá a sensação de escolha. Repare que, embora o meu processo de decisão não deva ficar transparente para os outros ou para mim mesmo, não precisa estar fora do nexo causal nem ser indeterminado — só não deve ser percebido por outros membros da minha espécie, por outros predadores inteligentes (nem por mim mesmo). O livre-arbítrio não contradiz as ideias de Laplace. Não nega que um ser onisciente (o que meus competidores não são) ou que uma ciência completa e definitiva do futuro distante seja capaz de prever infalivelmente o comportamento humano. Nega apenas que qualquer coisa que a evolução tenha produzido até hoje possa prever tal comportamento. Isso serve também de explicação para o fato de a ciência social, por mais sofisticada, nunca prever mais de 50% da variação acerca do que quer que seja. Os 50% não previstos são geralmente considerados erros de avaliação, mas podem ser uma barreira real e intensa à previsão da ação humana. A natureza estatística da previsão da ação humana com base na genética, nos neurônios e no comportamento pode refletir o espaço no qual a escolha, a decisão e o livre--arbítrio acontecerão. É uma versão de regressão múltipla do princípio de Heisenberg para a ciência biológica e social, mas com certeza nada invoca de semelhante ao mecanismo envolvido naquela teoria.

16. Martin E. P. Seligman, *What You Can Change and What You Can't*, op. cit. Veja no capítulo 7 um apanhado das drogas e psicoterapias para combater a depressão.

17. Ibid. Veja no capítulo 9 informações sobre doenças cardíacas. Também R. Williams, J. Barefoot e R. Shekelle, "The Health Consequences of Hostility". In: Margaret Chesney e Ray H. Rosenman (Orgs.). *Anger and Hostility in Cardiovascular and Behavioral Disorders*. Nova York: McGraw Hill, 1985.

18. Jack Hokanson e Michael Burgess, "The Effects of Status, Type of Frustration and Aggression on Vascular Processes". *Journal of Abnormal and Social Psychology*, v. 65, n. 4, pp. 232-7, 1962; Jack Hokansone e R. Edelman, "Effects of Three Social Responses on Vascular Processes". *Journal of Abnormal and Social Psychology*, pp. 442-7, 1966.

19. Michael E. McCullough, Robert A. Emmons e Jo-Ann Tsang, "The Grateful Disposition: A Conceptual and Empirical Topography". *Journal of Personality and Social Psychology*, v. 82, pp. 112-27, 2002.

20. Robert A. Emmons e Michael E. McCullough, "Counting Blessings versus Burdens: An Experimental Investigation of Gratitude and Subjective Well-Being in Daily Life". *Journal of Personality and Social Psychology*, v. 84, n. 2, pp. 377-89, 2003.

21. Agradeço a Dan Chirot, o colega que trouxe vida nova à ciência social do conflito etnopolítico, por discutir comigo esses exemplos.

22. Daniel Wegner e Sophia Zanakos, "Chronic Thought Supression". *Journal of Personality*, v. 62, n. 4, pp. 615-40, 1994.

23. Recomendo a leitura da lúcida discussão de Everett Worthington sobre a controvérsia entre perdoar e não perdoar, em Everett Worthington. *Five Steps to Forgiveness*. Nova York: Crown, 2001. Boa parte desta seção baseia-se nesse livro.

24. Ibid.

25. Martin E. P. Seligman, "The Angry Person". In: *What You Can Change and What You Can't*, op. cit., pp. 117-31.

26. Michael E. McCullough et al., "Interpersonal Forgiving in Close Relationships: II Theoretical Elaboration and Measurement". *Journal of Personality and Social Psychology*, v. 75, n. 6, pp. 1586-603, 1998.

27. No dia 13 de setembro de 2001, 48 horas depois dos ataques terroristas a Nova York e Washington, eu volto a pegar a caneta. Embora meu drama pessoal seja menor do que o enfrentado por Worthington, não é fácil escrever sobre perdão em tais circunstâncias. Como alcanço uma pontuação baixa na escala de vingança, a maioria dos meus pensamentos se volta para a prevenção — prevenção de terrorismo nuclear, biológico e químico contra nossos filhos e netos, e contra todo o mundo civilizado. Os terroristas demonstraram que esse tipo de guerra está a seu alcance. Na minha opinião, para uma prevenção eficaz, as nações civilizadas precisam eliminar esses ninhos de terrorismo. O mais importante, porém, é derrubar os governos infames da jihad. Quando um mau governo é destituído, boa parte do povo segue o novo governo. A transformação de japoneses, alemães e soviéticos sob maus governos, seguida por sua "retransformação" sob uma liderança democrática, é uma lição histórica impressionante. Peço desculpas por esta nota, e não faço ideia do efeito que terá quando for lida daqui a anos, mas, agora, é emocionalmente necessário para mim fazer isso.

28. Alex Harris, Carl Thoresen, Frederic Luskin et al., "Effects of Forgiveness Intervention on Physical and Psychological Health". Trabalho apresentado na reunião anual da American Psychological Association, San Francisco, em agosto de 2001. Para uma análise de outros estudos sobre o assunto, veja Carl Thoresen, Frederic Luskin e Alex Harris, "Science and Forgiveness Intervention: Reflections and Recommendations". In: E. L. Worthington (Org.). *Dimensions of Forgiveness: Psychological Research and Theological Perspectives*. Filadélfia: Templeton Foundation Press, 1998. Para conhecer evidências que correlacionam a ausência de perdão a vários estados físicos doentios, veja Charllote VanOyen, Thomas E. Ludwig e Kelly Vander Laan, "Granting Forgiveness or Harboring Grudges: Implications for Emotion, Physiology, and Health". *Psychological Science*, v. 12, n. 2, pp. 117-23, 2001.

29. Robertson Davies, "What Every Girl Should Know". *One-half of Robertson Davies*. Nova York: Penguin, 1978.

6. OTIMISMO EM RELAÇÃO AO FUTURO [pp. 101-20]

1. Martin E. P. Seligman, *Learned Optimism*. Nova York: Knopf, 1991. [Ed. bras.: *Aprenda a ser otimista*. Rio de Janeiro: Best Seller, 2005.] É a fonte mais completa, e muito do que se encontra neste capítulo foi retirado daí.

2. No trabalho com deprimidos, foi incluída uma terceira dimensão — a personalização — porque eles, em geral, assumem mais culpa pelos eventos negativos e se dão menos crédito pelos positivos do que seria justo. Como os leitores deste livro são predominantemente não deprimidos, existiria o perigo de distorção na direção inversa, assumindo responsabilidade insuficiente pelas falhas e crédito demais pelo sucesso. Daí a omissão dessa dimensão.

3. Este é o caminho mais curto. Agradeço a Karen Relvich por alguns exemplos. O caminho mais longo pode ser encontrado no capítulo 12 de Martin E. P. Seligman, *Learned Optimism*, op. cit.

4. Seria a psicologia positiva meramente pensamento positivo requentado? A psicologia positiva tem uma conexão filosófica com o pensamento positivo, mas não é uma conexão empírica. A Heresia Arminiana (amplamente discutida nas notas do capítulo 5) está na base do metodismo, e o pensamento positivo de Norman Vincent Peale surge a partir dela. A psicologia positiva também

está ligada, em seus fundamentos, à possibilidade que o indivíduo tem de escolher livremente e, nesse sentido, os dois esforços têm raízes comuns.

A psicologia positiva, no entanto, tem outras diferenças importantes em relação ao pensamento positivo. Primeiramente, o pensamento positivo é uma atividade passiva. A psicologia positiva, por outro lado, está ligada a um programa de atividade científica empírica e replicável. Além disso, a psicologia positiva não exige a positividade constante. Existe uma "folha de balanço", e, apesar das muitas vantagens do pensamento positivo, algumas vezes o pensamento negativo é preferível. Embora muitos estudos estabeleçam a ligação entre positividade e saúde futura, longevidade, sociabilidade e sucesso, o equilíbrio das evidências sugere que, em algumas situações, o pensamento negativo leva a maior precisão. Quando a precisão está ligada a consequências potencialmente catastróficas (quando o piloto precisa decidir se remove ou não o gelo das asas do avião, por exemplo), devemos todos ser pessimistas. Com esses benefícios em mente, a psicologia positiva busca o equilíbrio entre pensamento positivo e negativo. Por último, muitos líderes do movimento da psicologia positiva passaram décadas trabalhando o lado "negativo" das coisas. A psicologia positiva é um complemento da psicologia negativa, e não um substituto. (Esta nota foi adaptada de: Martin E. P. Seligman e James O. Pawelski, "Positive Psychology: FAQs". *Psychological Inquiry*, v. 14, n. 2, pp. 159-63, 2003.)

7. FELICIDADE NO PRESENTE [pp. 121-41]

1. K. Kaváfis, *Collected Poems* (Edmund Keeley e Philip Sherrard, Ed. e Trad.). Princeton: Princeton University Press, 1975. Reeditado com permissão da Princeton University Press.

2. Para mais informações, veja Peter Shizgal, "Neural Basis of Utility Estimation". *Current Opinion in Neurobiology*, v. 7, n. 2, pp. 198-208, 1997.

3. Recomendo enfaticamente o incisivo trabalho de James Gleick, *Faster: The Acceleration of Just About Everything*. Nova York: Little, Brown, 2000; e o sucinto e profundo trabalho de Stewart Brand, *The Clock of the Long Now*. Nova York: Basic Books, 2000. Esses dois livros tratam dos substanciais custos psicológicos acarretados pela extrema rapidez da tecnologia.

4. Sua importante obra inédita, *Savoring: A Process Model for Positive Psychology*, está destinada, na minha opinião, a tornar-se um clássico. Veja também Fred B. Bryant, "A Four-Factor Model of Perceived Control: Avoiding, Coping, Obtaining, and Savoring". *Journal of Personality*, v. 57, n. 4, pp. 773-97, 1989.

5. Eunice Tietjens, "The Most Sacred Mountain". In: Jessie Belle Rittenhouse (Org.). *The Second Book of Modern Verse*. Nova York: Houghton-Mifflin, 1923.

6. Ellen J. Langer, *The Power of Mindful Learning*. Cambridge: Perseus, 1997.

7. Se quiser ler mais sobre os benefícios cognitivos da meditação, recomendo o livro de Jon Kabat-Zinn, *A mente alerta*, Rio de Janeiro: Objetiva, 1994.

8. Marvin Levine, *The Positive Psychology of Buddhism and Yoga*. Mahwah: Erlbaum, 2000.

9. Agradeço a Daniel Robinson, professor emérito da Georgetown University, especificamente, por me ajudar a encontrar o caminho em meio ao pensamento de Aristóteles (em especial o Livro 10 da *Ética a Nicômaco*), e mais genericamente por manter acesa a luz no terreno árido da moderna psicologia norte-americana. Aristóteles não é um tema fácil, e é especialmente útil o livro de James

O. Urmson, *Aristotle's Ethics*. Hoboken: Wiley-Blackwell. "Para Aristóteles, porém, o prazer de uma atividade não é resultado dela, mas de alguma coisa difícil de distinguir da própria atividade; para ele, fazer algo por puro prazer é exercer uma atividade por ela mesma" (Ibid., p. 105). Muito útil para o esclarecimento da distinção entre gratificações e prazeres é Richard M. Ryan e Edward L. Deci, "On Happiness and Human Potential". *Annual Review of Psychology*, v. 52, pp. 141-66, 2001. Assim como eu, eles dividem os estudos sobre o bem-estar em abordagens hedonistas, que se concentram na emoção, e abordagens eudemonistas, que se concentram no indivíduo. O trabalho de Carol Ryff e seus colaboradores é particularmente importante para o estudo da abordagem eudemonista. Eles exploraram a questão do bem-estar no contexto do desenvolvimento de uma teoria de crescimento pela vida toda. Ainda bebendo na fonte de Aristóteles, eles descrevem o bem-estar não apenas como o momento do prazer, mas também como "a busca da perfeição que representa a realização do verdadeiro potencial do indivíduo". Carol D. Ryff, "Psychological Well-Being in Adult Life". *Current Directions in Psychology Science*, v. 4, n. 4, pp. 99-104, 1995. Tenho, porém, certa divergência em relação à visão eudemonista de "potencial" humano e "atuação total", pois considero esses termos imprecisos e culturais, quando se tenta explicá-los. Em vez disso, prefiro considerar a alternativa eudemonista ao prazer como a busca da gratificação.

10. Mihaly Csikszentmihalyi, *Flow*. Nova York: Harper, 1991. Considerado um clássico, este é o melhor livro já escrito sobre a gratificação. Estes exemplos foram tirados dele.

11. Uma das importantes questões estudadas pela psicologia positiva é o motivo pelo qual os seres humanos optam tão prontamente pelo prazer, e o que é pior, em detrimento de atividades que produziriam um estado de *flow*. Sei perfeitamente bem que se, esta noite, ficar lendo a biografia de Lincoln escrita por Sandburg, em vez de assistir ao jogo de beisebol pela televisão, vou entrar em estado de *flow*. No entanto, é muito provável que eu escolha o beisebol. Existem seis possíveis fatores concretos e indistinguíveis que nos impedem de escolher a gratificação. A gratificação constrange; traz a possibilidade de falha; exige habilidade, esforço e disciplina; produz mudança, pode gerar ansiedade e provoca a perda de oportunidades. O prazer, além de exigir pouco esforço, tem poucos desses empecilhos — se é que tem algum.

12. Para uma revisão dos dados e das teorias sobre a moderna epidemia de depressão, veja Martin E. P. Seligman, *The Optimistic Child*. Nova York: Houghton-Mifflin, 1996. Também, Martin E. P. Seligman, Elaine Walker e David Rosenhan, *Abnormal Psychology*. Nova York: Norton, 2001, pp. 248-99, onde se encontram informações mais detalhadas e a bibliografia.

13. Ronald C. Kessler, Katherine A. McGonagle, Shanyang Zhao et al. "Lifetime and 12-Month Prevalence of DSM-IIIR Psychiatric Disorders in the United States: Results from the National Comorbidity Study". *Archives of General Psychiatry*, v. 51, n. 1, pp. 8-19, 1994.

14. Martin E. P. Seligman, *The Optimistic Child*, op. cit. Veja o capítulo 5.

15. Laura L. Smith e Charles H. Elliot. *Hollow Kids: Recapturing the Soul of a Generation Lost to the Self-Esteem Myth*. Nova York: Forum, 2001.

16. Mihaly Csikszentmihalyi, "The Call of the Extreme". In: John Brockman (Org.). *The Next Fifty Years: A Science for the First Half of the Twenty-First Century*. Nova York: Vintage, 2002.

8. RENOVANDO FORÇA E VIRTUDE [pp. 145-53]

1. Nos Estados Unidos dos séculos XVII e XVIII, reinava uma visão dura e fria do caráter e da ação humana, fruto da teologia puritana, por sua vez derivada de Lutero e Calvino. Apesar dos modernos defensores da tese, esses dois notáveis intelectuais da Reforma não acreditavam de modo algum que existisse o livre-arbítrio. Somente Deus concede a graça, e os seres humanos não participam — nem podem participar — do processo. Não há nada que você possa fazer para entrar no céu ou para evitar o fogo do inferno; o seu destino foi indelevelmente traçado por Deus no momento da criação. Jonathan Edwards (1703-58), o famoso teólogo puritano, sustentava que, embora possamos pensar que somos livres, na verdade, a nossa vontade está sujeita ao nexo causal. E pior: quando exercemos a "liberdade" de escolha, fatalmente optamos pelo pecado.

O chamado "Segundo Grande Despertar", no início do século XIX, porém, afirmava que as pessoas de bom caráter optam pela virtude, e Deus as recompensa com a eternidade. É isso que Lincoln queria dizer com "os melhores anjos da nossa natureza". As de mau caráter, por outro lado, tendem a optar pelo mal, e o que recebem em troca dessa escolha pecaminosa são os vícios, a pobreza, a bebida e, finalmente, o inferno. Politicamente, em contraste com as monarquias da Europa, via-se como missão dos Estados Unidos estimular o bom caráter, construindo assim o reino de Deus na Terra. Andrew Jackson, em um discurso que, um século ou dois antes, na Europa, o teria levado à fogueira, disse, como presidente eleito: "Acredito que o homem pode elevar-se; o homem pode tornar-se mais e mais dotado de divindade; e, à medida que isso acontece, vai se assemelhando cada vez mais a Deus, no caráter e na capacidade de se governar".

2. Bruce Kuklick. *Churchmen and Philosophers*. New Haven: Yale University Press, 1985, especialmente o capítulo 15.

3. Embora beire o antissemitismo, veja John M. Cuddihy, *The Ordeal of Civility: Freud, Marx, Levi-Strauss, and the Jewish Struggle with Modernity*. Boston: Beacon Press, 1987. O autor sustenta que Marx e Freud apresentam desculpas para o comportamento grosseiro dos imigrantes oriundos dos pogroms da Europa Oriental; o livro faz uma interpretação paralela da mensagem subjacente das ciências sociais.

4. A ideia de que qualquer um que seja exposto àquelas condições terríveis estaria predisposto a cometer atos ruins é a própria essência do igualitarismo dos Estados Unidos, e seus fundamentos são respeitáveis. A imortal declaração de Thomas Jefferson promulgou a doutrina de John Locke, afirmando que todos os homens são criados iguais. Para Locke (1632-1704), essa ideia tem origem na teoria de que todo conhecimento vem através dos sentidos. Nascemos como uma lista em branco, que vamos preenchendo com uma crua sequência de sensações. Essas sensações são "associadas" no tempo ou no espaço, e as associações juntam as sensações em nossa mente; assim, tudo que sabemos, tudo que somos, é simplesmente a soma de associações resultantes da experiência. Para compreender os atos de um indivíduo, a ciência pode dispensar noções carregadas de valor, como o caráter; basta conhecer detalhes de sua criação. Então, quando, com a ascensão dos behavioristas durante a Primeira Guerra Mundial, a psicologia foi incluída na pauta das ciências sociais, sua missão passou a ser entender como as pessoas aprendem com o ambiente, tornando-se o que são.

5. Michael McCullough e C. R. Snyder, "Classical Sources of Human Strength: Revisiting an Old Home and Building a New One". *Journal of Social and Clinical Psychology*, v. 19, n. 1, pp. 1-10,

2000. É narrada a história de Alport. Veja também Gertrude Himmelfarb. *The Demoralization of Society: From Victorian Virtues to Modern Values*. Nova York: Vintage, 1996.

6. Uma limitação à generalização das virtudes de Dahlsgaard é que todas essas culturas, por mais disseminadas que estejam, são todas eurasiáticas. Os linguistas nos dizem que, 4 mil anos atrás, todos os povos eurasiáticos tinham uma linhagem comum, e o que é ateniense não é completamente independente do que é indiano. O grego e o sânscrito têm raízes comuns, Buda e Aristóteles podem ter tido ideias coincidentes sobre a virtude por terem os mesmos ancestrais. Para verificar se tudo isso é verdadeiro, é preciso observar com atenção essas virtudes em culturas completamente não ocidentais, que venham de tradições linguísticas e filosóficas realmente independentes. A rede de psicologia positiva está apoiando essa pesquisa. O máximo que posso afirmar com certeza acerca das virtudes é que os povos mais sábios nas tradições filosóficas eurasianas concordam sobre essas seis. Agradeço a Marvin Levine e Dan Ben-Amos pelas informações.

7. Robert Wright, *The Moral Animal: Evolutionary psychology and Everyday Life*. Nova York: Pantheon, 1994. [Ed. bras.: *O animal moral: por que somos como somos, a nova ciência da psicologia evolucionista*. Rio de Janeiro: Elsevier, 2006.]

9. SUAS FORÇAS PESSOAIS [pp. 154-83]

1. Jogo 5 das finais da NBA de 1997 contra o Utah Jazz, 11 jun. 1997.

2. Faz sentido, por uma perspectiva de aprendizagem, nos sentirmos inspirados e engrandecidos ao testemunhar atitudes voluntárias que demonstrem bom caráter, e indignados com demonstrações de mau caráter; e, no caso de a atitude indigna ser praticada por nós mesmos, a reação é de vergonha e culpa. O engrandecimento é uma emoção positiva que reforça as boas ações, aumentando a probabilidade de ocorrerem; indignação, culpa e vergonha são emoções negativas que surgem como punição às más ações.

Durante décadas, os teóricos da aprendizagem se debruçaram sobre o fato de que algumas ações podem ser reforçadas pela recompensa e inibidas pelo castigo, enquanto outras, não. Se eu oferecer a você cem dólares para que leia em voz alta a frase anterior, você provavelmente vai fazer isso. Se eu, no entanto, oferecer a mesma quantia para que contraia suas pupilas (sem qualquer estímulo externo, como uma luz forte acesa diante dos olhos), você não vai conseguir. Somente as ações voluntárias, como ler, são passíveis de reforço ou punição. As ações que não envolvem decisão, como contrair as pupilas, não podem ser reforçadas nem inibidas.

A conclusão que se tira daí é que as forças de caráter, por se manifestarem através de atos voluntários, são exatamente as que podem ser moldadas pela recompensa e pelo castigo. Uma cultura pode contribuir para definir o que conta como bom caráter em seu meio, mas, além disso, o ser humano vem equipado com emoções positivas, como engrandecimento, inspiração e orgulho, para reforçar as ações que são fruto do bom caráter, e com emoções negativas, como indignação, vergonha e culpa, para condenar as más ações.

3. Agradeço a Chris Peterson pela seguinte observação: existe uma ilusão de santidade que interfere na nossa noção do que é uma pessoa boa. A pessoa virtuosa possui todas as seis virtudes, e nenhum vício? Tenho minhas dúvidas se este não seria um critério severo demais para pobres mortais. Que lugar ocupa o vício na presença e exercício das virtudes?

Uma visão profundamente arraigada na psicologia negativa do século XX é que as pessoas que aparentam ser extremamente boas seriam farsas; suas ações aparentemente virtuosas esconderiam a insegurança ou uma séria psicopatologia. Um tema constante na literatura e na atual imprensa sensacionalista é a revelação de fatos que desacreditam moralmente indivíduos supostamente bons: as acusações (que podem ser verdadeiras ou não) de que Jesse Jackson tem um filho fora do casamento, Michael Jackson era pedófilo, Gary Hart traiu a esposa, Jimmy Swaggart utilizou os serviços de prostitutas, Clarence Thomas assediou sexualmente uma colega de trabalho. Revelações sexuais como essas se destacam na mídia. Mas não é só sexo: houve acusações de que os discursos do senador Joseph Biden, na campanha presidencial de 1988, eram plágio; de que Zoe Baird, Kimba Woods e Linda Chavez, indicadas para o ministério, não pagavam os encargos sociais de seus empregados domésticos; de que Albert Gore mentiu sobre suas realizações; de que George W. Bush foi apanhado dirigindo bêbado; de que Bill e Hillary Clinton aceitaram suborno para liberar perdões; de que Bob Kerrey comandou soldados que mataram mulheres e crianças no Vietnã; e assim por diante.

Esse tipo de história desperta nossa curiosidade, embora deixe uma sensação de vazio. Todos aqueles indivíduos demonstraram muitas das seis virtudes — e, em alguns casos, todas. As acusações, se verdadeiras, nos dizem que não se trata de boas pessoas, ou que suas virtudes não passam de defesas ou derivativos de seus vícios? Eu gostaria de ver as evidências da corrente causal antes de descartar exemplos da bondade humana como mera exibição ou simples disfarce. E essas evidências quase nunca existem. Na verdade, o que permeia esses exemplos, além das óbvias transgressões, é uma espécie de integridade por parte do transgressor. O verdadeiro pecado pode não ser o mais óbvio, mas a falta de autenticidade do pecador. Veja o contraste entre o desprezo que sentimos ao ouvir esse tipo de história e a naturalidade com que ficamos sabendo, anos atrás, que Jimmy Carter admitia ter desejado outra mulher que não a própria esposa.

Outro ponto a ser considerado aqui é que vejo o caráter como um aspecto plural, e a existência de uma atividade não virtuosa com respeito a determinada força não significa que o indivíduo seja incapaz de possuir e demonstrar outras forças, ou não possa ser uma pessoa virtuosa. Na época do escândalo Monica Lewinsky, com base nas pesquisas de opinião, presumo que o povo dos Estados Unidos não tenha deixado de perceber, por trás da infidelidade, e mesmo da desonestidade de Bill Clinton, suas louváveis ações como líder.

4. Treinamento de segurança no manuseio de armas. Disponível em: <https://darwinawards. com/darwin/darwin2000.html>. Acesso em: 12 set. 2018.

5. Collin Turnbull, *The Mountain People*. Nova York: Simon & Schuster, 1972.

6. A formulação de uma definição de "vida boa" que transcenda sistemas de valores radicalmente diferentes é um desafio. Uma vasta literatura se acumulou, buscando a documentação de valores diferentes e fundamentais no Japão, onde "Quero levar uma vida que não prejudique ninguém" é uma ambição modal, e nos Estados Unidos, onde o modal é "Quero levar uma vida independente". Minha formulação — o uso diário das forças pessoais nos principais setores da vida, de modo a gerar gratificação abundante e felicidade autêntica — não tem, segundo acredito, uma conotação cultural, já que as forças são ubíquas, tanto nas culturas coletivas como nas individualistas. Um bom ponto de partida é a revisão da literatura multicultural sobre felicidade em Richard Ryan e Edward Deci, "On Happiness and Human Potential". *Annual Review of Psychology*, v. 51, pp. 141-66, 2001.

7. Para uma completa apreciação dos temas curiosidade e interesse, o leitor deve começar por Todd Kashdan, "Curiosity and Interest", 2002. In: Christopher Peterson e Martin E. P. Seligman

(Orgs.), *The VIA Classification of Strengths and Virtues*. Original disponível em: <www.positive-psychology.org>. Acesso em: 12 set. 2018.

8. Não devemos ignorar as muitas pessoas que conseguem um emprego em que têm a felicidade de receber dinheiro em troca da utilização de forças pessoais como o gosto pela aprendizagem. Nesses casos, o gosto pela aprendizagem vem em primeiro lugar, e é um bônus poder ganhar a vida com ele. No capítulo 10, vou discutir as "vocações", o trabalho que você continuaria a fazer, ainda que não recebesse pagamento.

9. Marie Jahoda, *Current Concepts of Positive Mental Health*. Nova York: Basic Books, 1958. Ela chama essa característica de orientação para a realidade. Albert Ellis, *Reason and Emotion in Psychotherapy*. Nova York: Stuart, 1962. O autor discute o que é saúde mental, caracteriza esta força como a capacidade de não confundir desejos e necessidades com fatos e de não administrar a vida com base no que deve ser feito, mas com base na razão.

10. Robert Sternberg é a melhor fonte dessa força: Robert J. Sternberg, George B. Forsythe, Jennifer Hedlund et al., *Practical Intelligence in Everyday Life*. Nova York: Cambridge University Press, 2000.

11. Howard Gardner, *Frames of Mind: The Theory of Multiple Intelligences*. Nova York: Basic Books, 1994. [Ed. bras.: *Estruturas da mente: a teoria das inteligências múltiplas*. Porto Alegre: Artmed, 1994]; John Mayer e Peter Salovey, "Personal Intelligence, Social Intelligence, and Emotional Intelligence: The Hot Intelligences". In: Christopher Peterson e Martin E. P. Seligman (Orgs.). *The VIA Classification of Strengths and Virtues*. Original disponível em: <www.positivepsychology.org>. Acesso em: 12 set. 2018.

12. Daniel Goleman, *Emotional Intelligence*. Nova York: Bantam, 1995. [Ed. bras.: *Inteligência emocional*. Rio de Janeiro: Objetiva, 1996.] Além das inteligências pessoal e social, esse conceito inclui ainda o otimismo, a bondade e outras forças. Considero a inteligência emocional esplêndida para levantar a consciência pública, mas difícil de manejar para propósitos científicos; daí minha preferência em distinguir entre seus vários elementos.

13. Gallup Organization, *Strengthsfinder® Resource Guide*. Lincoln: Author, 2000; Marcus Buckingham e Donald Clifton, op. cit.

14. Os programas de pesquisa de Baltes e Staudinger (2000), Sternberg (1990) e Vaillant (1993) produziram importantes informações sobre esse conceito antes confuso. Paul B. Baltes e Ursula M. Staudinger, "Wisdom: A Metaheuristic (Pragmatic) to Orchestrate Mind and Virtue toward Excellence". *American Psychologist*, v. 55, pp. 122-36, 2000; George E. Vaillant, *The Wisdom of the Ego*. Cambridge: Harvard University Press, 1993; Robert J. Sternberg (Org.), *Wisdom: Its Nature, Origins, and Development*. Nova York: Cambridge University Press, 1990.

15. Comece com Tracy Steen, "Courage". In: Christopher Peterson e Martin Seligman, ibid., e Monica Worline, "Via Classification: Courage" (2002), In: Christopher Peterson e Martin Seligman, ibid.

16. Daniel Putnam, "Psychological Courage". *Philosophy, Psychiatry, and Psychology*, v. 4, pp. 1-11, 1997. Stanley J. Rachman, *Fear and Courage*, 2. ed. Nova York: W. H. Freeman, 1990.

17. K. K. O' Byrne, S. J. Lopez e S. Petersen, "Building a Theory of Courage: A Precursor to Change?" Trabalho apresentado na convenção anual da American Psychological Association, Washington, ago. 2000. Earl E. Shlep, "Courage: A Neglected Virtue in the Patient-physician Relationship". *Social Science and Medicine*, v. 18, n. 4, pp. 351-60, 1984.

18. K. Sheldon, "Authenticity/honesty/integrity". In: Christopher Peterson e Martin Seligman (Orgs.). *The VIA Classification of Strengths and Virtues*. Disponível em: <www.positivepsychology. org>. Acesso em: 13 set. 2018.

19. S. Post, L. Underwood, M. McCullough, "Altruism/altruistic love/kindness/generosity/ nurturance/care/compassion". In: Christopher Peterson e Martin Seligman, ibid.

20. Shelley Taylor, Laura Cousino Klein, Brian Lewis et al., "Biobehavioral Responses to Stress in Females: Tend-and-Befriend, Not Fight-or-Flight". *Psychological Review*, v. 107, pp. 411-29, 2000.

21. Carol Gilligan, *In a Different Voice: Psychological Theory and Women's Development*. Cambridge: Harvard University Press; Lawrence Kohlberg, *Essays on Moral Development: The Nature and Validity of Moral Stages*. San Francisco: Harper & Row, v. 1, 1984.

22. Roy Baumeister é uma autoridade em autocontrole. Ele sustenta ser esta a maior virtude, que funciona como um músculo e também se exaure. Roy Baumeister e Julie Exline, "Personality and Social Relations: Self-Control as the Moral Muscle". *Journal of Personality*, v. 67, pp. 1165-94, 1999. São bons em resistir: N. Haslam, "Prudence". In: Christopher Peterson e Martin Seligman (Org.). *The VIA Classification of Strengths and Virtues*. Disponível em: <www.positivepsychology. org>. Acesso em: 12 set. 2018; Robert Emmons, e Laura King, "Conflict Among Personal Strivings: Immediate and Long-Term Implications for Psychological and Physical Well-Being". *Journal of Personality and Social Psychology*, v. 54, pp. 1040-8, 1988; Howard S. Friedman, Joan S. Tucker, Joseph E.Schwartz et al., "Psychosocial and Behavioral Predictors of Longevity: The Aging and Death of the 'Termites'". *American Psychologist*, v. 50, pp. 69-78, 1995.

23. Jonathan Haidt, op. cit.

24. "How Wonderful Life is While You're In The World"; "Your Song", de Elton John e Bernie Taupin, 1969. Robert Emmons é o responsável pela pesquisa sobre gratidão. Veja Robert Emmons, "Gratitude". In: Christopher Peterson e Martin E. P. Seligman (Orgs.). *The VIA Classification of Strengths and Virtues*. Original disponível em: <www.positivepsychology.org>. Acesso em: 13 set. 2018.; Michael McCullough, Robert Emmons et al., "Gratitude as Moral Affect". *Psychological Bulletin*, v. 127, pp. 249-66, 2001.

25. Martin Seligman. *Learned Optimism*, op. cit.

10. TRABALHO E SATISFAÇÃO PESSOAL [pp. 187-207]

1. David Leonhardt, "If Richer Isn't Happier, What Is?". *The New York Times*, 19 maio 2001, pp. B9-11.

2. Com isso proponho que "pequenas doses" sejam a unidade da satisfação com a vida.

3. Robert N. Bellah, Richard Madsen, William M. Sullivan, Ann Swidler e Steven M. Tipton, *Habits of the Heart: Individualism and Commitment in American Life*. Nova York: Harper & Row, 1985; Amy Wrzesniewski, Clark McCauley, Paul Rozin e Barry Schwartz, "Jobs, Careers, and Callings: People's Relations to Their Work". *Journal of Research in Personality*, v. 31, pp. 21-33, 1997; Roy F. Baumeister, *Meanings of Life*. Nova York: Guilford Press, 1991.

4. Amy Wrzesniewski, Paul Rozin e Gwen Bennett, "Working, Playing, and Eating: Making the Most of Most Moments". In: Corey L. M. Keyes e Jonathan Haidt (Orgs.), *Flourishing: The Positive Person and the Good Life*. Washington: American Psychological Association, 2002.

5. Amy Wrzesniewski, Clark R. McCauley, Paul Rozin e Barry Schwartz, "Jobs, Careers, and Callings: People's Relations to Their Work". *Journal of Research in Personality*, v. 31, pp. 21-33. Veja também Amy Wrzesniewski e Jane Dutton, "Crafting a Job: Revisioning Employees as Active Crafters of their Work". *Academy of Management Review*, v. 26, pp. 179-201. A história de Coatesville é uma colagem de dois incidentes. Um foi a ocasião da morte de Bob Miller e o outro me foi contado por Amy Wrzesniewski.

6. De Amy Wrzesniewski, Clark R. McCauley, Paul Rozin e Barry Schwartz, op. cit.

7. R. C. Cohen e R. I. Sutton. "Clients as a Source of Enjoyment on the Job: How Hairstylists Shape Demeanor and Personal Disclosures". In: John A. Wagner III (Org.). *Advances in Qualitative Organization Research*. Greenwich: Jai Press, 1998.

8. Patricia Benner, Christine Tanner e Catherine Chesla, *Expertise in Nursing Practice*. Nova York: Springer, 1996; Richard Jacques, "Untheorized Dimensions of Caring Work: Caring as Structural Practice and Caring as a Way of Seeing". *Nursing Adminstration Quarterly*, v. 17, pp. 1-10, 1993.

9. Gary Alan Fine, *Kitchens: The Culture of Restaurant Work*. Berkeley: University of California Press, 2008.

10. A troca de nomes e lugares é uma cortesia com o verdadeiro Dominick.

11. Mihaly Csikszentmihalyi, *Finding Flow: The Psychology of Engagement With Everyday Life*. Nova York: Basic Books, 1997; Mihaly Csikszentmihalyi e Barbara Schneider, *Becoming Adult: How Teenagers Prepare For the World of Work*. Nova York: Basic Books, 2000.

12. O excesso de escolhas talvez seja um problema sério da vida moderna. Sheena Iyengar e Mark Lepper, "When Choice is Demotivating: Can One Desire Too Much of a Good Thing?". *Journal of Personality and Social Psychology*, v. 79, pp. 995-1006, 2000. Em uma série de estudos, os participantes compraram mais geleias exóticas e chocolates finos quando tinham apenas seis opções para escolher, e compraram menos quando tinham à disposição 24 ou trinta opções, respectivamente. Barry Schwartz, Andrew Ward, John Monterosso, Sonja Lyubomirsky et al., "Maximizing Versus Satisficing: Happiness Is a Matter of Choice" (*Journal of Personality and Social Psychology*, v. 83, n. 5, pp. 1178-97) aborda os *maximizers*, que vivem procurando obter o melhor de tudo, e os *satisficers*, que, ao contrário, conformam-se com o que for "suficientemente bom". Com isso, os *maximizers* são dados à depressão, à insatisfação e à lamentação.

13. A estatística nacional mais aproximada foi de 62% (NELS 1988-94).

14. Mihaly Csikszentmihalyi, *Finding Flow*, op. cit., p. 61.

15. Ibid.

16. Adaptado de Martin Seligman, Paul Verkuil e Terry Kang, "Why Lawyers are Unhappy". *Cardozo Law Journal*, v. 23, pp. 33-53, 2002.

17. Michael Hall, "Fax Poll Finds Attorneys Aren't Happy With Work". *L. A. Daily Journal*, 4 mar. 1992.

18. Vigente a partir de 1º de janeiro de 2000, consistindo de um salário-base de 125 mil dólares, mais um "bônus mínimo garantido" de 20 mil dólares e um "bônus sem restrições" de 5 mil a 15 mil dólares anuais; *New York Law Journal*, 27 dez. 1999. O número de 22 de dezembro de 1998 do *New York Law Journal* relatou que a firma de Wachtell, Lipton distribuiu bônus de fim de ano equivalentes a 100% do salário-base. Os associados em seu primeiro ano receberam 200 mil dólares.

19. Patrick Schiltz, "On Being a Happy, Healthy, and Ethical Member of an Unhappy, Unhealthy, and Unethical Profession". *Venderbilt Law Review*, v. 52, p. 871, 1999.

20. William W. Eaton, James C. Anthony, Wallace Mandell e Roberta A. Garrison, "Occupations and the Prevalence of Major Depressive Disorder". *Journal of Occupational Medicine*, v. 32, pp. 1079-87, 1990.

21. J. G. Shop, "New York Poll Finds Chronic Strain in Lawyer's Personal Lives", *Association of Trial Lawyers of America*, abr. 1994. O artigo afirma que 56% dos advogados divorciados disseram que o trabalho contribuiu para o fracasso de seus casamentos.

22. Veja John Heinz et al., "Lawyers and their Discontents: Findings from a Survey of the Chicago Bar". *Indiana Law Journal*, v. 74, p. 735, 1999.

23. As conclusões sobre a relação entre otimismo e esporte estão no capítulo 9 de Martin Seligman, *Learned Optimism*, op. cit.

24. Jason M. Satterfield, John Monahan e Martin Seligman, "Law School Performance Predicted by Explanatory Style". *Behavioral Sciences and the Law*, v. 15, pp. 1-11, 1997.

25. A prudência é uma força valorizada em todas as culturas. A extrema prudência, qualidade característica dos advogados, que leva a perceber todos os perigos possíveis, é útil no exercício da profissão, mas prejudicial em muitos outros contextos. Formalmente, vemos as características positivas como participantes de um relacionamento do tipo gênero-espécie-família. As virtudes (gênero), as mais abstratas, são os traços positivos valorizados universalmente. As forças (espécies) são os caminhos que levam às virtudes encontradas em todas as culturas e em todos os momentos históricos. Os temas (famílias) são traços positivos, mas somente em determinados contextos; em outros, são considerados negativos. Os temas são os traços que contribuem para o trabalho bem-sucedido, que é avaliado pelo Gallup Strengthsfinder@. Portanto, o extremo pessimismo demonstrado pelos bem-sucedidos advogados norte-americanos é um tema, um traço que contribui para seu sucesso no ambiente profissional dos Estados Unidos; não é genérico o suficiente para ser considerado força ou virtude.

26. R. Karasek, Dean Baker, Frank Marxer, Anders Ahlbom e Töres Theorell, "Job Decision Latitude, Job Demand, and Cardiovascular Disease: A Prospective Study of Swedish Men". *American Journal of Public Health*, v. 71, pp. 694-705, 1981.

27. Barry Schwartz, *The Costs of Living: How Market Freedom Erodes the Best Things in Life*. Nova York: Norton, 1994.

28. Catorze horas por dia? Alguns advogados dizem "não". *The New York Times*, 6 out. 1999, p. G1. "Em grandes escritórios de advocacia, 44% dos novos associados deixam a firma antes de três anos." O artigo também comenta que os maiores escritórios de Nova York formaram comissões para "descobrir como manter felizes os jovens advogados".

29. Para uma lista mais longa ou mesmo sugestões mais anêmicas, veja "Lawyers' Quality of Life". *The Record of the Association of the Bar of the City of New York*, v. 55, n. 6, 2000.

30. Para uma discussão sobre a coragem em um ambiente profissional, veja Monica Worline, op. cit.

11. AMOR [pp. 208-29]

1. Leaf van Boven, David Dunning e George Lowenstein. "Egocentric Empathy Gaps Between Owners and Buyers: Misperception of the Endowment Effect". *Journal of Personality and Social Psychology*, v. 79, pp. 66-76, 2000.

2. John Tooby e Leda Cosmides, "Friendship and the Banker's Paradox: Other Pathways to the Evolution of Adaptations for Altruism". In: W. G. Runciman, John Maynard Smith e R. I. M. Dunbar (Orgs.). *Evolution of Social Behavior Patterns in Primates and Man. Proceedings of the British Academy*, v. 88, pp. 119-43, 1996.

3. Ed Diener e Martin Seligman, "Very happy people". *Psychological Science*, v. 13, pp. 81-4, 2001.

4. David Myer, *The American Paradox: Spiritual Hunger in an Age of Plenty*. New Haven: Yale University Press, 2000. O capítulo deste livro que trata do casamento é a fonte mais autorizada que conheço, e utilizo as citações e exemplos que Myer oferece sobre o divórcio e a infelicidade em vários dos capítulos seguintes.

5. Para uma excelente discussão sobre como os relacionamentos são cruciais para o humor positivo e negativo, veja Harry Reis e Shelly Gable, "Toward a Positive Psychology of Relationships". In: Corey L. Keyes e Jonathan Haidt (Orgs.), op. cit.

6. Rand Conger e Glen Elder, *Families in Troubled Times: Adapting to Change in Rural America*. Hawthorne: Aldine de Gruyter, 1994.

7. C. Hazan, "The Capacity to Love and Be Loved". In: Christopher Peterson. *The VIA Classification of Strengths and Virtues*. Ibid. Veja também Robert Sternberg, "A Triangular Theory of Love". *Psychological Review*, v. 93, pp. 119-35, 1986. Nesse importante trabalho, Sternberg afirma existirem três aspectos de amor — intimidade, paixão e ligação. O casamento, em princípio, combina os três.

8. Em *Cama de gato*, Kurt Vonnegut chama esses grupos superficiais de "*granfalloons*", diferentes dos "*karasses*", grupos profundamente conectados por um firme propósito.

9. Casamento, uma instituição bem-sucedida? A quem estou querendo enganar? Todo mundo sabe que a instituição do casamento, apesar de todas as emoções, os benefícios materiais e vantagens evolutivas, está sob uma pressão quase insustentável atualmente, pelo menos nos Estados Unidos. O índice de divórcios dobrou desde 1960, e hoje a metade dos casamentos acaba em separação. Nos anos 1990, havia cerca de 2,4 milhões de casamentos e 1,2 milhão de divórcios a cada ano. Atualmente, metade das crianças passa pela perturbadora experiência de ver os pais se separarem.

E esse é apenas um componente da erosão da instituição do casamento. O próprio número de uniões está em queda, com 41% dos norte-americanos adultos vivendo solteiros, em contraste com os 29% de quarenta anos atrás. Além disso, as pessoas hoje em dia estão adiando o casamento, deixando para se unir cinco anos, em média, mais tarde do que o faziam há quatro décadas. A única luz no fim do túnel é que o índice de separações sofreu um visível declínio no decorrer dos anos 1990, mas isso pode ser o simples resultado do fato de os jovens estarem deixando para casar mais tarde, e não o sinal de uma tendência contrária ao divórcio.

Você poderia ser levado a pensar que esse declínio do casamento, demonstrado pelo divórcio, pelo adiamento e pela decisão de permanecer solteiro, seja uma tendência que diminui a quantidade de casamentos infelizes, mas não é bem assim. Entre os casados, a percentagem dos que se dizem "muito felizes com o casamento" também diminuiu, com apenas um terço dos casados nos anos 1970 fazendo essa afirmativa atualmente. O que acontece é que o divórcio está mais exposto psicologicamente do que era uma década atrás. Quando as coisas vão mal, desistir do casamento e buscar uma nova situação, mais feliz, é a opção mais viável. Com isso, diminuíram as tentativas de resolver os conflitos e a aceitação do que seria uma situação apenas razoável.

A moral da história é que as mudanças sociais da última geração resultaram em muitos milhões de casamentos que começaram com amor, alegria e otimismo, mas caminharam para o fracasso, com cada parceiro enxergando apenas as fraquezas e os defeitos do outro. Com isso, começam a se desenrolar as vantagens da união estável, o que é um desperdício da capacidade de amar e ser amado, em uma escala sem precedentes. Para ver casos documentados, consulte David Myers (2000), já citado neste capítulo.

10. Winnifred Cutler, Celso-Ramon Garcia, George Huggins e George Preti, "Sexual Behavior and Steroid Levels Among Gynecologically Mature Pre-Menopausal Women". *Fertility and Sterility*, v. 45, pp. 496-502, 1986.

11. Veja David Myers (2000), já citado neste capítulo.

12. Cindy Hazan e Debra Zeifman, "Pair Bond as Attachments: Evaluating the Evidence". In: Jude Cassidy e Phillip Shaver (Orgs.). *Handbook of Attachment*. Nova York: Guilford Press, 1999, pp. 336-54, Jay Belsky, "Modern Evolutionary Theory and Patterns of Attachment", op. cit., pp. 141-61, 1999.

13. Roger Kobak conta essa história em Roger Kobak, "The Emotional Dynamics of Disruptions in Attachment Relationships". In: Jude Cassidy e Phillip Shaver, op. cit., pp. 21-43, 1999.

14. Para uma excelente apreciação dos extensos estudos de Ainsworth e Bowlby, veja Nancy Weinfield, Alan Sroufe, Byron Egeland e Elizabeth Carlson, "The Nature of Individual Differences in Infant-Caregiver Attachment", op. cit., pp. 68-88, 1987.

15. O trabalho pioneiro é Cindy Hazan e Phillip Shaver, "Romantic Love Conceptualized as an Attachment Process". *Journal of Personality and Social Psychology*, v. 52, pp. 511-24, 1987.

16. Veja em Feeny (1999), op. cit., pp. 363-5, um resumo das evidências.

17. Feeny (1999), ibid., p. 360. Este capítulo contém ainda uma excelente apreciação das sequelas dos diferentes tipos de união, conforme estudadas em laboratório e em pesquisas de campo, bem como suas descrições românticas.

18. Linda Kunce e Phillip Shaver, "An Attachment-Theoretical Approach to Caregiving in Romantic Relationships". In: Kim Bartholomew e Daniel Perlman (Orgs.). *Advances in Personal Relationships, v. 5: Attachment Process in Adulthood*. Londres: Jessica Kingsley, 1994, pp. 205-37.

19. Cindy Hazan, D. Zeifman e K. Middleton, "Adult Romantic Attachment, Affection, and Sex". Trabalho apresentado na 7th International Conference of Personal Relationships, Groningen, Holanda, jul. 1994.

20. Mario Mikulincer, Victor Florian e Aron Weller, "Attachment Styles, Coping Strategies, and Posttraumatic Psychological Distress: The Impact of the Gulf War in Israel". *Journal of Personality and Social Psychology*, v. 64, pp. 817-26, 1993.

21. Thomas Cafferty, Keith Davis, Frederic Medway et al., "Reunion Dynamics Among Couples Separated During Operation Desert Storm: An Attachment Theory Analysis". In: Kim Bartholomew e Daniel Perlman (Orgs.). *Advances in Personal Relationships, v. 5: Attachment Process in Adulthood*, op. cit., pp. 309-30.

22. Aqui estão as referências completas:

- Andrew Christensen e Neil Jacobson, *Reconcilable Differences*. Nova York: Guilford Press, 2000. Como distinguir, no casamento, os conflitos solúveis dos insolúveis e como solucionar os primeiros. Para casamentos muito conturbados.
- John Gottman e Joan DeClaire. *The Relationship Cure: A 5 Step Guide to Strengthening Your Marriage, Family and Friendships*. Nova York: Crown, 2001. Etapas concretas para

o desenvolvimento de uma melhor comunicação e a criação de laços com todos aqueles a quem você ama. Para todos os relacionamentos humanos que estejam passando por dificuldades, de irmãos a amigos.

- John Gottman e Nan Silver. *The Seven Principles for Making Marriage Work*. Nova York: Three Rivers, 1999. [Ed. bras.: *Sete princípios para o casamento dar certo*. Rio de Janeiro: Objetiva, 1999.] Prático, com exercícios concretos, trata-se de um manual documentado por pesquisas que se propõe a melhorar casamentos em conflito, além de ser o único que traz conselhos para os casamentos que já são bem-sucedidos. Pessoalmente, é o meu favorito.
- Howard Markman, Scott Stanley e Susan Blumberg. *Fighting For Your Marriage*. Nova York: Jossey-Bass, 1994. Como ser um ouvinte ativo e um acompanhante atento. Uma habilidade genérica muito útil quando aplicada a casamentos conturbados, mas apropriada a todos os relacionamentos íntimos.

23. John Gottman e Robert Levenson, "Marital Processes Predictive of Later Dissolution: Behavior, Physiology, and Health". *Journal of Personality and Social Psychology*, v. 63, pp. 221-33, 1992.

24. John Gottman e Nan Silver. *The Seven Principles for Making Marriage Work*, op. cit. Veja, em especial, o capítulo 4 ("Nurture Your Fond and Admiration").

25. Shelly Gable e Harry Reis, "Appetitive and Aversive Social Interaction". In: John Harvey e Amy Wenzel (Orgs.). *Close Romantic Relationship: Maintenance and Enhancement*. Nova York: Psychology Press, 2001.

26. Sandra Murray, "The Quest for Conviction: Motivated Cognition in Romantic Relationships". *Psychological Inquiry*, v. 10, pp. 23-34, 1999; Sandra Murray, John Holmes, Dan Dolderman e Dale Griffin, "What the Motivated Mind Sees: Comparing Friends' Perspectives to Married Partners' Views of Each Other". *Journal of Experimental Social Psychology*, v. 36, pp. 600-20, 2000.

27. Frank Fincham e Thomas Bradbury, "The Impact of Attributions in Marriage: A Longitudinal Analysis". *Journal of Personality and Social Psychology*, v. 53, pp. 510-7, 1987; Benjamin Karney e Thomas Bradbury, "Attributions in Marriage: State or Trait? A Growth Curve Analysis". *Journal of Personality and Social Psychology*, v. 78, pp. 295-309, 2000.

28. A. Lincoln, discurso na Wisconsin State Agricultural Society, Milwaukee, 30 set. 1859.

29. O melhor manual para isso é Howard Markman, Scott Stanley e Susan Blumberg, *Fighting For Your Marriage*, op. cit. Essa seção utiliza muitas das informações do livro, em especial do capítulo 3. Veja também Florence Kaslow e James Robison, "Long-Term Satisfying Marriages: Perceptions of Contributing Factors" (*American Journal of Family Therapy*, v. 24, pp. 153-70, 1996), onde se lê que casamentos muito felizes a longo prazo têm uma comunicação "positiva e clara", na qual o desprezo e outras situações negativas só ficam evidentes por sua ausência.

30. Howard Markman, Scott Stanley e Susan Blumberg, *Fighting For Your Marriage*, op. cit. Esse material foi utilizado com permissão de John Wiley & Sons, Inc.

12. CRIANDO FILHOS [pp. 230-70]

1. Este capítulo foi escrito com a colaboração de Mandy Seligman. Na verdade, foi concebido e realizado mais por ela do que por mim.

2. Gordon Bower, "Organizational Factors in Memory". *Cognitive Psychology*, v. 1, pp. 18-46, 1970.

3. Barbara Fredrickson e Thomas Joiner, "Positive Emotions Trigger Upward Spirals toward Emotional Well-Being". *Psychological Science*, v. 13, n. 2, pp. 172-5, 2002.

4. Elisabeth Young-Bruehl e Faith Bethelard. *Cherishment: A Psychology of the Heart*. Nova York: Free Press, 2000.

5. Martin Seligman. *Helplessness: On Depression, Development, and Death*. San Francisco: Freeman, 1975. Veja especialmente o capítulo 7.

6. Martin Seligman, *The Optimistic Child*, op. cit.

7. Lois Bloom, *Language Development: Form and Function in Emerging Grammars*. Cambridge: MIT Press, 1970.

8. Robertson Davies. *One-Half of Robertson Davies*. Nova York: Viking, 1977.

9. e. e. cummings (1935). love is a place. In: e.e. cummings, *no thanks*. Nova York: WW Norton & Co Inc., 1987.

10. Essa seção é desenvolvida do capítulo 14 de Martin Seligman, *The Optimistic Child*, op. cit.

11. Conforme Carl Rogers, pioneiro da psicologia.

12. A literatura sobre o desamparo aprendido carregado de ansiedade é discutida em Christopher Peterson, Steven Maier e Martin Seligman, *Learned Helplessness: A Theory for the Age of Personal Control* (Nova York: Oxford University Press, 1993), e em Martin Seligman, *Helplessness: On Depression, Development, and Death* (Nova York: Freeman, 1991). Ambos apresentam extensa bibliografia dessa literatura.

13. Veja o volume ditado por Byron Campbell e Russell Church, *Punishment and Aversive Behavior* (Nova York: Appleton-Century-Crofts, 1969), para numerosas evidências da robusta eficácia do castigo.

14. Minha tese de doutorado foi o primeiro de muitos estudos para demonstrar isso. Martin Seligman, "Chronic Fear Produced by Unpredictable Shock". *Journal of Comparative and Physiological Psychology*, v. 66, pp. 402-11, 1968. Veja comentários sobre o assunto no capítulo 6 ("Unpredictability and Anxiety") de Martin Seligman, *Helplessness*, op. cit.

15. George Vaillant e C. Vaillant, "Natural History of Male Psychological Health: Work as a Predictor of Positive Mental Health". *American Journal of Psychiatry*, v. 138, n. 11, pp. 1433-40, 1981.

16. Essa seção, bem como a anterior, foi adaptada e atualizada do capítulo 14 de Martin Seligman, *The Optimistic Child*, op. cit.

17. Robert Schwartz e Gregory Garamoni, "Cognitive Balance and Psychopatology: Evaluation of an Information Processing Model of Positive and Negative States of Mind". *Clinical Psychological Review*, v. 9, n. 3, pp. 271-94, 1989; Gregory Garamoni, Charles Reynolds, Michael Thase e Ellen Frank, "Shifts in Affective Balance During Cognitive Therapy of Major Depression". *Journal of Consulting and Clinical Psychology*, v. 60, n. 2, pp. 260-6, 1992.

18. Acredito que a alta frequência de sonhos intensamente negativos seja mais do que mera correlação com a depressão. Impedir os deprimidos de sonhar, seja por meio de medicação ou da interrupção do sono durante o período de REM, é um tratamento eficaz contra a depressão. Assim como passar por muitos eventos negativos durante o dia leva à depressão, o mesmo acontece se houver eventos negativos repetidos durante a noite. Veja Gerald Vogel, "A Review of REM Sleep Deprivation". *Archives of General Psychiatry*, v. 32, n. 6, pp. 96-7, 1975.

19. Veja Martin Seligman e Amy Yellin, "What is a Dream?" *Behavior Research and Therapy*, v. 25, n. 1, pp. 1-24, 1987.

20. B. F. Skinner estava certa sobre pombos, mas errada sobre crianças, e minha fé juvenil em suas ideias prejudicou minha relação com meus filhos. Skinner popularizou a "lei do efeito" de Thorndike, e de sua cadeira em Harvard convenceu teóricos inexperientes como eu de que recompensar uma "resposta" imediatamente após sua ocorrência atuaria como reforço. Isso funcionou razoavelmente bem quando ensinei ratos a pressionar uma barra e receber como recompensa uma porção de alimento. Digo "razoavelmente bem" porque, mesmo com animais de laboratório, o reforço positivo é uma técnica que gera resistência. Primeiro, são necessárias várias tentativas e muita habilidade: as respostas e recompensas têm de se repetir muitas vezes, até que seja obtido um bom desempenho. No meu caso, foram de dez a cem tentativas. Segundo, é preciso selecionar a resposta com muito cuidado, para ter certeza de que a lei está sendo cumprida: os pombos não aprendem a pressionar a barra com o bico, por mais que sejam recompensados quando o fazem, mas "aprendem" a bicar uma tecla iluminada, embora não haja nenhuma relação entre a bicada e o alimento; eles simplesmente continuam bicando. Pai e mãe raramente utilizam dezenas de recompensas para um único comportamento, e em geral não conseguem ser tão meticulosos na escolha das respostas a serem recompensadas ou ignoradas.

13. REVISÃO E RESUMO [pp. 271-3]

1. Imagine um sadomasoquista que experimente assassinar pessoas em série e sinta grande prazer nisso. Imagine um franco-atirador que obtenha intensa gratificação em espreitar e matar. Imagine um terrorista ligado à Al-Qaeda que sequestre um avião e o atire contra o World Trade Center. Pode-se dizer que essas três pessoas alcançaram a vida agradável, a vida boa e a vida significativa, respectivamente?

A resposta é sim. Eu condeno suas ações, é claro, mas em um terreno independente das teorias deste livro. As ações são moralmente desprezíveis, mas teoria não é moralidade nem visão do mundo: é uma descrição. Acredito sinceramente na neutralidade moral da ciência — embora seja eticamente relevante. A teoria apresentada neste livro descreve o que são a vida agradável, a vida boa e a vida significativa. Descreve como alcançá-las e as consequências de vivê-las. O livro não receita nenhuma delas para você, nem valoriza uma em detrimento das outras.

Seria fingimento negar que, pessoalmente, valorizo a vida significativa acima da vida boa, e esta acima da vida agradável. Mas os fundamentos do valor que atribuo a essas vidas são independentes da teoria. Valorizo mais a contribuição para o todo do que a contribuição para si mesmo, e valorizo mais a realização do potencial do que o momento presente. Não existe incompatibilidade entre as três vidas, e meu maior desejo é que você alcance a vida plena, todas as três.

14. SIGNIFICADO E PROPÓSITO [pp. 274-85]

1. Robert Wright. *Nonzero: The Logic of Human Destiny*. Nova York: Pantheon, 2000.

2. Isaac Asimov, "The Last Question". *Science Fiction Quarterly*, pp. 7-15, nov. 1956.

3. William Stegall, "A Guide to A. N. Whitehead's Understanding of God and the Universe". Claremont: "Creative Transformation" Center for Process Studies, 1995.

APÊNDICE: TERMINOLOGIA E TEORIA [pp. 287-9]

1. A palavra felicidade é o termo abrangente que descreve o conjunto de metas da psicologia positiva. A palavra em si não é um termo da teoria (ao contrário de prazer e *flow*, que são entidades quantificáveis com respeitáveis propriedades psicométricas, isto é, demonstram certa estabilidade em relação ao tempo e confiabilidade entre os observadores). Felicidade, enquanto termo, é como cognição, no campo da psicologia cognitiva, e como aprendizagem, dentro da teoria da aprendizagem: dão nome a um campo, mas não exercem nenhum papel nas teorias, dentro daqueles campos.

2. Otimismo é uma emoção orientada para o futuro. O estilo explanatório otimista (veja o capítulo 6) é um traço, uma força que, quando empregada, produz as emoções de otimismo e confiança.

Permissões

O autor agradece a permissão das seguintes fontes para reimprimir o material em seu controle:

Academic Press, uma subsidiária da Elsevier Science, Inc., e Amy Wrzesniewski pelo "Work-Life Survey" de A. Wrzesniewski, C. R. McCauley, P. Rozin e B. Schwartz, reimpresso pelo *Journal of Research in Personality*, 31, 21-33 (1997).

Associação Americana de Psicologia pelo "Experiences in Close Relationships Questionnaire" de R. C. Fraley, N. G. Waller e K. A. Brennan, revisado por Chris Fraley, reimpresso pelo *Journal of Personality and Social Psychology*, 78, 350-65.

Associação Americana de Psicologia, David Watson e Lee Anna Clark pelo "Positive and Negative Affect Schedule" de D. Watson, L. A. Clark e A. Tellegen, reimpresso pelo *Journal of Personality and Social Psychology*, 54, 1063-70 (1998).

Crown Publishers, uma divisão da Random House, Inc., por um excerto de *Five Steps to Forgiveness* de Everett Worthington. Copyright © 2001 por Everett L. Worthington, Jr., Ph.D.

F. B. Bryant por um excerto de *Savoring: A Process Model for Positive Psychology*, um manuscrito não publicado.

Katherine Dahlsgaard pelo "Children's Strengths Questionnaire".

Ed Diener pelo "Satisfaction with Life Scale".

John Gottman por exercícios adaptados de suas pesquisas e teorias.

The Guilford Press por trechos extraídos de relatórios em aberto de relacionamentos românticos, fornecidos por indivíduos de três grupos de apego, reimpresso pelo "Adult Romantic Attachment and Couple Relationship", de Judith A. Feeney, no *Handbook of Attachment: Theory, Research and Clinical Applications*, de Jude Cassidy e Philip Shaver, eds. (1999).

The Houghton Mifflin Company por "The Most Sacred Mountain" de Eunice Tietjens em *The Second Book of Modern Verse*, Jessie B. Rittenhouse, ed. Copyright © 1919 por Houghton Mifflin Company.

Ronald F. Inglehart e Institute for Social Research pelo gráfico do World Values Study Group (1994), World Values Survey, 1981-94 e 1990-3.

Kluwer Academic Publishers pelo "Fordyce Emotions Questionnaire" de M. Fordyce, reimpresso pelo *Social Indicators Research*, 20, 376 (1988). Copyright © 1988 por Kluwer Academic Publishers; pelo "General Happiness Scale" de S. Lyubomirsky e H. S. Lepper, reimpresso pelo Social Indicators Research, 46, 137-55. Copyright © 1999 por Kluwer Academic Publishers; e por um excerto de "Making the Best of a Bad Situation: Satisfaction in the Slums of Calcutta" de Robert Biswas-Diener e E. Diener, reimpresso pelo *Social Indicators Research*, 55, 329-52 (2001). Copyright © 2001 por Kluwer Academic Publishers.

Marvin Levine por "Transcending" e "The Freshman's Complaint" de *Look Down from the Clouds*. Copyright © 1997 por Marvin Levine.

Michael E. McCullough e Associação Americana de Psicologia pelo "The Gratitude Survey", adaptado de "The Gratitude Questionnaire" no *Journal of Personality and Social Psychology*, 82, 127 (2002).

Michael E. McCullough e Associação Americana de Psicologia pelo "Transgression Motivation", adaptado de "Transgression-Related Interpersonal Motivations Inventory" no *Journal of Personality and Social Psychology*, 75, 1603 (1998).

Princeton University Press por "Ithaka" de C. P. Cavafy em *Collected Poems*. Copyright © 1975 por Edmund Keeley e Philip Sherrard.

John Wiley & Sons, Inc. por um excerto de *Fighting for Your Marriage* de Howard J. Markman, et al. Copyright © 1994 por John Wiley & Sons, Inc.

The Values-in-Action Institute (via) pelo uso de "Strengths Inventory" (adaptado com permissão), que é o trabalho da via feito sob a direção dos drs. Martin Seligman e Chris Peterson. O financiamento para esse trabalho foi fornecido pela Manuel D. and Rhoda Mayerson Foundation. Copyright © 2001 por Values in Action Institute.

Índice remissivo

2001: Uma Odisseia no Espaço, 40

abandono, medo do, 235, 237, 244
Abramson, Lyn, 51
absorção, 128, 130; auto-absorção, 138; em
  gratificações, 121, 131, 135, 138, 273
abuso de substâncias tóxicas, 41, 75, 200;
  mecanismo da dependência, 125
adaptação, 74, 87; rotina hedonista como, 64-5;
  ver também habituação
adoção, estudos sobre, 62, 85
adrenalina, 81
adversidade, enfrentar, 56, 74, 82, 166, 169
advogados, 187-90, 199-207; combatendo a
  infelicidade dos, 204-7; depressão dos, 200,
  202, 204; em situações em que para ganhar,
  alguém deve perder, 203-7; forças pessoais
  dos, 205-7; pessimismo dos, 200-4, 321;
  pouca liberdade de decisão dos, 202-5
afetividade negativa, 47-9
afetividade positiva, 47-9, 62; muita, 48; pouca,
  48-9, 62, 131
África do Sul, 94
afro-americanos, 66, 75, 137
agências de serviço social, 214
agitação da classe operária, 146
agradecimento, 128, 130

aguçamento das percepções, 127, 130
Ainsworth, Mary, 214, 218
Akumal, México, 302
álbum de fotos de formatura, 19
Alcorão, 152
Alloy, Lauren, 51
Allport, Gordon, 148
altruísmo, 24, 57, 89; em exercício REACH, 98
amai, 235, 237
amar e ser amado, 153, 159, 169-70, 212-8,
  229; dimensões de, 215; estilos de, 213-8
ambição, 167
ambientalismo, 146-9, 156
ambientalismo positivo, 147
American Chemical Society, 39
American Paradox, The (Myers), 210
American Psychological Association (APA), 31,
  33, 37-43, 300
Amish, 137
amor, 28, 50, 56, 58, 208-29, 273; como
  virtude, 25, 153, 168, 170; evolução e, 209;
  impossibilidade de substituição e, 209,
  228-9; romântico, 57, 210-1; tipos de, 210;
  ver também casamento
amor entre mãe e filho, 56, 213-8; separações
  e, 214-5
análise cognitiva, 233

animação, 180, 229

Animal moral, O (Wright), 278

ansiedade, 46, 81-2, 129, 204, 239

antidepressivos, 82, 86

apatia, 199

apoio social, 76

apreciação, 124-8, 140, 272; técnicas, 127, 130; tipos de, 128, 130

Aprenda a ser otimista (Seligman), 38, 101, 204, 224

aprendizado de linguagem, 149, 240, 268

aprendizagem, gosto pela, 26, 155, 159-2, 195, 198, 318

Argentina, 68

Aristóteles, 25, 131, 140, 150, 152, 158, 313-4, 316

Arminius, Jacob, 308

Asimov, Isaac, 282

aspectos da vida, 70, 74, 100

Aspinwall, Lisa G., 52, 55

assistente social, 213

associações, 315

atividade "Melhores Momentos", 248-50

atividade "Terra dos Sonhos", 248, 250

atividade fásica, 26-7

atividade filantrópica, 23

atividade tônica, medição de, 26

atos ilegais, 166

atração física, 65

audição atenta e compreensiva, 225-9; barreiras, 226; confirmação, 225, 228; parafrasear, 226-7; ritual falante-ouvinte, 226-9

aulas em casa, 40, 269

Aung San, 159

australianos, 55

autenticidade, 168

autocongratulação, 127, 130

autocontrole, 153, 159, 173, 229

autoestima, 46, 137, 150

autoridade, respeito pela, 171

avanços tecnológicos, 58, 126

aventuras com o papai, 235-6

aversão, 45, 81, 125, 149

Baird, Zoe, 317

bebê dormir na cama com os pais, 234-7

Beck, Aaron T., 81, 86

behaviorismo, 45-6, 76, 81, 147, 149

beleza, apreciação da, 176

Bhagavad-Gita, 25

Biden, Joseph, 317

Biswas-Diener, Robert, 69-70

blefe, 310

Bleuler, Eugen, 32

Blumberg, Susan, 218, 226

bondade, 23, 25, 27, 154, 157-60, 164, 168, 198, 219, 229, 269

Bowlby, John, 213-4, 217

Bradburn, Norman, 72

Bradbury, Thomas, 223-4

Brasil, 68

bravura, 166

Bricklin, Pat, 37

brincadeira, 54

brinquedos, 238

Bryant, Fred B., 126-7

Buda, 316

budismo, 126-9, 150, 152

Bush, George W., 317

Bushido, código samurai, 25, 152

cabeleireiros, 193

Calvino, John, 308, 315

Cama de gato (Vonnegut), 322

Cambridge University, 278

Cantor, Dorothy, 31, 32, 37, 38

caráter: ambientalismo *vs.*, 146-9, 156; conceito de, 22, 145-53, 155, 176, 316-7; livre-arbítrio e, 308, 315; no século XIX, 145-9, 152, 156; objeções, 149; sistema de classificação, 150-3

Cardozo, Benjamin N., 200

carinhas sorridentes, 243-4

carreiras, 188, 190, 192, 195, 207

Carson, Rachel, 159

Carter, Jimmy, 317

casamento, 66, 71-2, 77, 169, 210-29, 322; ações benéficas para o, 219; assuntos sensíveis, 226-8; audição atenta e compreensiva no, 225-9; como construção social, 211; como um fator de felicidade, 210; cuidado no, 217; depressão e, 71-2, 210; estilos de amar no, 213-8; exercícios para o, 220, 222; explicações otimistas para, 223, 225; forças e virtudes no, 219-20, 229; ilusões românticas no, 222, 223; melhorar o, 218-29; os três tipos de amor encontrados no, 211; parceiros pessimistas no, 224-5; pesquisas sobre, 210, 218, 222, 224; seleção natural e, 211; sexo no, 217; técnica "sim, mas..." no, 223

castigo, 242-4, 252, 316; "sinais de segurança" e, 242-4

Kaváfis, Konstantinos, 122, 125

centros de prazer, 125

cérebro: atividade do, 302; evolução do, 140; química do, 36, 53, 151

Chavez, Linda, 317

China, 68, 71

Chipre, 93

Chomsky, Noam, 149

Christensen, Andrew, 218

cidadania, 157-8, 171

ciências sociais, 146-7, 195, 208, 211, 276, 311

circunstâncias da vida, 60, 65-77; casamento, 66, 71-2, 77; clima, 75, 77; dinheiro, 23, 64-71, 75, 77, 305; emoções negativas, 72-3, 77; etnia, 75, 77, 94; gênero, 66, 75; idade, 73, 77, 137; mudanças benéficas, 77; nível de instrução, 66, 75, 77; religião, 66, 75-7; saúde, 66, 74, 77; vida social, 72, 77

classe social, 146-7, 197

clima, 75, 77

Clinton, Bill, 317

Clinton, Hillary, 317

colonoscopia, 21

competição, 310

comportamento, imprevisível, 310

comprometimento irracional, 208-9, 229

Conaty, Joe, 150

confiança, 307

confissão catártica, 86

conforto, 128, 130

Confúcio, 25, 150, 152-3

Congresso Americano, 32-3

conhecimento, ver sabedoria e conhecimento

Consumer Reports, 38

contingência, 34, 46, 237

controle, ilusão de, 302

coragem, 25, 41, 153, 157, 165-6

coragem moral, 166

coragem psicológica, 166

Cornell University, 34

cozinheiro, 193-5

criação dos filhos, 28, 42-3, 58, 230-70; amai, 235, 237; atividade "Melhores Momentos", 248-50; atividade "Terra dos Sonhos", 248, 250; aventuras com o papai, 235-6; bebê dormir na cama com os pais, 234-7; brinquedos, 238; castigos, 242-4, 252; elogios, 241-4; emoções positivas, 230-54; favorecer a exploração e, 232-3, 238-41, 254; fazendo um acordo, 251, 253; forças e virtudes, 230-1, 254-70; jogos simultâneos, 237-9; possibilidade da falha, 239, 242; princípios na, 231-4; resoluções de Ano-Novo, 253; rivalidade entre irmãos, 244-8; segurança e, 235; sim e não, 240-1; tarefas domésticas, 247; tesouros da hora de dormir, 248-51

crianças, 50, 158, 171, 174, 196, 211; criação de ver criação dos filhos; de casamentos estáveis, 211; emoções negativas nas, 231-2; estudos sobre adoção de, 62, 85; estudos sobre gêmeos, 47, 62, 85; forças que os pais desejam para as, 158, 171, 174; otimismo aprendido em, 41; seguramente vinculadas, 56, 215-8, 232, 235-7; talentosas, 33

criatividade, 50, 54, 59, 159, 163, 233, 302

criminalidade, 75, 85, 147, 156, 309

cristianismo, 76, 277, 283

critério, 25, 162-3

Csikszentmihalyi, Mihaly, 132-7, 140, 196, 198, 276

cuidado, 153, 174

cummings, e. e., 241
curiosidade, 26-7, 160

Dahlsgaard, Katherine, 152, 254-67
Darwin Awards, 159
Darwin, Charles, 45, 83, 147, 275, 278, 308
Davies, Robertson, 100, 240
DeClaire, Joan, 218
defesas maduras, 24
Departamento de Educação dos Estados Unidos, 150
depressão, 20, 26, 35-6, 46, 48, 63, 101, 156, 223, 237, 239, 248, 312; antidepressivos, 82, 86; casamento e, 71-2, 210; clínica, no decorrer da vida, 65; desamparo aprendido e, 34-6; distúrbio sazonal da afetividade, 75; em advogados, 200-4; em pessimistas, 38, 82; espiral descendente de, 232; gratificações e, 138, 140; luto e, 65; maior ocorrência de, 137-8; "olhar para o próprio umbigo", 138; pensamento e, 81-2, 162; perdas na infância e, 84; prevenção da, 41; sonhos típicos de, 250, 325; taxas de, 75; televisão e, 137, 199; terapia cognitiva para, 86; terapia psicodinâmica para, 87; unipolar, 36
desamparo, 109-10, 133
desamparo aprendido, 31, 34-7, 46, 237, 242, 244
desempregados, 66
desespero, 111, 214
deslumbramento, 128
determinação, 155-6, 158, 165
determinismo, 83-8, 100, 140, 272, 307, 310
dever, 158, 171
diagnósticos imprecisos, 151
Dickens, Charles, 147
Dickinson, Emily, 199
Diener, Ed, 57, 72, 210
dietas, 304
diferenças de gênero, 66, 73, 75, 169
diligência, 167
dinamismo, 167
dinheiro, 23, 64-71, 75, 77, 187-8, 300, 305

discrição, 174
disforias *ver* emoções negativas
distimia, 63
distúrbio sazonal da afetividade, 75
divórcio, 75, 82, 84, 93, 200, 309, 321-2; depressão e, 210; filhos de pais divorciados, 211; previsão do, 219
doença cardíaca, 82, 87, 95, 202
doenças do coração do tipo A, 87
doenças mentais, 25, 33-5, 65, 73; a ciência das, 36; diagnósticos imprecisos, 151; intervenções preventivas, 40-3; medicamentos, 36, 156; tratamento, 33-7; a visão do século XIX, 145
Donnelly, Marguerite, 17-8
dor, resistência à, 56

Edison, Thomas, 159
Edwards, Jonathan, 315
efeito Harry Truman, 27
Elder, Glen, 210
elevação, 22, 156, 158, 176, 316
Emmons, Robert A., 88, 92
emoções negativas, 50, 64, 74, 199, 316; componentes das, 45; espiral descendente de, 232; função evolutiva das, 44-6, 59, 203, 232, 281; modo de pensar e, 53; nas circunstâncias da vida, 72-3, 77; nas crianças, 231-2; perdão e, 93-6, 179; podem ser desfeitas por emoções positivas, 56; relação entre emoções positivas e, 73; *ver também* jogos de soma zero
emoções positivas, 17-30, 43-59, 64, 280, 316; aumento da criatividade, 50, 53, 59, 163, 233; ausência no *flow*, 135; como indicativo de saúde, 54, 58; como recurso social, 57, 59, 234; como sensoriais, 59; diferenças entre os gêneros, 73; emoções negativas podem ser desfeitas pelas, 56; espiral ascendente de, 233-4; espiral externa de, 246; fatores genéticos, *ver* fatores genéticos; fortalecimento de recursos intelectuais, 49-54, 59; função evolutiva das, 20, 44-51, 58, 231; jogos em que todos saem ganhando, 58-9, 158, 203, 207, 281; modo de pensar e, 53, 233; nas

crianças, 230-54; órgãos sensoriais relacionados às, 122; palavras que expressam, 123; previsão da longevidade, 17-8, 24, 54, 75, 300; recursos físicos e, 49, 54-6, 59, 232; relação entre emoções negativas e, 73; sobre o futuro, 79, 101, 272; sobre o passado, 79, 100, 272; sobre o presente, 79, 272; trocas mútuas, 57

empatia, 58, 169; em exercício REACH, 98

enfermeiras (os), 190, 193, 202

entusiasmo, 176, 180, 205

epifenômeno *vs.* fenômeno, 45-6

equidade e imparcialidade, 157, 171-2, 203, 205

equilíbrio emocional negativo, 66

equilíbrio emocional positivo, 66

escala de motivação para a transgressão, 95-6

Escala de Satisfação com a Vida, 80, 92

Escala Geral de Felicidade, 61, 92

escolha, 308, 311, 320

esperança, 41, 63, 79, 101, 111-20, 140, 307; aumentando a, *ver* pessimismo, contestação do; como força, 177; desespero *vs.*, 111; religião e, 76

esperteza, 163

espírito de equipe, 157-8, 171

espiritualidade, 153, 175, 178

esquilos, comportamento durante a brincadeira, 54

esquizofrenia, 35-6, 41, 151, 201

estado neutro, 298

estilo de enfrentamento, 233

estudantes de graduação, 201

estudos sobre gêmeos, 47, 62, 85

etnia, 75, 77, 94

etologistas, 56, 148, 213

"eu" ideal, 222

eudaimonia, 131, 314

evolução, 20, 44-9, 122, 136, 274-85, 310; amor e, 209; casamento e, 211; da graça, 231; do cérebro, 140; emoções negativas na, 44-6, 59, 203, 232, 281; emoções positivas e a, 20, 44-51, 58, 231; favorece situações em que todos saem ganhando, 279-85; influência da emoção positiva na, 49; motivação negativa vs. positiva na, 234; seleção natural na, 45, 49, 140, 147, 149, 209, 211, 279; sucesso reprodutivo na, 211, 279

excelência, apreciação da, 176

exemplos em uma cultura, 158

exercício "Tenha um belo dia", 130

exercício de pesar a vida uma vez por ano, 99-100

expectativa, processo de, 46

experimentação com palavras, 50

experimento das informações alarmantes sobre risco à saúde, 52, 55

experimento de diagnóstico, 51

experimento do balde de gelo, 55

experimento do controle da luz, 51, 53

experimento do suporte para a vela, 50

fábulas, 158

fatores genéticos, 46-8, 149, 201; eventos na infância vs., 84-5; na cota de felicidade, 62-5

fazendo um acordo, 251, 253

fé, 41, 79, 101, 158, 178

felicidade, nível de, 60-78; constante, 60-2; Escala Geral de Felicidade, 61-2; eventos negativos e, 55, 65, 72-3; fatores genéticos no, 62-5; limites estabelecidos, 60-5, 77, 79, 87, 100, 140, 210, 304; pontos estabelecidos, 304; rotina hedonista no, 64-5; *ver também* circunstâncias da vida; satisfação

fenômeno *vs.* epifenômeno, 45-6

Fighting for Your Marriage (Markman, Stanley e Blumberg), 218, 226

Fincham, Frank, 223

fisiologia do músculo, 26; controle do sorriso, 19

Florença, Itália, 26

flow, 79, 131-40, 314, 327; na brincadeira, 238; no trabalho, 196-9

fobia social, 62

forças, 21-30, 37, 41-3, 121, 132, 138, 140, 143-83, 212, 273, 321; como escolhas, 155; como escudo, 37, 41; como traços, 24, 157,

335

307; como traços morais, 154; construindo, 154; critérios para, 25, 157-60, 183; das crianças, 230-1, 254-70; determinação e, 155-6; elevam e inspiram, 156, 158, 176; naquilo que os pais desejam para os filhos, 158, 171, 174; nos casamentos, 219-20; produzem emoções positivas, 158; suporte cultural das, 158; talentos *vs.*, 154-7; testes para, 160-82; ubiquidade das, 157, 160; valem por si, 25, 157; *ver também* virtudes

forças pessoais, 27-8, 140, 154-83, 188, 195-9, 205-7, 273; animação, 180, 229; apreciação da beleza e excelência, 176; autenticidade, 168; autocontrole, 153, 159, 173, 229; bem-estar, 23-4; bom humor, 179; bondade, 23, 25, 27, 154, 157-60, 164, 168, 198, 219, 229, 269; bravura, 166; cidadania, 157-8, 171; critério, 26, 162-3; cuidado, 153, 174; curiosidade pelo mundo, 26-7, 160; dever, 158, 171; diligência, 167; dinamismo, 167; discrição, 174; entusiasmo, 176, 180, 205; esperança, 177-8; esperteza, 163; espírito de equipe, 157-8, 171; espiritualidade, 178; fé, 41, 101, 158, 178; generosidade, 26, 168; gosto pela aprendizagem, 26, 155, 159-62, 195, 198; graça, 179-80; gratidão, 176; habilidade, 163; honestidade, 155-8, 168; humildade, 153, 155, 175, 229; imparcialidade e equidade, 157, 171-2, 203, 205; integridade, 154, 159, 166, 168, 219, 229; inteligência emocional, 164; inteligência pessoal, 164; inteligência prática, 163; inteligência social, 26, 42, 159, 164-5, 195, 205-6, 229; lealdade, 27, 157-8, 171, 219; liderança, 93, 157-8, 164, 172-3, 195, 198, 205-6; lucidez, 162-3; misericórdia, 179; modéstia, 153, 175; originalidade, 25, 154, 163, 198, 205-6; otimismo, 24, 155, 177-8; paixão, 180; pensamento crítico, 162-3; perdão, 179; perseverança, 27, 159, 166-7, 205-6, 219, 269; perspectiva, 26-7, 160, 165, 229; prudência, 153, 155, 159, 174, 201-2; religiosidade, 178; responsabilidade com o futuro, 24, 41, 126, 129, 177, 241, 250-1;

253; senso de propósito, 178; valentia, 27, 154, 166, 206; *ver também* amar e ser amado

Fordyce, questionário de emoções, 29

formação da memória, 127, 129

Fórmula da Felicidade (H=S+C+V): C (circunstâncias), 60, 65-77; H (nível constante de felicidade), 60-2; S (limites estabelecidos), 60-5; V (controle voluntário), 60, 77, 79, 100; *ver também* felicidade, nível de

Fowler, Ray, 39-40

fracasso, experiência de, 138, 239, 242

Franklin, Benjamin, 152-3, 157, 199

Franklin, John Hope, 197

Fredrickson, Barbara, 49-50, 56, 58, 231, 233

freiras, 17-8, 24, 54, 300

Fresno, Califórnia, 69

Freud, Sigmund, 32, 75, 147-8, 214, 308, 310, 315; como as emoções afetam os pensamentos para, 81-2; determinismo na teoria de, 83-5; psicodinâmica na teoria de, 86; rivalidade entre irmãos na teoria de, 245-6

futuro, 101-20; a previsão de Wright para o, 279; determinado pelo passado, 83-7, 100, 140, 272, 307; emoções positivas sobre o, 79, 101, 272; *ver também* esperança; otimismo

Gable, Bob, 300

Gallup Organization, 164

Gandhi, Mahatma, 94, 158

Garamoni, Greg, 248

Gehrig, Lou, 158

generosidade, 168

Gibson, Charles, 56

Goleman, Daniel, 164

Good Morning America, 56

Gore, Albert, Jr., 317

gosto pela aprendizagem, 26, 155, 159-62, 195, 198

Gottman, John, 218-20

Gowon, Yakubu, 94

graça, 308, 315

gratidão, 87-93, 100, 128, 140, 212, 229, 272; como força, 176-7; exercícios de, 92

gratificação, 23, 28, 130-41, 158, 188, 190, 196, 207, 219, 222, 238, 273; a perda da consciência de si mesmo na, 121, 131, 135, 138, 273; adiar a, 24; atalhos para a felicidade *vs.*, 138, 140; ausência de sentimentos na, 131, 136, 138, 273; brinquedo como, 238; categorias de, 134-5; componentes da, 135; definição de, 121; depressão e, 138, 140; envolvimento na, 121, 131, 138, 273; no trabalho, 188, 190, 196, 207; possibilidade de falha, 138; prazeres *vs.*, 130-1, 134-41; *ver também flow*
grego, 73, 131, 159
Groenlândia, 69, 71
grupo de busca da felicidade, 304
Guerra Civil, 146
Guerra do Golfo Pérsico, 218
guerra, órfãos da, 213

habilidade, 163
habilidades interpessoais, 41
habituação, 123-6, 130, 140, 272
Haidt, Jon, 22-3
Harker, LeeAnne, 19
Hart, Gary, 317
Harvard, Universidade, 24, 170, 247
Hazan, Cindy, 210, 215
hedonistas, 21
hemofobia, 36
Heresia Arminiana, 308, 312
hidráulica emocional, 86
hispânicos, 75, 137
Homo economicus, lei do, 208-9
honestidade, 155-8, 168
hostilidade, franca expressão de, 87
Hugo, Victor, 147
humanidade, virtude da, 25, 153, 157, 168, 170
humildade, 153, 155, 175, 229
humor, 24, 179-80, 229

ibos, grupo étnico, 94
idade, velhice, 66, 74; fatores de previsão da longevidade, 24, 54, 247
ideias catastróficas, 39, 82, 109-10, 116, 204

identificador de nichos, 164
idioma indo-europeu, 278
idiotas, 159
idosos, 66, 74
igualitarismo, 147-8, 315
ik, grupo étnico, 160
ilusões românticas, 222-3
imparcialidade e equidade, 157, 171-2, 203, 205
imprecisos, diagnósticos, 151
Índia, 65, 68-70, 94
infância, 35, 49, 83-5; estilos de amar e ser amado na, 213-8; fatores genéticos *vs.* eventos na, 85, 309; pesquisa sobre a, 84
Inglaterra, 151
instituições culturais, 158
instrução, 188, 198; nível de, 66, 75, 77
integridade, 154, 159, 166, 168, 219, 229
inteligência, 66, 85; emocional, 164, 318; pessoal, 164, 318; prática, 163; social, 26, 42, 159, 164-5, 195, 205-6, 229, 318
inuíte, povo esquimó, 71, 196
Islã, 76
Israel, 218
"Ítaca" (Kaváfis), 122, 125
Iyengar, Sheena Sethi, 76

Jackson, Andrew, 315
Jackson, Jesse, 317
Jackson, Michael, 317
Jacobson, Neil, 218
Janet, Pierre, 32
Japão, 68, 71, 317
Jaynes, Julian, 139
Jefferson, Thomas, 315
jogos de soma zero, 45, 59, 245, 278, 281; advogados e, 203-7
jogos em que todos saem ganhando, 58-9, 158, 203, 207; como favorecidos na evolução, 279-85
Johns Hopkins, Universidade, 200
Joiner, Thomas, 233
Jordan, Michael, 155-6, 164
judaísmo, 76, 283

Juliana de Norwich, 76
Jung, Carl, 133
justiça, 26, 153, 157, 170-3, 203
justiça social, 305

Kahneman, Daniel, 21
Keller, Helen, 159
Keltner, Dacher, 19
Kerrey, Bob, 317
King, Stephen, 73
Konner, Mel, 303
Kraepelin, Emil, 32

lagartos, 139-40
Langer, Ellen, 129
Lao-Tze, 152
LaPlace, Pierre-Simon, 307, 310-1
Lascher, Marisa, 89
lealdade, 27, 157-8, 171, 219
"lei do efeito", 326
Levine, Marvin, 15, 130, 303
Lewinsky, Monica, 317
liberdade de decisão, 202, 204
liderança, 93, 157-8, 164, 172-3, 195, 198,
    205-6
ligação entre pais e filhos, 211, 214-5, 218
Lincoln, Abraham, 143, 145-6, 225, 314-5
livre-arbítrio, 308-11, 315
lobotomia, 35-6
Locke, John, 315
longevidade, 17, 24, 54, 75
Look Down from Clouds (Levine), 7, 15
lucidez, 162-3
Lukas, Anthony, 268
lutar, fugir ou desistir, como respostas às emo-
    ções negativas, 45-6, 166, 169, 281
Lutero, Martinho, 308, 315
luto, 65, 84
Lyford Cay Club, 274-9
Lyubomirsky, Sonja, 61

macacos-patas, brincadeiras dos, 54
Maier, Steve, 34

Makarios, arcebispo, 93
Mandela, Nelson, 94, 172
manuais de casamento, 218
Manual de diagnóstico e estatística de desordens
    mentais da American Psychiatric Association
    (DSM-III), 25, 35, 151-2
Manuel D. and Rhoda Mayerson Foundation,
    150
Markman, Howard, 218, 226
Marx, Karl, 83, 147, 308, 310, 315
Maslow, Abraham, 280, 300
materialismo, 71
máximas, 158
maximizers, 320
Mayerson, Neal, 150
Mayo Clinic, 24, 55
McCullough, Michael, 88, 92, 95
Médici, Lourenço de, 26
meditação transcendental, 129
medo, 44-6, 73, 81, 166, 242, 280
Mendel, Gregor, 199
metodismo, 308, 312
método de amostragem, 136, 198
mexicanos radicados nos Estados Unidos, 54
Michigan, Universidade de, 152
Miller, Bob, 189-90
Mills College, álbum de formatura, 19
Miloševicc, Slobodan, 93, 172
mindfulness, 124, 126, 128-9, 140, 272
Minnesota, Universidade de, 47
misericórdia, 179
modelo dos cinco Cs, 113-4, 117-20
modelos, 158, 160
modéstia, 153, 175
modificação do comportamento, 242
módulo cerebral para a linguagem, 149
Moebius, síndrome de, 57
Moniz, Antonio, 36
Monk and the Philosopher, The (Ricard), 302
Moore, G. E., 278
Morgan, Lewis Henry, 279
Morgenstern, Oskar, 278
motivação, 43, 233

movimento da "criança interior", 84
movimento pela autoestima, 239
movimento pelos direitos civis, 85
movimentos de autoajuda, 84
mudanças, 299
Murray, Sandra, 222
Myers, David, 210

nações: depressão prevalece nas, 137; líderes de, 93, 172; poder de compra das, 64-70, 77, 187; sentimento de vingança em relação ao passado, 93
nadadores, 201
Nail, Bobby, 212
narcisismo, 138
National Institute of Mental Health (NIMH), 33, 35-6, 150; bolsas do, 33, 36; "eficácia" dos estudos do, 40; programa de pesquisa do, 36, 40
National Opinion Research Center, 71
Nehru, Jawaharlal "Pandit", 94
New York Times, 187, 278
Nigéria, 65, 68-9, 94
Nightingale, Florence, 159
"Noite da Gratidão", 89, 91
NonZero (Wright), 275, 278, 281
Nova York, Universidade de, 191

O'Payne, Cecilia, 17-8
"olhar para o próprio umbigo", 138
Onze de Setembro, 312
opinião positiva incondicional, 241-2
Optimistic Child, The (Seligman), 41, 46
órfãos da guerra, 213
órgãos sensoriais, 122
orientação para a realidade, 318
originalidade, 25, 154, 163, 198, 205-6
osmose emocional, 87
otimismo, 55, 79, 101-20, 140, 149, 201, 204, 223-4, 272, 279, 307; aprendido, 31, 38, 41, 111, 115; aumento do, *ver* pessimismo, contestação do; como força, 24, 155, 177; informações médicas adversas e, 300; pe-

netrabilidade do, 109-11, 225; permanência do, 107-11, 223, 225; religião e, 76, teste de, 101-12, 201

pacientes com Alzheimer, cuidadores de, 65
paixão, 180
parábolas, 158
paradoxo do banqueiro, 209
parafrasear, 226-7
paralisia facial, 57
paraplégicos, 63-4
Parks, Rosa, 166
partilhamento, 127, 130
passado, 79-100, 140; eventos na infância, 83-5; futuro determinado pelo, 83-7, 100, 140, 272, 307 (*ver também* perdoar); hidráulica emocional e o, 86-7; pensamentos amargos sobre o, 79, 82, 86-7, 93-4, 100; e a relação entre pensamento e emoção, 81-3
passividade, 83, 85, 100, 237, 242
Peirce, Charles S., 51
penetrabilidade, 109-11, 223, 225
pensamento, 53, 233; catastrófico, 39, 82, 109-10, 116, 204; crítico, 53, 162-3; depressão e, 81-2, 162; emoção e, 81-3; erros lógicos no, 162; negativo, 313; positivo, 115, 312; tentativas de supressão do, 94
pensamento maniqueísta, 162
Pensilvânia, Universidade da, 22-3, 34, 89-90, 152, 159
percepções, 33; aprimoramento das, 127, 129
perdoar, 88, 93-5, 99-100, 140, 229, 272; exercício REACH para, 97-9; guardar rancor *vs.*, 95; pesquisa sobre, 99; reconciliação após, 95; teste para, 95-6
período refratário neuronal, 124
permanência, 107-11, 118, 201, 223, 225
perseverança, 27, 159, 166-7, 205-6, 219, 269
personalização, 312; excesso de, 162
perspectiva, 26-7, 160, 165, 229; mudança de, 129
pesquisa de gratidão, 88-9, 92
pesquisa Trabalho-Vida, 191-2

pessimismo, 24, 55, 62, 101-20; de advogados, 200-4, 321; ideias catastróficas no, 39, 82, 109-10, 116, 204; informação médica adversa e, 300; no casamento, 224; penetrabilidade do, 110, 200-1, 204, 225; permanência do, 107-10, 200-1, 204; teste de, 101-12, 201, 224

pessimismo, contestação do, 113-20, 204, 272; alternativas, 115; evidências, 115; implicações, 116; modelo dos cinco Cs e, 113-4, 118-20; utilidade, 116

pessoas felizes, 51-3, 66, 77; altruísmo das, 57; auto avaliação exagerada, 52; como desinteressantes, 299; eventos negativos e, 52; experiências positivas no passado, 52; lembrança de eventos positivos por, 52; qualidade do trabalho de, 55; relacionamentos amorosos, 57, 209, 210; resistência à dor, 56; satisfação no trabalho, 55; sucesso *vs.* fracasso para as, 52; vida social das, 57, 62, 71

Peste Negra, 76

Peterson, Christopher, 152, 316

phobia, 73

Pinker, Steve, 278

Platão, 152

pobreza, 65, 71, 146, 209, 280

poder de compra, 64-70, 77, 187

ponto zero, 298

portadores de deficiências, 63-6

Positive Psychology of Buddhism and Yoga, The (Levine), 130

prazer, 23, 121-32; apreciação do, 124, 126, 128-9, 140, 272; consequências negativas do, 125; definição de, 121; em vez de gratificações, 137; exercício "Tenha um belo dia", 130; físico, 122-3, 131; gratificação *vs.*, 130-1, 134-41; habituação ao, 121, 123-6, 130, 272; intensificando o, 124-30; intervalo de tempo adequado, 125, 130; mindfulness, 124, 126, 128-9, 140, 272; sensual, 82; superior, 123; surpresa e, 126, 130, 252

predestinação, 308

presente, 121-41; emoções positivas sobre o, 79, 272, *ver também* gratificação; prazer

Preston, Sam, 278

princípio de Heisenberg, 311

prodígios, crianças, 159, 195

produtividade no trabalho, 55, 189, 207

propósito, senso de, 178; *ver também* significado e propósito

prudência, 153, 155, 159, 174, 201-2, 205, 262, 321

psicanálise, 156

psicodinâmica, 86-7

psicologia, 31-43, 53, 84, 133, 145, 151, 213; acadêmica, 33-5, 39, 300; aplicada, 33, 35; behaviorista, 45-6, 76, 81, 147, 149; caráter e, *ver* caráter, conceito de; científica, 147-9, 155; clínica, 33, 38; do desenvolvimento, 309; dogma da plasticidade humana e, 62; intervenções, 156; intervenções preventivas, 40-3; modelo da patologia, 28, 36-7, 40, 57, 280; mudanças no pós-guerra, 32-4; social, 210

psicologia cognitiva, 46, 81-2

psicologia humanista, 300

psicologia positiva, 21, 28, 56, 60, 73, 89, 145, 149-59, 200, 204, 275, 299-302, 305, 312-3, 327

psicoterapia, 33, 36-8, 156; cognitiva, 81, 84, 86, 232; comportamental, 84; em grupo, 86; traumas da infância e, 83-4

psiquiatria, 32-3, 35, 84, 151

Psychology Today, 39

puritanismo, 315

qualidade do trabalho, 52, 55, 101

Rabinow, Jacob, 198

raiva, 26, 44, 46, 48, 81-2, 203, 280, 307; expressão *vs.* supressão da, 86-7; justificada, 95; vingativa, 81, 94-5, 97, 153, 179

Razzell, Peter, 304

REACH, exercício, 97-9

realismo depressivo, 52, 302

Reconcilable Differences (Christensen e Jacobson), 218

340

recursos físicos, 49, 54-5, 59, 232; brincadeira e, 54; enfrentando a adversidade e, 55; produtividade no trabalho e, 55

recursos intelectuais, 49-53, 58, 232, 281; visão do felizes-mas-burrinhos, 51-3

recursos sociais, 56-7, 59, 232, 281

rede de Psicologia Positiva, 316

reforço positivo, 251, 326

Reich, Charles, 206

relacionamento amoroso ansioso, 213-8

relacionamento amoroso esquivo, 213-8

relacionamento amoroso seguro, 213-8

Relacionamentos (Gottman e DeClaire), 218

relativismo ético, 150, 153

religião, 28, 66, 77; fundamentalista, 76; livre--arbítrio e, 308; teologia, 277, 282-4; visão behaviorista da, 76

religiosidade, 178

residentes, em experimento de diagnóstico, 50

resistência, 110

resoluções de Ano-Novo, 253

responsabilidade com o futuro, 24, 41, 129, 177, 241, 250-1, 253

Ricard, Mattheiu, 302

Ripken, Cal, 158

rituais, culturais, 158

ritual falante-ouvinte, 226, 228-9

rivalidade entre irmãos, 244-8

Robinson, Jackie, 159

Rogers, Carl, 300

românticas, ilusões, 222-3

romântico, amor, 57, 210-1

rotina hedonista, 64-5

Ryff, Carol, 314

saber e conhecimento, 25, 153, 157, 160-5

satisfação, 128, 130

satisfação no trabalho, 55, 64

satisfação pessoal, 64-5, 72, 77, 92, 187-8; nos domínios da vida, 69, 74, 100; perdão e, 95; pesar a vida uma vez por ano para obter, 99-100; poder de compra e, 67-71, 187

satisficers, 320

saúde, 65-6, 77, 101, 223, 237; indicativos de, 54, 58; percepção subjetiva da, 74; perdão e, 95; satisfação na vida e, 74

Schwartz, Arthur, 276

Schwartz, Barry, 203

Schwartz, Robert, 248

secretárias, 188, 193, 202

Segunda Guerra Mundial, 27, 33-4, 213

"Segundo Grande Despertar", 308, 315

seleção natural, 45, 49, 140, 147, 149, 209, 211, 279

Seligman, Martin E. P., 38, 41, 101, 204, 210, 224

serventes de hospital, 189-93

sérvios, 93

Sete princípios para o casamento dar certo (Gottman e Silver), 218, 220

Shaver, Phillip, 215

significado e propósito, 28, 77, 140, 190, 273-85

Silent Spring (Carson), 159

Silver, Nan, 218, 220

simpatia, 169

simultâneos, jogos, 237-9

"sinais de segurança", 242-4

síndrome do pânico, 36, 82

sites, 89

Skinner, B. F., 45, 148, 242, 251, 301, 326

Snyder, Rick, 56

sorriso: função social do, 56; tipos de, 19

sorriso de Duchenne, 19

sorriso Pan American, 19

soteria, 73

Spirituality and Health, site, 89

Stanford, Universidade de, 99

Stanley, Scott, 218, 226

Stargell, Willie, 159

Sternberg, Robert, 322

suicídio, 46, 75, 86, 309

Suinn, Dick, 37

surpresa, prazer, 126, 130, 252

Swaggart, Jimmy, 317

Szasz, Thomas, 35

talentos, 154-5, 157, 197
Talmude, 152
tarefas domésticas, 247
Taylor, Shelly, 169
técnica "Sim, mas...", 223
tédio, 160, 299
televisão, 137, 199
temas, 321
temperança, 26, 153, 157, 173-4
Templeton Positive Psychology Prize, 49, 52
Templeton, Sir John, 274-7
tempo de "qualidade", 228, 235
tendência à auto avaliação exagerada, 52
"tendência do balbucio", 268
tentação, A (filme), 56
teoria da aprendizagem, 33-4
terapia cognitiva, 81, 84, 86, 232
terapia comportamental, 84
Teresa, Madre, 159
términos, 21
terrorismo, 312
tesouros da hora de dormir, 248-51
teste de estilos de amar e ser amado, 213
teste de forças pessoais para crianças, 254-67
testes psicológicos, 33
Thomas, Clarence, 317
Thoresen, Carl, 99
Thorndike, Edward Lee, 326
Tolstói, Liev, 299
Tomás de Aquino, santo, 25, 150, 152
trabalho, 28, 41, 187-207, 223, 273; como carreira, 188, 190, 192, 195, 207; como vocação, 188, 190-5, 207-8; dos cabeleireiros, 193; dos cozinheiros, 193-5; dos enfermeiros, 190, 193, 202; dos serventes de hospital, 189-93; escolhas sobre, 196-9; flow no, 196-9; forças pessoais usadas no, 188, 195-9, 205-7; gratificações do, 188, 190, 196, 207; produtividade no, 55, 189, 207; satisfação vs. salário, 187-8; ver também advogados
trabalhos, 101, 187-93, 207
traços da personalidade, 23, 47-9, 62, 84-5, 148 9, 157

Tractatus-Logico-Philosophicus (Wittgenstein), 278
transcendência, 26, 29, 153, 157, 175-80
transtorno obsessivo-compulsivo, 151
tratamento "moral", 145
tristeza, 44, 46, 58, 81, 138, 204, 239, 280
Truman, Harry, 27
Tucker, Sophie, 67-8

"Última pergunta, A" (Asimov), 282
união estável, 210
unipolar, depressão, 36
Upanishads, 153

Vaillant, George, 24, 170, 212, 247
valentia, 27, 154, 166, 206
valorização, 220, 225, 228
Van Boven, Leaf, 208
vantagens internas, 203
vencedores da loteria, pesquisa sobre, 63
vendedor de seguros, 201
Veroff, Joseph, 126-7
Veterans Administration Act (1946), 33
veto antropológico, 152, 160
vício, 125, 316-7
vida social, 209; circunstâncias da vida, 72, 77; das pessoas felizes, 57, 62, 71
vinculação segura, 56, 215, 217, 232, 235-7
vingança, 81, 93, 95, 97, 153, 179
Virgínia, Universidade da, 22
virtudes, 21-9, 41, 121, 132, 140, 145-83, 219-20, 229, 315-7, 321; coragem, 25, 41, 153, 157, 165-6; das crianças, 230-1, 254-70; humanidade e amor, 25, 153, 157, 168, 170; justiça, 26, 153, 157, 170-3, 203; saber e conhecimento, 25, 153, 157, 160-5; temperança, 26, 153, 157, 173-4; transcendência, 26, 29, 153, 157, 175-80; ubiquidade das, 150-3; ver também forças
vitimização, 84-5
vitoriana, era, 145-9, 152
viúvas, 299
vocação, 188 92, 195, 207 8

Volvo, 205
von Neumann, John, 278
Vonnegut, Kurt, 322

Warnek, Steve, 270
Washington, George, 158
Wesley, John, 308

What You Can Change and What You Can't
(Seligman), 36
Wilson, David Sloan, 276-7
Wilson, Warner, 66, 73
Wittgenstein, Ludwig, 21, 278
Worthington, Everett, 97-8, 312
Wright, Robert, 275, 277-85
Wrzesniewski, Amy, 191

1ª EDIÇÃO [2019] 6 reimpressões

ESTA OBRA FOI COMPOSTA PELA ABREU'S SYSTEM EM INES LIGHT E IMPRESSA EM OFSETE PELA LIS GRÁFICA SOBRE PAPEL PÓLEN DA SUZANO S.A. PARA A EDITORA SCHWARCZ EM MAIO DE 2024

A marca FSC® é a garantia de que a madeira utilizada na fabricação do papel deste livro provém de florestas que foram gerenciadas de maneira ambientalmente correta, socialmente justa e economicamente viável, além de outras fontes de origem controlada.